AI 혁신

나의 커리어를 높이는 스마트워크 전략

[개정판] AI혁신
나의 커리어를 높이는 스마트워크 전략

초판 1쇄 발행 2023년 12월 20일
개정판 1쇄 발행 2024년 6월 10일

지은이 박대형, 김상용, 차명일, 임성기
펴낸이 장길수
펴낸곳 지식과감성#
출판등록 제2012-000081호

교정 주경민
디자인 정윤솔
편집 정윤솔
검수 한장희, 이현
마케팅 김윤길, 정은혜

주소 서울시 금천구 벚꽃로298 대륭포스트타워6차 1212호
전화 070-4651-3730~4
팩스 070-4325-7006
이메일 ksbookup@naver.com
홈페이지 www.knsbookup.com

ISBN 979-11-392-1907-4(03000)
값 28,000원

- 이 책의 판권은 지은이에게 있습니다.
- 이 책 내용의 전부 또는 일부를 재사용하려면 반드시 지은이의 서면 동의를 받아야 합니다.
- 잘못된 책은 구입하신 곳에서 바꾸어 드립니다.

지식과감성#
홈페이지 바로가기

개정판

AI혁신
나의 커리어를 높이는 스마트워크 전략

박대형 / 김상용 / 차명일 / 임성기 공동 저

업무 효율,
초스피드로
진화!

책 한 권이
업무를
로켓처럼
쏘아올렸다!

책 읽는 시간이
투자가 되다,
업무 스킬
급상승!

지식과감성#

"S.S.G 스마트워크 모임은
스마트워크와 생성형 AI에 관심을 갖고
지식을 확장하고 공유하는 모임입니다."

'S.S.G 스마트워크 모임'은 SBA G밸리활성화팀, 한국산업단지공단 서울지역 SIT MC(Mini-Cluster)가 주관하고, BB디자인, (주)지피티코리아, 한국산업단지공단 서울지역의 5개 MC가 협력하여, G밸리(구로구, 금천구) 지역의 임직원을 대상으로 스마트워크, ChatGPT, 미드저니와 같은 AI기술을 활용한 업무 능력을 강화하는 교육 활동인 '스마트워크 IT 기술세미나'를 추진하는 모임입니다.

2023년 4월. S.S.G 스마트워크 모임은 다양한 최신 AI기술과 스마트워크 지식을 공유하기 위한 스터디모임으로 시작하여, 비비디자인 박대형 대표님의 미드저니 활용 기술이 더해져 AI기술의 경험과 지식을 공유하기 위해 '스마트워크 IT 기술세미나'를 추진하게 되었습니다.

다양한 스마트워크, AI기술을 바로 업무에 활용할 수 있도록 실습 위주의 교육으로 구성하여, 주1회 정기 모임을 통해 최신 AI기술에 관한 스터디와 실무자에게 필요한 세미나 커리큘럼을 통해 2023년 총 5회의 '스마트워크 IT 기술세미나'와 특별 강연을 성공적으로 마무리하였습니다.

2024년에는 더 많은 서울디지털단지의 중소기업과 기업 종사자들이 스마트워크의 혁신을 경험하고 알릴 수 있도록, 최신 스마트워크, AI기술을 반영한 실무에 보다 가깝게 활용할 수 있는 커리큘럼으로 구성하여, 금천구의 지원을 받아 금천구 기업시민청에서 주1회 10주 과정의 기수제로 운영하고 있습니다.

2024년 2월. 1기 기수 교육을 시작으로 하여, 2024년 총 3개 기수를 목표로 추진 중에 있습니다.

'스마트워크 IT 기술세미나'는 G밸리 기업은 물론 기업 임직원 및 대학, 연구소 등 다양한 분야의 사람들로부터 긍정적인 평가를 받고 있습니다. 이러한 성원을 바탕으로, 2023년 11월에는 뤼튼과 협력하여 'G밸리 업무 혁신적인 스마트워크톤' 경진대회를 진행하였습니다.

경진대회를 통해 세미나 교육에서 배운 AI 활용능력을 발휘할 수 있는 자리를 갖고 대회를 통해 더 많은 분들이 AI기술을 활용할 수 있다는 호평을 받아 2024년에는 세미나 기수별 '세미 스마트워크톤'과 연말 '2024 스마트워크톤' 경진대회로, 세미나 교육을 통해 배운 지식을 확장하고 공유하는 자리를 만들고자 합니다.

　　스마트워크 IT 기술세미나 교육에 관심을 갖고 참석하시는 많은 분들과 소통하고자 2024년 'S.S.G 스마트워크 홈페이지'를 개설하였습니다. (smartwork.or.kr) 홈페이지를 통해 세미나 교육 안내와 신청을 하고, 2023년부터 진행하였던 세미나 교육 영상과 S.S.G 스마트워크 모임의 주요 활동 등을 공유하고 있습니다.

　　'S.S.G 스마트워크 모임'은 기술과 혁신에 관심을 갖고 있는 사람들이 지식을 확장하고 공유하는 것이 즐거워 모이게 되었습니다. 우리의 목표는 AI기술과 스마트워크 분야에서 더 나은 미래를 형성하고 새로운 지식을 공유하는 것입니다. 앞으로도 많은 분들과 함께 미래를 형성하고 새로운 기술의 세계에 도전하는 것을 기대합니다.

S.S.G 기술세미나 운영 사진

S.S.G 기술세미나 운영진 소개

S.S.G 기술세미나 사업 담당자 소개

G밸리활성화팀 일동
소속: 서울경제진흥원 산업거점본부
역할: 회원기업들의 생산성 향상 및 원활한 운영을 위한 회원 모집, 행사지원 전반을 담당

김태일
직위: 성민네트웍스 이사, 한국산업단지공단 S.I.T. MC, M.I.T. MC 이사
역할: ChatGPT 내용 관련 자료 제작 및 조사

장재웅
직위: 커넥트밸류 이사
역할: 스마트워크 관련 자료 제작 및 조사, 스마트워크 컨설팅

성미라
직위: 성민네트웍스 과장, 한국산업단지공단 S.I.T. MC, M.I.T. MC 매니저
역할: 세미나 홍보 전반 및 만족도 조사

프롤로그

박대형

  오랜 시간 디자인의 영역에서 활동하면서 현재 AI의 역할과 가능성에 주목하며, 김상용 팀장님과 차명일 대표님, 한중희 회장님 외 여러 구성원들과의 만남을 통해 서울디지털산업단지에서 벌어지고 있는 업무 혁신의 바람을 느낄 수 있었습니다.

  디자인은 단순히 눈에 보이는 것을 아름답게 하는 것 이상의 의미를 가집니다. 그것은 사용자 경험을 향상시키고, 제품의 가치를 전달하는 중요한 역할을 합니다. AI와 결합된 디자인은 더욱 효율적이고 정확하게 사용자의 요구를 파악하고, 이에 부응하는 솔루션을 제공할 수 있습니다.

  AI를 활용한 디자인이 중소기업들이 겪고 있는 여러 도전을 극복하고, 경쟁력을 향상시킬 수 있는 중요한 도구가 될 것이라 믿으며, 우리 모두가 스마트워크와 AI의 힘을 활용하여 더 나은 미래를 만들어 나갈 수 있기를 기대합니다.

  AI 세계로 뛰어들 준비를 하며 함께 성장하고 혁신해 나가는 여정에 여러분들도 함께하기를 바랍니다.

김상용

  지난 일 년 동안 저는 G밸리의 다양한 기업들과 함께 디지털 전환의 여정을 걸었습니다. 이 과정에서 스마트워크 모임이라는 플랫폼을 통해 많은 동료들과 협력하며, 우리 모두의 업무 방식을 근본적으로 변화시켜왔습니다. 회의 방식의 혁신부터 원 노트와 노션 같은 도구들의 효과적인 활용에 이르기까지, 우리는 기술이 업무 효율성을 어떻게 높일 수 있는지를 몸소 체험하였습니다.

이러한 변화는 단순히 업무 속도를 높이는 것을 넘어서, 우리가 미래의 어떠한 도전에도 유연하게 대응할 수 있는 기반을 마련해 주었습니다. 디지털 도구를 통한 이 혁신적인 여정은 업무의 효율을 극대화하는 것뿐만 아니라, 개인적인 성장과 전문성 향상에도 큰 도움을 주었습니다.

오늘, 감사함을 느끼며 이 모든 경험을 돌아보고자 합니다. 이 프롤로그는 그 여정의 시작을 알리는 서막이며, 앞으로 우리가 함께 이룰 성과에 대한 기대의 표현입니다.

차명일

최근 회사경영을 하면서 ChatGPT 같은 AI 기술의 중요성을 깨닫습니다. 이 책은 중소기업이 생성형 AI 스마트도구를 도입하여 업무 효율성을 어떻게 향상시켰는지, S.S.G 스마트워크 세미나의 경험을 통해 공유합니다. 이는 업무 변화를 넘어 중소기업 경쟁력 강화의 시작입니다. "AI혁신" 증보판 책 작성에 지원을 아끼지 않은 가족, 아내, 그리고 하나님께 깊은 감사를 드립니다.

임성기

2022년 11월 30일, GPT-3.5가 우리에게 소개된 지 2년이 채 지나지 않아, 지금 우리는 한층 향상된 GPT-4.0 Turbo를 사용하고 있습니다. GPT-4를 활용한 로봇도 선보이고 있으며, 생성 AI는 IT 기술의 거의 모든 분야에서 혁신을 보여 주고 있습니다. 또한, 2024년 4월 30일에는 MS Office에 GPT-4를 결합한 'MS Copilot 한글 버전'이

출시되었습니다. 학생과 직장인에게 가장 많이 사용되는 MS Office에 이제 누구나 일정 금액을 지불하고 GPT-4가 적용된 생성 AI 코파일럿을 이용할 수 있게 되었습니다. 지난 1년 반 동안 생성 AI는 우리에게 혁신적인 변화를 보여 주었으며, 많은 활용 사례를 제시했습니다.

SBA가 주최하는 S.S.G 스마트워크 교육 수강생들이 보여 준 열정에 보답하고자 교육 내용을 책으로 출간하게 되어 매우 기쁩니다. 많은 직장인과 대표, 임원들이 생성 AI를 통해 더 발전된 회사와 풍요로운 삶을 이룰 수 있기를 기원하며, 많은 질문과 참여를 바랍니다.

추천사

(주)케이엘림뉴스타/(주)엠에이치티/(주)엘림엠에이치 그룹
김기원 회장(한국산업단지경영자연합회 회장)

오늘날 우리는 모든 것이 급변하는 시대에 살고 있습니다. 특히 AI 기술은 인간과 인공지능이 누가 우위를 점할 것이냐에 대한 변곡점에 서 있다 해도 과언이 아닙니다. 이러한 변화무쌍한 시대에 변화를 예측하고 변화를 주도하며 살 수 있다면 승자가 되고 변화를 수용하지 못하면 지위고하를 막론하고 누구나 패자가 될 수 있습니다. 변화하는 환경에서 생존하려면 기존의 관성을 깨뜨려야 합니다. 관성을 깨기 위해 본서의 저자는 AI 접근을 인공지능의 언어로 먼저 습득한 후 나만의 언어로 바꾸어 충분한 시행착오를 거쳐 실제 실무에 적용한 방식을 통해 독자들에게 다가가고 있습니다. 또한 실제 업무수행 과정 및 상장사 컨설팅 경험에서 나오는 다양한 실제 사례가 저자의 이야기에 재미를 더하고 있습니다.

이 책은 수십 권에 달하는 이론적인 딱딱한 ChatGPT와 Mid-journey의 개념 체계에서 벗어나 실전을 통한 이론을 쉽게 풀어 실제 실무에서 바로 적용 가능할 수 있게 설명합니다. 공동 저자들의 인사이트는 인공지능이 무엇이고 이를 통해 우리가 얻고 싶은 것들을 언제, 어떻게, 어떠한 방법으로 어디에 적용할지를 알려 주는 좋은 길잡이가 되어 줄 것입니다.

인공지능이 나와 별로 상관없다는 사람들, 인공지능을 어떻게 활용해야 할지 잘 모르는 사람들, 인공지능을 지닌 나만의 비서를 가지고 싶은 사람들, 컨설턴트를 꿈꾸는 사람들은 본서를 통해 까다로운 질문들에 대한 설득력 있는 답변을 발견하는 것은 물론 변화를 꿈꾸는 이들에게 의미 있는 변화를 선사할 것으로 기대해 봅니다.

(주)애드웹커뮤니티
임성기 대표("CHAT GPT 도입으로 업무 혁신을 이끄는 방법" 저자)

    SBA 김상용 팀장은 저의 책 "CHAT GPT 도입으로 업무 혁신을 이끄는 방법"을 보시고 연락을 했습니다. 기업들이 AI를 활용해 혁신적인 효율을 이루는 일에 함께하자고 청한 것입니다. 이미 6개월 이상 SBA G밸리활성화팀 오픈라운지에서 차명일 대표, 박대형 대표와 기업을 위한 세미나를 정기적으로 하고 있었습니다. 참으로 대단한 일을 세 분이 하고 있었습니다. 교육 내용도 업무 자동화, GPT를 활용한 사무 업무 혁신, AI 툴을 활용한 디자인 업무 효율화 등 회사 일 전반에 대해 다루고 있었습니다. 기업의 실제 업무를 연구하고 혁신하는 업무를 강의하신 분과 기업의 담당자가 현장에서 바로 적용하고 문제를 해결해 내는 방식으로 강의가 진행되고 있었습니다. 단순한 강의가 아니라 DISITAL EXCHANGE, AI 도입과 혁신이 일어나는 산업 현장을 보게 되었습니다.

    이 책은 그 과정에서 만들어진 혁신의 기록이자 결과물입니다. 독자는 이 책에서 본인의 업무 문제 해결과 혁신을 얻을 수 있을 것입니다. Chat GPT, 미드저니, 노션 AI 등을 현장에서 어떻게 적용하고 있는지 알 수 있습니다. 현장에서 나온 지식이라 바로 적용할 수 있음에 이 책을 적극 추천합니다.

목차

프롤로그 ··· 9

추천사 ·· 12

01. ChatGPT 업무 활용 1 _차명일 대표 ·· 19

GPT 알기 ·· 20

생성형 AI기술의 필요성 ·· 20

ChatGPT 가입 순서 ·· 26

ChatGPT 4.0 기능알기 ··· 32

ChatGPT 문서 작성 ·· 44

사업기획서 작성 ·· 58

ChatGPT 정부과제 작성 ··· 69

정부과제 작성 기초 ··· 69

정부과제 작성 실습 ··· 81

GPTs 사용법 ··· 109

GPTs 알기 ··· 109

GPTs 활용하기 ·· 117

GPTs 제작 ·· 123

GPTs 만들기 4가지 방법 ··· 123

지침으로 GPTs 만들기 ·· 125

지식으로 GPTs 만들기 ·· 132

액션으로 GPTs 만들기 ·· 136

02. ChatGPT 업무 활용 2 _임성기 대표 ·· 151

GPT를 활용한 마케팅 업무 스킬 UP ································· 152
마케팅과 GPT의 만남 ··· 152
GPT로 시장 조사하기 ··· 155
마케팅 전략 수립 ··· 166
미디어 채널별 전략 및 광고 예산수립하기 ······························· 170
GPT로 콘텐츠 만들기 ··· 173

크롤링 및 GPT를 통한 자료의 정리 ······································ 177
대량의 자료를 수집 처리하는 일에서 생산성이 발휘된다 ············ 179
유튜브 콘텐츠와 댓글 요약 정리 ·· 190

GPT를 활용한 업무 자동화 ··· 198
업무 자동화에 많이 사용되는 엑셀 함수 ·································· 198
엑셀 함수보다 강력한 자동화 도구, 엑셀 VBA ··························· 200
MS코파일럿이 변화시킨 MS오피스 업무 ·································· 211

03. 미드저니 _박대형 대표 · 219

AI 디자인 기본 알아보기 · 220

AI 디자인 툴의 활용 · 220
미드저니 가입하기 · 225
미드저니 기본 기능 · 237
미드저니 프롬프트 활용하기 · 256

미드저니 중/고급과정 · 300

고급 프롬프트 소개 · 300
모델 잘 만드는 팁 · 311

미드저니 실전 프롬프트 만들기 · 322

로고 디자인 만들기 · 322
로고 실전 만들기 · 327
실전 목업 디자인 · 330
애니메이션 / 캐릭터 만들기 · 335

04. 스마트워크 업무 활용 _김상용 위원 ········· **341**

들어가기 ········· **342**
- 스마트워크의 시작: 나의 전환점 ········· 342
- 스마트워크 첫걸음: 계정 일치와 동기화 ········· 349

나의 디지털 주방 꾸미기 및 컨트롤타워 세우기 ········· **352**
- 나의 디지털 주방 꾸미기 ········· 353
- 크롬 확장 프로그램: 특별한 도구들 ········· 359

나의 컨트롤타워 만들기 ········· **374**
- 구글 캘린더 ········· 377
- 구글 할 일 목록(GTask): 나의 디지털 조력자 ········· 380

나의 알리바이 만들기 및 DB구축하기 ········· **383**
- 나의 알리바이 만들기: 나의 디지털 기억 장치 ········· 383
- 나의 데이터베이스 만들기 ········· 400

다양한 협업 툴로 스마트워크 확장하기 ········· **407**
- 노션(Notion) ········· 407
- 원노트(OneNote) ········· 437

에필로그 ········· 464

01
ChatGPT 업무 활용 1
_차명일 대표

01
GPT 알기

생성형 AI기술의 필요성

교재 목적

생성형 AI는 대화, 이야기, 이미지, 동영상, 음악 등 새로운 콘텐츠와 아이디어를 만들 수 있는 인공지능의 일종이다. 생성형 AI는 콘텐츠 제작 외에 디지털 이미지의 품질을 개선하고, 동영상을 생성하며, 코딩 작업도 빠른 시간 안에 완성한다. G밸리 단지 내에서 S.S.G 기술세미나를 진행했던 이유는 하기 3가지 때문이다.

  1. 일반 직장인도 생성형 AI 도구를 쉽게 다루어 보자
  2. 회사업무에 활용해서 성과를 내자
  3. 자신의 생산성을 3배 이상 높이자

생성형 AI 도구가 클라우드 SaaS 서비스로 누구든지 인터넷만 연결되면 쉽게 사용이 가능하다. 특별한 사용 방법을 배우지 않아도 "프롬프트" 즉 원하는 내용을 문자로 입력만 하면 결과를 만들어 낸다. 업무 활용에 바로 사용이 가능할 정도로 생성 결과물이 전문가 수준이다. 직원 채용에 어려움을 겪고 있거나 인건비 문제로 전문가들을 채용하지

못하는 중소기업에서는 반드시 사용해야 할 기술이다. 이러한 목적으로 본 교재를 작성하게 되었다.

GPT 혁명

작년 상반기 ChatGPT 3.5의 출현으로 생성형 AI는 개발자의 영역에서 일반인에게 "업무 도구"로 자리 잡게 되었다. 이제는 자신의 업무에 대해 질문하고 GPT 도구를 연결하는 사람이 새로운 부의 기회를 잡는 시대가 되었다. 생성형 AI 도구는 다양한 도메인에서 혁신적으로 발전되고 있고 무료이거나 저렴한 비용으로 서비스되고 있다. 마크 휘튼, 유니티 부사장은 작년 "생성형 AI는 강력한 기술 집합체로 생성산을 100배 높인다."라고 인터뷰했다. 실제적으로 ChatGPT, 미드저니를 업무에 활용하고 있는 작업자들은 업무 생산성에 비약적인 발전을 경험하고 있다.

생성형 AI 도구 어디까지 와 있을까? 현재 책 출간 시점에 ChatGPT, 미드저니를 제외한 가장 핫한 생성형 AI 도구들을 소개해 본다.

SORA

개발사: OpenAI

플랫폼: OpenAI

종류: 텍스트-비디오 모델

웹사이트: https://openai.com/sora

소라(Sora)는 미국 **오픈AI**(OpenAI)가 개발한 텍스트-비디오 모델이다. **프롬프트**를 기반으로 동영상을 생성할 수 있다. 2024년 하반기에 일반고객을 대상으로 서비스 예정으로 알려지고 있다. 앞으로 개인유투버 시대에서 개인 영화제작 시대로 넘어가는 전환점을 만들지 기대가 된다.

하기 내용 프롬프트를 입력하면 약 1분 정도 영상이 생성된다. 홈페이지에서 확인해 보자.

Prompt: A stylish woman walks down a Tokyo street filled with warm glowing neon and animated city signage. She wears a black leather jacket, a long red dress, and black boots, and carries a black purse. She wears sunglasses and red lipstick. She walks confidently and casually. The street is damp and reflective, creating a mirror effect of the colorful lights. Many pedestrians walk about.

프롬프트: 스타일리시한 여성이 따뜻하고 빛나는 네온과 애니메이션 도시 간판으로 가득한 도쿄 거리를 걷고 있습니다. 그녀는 검은색 가죽 재킷, 빨간색 긴 드레스, 검은색 부츠를 신고 검은색 지갑을 들고 있습니다. 그녀는 선글라스와 빨간 립스틱을 착용합니다. 그녀는 자신감 있고 자연스럽게 걷습니다. 거리는 축축하고 반사되어 다채로운 조명의 거울 효과를 만들어 냅니다. 많은 보행자들이 걸어 다닙니다.

openai.com/sora 홈페이지 샘플 동영상

HeyGen

개발사: HeyGen

종류: 텍스트-비디오 모델

웹사이트: https://www.heygen.com/

HeyGen은 AI기술을 활용하여 비디오를 만들 수 있는 AI 기반 비디오 생성 플랫폼이다. 마케팅, 영업, 교육, 온보딩 및 뉴스 등 다양한 용도에 실제로 활용되고 있다.

실제 자신의 모습을 촬영한 동영상을 기반으로 학습하여 텍스트 및 스크립트를 입력하여 몇 분 만에 전문적인 비디오를 제작할 수 있다. HeyGen에서 제공하는 아바타를 사용하는 방법도 있다. 40개 언어로 제공되는 300개의 목소리는 현실적으로 입모양 동기화를 구현하는데 거의 실영상과 같다.

S.S.G 기술세미나 스터디모임에서 김상용 위원이 자체 테스트 결과를 보여 주는데 실제 찍은 영상으로 인식했다. 마케팅, 교육, 설명 영상으로 활용해 보길 바란다.

HeyGen 스크립트 입력하여 실제 영상 제작되는 샘플 동영상

ELEVENLABS

개발사: ElevenLabs

종류: 텍스트-보이스 모델

웹사이트: https://elevenlabs.io

AI 음성 생성기를 사용하여 온라인에서 텍스트를 음성으로 변환할 수 있다. 자신의 녹음된 목소리를 학습해서 자연스러운 AI 음성을 생성할 수 있다. 비디오 제작자, 개발자 및 비즈니스에 적합한 모델이다. 유투버들은 녹음에 부담 없이 스크립트를 통해 자신의 목소리를 무한 생성 가능하다. 현재 아바타는 20명 이상이 있고 계속 추가되고 있다. 29개 언어 중에 물론 한국어 서비스도 지원된다. 실제 사이트에서 스크립트를 넣고 무료로 다운이 가능하다. 음색 조절이 가능해서 상업적인 이용에 불편이 없다.

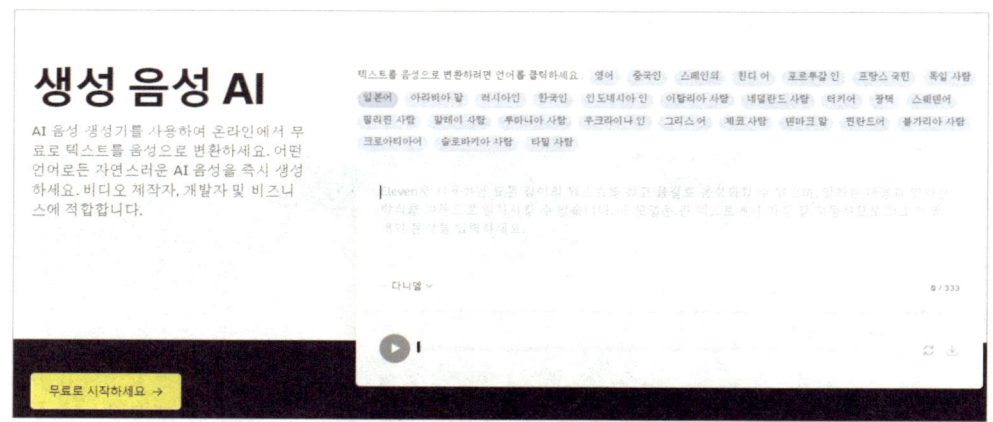

Elevenlab 음성생성 데모화면

OpenFuture AI

웹사이트: https://openfuture.ai/ko

모든 AI 도구를 한곳에서 검색이 가능하다. 그리고 최신 AI 도구 및 랭킹 순위를 확인할 수 있다. 여러 AI 랭킹 검색 사이트에서 한국어를 지원해 주는 사이트라 추천한다. 60여 개 이상의 카테고리에서 원하는 생성형 AI 도구를 검색하여 해당 서비스에 대해 확인이 가능하다.

Openfuture 메인 페이지

1년 사용해 보니

2023년 5월부터 ChatGPT, 미드저니 등을 업무에 활용해 보면서 하기와 같은 생각을 가지게 되었다.

대기업과 중소기업의 격차를 줄여 준다.
생성형 AI를 통해 전문가와의 격차를 줄여 준다.
생성형 AI를 통해 지금껏 할 수 없었던 일을 하게 해 준다.
여러 사람이 하던 일을 한 사람이 하게 되었다.
작업 시간이 상상할 수 없을 만큼 축소된다.

중소기업 대표를 하면서 항상 아쉬운 부분은 더 전문적인 인력을 통해 회사 서비스를 구축하고 경쟁력을 키우고 싶지만, 인재채용이 쉽지 않다는 것이다. 생성형 AI툴을 이용해서 홈페이지를 구축하거나, 32페이지 영문 카탈로그 제작, 2일 동안 3억 정도 과제 기획서 작성 등 이전에 엄두를 내지 못했던 일들을 개인 또는 기존 직원의 도움을 받아서 수행하고 결과를 만들어 냈다. 데이터 분석을 통해 의료데이터를 활용한 AI기술개발까지 비개발자인 내가 이전에 하지 못했던 일을 수행하고 있다.

ChatGPT 가입 순서

ChatGPT 무료 가입

먼저 https://chatgpt.com 사이트에 접속해서 회원가입을 진행해 보자. 사이트에 열려지면 "Sign up"을 선택한다.

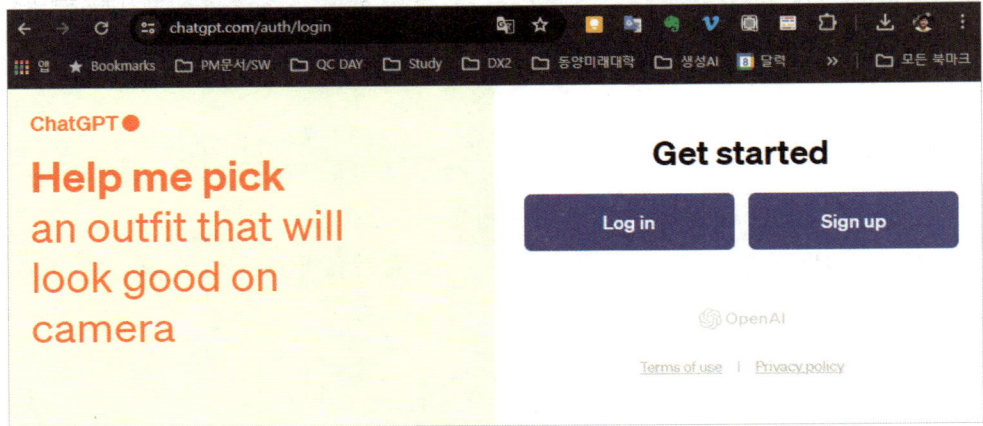

ChatGPT 로그인 창

계정 만들기 창이 활성화되면 가장 편한 것은 "Google로 계속하기"이다. 크롬 브라우저에서 구글 계정이 로그인된 상태이면 바로 계정 만들기가 진행된다. 여기서는 회사 이메일 주소를 입력하겠다. 다른 PC에서 ChatGPT를 사용하는 경우 구글 계정으로 접속하는 방식은 어려움이 있다(호불호가 있다).

계정 만들기 화면에서 이메일과 비밀번호를 입력하고 "계속"을 클릭한다.

계정 만들기 창

화면이 변경되면서 "이메일 검증하세요" 안내문이 활성화된다. 등록한 이메일 수신함에서 메일을 열어 "이메일 주소 인증" 버튼을 클릭한다. 그 이후에는 고객에 대한 추가 정보를 입력하고 사용 동의를 진행하면 된다.

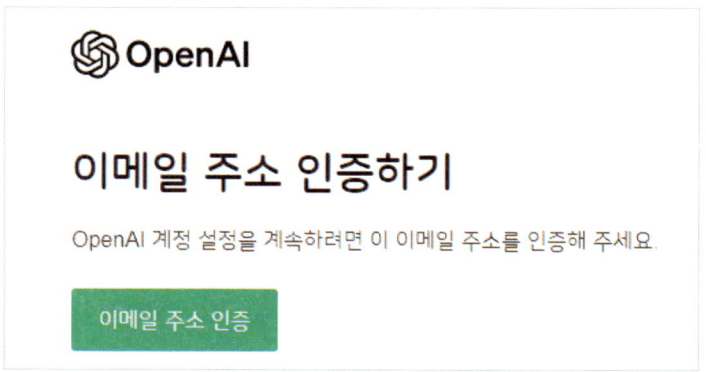

수신된 주소 인증하기 이메일

완료 후에는 무료 버전인 ChatGPT 3.5 프롬프트 화면이 활성화된다.

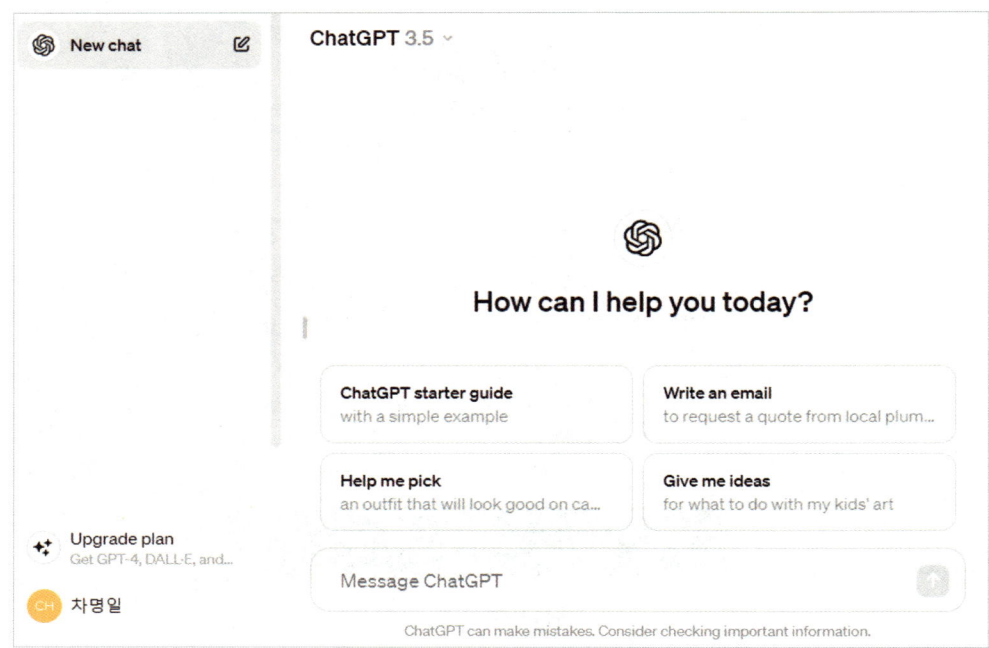

ChatGPT 3.5 무료 버전 화면

프롬프트에 문장을 작성하여 ChatGPT 3.5와 무료 채팅을 시작하면 된다.

ChatGPT 유료 가입

실제적인 상업 서비스와 요즘 업무 활용에 도움이 되는 GPTs 서비스를 사용하기 위해서는 ChatGPT 4.0 서비스를 가입하는 것을 추천한다. 이후의 모든 실습 내용도 ChatGPT 4.0 기준으로 작성되어 있다.

ChatGPT 3.5 화면에서 상단의 ChatGPT 3.5 드랍다운 아이콘을 클릭하면 "GPT-4" 업그레이드 선택 버튼이 활성화된다.

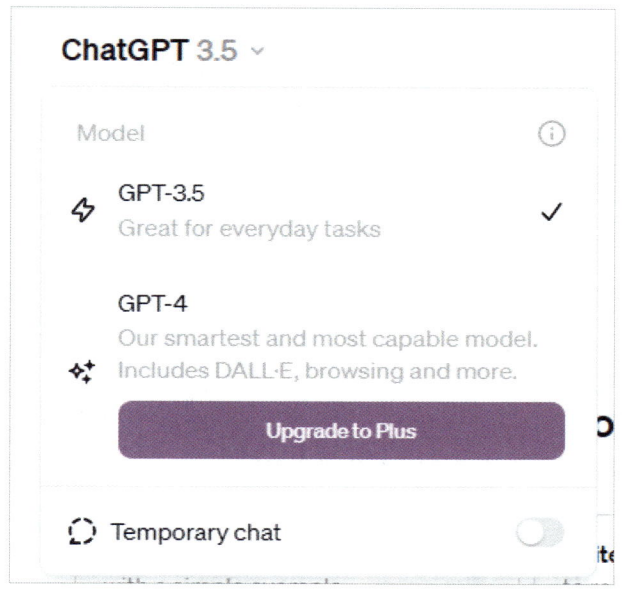

GPT-4 업그레이드 선택창

"Upgrade to Plus" 버튼을 클릭하면 세 가지 서비스명과 월 구독료, 서비스 내용이 표시된다(이 부분은 한글로 번역해서 보도록 하자). 원하는 서비스 플랜을 선택하고 다음 페이지에서 카드를 등록하고 구독하기를 진행하면 매월 과금 처리가 된다.

GPT-4 유료플랜 가격비교

플러스 플랜과 팀플랜 차이

개인으로 사용하면 Plus 플랜, 회사 내부에서 회사 업무로 사용하게 되면 Team 플랜을 선택하는 것이 유리하다. 회사 업무라도 시작 단계에서는 Plus 플랜으로 시작하고 활성화되면 Team 플랜으로 변경하는 것을 추천한다.

Team 플랜은 Plus 플랜에 비해 크게 세 가지 혜택을 제공한다.

1. 더 많은 ChatGPT 이용 횟수

Team 플랜에서는 Team을 구성하는 각 계정마다 3시간 100회의 이용 횟수가 부여된다. 이는 Plus 플랜의 3시간 40회 대비 2.5배 많은 수치이다. 그리고 같은 팀에서 한 사람이 여러 계정을 순서대로 사용하는 경우 사실상 제한 없이 이용할 수 있다.

2. 데이터 보호

Team 계정에서 사용되는 데이터 및 대화 내역은 ChatGPT의 학습 데이터로 사용되지 않는다고 명시하고 있다. 이 부분은 명시적으로 보안적인 요소에 대해 안정성을 제시하고 있다.

3. Team 전용 GPTs

Plus 플랜에서 GPTs를 만들고 공유하는 부분에 있어서 보안적으로 취약한 요소가 있다. URL 링크만 있으면 누구든지 해당 GPTs를 사용 가능하기 때문이다. 이에 반해 Team 플랜에서는 특정 역할 수행에 특화된 커스텀 챗봇인 GPTs를 팀 멤버 전용으로 설정할 수 있는 장점이 있다.

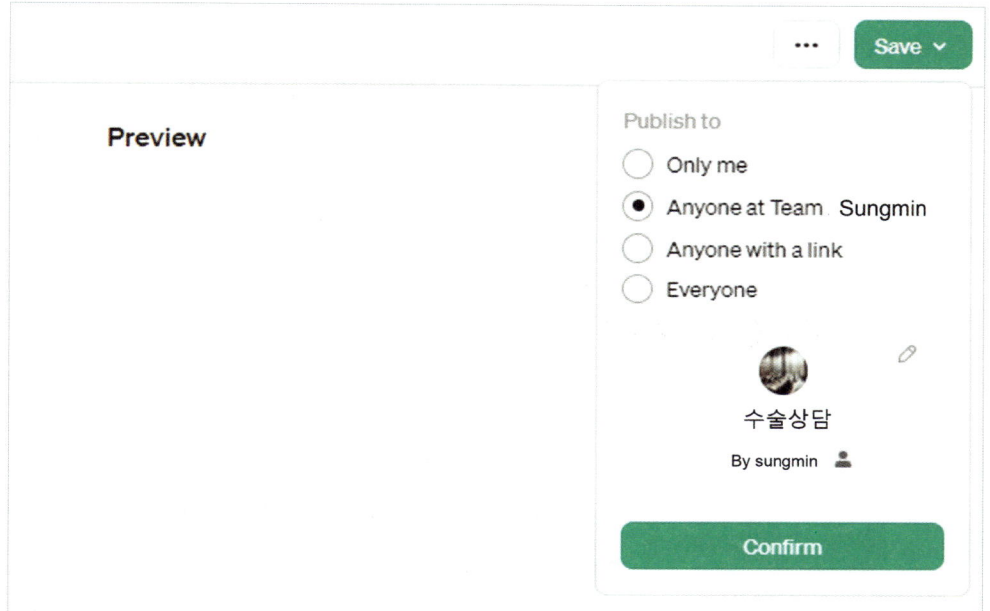

GPTs 팀 전용 모드 선택

ChatGPT 4.0 기능알기

프롬프트 엔지니어

프롬프트 "멀티모달 인터랙션(multimodal interaction)"

생성형 AI 도구를 다양하게 활용하여 원하는 결과물을 만들어 내는 것이 업무 활용에 필수적이다. ChatGPT는 문장, 이미지, 웹 검색, 데이터 분석, 코딩, 동영상(동영상 Sora는 24년 하반기 출시 예정) 등 필요 기능을 하나의 프롬프트에서 구현할 있다.

- ChatGPT: 대화 인공지능 문장 생성 및 질의 응답
- GPTs: 특정분야에 최적화된 맞춤형 GPT 챗봇
- DALL-E3: 이미지 생성
- BING: 실시간 웹 검색 및 요약
- Data Analyst: 데이터 분석 및 차트 by python
- 프로그래밍 개발: 개발코딩 작성 및 개발 자문
- Sora: 동영상 생성 www.openai.com/sora

ChatGPT 멀티모달 인터랙션

ChatGPT: 대화 인공지능 문장 생성 및 질의 응답

가장 기본 기능이다. 프롬프트를 통해 문장을 생성하고 답변을 만들어 낸다.

You
chatgpt를 통해 문서작성, 이미지작성, 검색등을 동시에 하는 기능을 뭐라그래

ChatGPT
ChatGPT를 통해 문서 작성, 이미지 생성, 검색 등을 동시에 할 수 있는 기능을 "멀티모달 인터랙션(multimodal interaction)"이라고 할 수 있습니다. 여기서 '멀티모달'이란 텍스트, 이미지, 데이터 등 다양한 형태의 정보를 처리할 수 있는 기능을 의미합니다. 이를 통해 사용자는 하나의 플랫폼에서 다양한 요구를 충족시킬 수 있습니다.

ChatGPT 문장 생성 프롬프트

GPTs: 특정 분야에 최적화된 맞춤형 GPT 챗봇

지침, 정보문서, API 연동 등을 사전에 설정하여 특정 분야에 최적화된 맞춤형 ChatGPT 챗봇을 구축한다. GPTs 상세 내용은 뒷부분에서 자세히 다룬다.

Coloring Book Hero GPTs를 활용한 프롬프트

Dall-E3: 이미지 생성기

프롬프트 명령어에 "이미지를 생성, 그려 줘"라는 문장을 주게 되면 프롬프트 내용 기반으로 이미지를 생성해 낸다. "3" 버전부터는 업무에 활용 가능한 수준으로 이미지 생성 능력이 좋아졌다.

Dall-E3 프롬프트

BING: 실시간 웹 검색 및 요약

Bing의 웹 검색 기능이 추가되어 실시간으로 웹 검색한 결과를 요약하거나 출처에 대한 정보를 알려 준다. 프롬프트 명령어에 "검색, 조사, Bing을 사용해서"라는 단어를 사용하면 실행된다.

> **You**
> 지금 서울날씨를 검색해줘
>
> **ChatGPT**
> 현재 서울의 날씨는 흐리고 이슬비가 내리고 있습니다. 기온은 약 14°C(57°F) 정도이며, 습도가 높고 비가 오는 상태입니다. 오늘 예상 최고 기온은 15°C(59°F)이며, 밤에는 13°C(55°F)까지 떨어질 것으로 예상됩니다. 비는 주로 오후와 저녁에 집중될 예정입니다 (Time and Date) (meteoblue) (Weather Atlas).
>
> 오늘 하루동안 강수 확률이 높으며, 특히 저녁 시간대에 비가 내릴 확률이 가장 높습니다. 따라서 외출 시 우산을 준비하는 것이 좋겠습니다. 강수량은 대체로 적을 것으로 예상되지만, 계속되는 비로 인해 외부 활동에 불편을 겪을 수 있습니다.

Bing 활용 프롬프트

Data Analyst: 데이터 분석 및 차트 by python

프롬프트에 데이터 파일(주로 엑셀, CSV 파일)을 업로드하고 데이터 분석에 대한 프롬프트 명령어를 입력하면 "Python 주요 라이브러리"를 활용하여 데이터 분석 결과를 "요약, 도표, 차트" 형태로 생성해 준다.

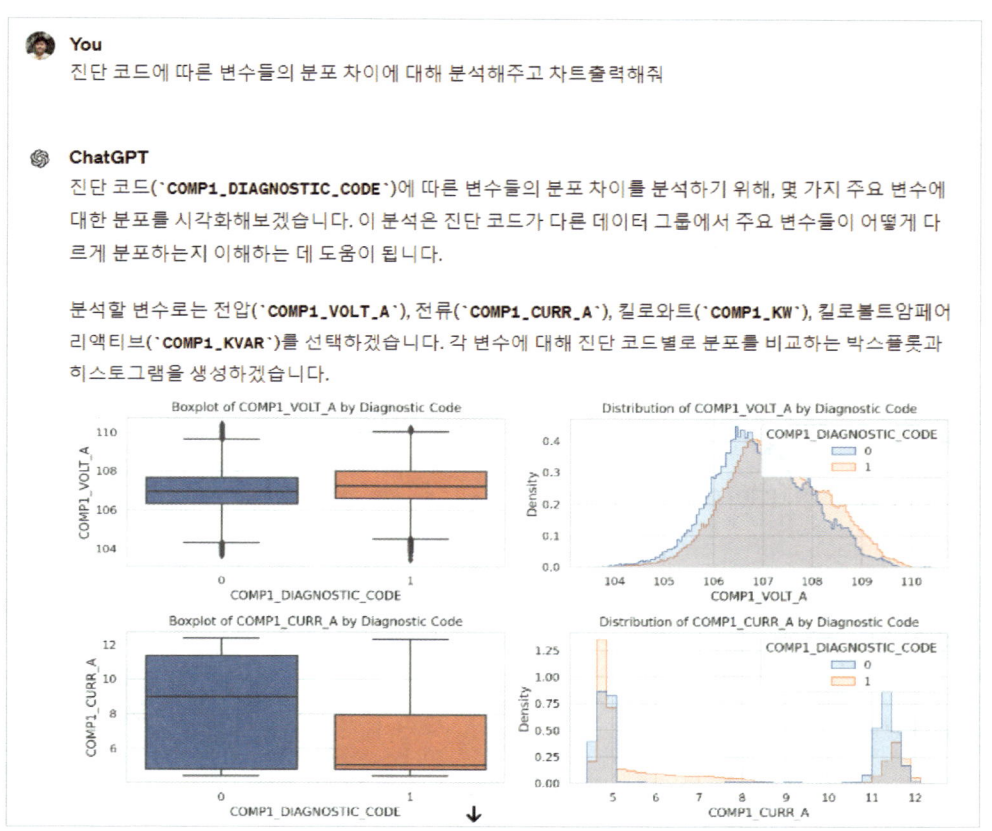

데이터 분석 프롬프트

프로그래밍 개발: 개발코딩 작성 및 개발

보통 2가지로 활용된다. 첫 번째는 처음부터 프로그램을 개발하는 과정과 코딩 작성까지 모든 것을 관여하는 부분이다. 두 번째는 개발자들이 가장 많이 활용하는 부분인데, 기존 코딩에 대해 검수 및 개선 작업이다. 지금은 두 가지 다 활용하는 업무로 발전되고 있고, 코딩에 관련된 GPTs 서비스가 발전되면서 프로그래밍 개발 부분은 가장 많이 사용되는 서비스 이다.

코딩 실제 작성 사례

 YOU
AI OCR 파이썬 코딩을 작성해 줘.

 ChatGPT
AI 기반 OCR(Optical Character Recognition, 광학 문자 인식) 시스템을 구현하기 위해 Python을 사용하는 예제 코드를 작성해 드리겠습니다. 이 코드는 이미지에서 텍스트를 추출하는 데 사용되는 Tesseract-OCR 엔진을 활용합니다. Tesseract는 무료이며 매우 강력한 OCR 라이브러리로, 다양한 언어를 지원합니다.

필요 조건

1. Python이 설치되어 있어야 합니다.
2. Tesseract-OCR이 시스템에 설치되어 있어야 합니다. 설치 방법은 운영 체제에 따라 다를 수 있습니다.
3. Python 라이브러리인 pytesseract와 Pillow를 설치해야 합니다.

설치 방법

- Tesseract 설치: Tesseract GitHub 페이지에서 관련 지침을 참조하세요.
- 필요한 Python 라이브러리 설치:

```bash
pip install pytesseract pillow
```

코드 예제

아래 코드는 이미지 파일을 로드하고, Tesseract를 사용하여 이미지에서 텍스트를 추출한 후 결과를 출력합니다.

```python
from PIL import Image
import pytesseract

# Tesseract 경로 설정 (Windows의 경우 예: 'C:/Program Files/Tesseract-OCR/tesseract.exe')
# pytesseract.pytesseract.tesseract_cmd = '/usr/bin/tesseract'  # 서버나 로컬 에 맞게

def ocr_from_image(image_path):
    # 이미지 파일 열기
    image = Image.open(image_path)

    # pytesseract를 사용해 이미지에서 텍스트 추출
    text = pytesseract.image_to_string(image, lang='kor+eng')  # 한글과 영어 인식

    return text

# 사용 예시
image_path = 'your_image_path_here.jpg'  # 이미지 경로 설정
extracted_text = ocr_from_image(image_path)
print("추출된 텍스트:")
print(extracted_text)
```

이 코드를 사용하기 전에, image_path 변수를 처리하려는 이미지 파일의 경로로 설정해야 합니다. 또한, Tesseract의 설치 경로에 따라 pytesseract.pytesseract.tesseract_cmd의 경로 설정이 필요할 수 있습니다.

위 코드는 기본적으로 한글과 영어를 인식하도록 설정되어 있습니다(lang='kor+eng'). 필요에 따라 다른 언어를 인식하도록 설정할 수 있습니다. 다양한 언어를 인식하기 위해서는 해당 언어의 Tesseract 언어 데이터가 설치되어 있어야 합니다.

* **OCR(Optical Character Recognition)**은 인쇄된 문서를 디지털 이미지 파일로 변환하는 기술이다. 스캔한 문서를 판독 가능한 PDF로 자동 변환하므로 문서를 손쉽게 편집하고 공유할 수 있다.

Sora: 동영상 생성기 www.openai.com/sora

앞서 설명드린대로 2024년 하반기부터 일반 사용자에게 공개될 예정이다. 이 서비스가 시작되면 아마도 이와 관련된 "생성형 AI 영화제"도 활성화될 것으로 보인다.

프롬프트 멀티모달

ChatGPT 4.0이 되면서 변화 중의 하나는 프롬프트 입력 방법의 다양성이다. 기존 프롬프트 입력 방식인 텍스트에서 "이미지", "소리"까지 확장되었다. 향후에 영상도 추가된다면 모든 분야의 입력 형식이 완성된다.

프롬프트 멀티모달

"프롬프트 멀티모달"이란 프롬프트에서 두 개 이상의 형식 또는 입력 유형을 사용할 수 있는 것이다. 이러한 기능을 활용하여 ChatGPT 4.0 모바일 버전은 대화 챗봇이 가능하다. 모바일에 어플을 깔고 테스트를 해 보면 "영어 학습" 도구로 제격인 것 같다.

하기 프롬프트는 웹에서 "아두이노 우노(Arduino UNO) Rev3 버전의 회로도"라고 검색을 해서 다운로드한 이미지이다. 회로도 이미지를 프롬프트에 업로드하고 단계별 작업을 거쳐 제품 이미지까지 생성해 보았다.

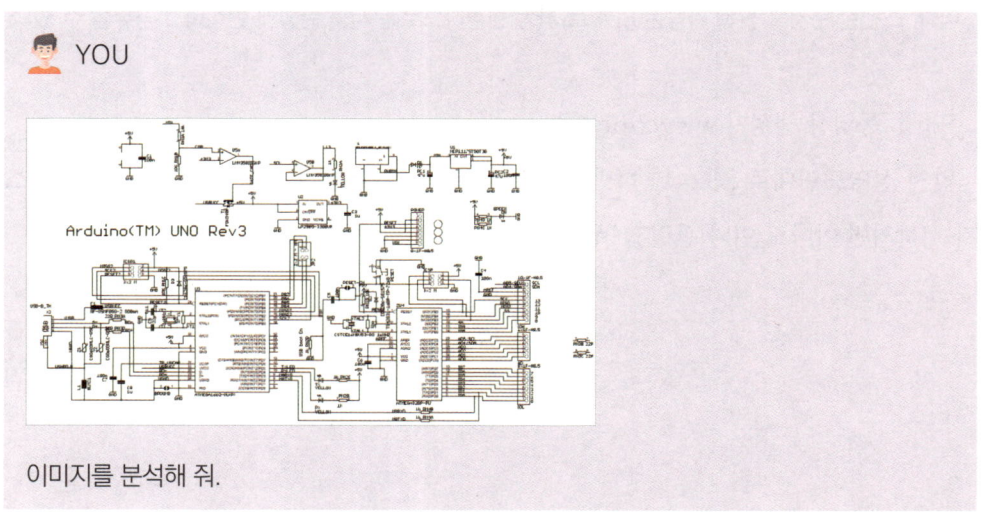

ChatGPT

이 이미지는 아두이노 우노(Arduino UNO) Rev3 버전의 회로도로 보입니다. 여기에는 아두이노 보드의 주요 구성 요소와 그들 간의 연결이 상세히 나와 있습니다. 중앙에는 ATmega328P 마이크로컨트롤러가 위치하며, 주변에는 전원 공급 장치, 발진기 회로, USB 인터페이스 회로, 전압 조정기, 그리고 다양한 핀 헤더가 보입니다. 이 회로도는 아두이노 우노의 하드웨어 설계를 이해하고자 할 때 중요한 참고 자료로 활용됩니다.

YOU

이 도면을 좀 더 상세하게 다시 그려 줘.

ChatGPT

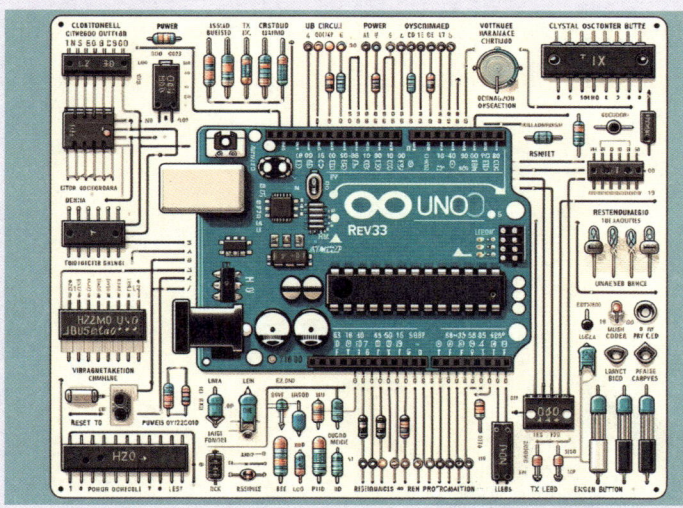

Here is a more detailed and refined version of the Arduino UNO Rev3 schematic.

YOU

USB 인터페이스를 기판 끝단 쪽에 다시 배치해 줘.

ChatGPT

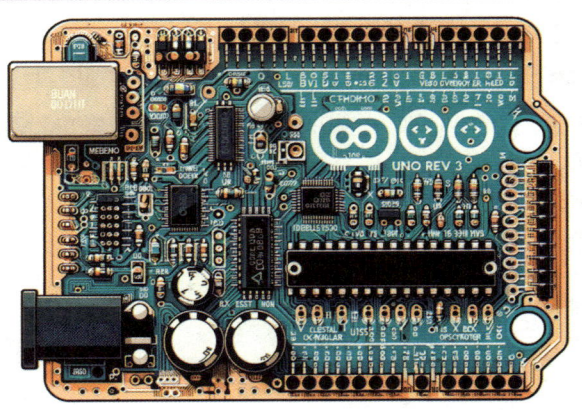

Here's the updated layout of the Arduino UNO Rev3 board with the USB interface circuit repositioned to the end edge of the board.

 YOU
제품 외관도 디자인해 줘.

 ChatGPT

Here's a conceptual design for the Arduino UNO Rev3 board with a modern and sleek appearance, featuring a clear layout and user-friendly interface.

한국산업단지공단 서울본부 "그린IT MC" 정기총회에 초대되어 전자산업 대표님들이 계신 곳에서 "ChatGPT 활용 방안" 강의를 하였다. 관련 업무하고 비슷한 내용인 것 같아 상기 내용을 보여 주었는데 많이들 놀라워하셨다. 내가 모르는 분야이지만 ChatGPT 멀티모달 기능 소개로 참석자들의 호응을 받았다.

프롬프트 활용 영역

ChatGPT 프롬프트 멀티모달 기능을 활용하여 업무에 적용하는 분야는 점차 확대되고 있다. 지금까지 필자가 경험한 분야는 하기 이미지와 같다.

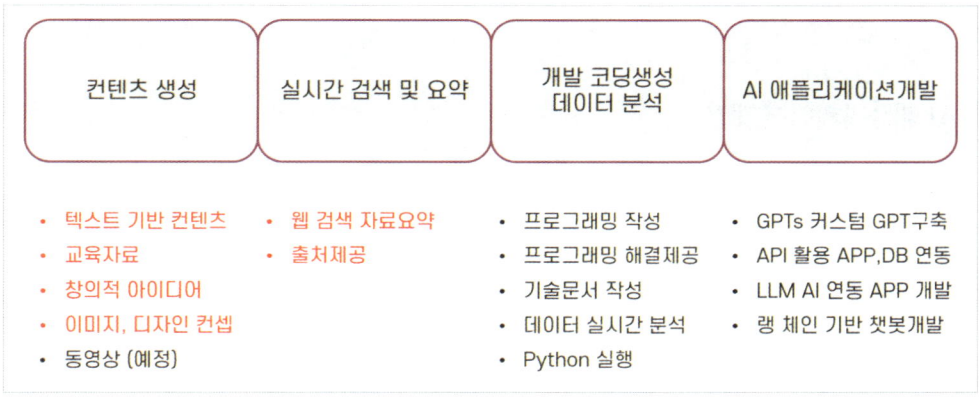

생성형 AI 활용 영역(ChatGPT 기준)

컨텐츠 생성

업무기획서, 정부과제 제안서등 텍스트 기반 컨텐츠를 생성하기에는 ChatGPT 영역은 독보적이다. 생성형AI 강의 등에서 새롭게 발표되는 프롬프트의 세계는 재미있기도 하고 업무 활용 시 만족도가 높다. 특히 달리3 이미지 생성 기능이 강화되면서 텍스트와 이미지를 활용한 다양한 문서 작성이 수준이 높아지고 있다.

실시간 검색 및 요약

MS Bing의 기능이 ChatGPT 4.0에 추가되면서 문서 작성 시 필요한 정보에 대한 요약과 출처검색이 편리해졌다. 학습된 데이터와 실시간 웹정보를 융합하여 문서를 작성하게 되어 문서 작성 시간이 단축된다.

개발 코딩생성 데이터 분석

ChatGPT를 활용하는 개발자분들과 이야기하면 거의 대부분이 300% 업무생산성을 이야기한다. 만일 ChatGPT가 없다면 지금 하는 업무에 2명의 개발자를 더 고용해야 일 처리가 가능하다는 것이다. 이전에는 에러가 발생하면 많은 시간 개선 작업을 했지만 지금은 ChatGPT에게 개선 요청을 맡긴다고 한다. ChatGPT 서비스가 개발 및 데이터 분석 분야에서 많은 성과를 내고 있다.

AI 애플리케이션 개발

ChatGPT는 API 연동 서비스를 제공한다. LangChain 라이브러리와 RAG 검색기술 발전으로 LLM AI 연동 APP 개발에 많은 결과물이 나오고 있다. 비개발자도 파이썬 개발 기술만 어느 정도 배운다면 회사 홈페이지에 AI챗봇을 만드는 것이 그리 어려운 기술이 아닌 시대가 되었다. Udemy나 교보문고에 가면 이러한 책자와 교육영상이 있다. 한번 도전해 본다면 회사 발전에 도움이 될 것이다.

중소기업 업무 활용

하기 내용은 필자가 실제로 업무에 활용하고 있는 내용이다. 간단하게 요약해 보았다. 여러분도 다음 과정을 학습해 본다면 업무 분야에서 다양하게 활용하게 될 것이다.

- 정부과제 기획서 작성: 정부과제 기획서 내용 작성 및 조사 자료 정리
- 마케팅: 회사 마케팅 기획 및 시나리오 작성
- 디자인: 디자인 기획 및 제작 / 웹페이지 기획 및 제작
- 보고서 자료 조사: 각종 전문적 지식, 논문 등의 자료 조사 후 결과를 정리

o 사업기획 아이디어: 정책, 사업 등의 계획 수립 시 아이디어 도출 등

o 글쓰기, 보도자료, 번역 및 교정: 영어 번역이나 교정 등 표현을 자연스럽게 수정

o 엑셀 업무 활용: 어려운 엑셀 함수를 간단한 명령어로 생성하여 활용

개인적으로 활용하는 분야는 하기와 같다.

o 영어 공부: 차량 안에서 GPT 대화를 통한 영어 공부

o 건강 상담: 진료데이터를 통한 건강 상담

o 자문: 법률, 심리, 세금문제, 등

ChatGPT 문서 작성

프롬프트

프롬프트는 ChatGPT에게 질문이나 지시를 주는 문장이나 단어를 말한다. 프로폼프트는 일반적으로 텍스트 형식이지만 최근에는 기술 발전으로 "이미지, 데이터, 음성"이 가능하다.

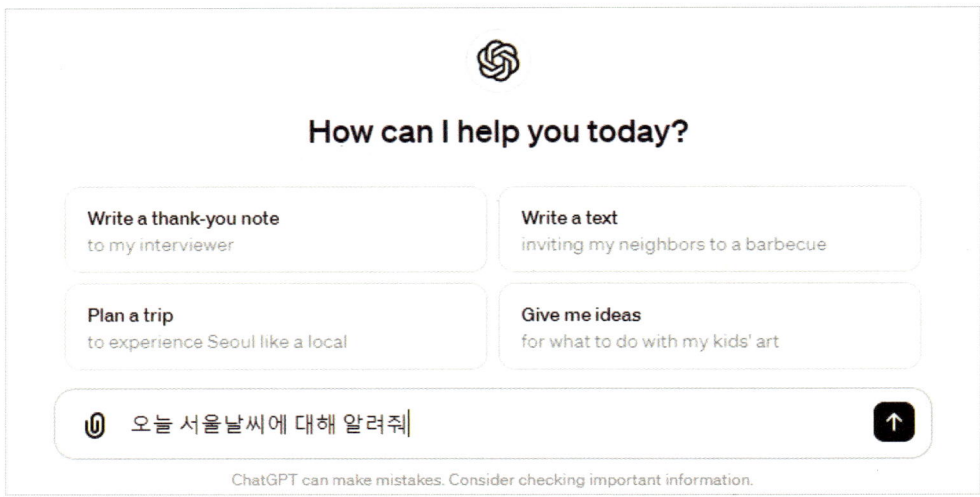

프롬프트 입력

그림과 같이 "오늘 서울 날씨에 대해 알려 줘" 내용 입력을 한 것이 프롬프트이다. 좌측에 있는 "클립" 아이콘을 클릭하면 데이터 또는 이미지를 업로드하여 프롬프트로 활용이 가능하다.

프롬프트 입력 방법에 대해서는 다음 섹션에서 설명한다. 프롬프트를 통해 ChatGPT가 우리의 대화 내용을 정확하게 인식해야 올바른 대답을 생성할 수 있다. 이 부분에 대해서는 사람과 대화하는 방식과 달리 몇 가지 기본적인 지식을 배워야 한다.

프롬프트 프라이밍 기법

프라이밍(점화點火, priming)

"프라이밍"의 의미는 하나의 자극에 노출됨으로써 의식적인 지침이나 의도 없이 후속 자극에 대한 반응에 영향을 미치는 현상을 말한다. 이 단어는 ChatGPT 프롬프트 입력에서 중요하게 사용된다. ChatGPT에게 원하는 목적을 설명해 주기 위해 질문을 처음부터 정확하게 하는 것을 말한다.

연극배우가 대본을 받게 되면 자신의 역할과 태도, 캐릭터 포지션 등 주어진 역할에 대해 정확하게 인식한 이후에 그에 맞게 대본을 연습하게 된다. ChatGPT는 수년간 모든 분야에 대해서 엄청난 데이터를 학습한 상태이다. 막연한 질문은 '혼란'을 초래하거나 무의미한 '답변'을 생성하게 된다.

하기 이미지는 "프롬프트 프라이밍"이라는 단어에 대해 ChatGPT가 생성해 낸 이미지이다. 즉 자신의 뇌에 스위치를 켜는 것과 같다고 표현한다. 첫 질문이 ChatGPT에게 얼마나 중요한지 알려 주고 있다.

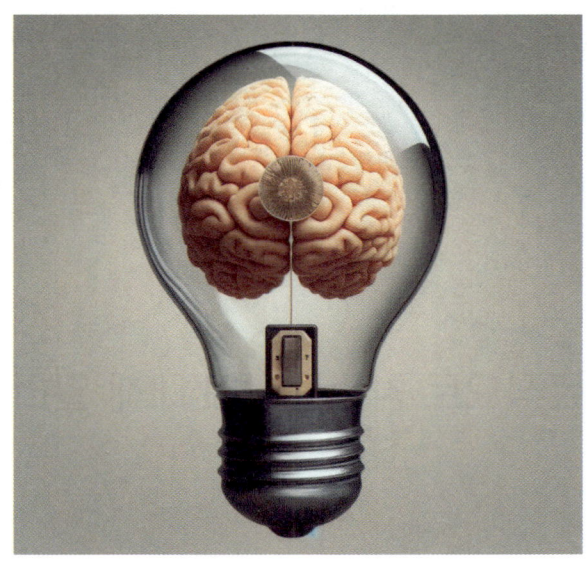

Dall-E3가 생성한 프롬프트 프라이밍 이미지

프롬프트 프라이밍의 실제 사례

ChatGPT로부터 더 구체적이고 정확하며 상세한 답변을 얻을 수 있는 방법은 바로 "프롬프트 프라이밍(Prompt Priming)" 방법을 활용하는 것이다. 프롬프트에 "감기에 대해 알려 줘"보다는 "의료적으로 감기 증상에 대해 알려 줘"라고 작성하였을때 좀 더 상세한 답변을 얻을 수 있다. 하기 이미지에서는 ChatGPT의 지식네트워크에 특정 분야 "의료적"이라는 단어를 삽입하여 답변의 영역이 '노란색' 영역안에서 제공되는 것을 이미지화하여 설명하였다.

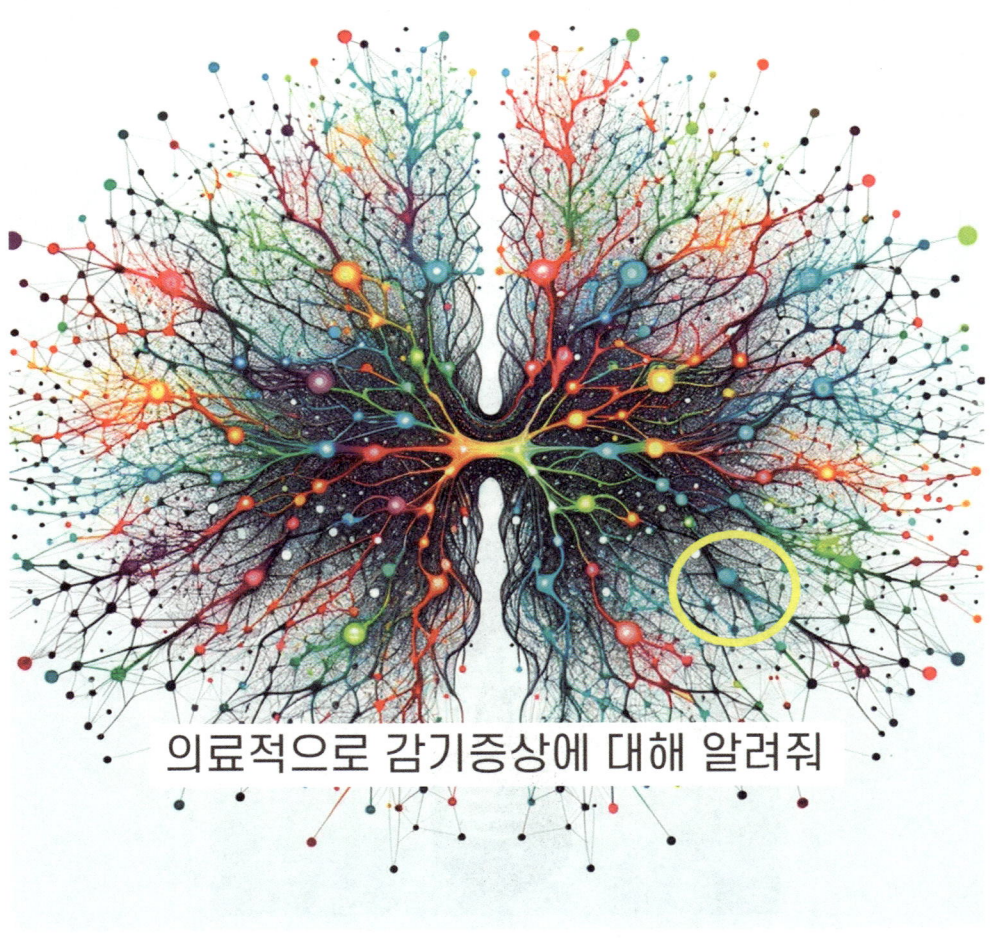

프롬프트 프라이밍 작동이미지

프라이밍 비교

프라이밍 기법은 초기 질문에 연극배우에게 역할과 캐릭터 분석에 대해 정보를 제공하듯이 답변에 대한 구체적인 '데이터'와 역할을 제공해야 한다. 하기는 초기 프라이밍에 해당하는 초기 데이터가 유무에 따른 답변 결과 화면이다. 화면에 보는 것처럼, 휴가 계획에 대한 정보를 제공함으로써 원하는 답변을 얻을 수 있다. 정보가 부족한 경우에는 답변 자체가 무의미하거나 정보를 재요청한다.

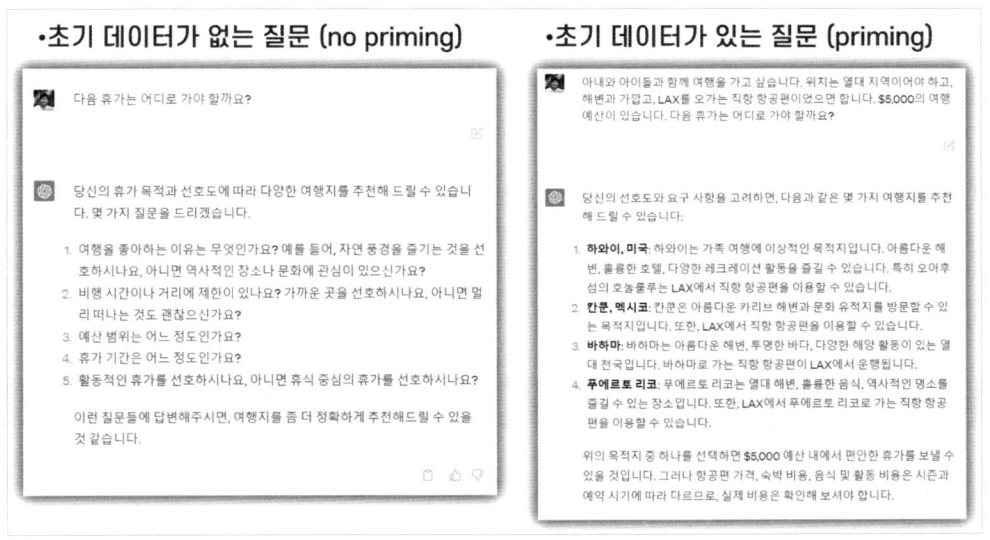

프라이밍 비교 결과

프롬프트 작성 방법

RGC 프롬프트

모든 언어에는 문법이 있다. 익숙해지면 문법보다는 다양한 언어적인 표현(얼굴 표정, 뉘앙스, 손짓 등)으로 의사전달이 더 쉽게 이루어진다. 하지만 우리가 다루어야 하는 것은 AI 도구이다. 정확하고 명확한 문자적인 의사전달이 되어야 원하는 결과를 얻을 수 있다.

ChatGPT가 더 유용하고 정확한 응답을 생성하기 위해서 연구자들이 조사하고 나름대로 방법론을 제시하고 있다. 그중에 하나가 RGC 프롬프트 문법이다.

RGC 프롬프트 작성법은 ChatGPT에게 역할을 부여하고 원하는 답변을 명확하고 구체적으로 설계하여 질문하는 것이다. 하기 표에 RGC에 대해 설명하였다. 경험상 ChatGPT 작성법은 이 RGC만 적용하면 90% 이상 효과를 낼 수 있다. RGC 문장은 반드시 줄 바꿈으로 구분해 주면 좋다(프롬프트에서 "Shift+Enter"를 입력하면 줄 바꿈이 되어 다음 문장으로 커서가 이동한다.).

RGC	내용	기능
Role 역할	• ChatGPT 역할을 제시	• 너는 수출전문가다. • 너는 연구소장다.
Goal 목표+조건	• 원하는 결과물을 제시 • 필요한 조건도 제시	• 정부과제 계획서를 작성해 줘. • 초등학생을 대상으로 퀴즈 5개 작성해 줘.
Context 컨텍스트(정보)	• 원하는 결과물에 대한 세부정보 • Who, What, Where, Why • 다양한 정보를 나누어서 제시	• 목차 내용…(2,000글자 이내) • 세무관리 내용… • 워드, 엑셀파일..

Role: 역할

ChatGPT에게 역할을 지정하는 것이다. ChatGPT는 다양한 전문자료를 학습한 초거대 AI 언어 모델이다. 역할을 지정한다는 것은 답변의 범위를 지정하여 더 전문적인 답변을 할 수 있는 중요한 '키'이다.

너는 수출전문가다.

너는 소프트웨어 기술연구소 박사다.

너는 병원 CRM 대표다.

상기 역할을 지정하는 단어에서 "수출 분야", "소프트웨어 분야", "병원 CRM 분야"라는 범위가 확정이 된다. 그 학습된 많은 분야에서 해당하는 전문 분야에 집중할 수 있는 '범위'가 지정된 것이다. 프라이밍 프롬프트에서 첫 시발점이 되는 요소이다. '역할'은 첫 프롬프트 입력에서만 활용이 되고 다음 프롬프트에서는 재반복되지 않아도 된다. ChatGPT는 계속 그 위치에서 답변을 진행한다. 물론 재지정하면 다시 재정립이 되지만 **하나의 채팅방에서는 하나의 역할만 정의하는 것이 매우 중요하다.** 그래야 ChatGPT 환각(hallucination) 문제에서 벗어날 수 있다.

Goal: 목표 및 조건

목표는 프롬프트에서 가장 핵심적인 요소이다. 목표는 내가 ChatGPT에게 원하는 응답에 대한 작업 지침을 지정한다. 수행해야 하는 작업에 대해 명확하고 간결하게 지시하는 것이다.

목차에 따라 내용을 작성해 줘.

하기 내용을 요약해 줘.

하기 내용을 참조하여 제목을 작성해 줘.

세금에 관한 퀴즈를 작성해 줘.

예시와 같이 원하는 응답에 대해 정확하고 간결하게 작성해 주어야 한다. 그러기 위해서는 제한 조건이 필요하다. 아래 예제 문장에서 빨간색 텍스트가 제한 조건에 해당한다.

목차에 따라 내용을 **1,000자 내외로** 작성해 줘.

하기 내용을 **개요식으로 나누어서** 요약해 줘.

하기 내용을 참조하여 제목을 **5개** 작성해 줘.

세금에 관한 퀴즈를 **초등학생 수준에 맞게** 작성해 줘.

이처럼 목표와 제한 조건을 명확하게 작성해 주면 ChatGPT도 정확한 응답을 제시해 준다.

Context: 콘텍스트(정보)

"누가, 어디서, 무엇을, 왜, 어떻게, 얼마나"를 제공한다. 우리가 잘 알고 있는 5W2H라고 보면 된다. 프롬프트 '목표' 작성 시 목표를 이루기 위한 다양한 정보를 콘텍스트 형태로 제시한다고 보면 된다. 콘텍스트는 다양한 구성으로 활용이 된다. ChatGPT가 수용할 수 있는 프롬프트 입력 문자 2,000자 이내에서 하기와 같이 여러 콘텍스트를 설정할 수 있다. 또는 문서 또는 이미지 파일을 업로드 하여 콘텍스트로 활용한다.

   예제 내용: 어떤 주제에 대한 문장 및 요약

   목차: 문서 작성 목차 항목

   스크립트: 대본 또는 설명

   정보: 어떤 주제에 대한 정보와 기술적인 내용

각각의 콘텍스트는 구분하여 한 프롬프트 안에서 함께 사용이 가능하다. 다중 콘텍스트를 입력하는 경우에는 구분을 위해 " ", [ ], # 기호 등을 이용한다. 물론 내용을 강조하기 위해서 " " 큰따옴표를 사용하기도 한다. 아래 예시를 참조해 보자. 다중 콘텍스트 문장을 입력할 때 요긴하게 사용된다.

단일 콘텍스트 입력 방식

R	너는 메디컬 AI 기술연구소 박사다.
G	아래와 같은 내용을 참조하여 정부과제 계획서 제목을 5개만 작성해 줘.
C	- 인바디 체성분 데이터를 분석하여 비만관리 다이어트 APP 개발 구축 - 식단 사진 촬영하여 음식과 칼로리를 자동 분석하여 인공지능 식단관리 기능 구축 - 매일 운동량과 수분섭취, 수면상태를 확인하여 건강관리 가이드 기능 구축 - 체중감량 목표관리를 위해 매일 수분섭취량, 식단을 제안하는 기능 구축

다중 콘텍스트 입력 방식

R	너는 메디컬 CRM 회사 대표다.
G	아래 **"회사 정보"**를 가지고 **"목차"**에 따라서 **"정성평가서"**를 작성해 줘
C	**#회사 정보** - 회사명: 성민네트웍스 - 조직 구성: 대표, 기술연구소, 고객지원실, 경영지원실, 마케팅팀 - 사업모델 및 제품: 클라우드 SaaS 메디컬 전문 CRM 솔루션 - 제품서비스 특성: 헬스케어 전문 CRM 솔루션, 피부과, 성형외과, 안과병원에 최적화된 Healthcare CRM SaaS 클라우드 서비스 프로그램 공급 **#목차** 3. 목적 및 활용 수준 3.1. 하이서울 인증 목적 및 활용방향 3.2. 하이서울 기업 간 협력 등 네트워크 기여 방안

다중 콘텍스트 입력 방식에서 여러 개의 콘텍스트가 입력되는 경우에는 "G" 부분에서 " " 큰따옴표로 하단의 콘텍스트 내용에 대해 지정하였고 "C" 부분에서는 "#" 표시로 콘텍스트 제목을 표시하여 상호 내용이 연결되도록 하였다.

이 부분이 정말 중요한 것은 다양한 콘텍스트를 활용하여 원하는 답변을 생성할 때 효과적이다. 이러한 문법 없이 문장으로만 프롬프트를 입력하면 ChatGPT가 문장을 이해하는 데 어려움이 발생하고 원하지 않는 답변을 생성하게 된다. **정부과제나 계획서를 작성할 때 다중 콘텍스트 사용은 필수적이다.** ChatGPT 신규 기능인 "데이터 분석"과 관련된 Udemy 학습을 하면서도 강사의 프롬프트 내용을 RGC 문법으로 재입력하면 더 좋은 결과를 얻는 것을 확인하였다. 이 부분에 대해 좀 더 자세한 내용은 정부과제 작성 시 설명한다.

ChatGPT 문서 작성 기초

프롬프트 작성 잘하는 요령

프롬프트를 잘 작성하는 요령은 논문과 전문가들을 통해 하기와 같이 안내되고 있다.

내용	기능 및 설명
1. 반복	• 프라이밍 기법에 따라 질문을 반복해서 답변을 고도화한다.
2. 동사 명령어 짧게	• 작성을 부탁드립니다. 문서 작성을 해 주면 좋겠습니다. X • 작성해 줘. O
3. 부정표현 금지	• 100글자를 넘어서면 안 돼 X • 100글자 이내로 작성해 줘 O
4. 프롬프트 글자 수 관리	• 글자 수가 많으면 이해력이 떨어짐 • 대화를 반복해서 고도화

반복

중요한 부분은 "반복"이다. ChatGPT는 답변 생성이 최대 1,000~1,500글자 정도가 된다. 실제적으로 정부과제 기획서를 작성해 보면 500글자 정도가 생성이 된다(A4 1.5장 정도의 분량).

그래서 반복적인 질문을 어떻게 해 나가는지가 "프롬프트 엔지니어"의 전문 노하우라고 할 수 있다. 반복적인 질문을 통해 답변을 빌드 업 하는 사례로, "기후 변화에 관한 질의응답"을 예로 들 수 있다. 이 사례는 기후 변화의 개념부터 구체적인 해결책까지 단계별로 질문을 확장해 나가는 방식으로 구성된다. 다음은 각 단계별 질문과 ChatGPT 답변의 예시이다.

기초 질문

 YOU
기후 변화란 무엇인가요?

 ChatGPT
기후 변화는 지구의 평균 기온, 강수량, 바람 패턴 등 기후 요소들이 장기간에 걸쳐 변하는 현상을 말합니다. 이는 자연적 요인과 인간의 활동 모두에 의해 발생할 수 있습니다.

확장 질문

 YOU
기후 변화의 주요 원인은 무엇인가요?

 ChatGPT
기후 변화의 가장 큰 원인 중 하나는 온실가스 배출입니다. 이산화탄소, 메탄, 아산화질소 등이 대기 중으로 배출되어 지구의 온도를 상승시키는 주된 요인입니다. 대부분의 배출은 화석 연료의 사용, 산업 활동, 농업, 폐기물 처리 과정에서 발생합니다

심화질문

 YOU
기후 변화를 완화하기 위한 주요 정책은 무엇이 있나요?

 ChatGPT
기후 변화를 완화하기 위한 정책으로는 탄소 배출 감소, 재생 가능 에너지의 확대 사용, 에너지 효율성 개선, 산림 보호 및 확장 등이 있습니다. 예를 들어, 유럽연합은 2050년까지 탄소 중립을 목표로 설정하고 있으며, 이를 위해 여러 가지 규제와 인센티브를 도입하고 있습니다.

특정 사례 질문

 YOU
한국에서는 기후 변화에 어떻게 대응하고 있나요?

> **ChatGPT**
> 한국은 '그린 뉴딜' 정책을 통해 기후 변화에 대응하고 있습니다. 이 정책은 경제의 친환경 전환을 촉진하고, 재생 가능 에너지의 비중을 늘리며, 에너지 효율을 개선하는 다양한 조치를 포함하고 있습니다. 또한, 2050년까지 탄소 중립을 달성하기 위한 목표도 설정하고 있습니다.

이러한 방식으로 반복적인 질문을 통해 주제에 대한 이해를 단계적으로 심화시키는 것은 보다 구체적인 답변을 생성하는 효과적인 방법이다.

동사 명령어 짧게

ChatGPT 입장에서는 가장 중요하게 생각하는 것은 "지시 명령문"이다. 무슨 작업을 해야 하는지에 따라 그 작업에 대한 수행 방법을 결정하기 때문이다. 그래서 동사 명령어가 명확하고 간결해야 한다.

작성해 줘, 요약해 줘, 분류해 줘, 번역해 줘, 계산해 줘, 분석해 줘

지시에 대해서는 존댓말을 사용하지 않고 명령조로 짧게 작성하는 것이 원칙이다. 또한 명확하고 적합한 명령어 단어를 선택하는 것이 좋다.

부정 표현 금지

ChatGPT 등 생성형 AI에서는 부정적인 표현은 명령어로 사용하기에는 부적절하다.

    너무 길게 작성하지 마

    100자 이상 쓰지 마

    어른스럽게 작성하지 마

이런 표현들은 다시 ChatGPT에게 역으로 질문을 받거나 원하지 않는 결과물이 나올 수 있다. 명확하게 구체적인 것을 긍정적으로 지시하는 것이 올바른 방법이다. 예제들은 아래와 같이 구체적이고 긍정적인 문장으로 작성해야 한다.

    1000자 이내로 요약해서 작성해 줘.

    100자 이내로 명확하게 작성해 줘.

초등학생 대상으로 작성해 줘.

글자 수 관리

프롬프트 작성 시 문장 길이에 대해 신경을 써야 한다. ChatGPT가 문장을 이해하는 단위는 토큰(Tocken)이다. 글자 수가 많아지면 토큰 수도 많아진다. 토큰 수가 많아지면 ChatGPT 대화가 지속될수록 이전 대화를 용량문제로 제대로 인식하지 못해 답변내용에 문제가 생길 수 있다.

한글은 한국어의 특성상 영문에 비해 4.5배나 더 많은 토큰을 사용한다. 그러다 보니 프롬프트 작성 시에는 되도록이면 단순하고 명확하게 짧게 반복적으로 작성하는 것이 유리하다. 이 부분은 "반복" 개념으로 대화 내용을 분산시키는 것도 좋은 방법이다.

ChatGPT 파일 업로드 작업

파일 종류와 용량 제한

프롬프트를 사용하여 콘텍스트로 활용하기 위해 업로드할 수 있는 파일 종류는 다양하다. 주로 다음과 같은 파일 형식을 처리할 수 있다

- 텍스트 파일: .txt, .docx, .pdf 등
- 이미지 파일: .jpg, .png, .gif 등
- 스프레드시트 및 프레젠테이션: .xls, .xlsx, .ppt, .pptx 등

개별 파일 크기는 최대 파일 크기가 25MB이고 한 번에 최대 10개 파일까지 업로드 가능하다.

ChatGPT 파일 업로드 방법

ChatGPT는 텍스트 데이터에 대해 한 번에 처리할 수 있는 데이터가 15,000글자의 단어로 제한되어 있다. 이 제한을 우회하기 위해 파일을 더 작은 조각으로 나누어 업로드 해야 한다. 되도록이면 이미지 데이터와 텍스트데이터가 혼합되지 않도록 한다.

ChatGPT 파일 업로드 작업 예시

텍스트 파일(.txt, .docx, .pdf)

- 내용 요약: 긴 문서나 보고서의 주요 내용을 요약합니다.
- 키워드 추출: 문서에서 중요한 키워드나 구문을 추출합니다.
- 문서 검토 및 수정 제안: 문법 오류, 맞춤법, 어휘 사용 등을 검토하고 수정을 제안합니다.
- 문서 번역: 문서 내용을 다른 언어로 번역합니다.
- 데이터 추출: PDF 형식의 표나 목록에서 데이터를 추출하여 편집 가능한 형식으로 변환합니다.

이미지 파일(.jpg, .png, .gif)

이미지 설명 및 분석: 이미지의 내용을 설명하고, 이미지에서 정보를 추출합니다.

객체 인식: 이미지 내 특정 객체를 식별하고 분류합니다.

스프레드시트 및 프레젠테이션(.xls, .xlsx, .ppt, .pptx)

데이터 분석: 스프레드시트의 데이터를 분석하여 통계적 요약, 트렌드 식별, 그래프 생성 등을 수행합니다.

슬라이드 요약: 프레젠테이션의 주요 내용을 요약합니다.

사업기획서 작성

정부과제 작성에 앞서 배운 RGC 문법을 활용하여 ChatGPT 문서 작성을 해 본다. 보통 관공서에서 운영하고 있는 홈페이지에는 관공서에서 외부적으로 공익 활동 사항을 뉴스 내용으로 올리는 경우가 많다.

그중 하나를 선택하여(주요 지명 및 관공서명은 임의 작성함) 앞서 배운 ChatGPT 작성 방법으로 문서를 작성해 보자.

발췌된 주요 뉴스 내용

> 학교 방문 세금 교육 진행(제주 성민초등학교)
> 우주세무서(서장 김우주)는 2024. 5. 07. (화) 우주시에 위치한 '제주 성민초등학교'를 방문하여 '학교 방문 세금 교육'을 진행하였습니다. 세금에 대한 설명과 국세청에서 하는 일, 세금과 관련하여 초등학교 학생들이 할 수 있는 일들을 알려 주며, 세금에 대한 올바른 인식을 가질 수 있는 뜻깊은 시간을 보냈습니다. 앞으로도 우주세무서는 '학교 방문 세금 교육'을 지속적으로 진행하여 학생들이 올바른 납세 의식을 정립할 수 있도록 노력하겠습니다.

이 내용을 가지고 관공서에서 문서 작성 시 ChatGPT 활용 방안을 연습해 보자. (여러분은 실습용으로 근처 세무서 홈페이지에 방문하여 공지사항등을 확인해서 위와 같은 홍보뉴스를 복사하여 활용해 보자)

사업기획서 작성

발췌된 뉴스 내용을 콘텍스트로 활용하여 사업기획서를 작성해 보자. 이 내용을 그대로 RGC 문법으로 프롬프트를 작성하자. 처음 프롬프트 이기 때문에 "R"의 역할을 정확하게 지정해야 한다.

RGC

R: 너는 사업기획서 전문 작성 담당자이다.

G: 하기 내용에 대해 사업기획서를 작성해 줘.

C: (주요 뉴스 내용 그대로 복사)

 너는 사업기획서 전문 작성 담당자이다.
하기 내용에 대해 사업기획서를 작성해 줘.

우주세무서(서장 김우주)는 2023. 10. 06. (금) 우주시에 위치한 '제주 성민초등학교'를 방문하여 '학교 방문 세금 교육'을 진행하였습니다. 세금에 대한 설명과 국세청에서 하는 일, 세금과 관련하여 초등학교 학생들이 할 수 있는 일들을 알려 주며 세금에 대한 올바른 인식을 가질 수 있는 뜻깊은 시간을 보냈습니다. 앞으로도 우주세무서는 '학교 방문 세금 교육'을 지속적으로 진행하여 학생들이 올바른 납세 의식을 정립할 수 있도록 노력하겠습니다.

 사업기획서: 학교 방문 세금 교육 프로그램

1. 사업 개요

우주세무서는 교육 기관에 방문하여 세금에 대한 인식과 이해를 높이는 프로그램을 진행하고자 합니다. '학교 방문 세금 교육'을 통해 학생들이 세금에 대한 올바른 인식을 형성하고, 나아가 사회 구성원으로서의 역할과 책임에 대한 이해를 증진하게 됩니다.

2. 목표

 – 학생들이 세금의 중요성과 용도를 이해하고, 세금에 대한 올바른 인식을 형성하는 데 기여

 – 국세청의 역할과 기능에 대한 이해를 높이는 데 기여

 – 학생들이 사회적 책임을 이해하고, 그중 하나인 세금 납부의 중요성을 인식

3. 사업 내용 및 방법

1) 교육 커리큘럼 개발: 세금과 관련된 기본적인 지식, 국세청의 역할, 학생들이 세금과 관련하여 수행할 수 있는 행동 등을 포함하는 교육 커리큘럼을 개발합니다.

2) 학교 방문: 교육 커리큘럼에 따라 학교를 방문하여 세금에 대한 교육을 진행합니다.

3) 피드백 및 개선: 교육 프로그램이 종료된 후, 참여 학생들과 교사들로부터 피드백을 수집하여 교육 내용을 개선하고, 이를 다음 교육에 반영합니다.

> 4. 필요 예산
>   - 교육 커리큘럼 개발 비용
>   - 학교 방문 비용(교육 자료 인쇄, 운송비 등)
>   - 교육 프로그램 관리 및 운영 비용
> 5. 기대 효과 및 성과 측정
> 1) 기대 효과: 학생들의 세금에 대한 인식 향상, 올바른 납세 의식의 형성, 사회 구성원으로서의 역할에 대한 이해 증진
> 2) 성과 측정: 교육 프로그램 전후 설문조사를 통한 인식 변화 측정, 학생들의 참여 및 반응, 교육 후 피드백 수집 등을 통해 성과를 측정합니다.
>
> 우주세무서는 '학교 방문 세금 교육'을 지속적으로 운영하여 학생들이 세금에 대한 올바른 인식을 갖출 수 있도록 최선을 다할 것입니다. 이 프로그램은 사회의 미래인 젊은 세대에게 국가의 중요한 요소인 세금에 대한 이해를 높이는 데 크게 기여할 것으로 기대됩니다.

상기처럼 콘텍스트 내용을 통해 사업기획서를 생성하게 된다. 문서의 주요 내용과 방향은 콘텍스트 정보에 따라 명확하게 작성된다. 사업기획서 내용의 3-1 항목에 "교육 커리큘럼 개발" 항목이 있다. ChatGPT는 대화 방식의 챗봇이다. 이처럼 필요한 내용에 대해 추가 정보를 제공한다. 이 내용을 기반으로 다음 프롬프트 질문에 대해 기획할 수 있다.

앞선 대화를 통해 ChatGPT는 자신의 역할과 목적에 대해 인지한 상태이다. 또한 대화 내용 기반으로 다음 프롬프트 내용에 대해서 분명하고 전문적인 답변을 생성할 수 있다. 이것이 "반복"이 갖고 있는 프롬프트 "빌드 업" 과정이다. 다음 질문은 교육 커리큘럼에 대해 작성해 보자.

교육 커리큘럼 작성

앞서 작성된 사업기획서에서 교육 커리큘럼 개발 항목을 RGC 문법으로 프롬프트를 작성해 보자.

이번 프롬프트에서 "R"을 생략한 이유는 처음 프롬프트를 통해 역할이 이미 정의되어 있기 때문이다. (향후에는 이처럼 두번째 이후 프롬프트에서는 "R"은 생략된다.)

RGC

R: 생략

G: 초등학생에게 교육할 "세금교육"에 대해 교육 커리큘럼을 작성해 줘.

C: 생략(기존 대화 내용을 ChatGPT가 기억하고 있다.)

 초등학생에게 교육할 "세금교육"에 대해 교육 커리큘럼을 작성해 줘.

세금 교육 커리큘럼: 초등학생을 위한 세금과 국세청

1. 세션 1: 세금이란 무엇인가?
   - 학습 목표: 세금의 기본 개념과 그 중요성에 대해 이해
   - 내용: 세금의 정의, 종류, 세금이 왜 필요한지에 대한 이해
   - 활동: 실생활에서의 세금 사용 예시를 통한 이해 증진
2. 세션 2: 우리나라의 세금은 어떻게 사용되는가?
   - 학습 목표: 세금의 사용처와 그 중요성에 대해 이해
   - 내용: 국가 예산과 세금, 세금이 우리 생활에 미치는 영향
   - 활동: 실생활에서 세금이 사용되는 예시를 찾아보는 활동
3. 세션 3: 국세청은 무엇을 하는 곳인가?
   - 학습 목표: 국세청의 역할과 기능에 대해 이해
   - 내용: 국세청의 주요 업무 소개
   - 활동: 국세청의 역할에 대한 토론 및 생각 공유
4. 세션 4: 나도 세금을 알고, 올바르게 다룰 수 있다!
   - 학습 목표: 세금에 대한 올바른 인식 형성 및 개인의 역할 이해
   - 내용: 나의 역할과 세금, 세금을 올바르게 이해하고 대처하는 방법
   - 활동: 세금 관련 문제 상황을 가정하고 해결 방안을 제시하는 역할극

5. 세션 5: 세금과 나의 미래
  - 학습 목표: 세금과 사회적 책임, 미래와의 연결성에 대해 이해
  - 내용: 세금의 중요성을 통한 사회적 책임의 이해, 세금과 나의 미래의 관계
  - 활동: 내 미래의 꿈과 세금이 어떻게 연결될 수 있는지 그림이나 글로 표현하기

각 세션 후에는 학생들이 배운 내용을 복습하고 이해도를 확인하기 위한 **간단한 퀴즈나 활동이 포함될 수 있습니다.** 이러한 커리큘럼은 학생들이 세금에 대한 올바른 이해를 갖고, 자신의 역할과 책임에 대해 인식하는 데 도움을 줄 것입니다.

처음 프롬프트에서 프라이밍이 잘되어서 추가 콘텍스트 입력없이 반복되는 간단한 질문에도 상세하고 자세한 내용의 결과물을 얻게 되었다. 그리고 대상이 초등학생이다 보니 커리큘럼 내용에 "간단한 퀴즈 활동"을 추가하는 것에 대해 ChatGPT가 제안을 하고 있다. 이 부분에 대해서 이어서 프롬프트를 작성해 보자.

퀴즈작성

교육 커리큘럼에 필요한 간단한 퀴즈 내용을 프롬프트를 통해 작성해 보자.

RGC

R: 생략

G: 세금 교육에 대한 간단한 퀴즈 5가지만 작성해 줘.

C: **생략(기존 대화 내용을 ChatGPT가 기억하고 있다.)**

세금 교육에 대한 간단한 퀴즈 5가지만 작성해 줘.

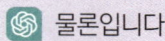 물론입니다.

아래는 초등학생들을 대상으로 한 세금 관련 퀴즈입니다.

1. 퀴즈 1: 세금은 우리나라의 어떤 서비스를 위해 사용되는가?
   - a) 국가 방위
   - b) 교육 서비스
   - c) 의료 서비스
   - d) 모두 맞다
2. 퀴즈 2: 다음 중 세금의 종류로 옳지 않은 것은 무엇인가?
   - a) 소득세
   - b) 부가가치세
   - c) 물가세
   - d) 취득세
3. 퀴즈 3: 국세청은 어떤 일을 하는 곳인가요?
   - a) 세금을 징수하는 곳
   - b) 우주를 탐사하는 곳
   - c) 동물을 보호하는 곳
   - d) 영화를 만드는 곳
4. 퀴즈 4: 아래 중 세금을 올바르게 이해하고 대처하는 방법으로 틀린 것은 무엇인가?
   - a) 세금을 내야 하는 이유를 이해한다.
   - b) 세금은 나에게 아무런 영향을 미치지 않는다고 생각한다.
   - c) 세금이 우리 사회를 어떻게 돕는지 이해한다.
   - d) 세금이 어떻게 징수되고 사용되는지 알아본다.
5. 퀴즈 5: 세금이 우리 미래 생활에 어떻게 영향을 미칠까요?
   - a) 교육과 의료 서비스를 개선하여 우리의 삶의 질을 높인다.
   - b) 우리가 사는 도시의 안전과 청결을 유지한다.
   - c) 공원, 도서관 등 공공 시설을 운영한다.
   - d) 모두 맞다.

답
1(d), 2(c), 3(a), 4(b), 5(d)

응답 결과를 자세하게 보면 성인도 흥미롭게 풀 수 있는 문제이다. 친절하게 제일 하단에 답도 표시되어 있다. 이 정도면 간단한 기념품만 준비되면 "세금 교육"이 즐거운 시간으로 변화되지 않을까 생각한다. 이제 여기까지 왔으면 원점으로 돌아와서 관공서 홈페이지에 올라와 있던 뉴스 보고서 내용을 작성해 보자.

뉴스 보고서

처음에 콘텍스트로 활용되었던 뉴스 보고서 내용을 이제는 학습된 ChatGPT가 작성하도록 해 보자. 계속적으로 RGC를 반복하는 것은 훈련의 과정이니 눈에 익히길 바란다.

RGC

R: 생략

G: 이 행사 진행 결과에 대해 홍보할 수 있도록 뉴스 보고서를 만들어 줘.

C: **생략(이 행사 진행이라는 콘텍스트 내용은 이미 대화를 통해 ChatGPT가 알고 있는 상황이다.)**

🧑 이 행사 진행 결과에 대해 홍보할 수 있도록 뉴스 보고서를 만들어 줘.

💬 "우주세무서, 초등학생들에게 '학교 방문 세금 교육' 진행"
우주세무서(서장 김우주)는 지난 10월 6일 우주시에 위치한 '제주 성민초등학교'를 방문하여 '학교 방문 세금 교육'을 진행하였습니다.
이번 교육은 세금의 중요성과 국세청의 역할에 대한 올바른 인식을 형성하고자 기획되었습니다. 학생들에게 세금이란 무엇인지, 우리나라의 세금은 어떻게 사용되는지, 그리고 국세청에서 하는 일과 세금과 관련하여 학생들이 할 수 있는 일들에 대해 알려 주었습니다.

교육을 통해 학생들은 세금의 중요성을 이해하고, 자신들도 납세자로서의 역할을 수행할 수 있다는 인식을 갖게 되었습니다. 이런 경험은 학생들이 올바른 납세 의식을 정립하는 데 큰 도움이 되었습니다.

김우주 서장은 "이번 '학교 방문 세금 교육'을 통해 학생들이 세금에 대해 올바르게 이해하고, 자신의 역할을 인식하는 기회가 되었기를 바란다"며, 앞으로도 지속적으로 학교를 방문하여 학생들에게 세금 교육을 진행할 계획이라고 밝혔습니다.

이러한 교육을 통해 우주세무서는 학생들이 세금에 대한 올바른 이해를 갖고, 그 중요성을 알게 되는 계기를 마련해 주었습니다. 이를 통해 우주세무서는 학생들이 올바른 납세 의식을 정립하도록 지속적으로 노력할 예정입니다.

기존 내용과 비교한다면 홈페이지 방문객들에게 좀 더 공익적인 뉴스 홍보가 될 것이다.

기존 내용

학교 방문 세금 교육 진행(제주 성민초등학교)
우주세무서(서장 김우주)는 2024. 5. 07. (화) 우주시에 위치한 '제주 성민초등학교'를 방문하여 '학교 방문 세금 교육'을 진행하였습니다. 세금에 대한 설명과 국세청에서 하는 일, 세금과 관련하여 초등학교 학생들이 할 수 있는 일들을 알려 주며, 세금에 대한 올바른 인식을 가질 수 있는 뜻깊은 시간을 보냈습니다. 앞으로도 우주세무서는 '학교 방문 세금 교육'을 지속적으로 진행하여 학생들이 올바른 납세 의식을 정립할 수 있도록 노력하겠습니다.

이 부분을 관공서와 협의된 인터넷 신문에 기재하기 위해 기사 자료를 만든다면 더욱 공익 홍보에 유용할 것이다. 기사 내용으로 빌드 업 해 보자.

기사 작성

홈페이지 뉴스 홍보 내용과 기사의 문서 내용은 작성법과 구성이 다르다. 이 부분을 ChatGPT가 작성하도록 해 보자. 동일한 채팅방에서는 반복되는 질문에는 "R"과 "C"가 생략됨으로 문장도 짧게 작성할 수 있는 이점이 있다.

RGC

R: 생략

G: 이 내용으로 일간지에 배포할 보도자료를 작성해 줘.

C: 생략(ChatGPT는 반복되는 대화 내용을 통해 "이 내용"의 콘텍스트를 이해하고 있으므로 생략함)

 이 내용으로 일간지에 배포할 보도자료를 작성해 줘.

 보도자료

우주세무서, 초등학생 대상 '학교 방문 세금 교육' 성료

지난 10월 6일, 우주세무서(서장 김우주)는 제주 우주시에 위치한 제주 성민초등학교를 방문하여 세금에 대한 중요성과 국세청의 역할을 주제로 '학교 방문 세금 교육'을 진행하였다.

이 교육은 초등학생들에게 세금의 기본 개념과 우리 사회에서의 역할, 그리고 국세청의 업무에 대해 교육하는 것이 목표였다. 학생들에게 세금이란 무엇인지, 세금이 어떻게 사용되는지에 대한 이해를 돕고, 그들 스스로가 어떻게 세금에 관여할 수 있는지에 대한 방법을 알려 주었다.

이 교육을 통해 학생들은 세금의 중요성을 인식하고 자신들도 납세자로서의 역할을 수행할 수 있다는 것을 이해하였다.

김우주 서장은 "학생들이 세금에 대해 올바르게 이해하고, 그들의 역할을 인식하는 데 도움이 된다면, 이 교육의 목표가 달성된 것"이라며, 앞으로도 지속적으로 학교 방문 세금 교육을 진행하여 학생들이 올바른 납세 의식을 정립하는 데 도움이 되고자 한다고 전했다.

우주세무서는 이번 교육을 통해 학생들에게 세금의 중요성을 이해하도록 돕는 등의 노력을 지속하며, 학생들이 올바른 납세 의식을 갖도록 교육할 계획이다. 이러한 노력은 학생들에게 세금이 우리 사회에 어떤 역할을 하는지를 이해하도록 돕는 첫걸음이 될 것으로 기대된다.

보도자료 문의: 우주세무서
담당자: ×××
연락처: ×××-××××-××××
이메일: ×××@wooju.go.kr

기사 구성에 맞게 필요한 내용을 작성해 준다. 특이한 점은 기본 콘텍스트에 없던 서장의 인터뷰 내용도 가상으로 작성하여 준다. 나중에 이 부분은 실제 내용으로 교체한다면 전체적인 구성에 맞게 더 쉽게 문서를 작성할 수 있다. 기사에는 관련된 사진을 첨부하여 기사 전달성을 높여 주는 것이 좋다. 달리3 이미지 생성을 통해 이미지를 만들어 보자.

기사 사진생성

기사내용에 맞는 사진 이미지를 만들어 보자. 요즘은 초상권 문제로 이러한 가상 이미지를 활용하는 사례가 빈번해지고 있다. 반드시 사진 이미지 출처를 작성하는 것이 좋다. 하기는 프롬프트와 생성된 이미지 결과이다.

RGC

R: 너는 20년 이상 된 인물 사진작가이다.
G: 하기 내용으로 실제 사진 이미지를 생성해 줘.
C: 한국초등학교 학생들이 밝은 모습으로 수업을 받고 있다.
　　배경은 한국 초등학교 교실이다.
　　밝은 분위기이다.

기사작성 Dall-E3 이미지 결과물

이처럼 문서 작성 시 RGC 문법과 반복되는 프롬프트 작성법을 통해 원하는 문서 작성을 할 수 있었다. 여기서 중요한 것은 처음 작성되는 "프라이밍 프롬프트" 주제가 명확해야 한다. 처음 프롬프트만 명확해지면 나머지 반복되는 프롬프트는 간단하게 작성해도 원하는 결과를 쉽게 얻을 수가 있다.

02
ChatGPT 정부과제 작성

정부과제 작성 기초

정부과제 소개

나는 2018년도부터 정부과제 R&D 사업에 참여하게 되었다. 처음 한국산업단지공단 정부과제에 3번 도전했지만 모두 떨어졌다. 매번 떨어지는 것을 안타깝게 여겼던 한국산업단지공단 서울본부 간사의 도움으로 컨설팅을 받게 되었고 4번째 도전 끝에 2억 지원 과제 사업에 선정되었다. 그때 이후 정부과제 사업 진행으로 회사경영에 도움이 많이 되고 있다.

정부과제 R&D 사업은 중소기업에 있어서는 매우 좋은 기회이고 선순환이 이루어지는 사업이다. 이런 과제 사업을 통해 기술 개발이나 상품 개발을 이루면, 회사가 성장하고, 좋은 인재를 높은 임금에 채용할 수 있는 기회를 갖게 된다. 그것이 선순환이 되어 세금 납부와 고용이 이루어지니 경제 발전에도 기여하게 되는 것이다.

하지만 ChatGPT를 경험하기 전까지 정부과제 계획서를 작성하는 것은 큰 부담이었다. 규모에 따라 다르지만 적게는 20페이지서 100페이지가 넘는 과제 계획서를 작성하는 것은 힘든 작업이다. 중견기업과 달리 정부과제 전담팀이 없는 소기업에서는 대부분 대표나 경험 있는 관리자가 3~4주 시간을 내야 하는 어려운 프로젝트이다. 그러다 보니 선정되면 회사가 기회이지만, 매 과제마다 도전하기는 부담도 되고, 많은 시간을 할애하기가 버겁다.

현재 나는 한국산업단지공단 서울본부에 속해 있는 SIT 미니클러스 회장을 맡고 있다. 소프트웨어, 인공지능, 클라우드, 빅데이터와 관련된 회사 80여 개 업체가 회원사이고 다양한 R&BD 촉진과제를 주도적으로 진행하고 있다. 업체 대표들을 만나면서 정부과제 참여에 대해 의견을 나누다 보면 많은 분들이 시도조차 하지 못하고 있는 현실을 보게 된다. 2023년 5월부터 진행된 ChatGPT 기술세미나를 통해 정부과제에 대한 설문조사를 받은 결과가 있다.

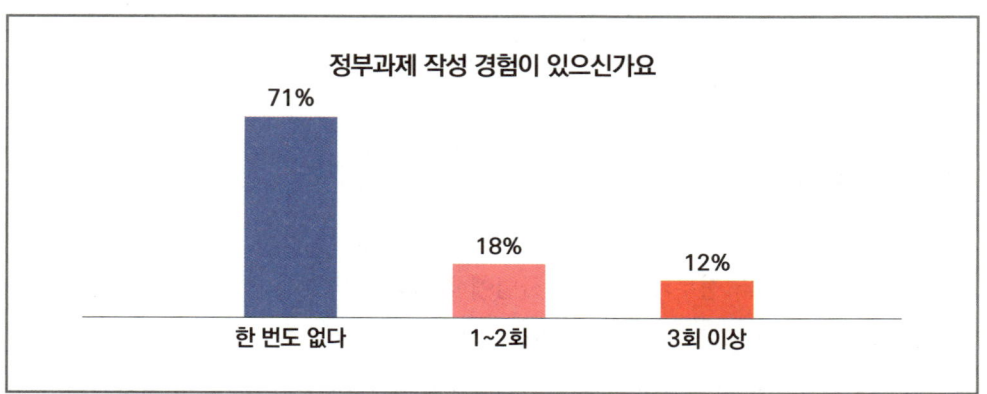

정부과제 작성 경험 설문조사

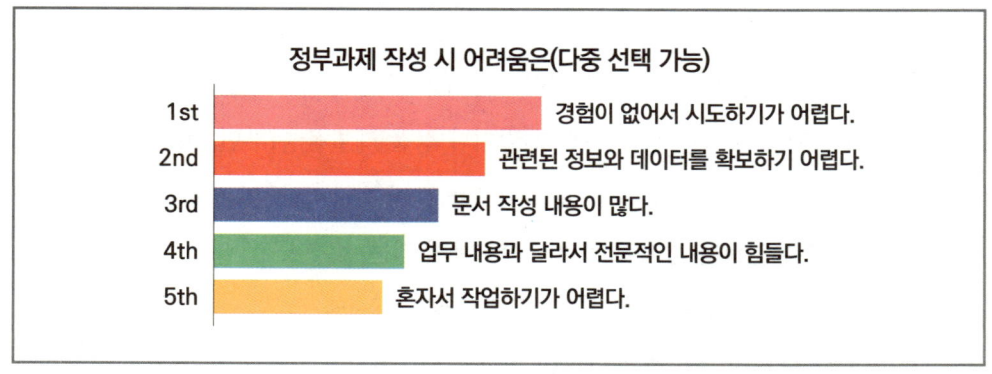

정부과제 작성 시 어려움 설문조사

설문 내용에 보이는 것처럼 70%는 아직 정부과제를 시도해 보지 않은 것으로 나온다. 물론 자체 미니클러스터에 국한된 내용이지만 많은 수가 정부과제 R&D 사업(1억 이상 과제)에 참여해 보지 못했고 나머지 30%만이 그 기회를 얻고 있다. 그 상세한 내용은 "경험이 없다", "관련된 정보와 데이터를 구하기 어렵다", "문서 작성 내용이 많다"이다. 결론적으로 이야기해 보면 문서 작성이 어렵고 정보와 데이터 조사가 힘들다는 것이다.

정부 및 관공서에서 매년 발표되는 정부과제 수는 얼마나 될까?

웹에서 "기업마당(https://www.bizinfo.go.kr/)"을 검색하면 하기와 같은 홈페이지가 나온다. 중소기업의 모든 지원사업에 대해 상세하게 소개하고 있다. 2024년 5월 5일 기준으로 신청 가능한 지원사업 공고는 1,103건에 달한다(2, 3월에는 그 수가 증가한다).

https://www.bizinfo.go.kr/ 메인 페이지

우리 회사에 맞는 지원사업은 충분하게 있다고 보면 된다. 지원사업들의 공통점은 참가신청서 또는 사업계획서를 작성하게 된다. 필자의 회사도 ChatGPT를 도입하고 나서 다양한 지원사업에 참여해서 8건을 신청해서 6건이 되었다. 덕분에 회사 성장에 도움이 되고 있다. ChatGPT를 활용하면서 문서 작성 소요 시간도 단축되고 횟수가 증가하게 되었다.

정부과제 작성 시 활용되는 ChatGPT 실전 사용 방법에 대해 다음과 같이 소개해 본다.

정부과제 5단계 작성법

정부과제를 작성하면서 5단계 규칙을 만들었다. 하기 표와 구성도를 이해하고 문서를 작성하게 되면 이전보다 훨씬 수월하고 빠른 시간에 계획서를 작성할 수 있다. 이 부분은 필자가 논문 작성 시에도 동일하게 활용하여 좋은 결과를 만들어 냈다. 20페이지 이상 작성되는 다른 문서에도 이 방법을 사용해 보길 바란다.

정부과제 5단계 작성법

단계	작업	프롬프트	콘텍스트	도구
1	과제명 선정	아래 내용 기준으로 과제명 5개를 작성해 줘.	과제 아이디어	Chat GPT
2	초안 작성	아래 목차 기준으로 [과제명] 사업계획서를 작성해 줘.	과제 목차	
3	본문 작성	"1.1. 기획 의도"를 하기와 같은 기준으로 서술해 줘.	목차 가이드	
4	세부 조사	아래 내용에 대해 더 많은 정보를 검색해 줘.	본문 내용	
5	편집	업체 정보와 자료를 기준으로 편집 작업		HWP Word

1단계: 과제명 선정

정부과제 작성 시 가장 먼저 결정해야 하는 것은 과제명 선정이다. 앞서 설명한 "프라이밍" 효과는 심사위원에게도 적용된다. 심사위원들도 과제명으로 문서 전반적인 내용을 유추하고 과제 기준에 합당한지 먼저 판단한다고 한다. 그만큼 지원 과제의 목적과 방향에 일치한 과제명을 작성하는 것을 중요하게 생각해야 한다. 4차산업, 융합과제 등 성격이 명확하게 드러나는 과제들은 그 기준에 맞게 작성할 필요가 있다.

과제명을 선정하는 과정에서 앞서 설명드린 "프라이밍" 효과가 시작된다. 하기 내용을 참조하자.

> 당신은 헬스케어 기술연구소 "박사 연구원"이다.
> 아래 내용 기준으로 정부과제명 3개를 작성해 줘.
> 인공지능 기술을 이용하여 다이어트 어플을 개발하고자 한다.
> 식사 사진을 찍어 음식명을 인공지능으로 인식하고 칼로리까지 계산한다.
> 인바디 데이터를 측정하여 클라우드에서 데이터를 다운로드하여 다이어트 어플에서 관리한다.
> 모바일 어플을 통해 다이어트 관리를 할 수 있는 다양한 기능을 구축한다.

1. AI기반 스마트 다이어트 관리 시스템 개발 연구
주요 연구 내용: 식사 사진 인식을 통한 자동 칼로리 계산 기능 및 인바디 데이터 통합 관리 시스템 개발.

2. 지능형 영양 및 다이어트 관리 어플리케이션 개발
주요 연구 내용: 인공지능을 활용하여 식사 사진을 분석해 음식명 및 칼로리를 계산하고, 이를 기반으로 개인화된 다이어트 권장 방안 제시.

3. 클라우드 기반 인바디 데이터 통합 관리 시스템 연구
주요 연구 내용: 인바디 데이터를 클라우드에 저장하고 분석하여, 모바일 어플리케이션에서 유용한 피드백 및 추적 기능을 제공하는 시스템 개발.

2단계: 사업계획서 초안 작성

정부과제 사업계획서에 제시된 "목차"를 참조하여 초안을 작성한다. 정부과제 작성 공지 내용에 과제 작성 안내 페이지가 있다. 여기서 "목차"와 "목차 가이드"를 추출하고 각각 분리한다. 목차는 사업계획서 초안에 사용되고 목차 가이드는 사업계획서 본문 작성에 활용된다.

하기 이미지는 2023년 한국산업단지공단 지원사업 공고에 나온 사업계획서 목차와 작성 가이드 내용이다. 목차는 검정색, 목차 가이드는 파란색이다.

정부과제 사업계획서 공고문 예시

이 "목차" 내용만으로 콘텍스트에 입력하여 초안을 작성한다. 하기 내용을 참조하자.

 아래 목차 기준으로 [AI기반 스마트 다이어트 관리 시스템 개발 연구] 제목으로 정부과제 계획서를 작성해 줘.

1. 사업추진 배경
   1) 의료기기 시장 현황 및 동향
   2) 기업현황
   3) 정부·지자체 지원의 필요성
2. 과제개요
   1) 사업개요
   2) 산·병협력 추진체계
   3) 사업추진계획 및 사업화 방안
   4) 성과 활용 방안
   5) 기대효과
3. 추진일정
4. 사업비 구성
5. 사업수행 인력

AI기반 스마트 다이어트 관리 시스템 개발 연구

1. 사업추진 배경

1) 의료기기 시장 현황 및 동향

현재, 전 세계 의료기기 시장은 획기적인 성장을 보이고 있으며, 인공지능 기술의 통합이 주요 동력으로 작용하고 있습니다. 특히, 스마트폰과 연동되는 개인 건강 관리 기기의 수요가 급증하고 있으며, 이러한 기기들이 주는 데이터 분석 및 관리 기능이 중요시되고 있습니다. 또한, 다양한 다이어트 및 운동 관련 어플리케이션들이 상용화되어 있으며, 이들의 기능 향상 및 통합이 필요한 시점입니다.

(하단은 생략)

3단계: 사업계획서 본문 작성

사업계획서 초안에 대해 각 목차별로 본문을 작성하는 과정이다. 초안 작성 시 "목차"를 사용했다면 각 목차에 대해서 "목차 가이드" 부분을 "콘텍스트"로 활용하여 사업계획서 본문을 작성하면 된다

이러한 구조는 하기 이미지와 같다. 본문 작성은 목차의 세부적인 항목에 대해 전문적인 내용을 작성하는 단계이다.

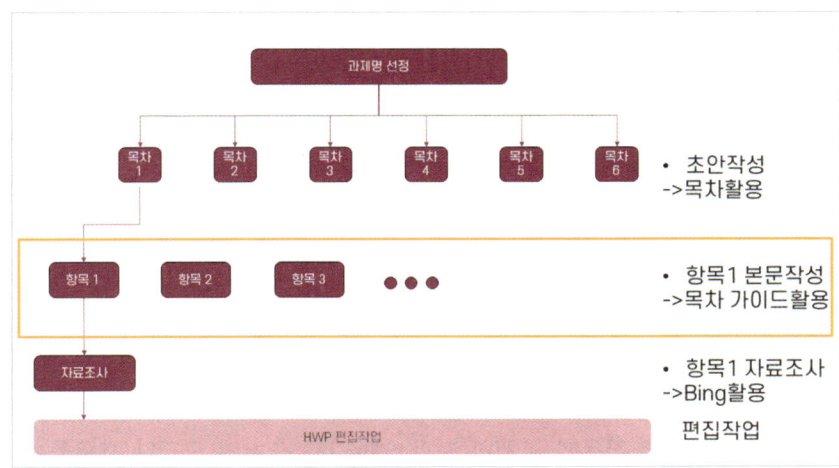

사업계획서 본문 작성 구조도

각 목차 단위로 "목차 가이드"를 콘텍스트로 활용하여 하기와 같이 프롬프트를 입력하여 본문을 작성해 나간다. "의료기기 시장 현황 및 동향"에 해당하는 목차 가이드는 상기 이미지에 하기와 같이 작성되어 있다. 이 내용을 콘텍스트로 입력한다.

"해당 업종·제품의 시장 상황 분석, 소비자 및 경쟁자 분석, 기술 동향 분석"

> 🧑 의료기기 시장 현황 및 동향에 대해서 하기 내용 기준으로 개요를 나누어서 작성해 줘.
> 해당 업종·제품의 시장 상황 분석, 소비자 및 경쟁자 분석, 기술 동향 분석
>
> 의료기기 시장 현황 및 동향
> 1. 해당업종·제품의 시장 상황 분석
> 시장 규모 및 성장률
> 현재 의료기기 시장은 지속적인 성장세를 보이고 있습니다. 특히, 인공지능과 연동된 헬스케어 기기의 수요가 증가하면서, 해당 시장의 규모도 함께 확대되고 있습니다.
> 주요 제품 및 서비스
> 의료기기 시장은 다양한 제품군을 포함하고 있으며, 이미지 진단 기기, 인바디 측정기, 웨어러블 헬스케어 기기 등 다양한 제품이 포함됩니다.
>
> *(하단은 생략)*

4단계: 사업계획서 세부 조사

3단계까지 완성된 본문에 대하여 4단계에서는 필요에 따라 "빌드 업 체인지" 해야 한다. 데이터와 정보 출처가 필요할 때는 ChatGPT Bing 기능을 사용하고 자세한 내용 작성과 아이디어가 필요한 경우에는 ChatGPT를 활용한다.

ChatGPT Bing의 활용

본문 내용의 일부를 콘텍스트로 활용해서 "~더 많은 정보를 조사해 줘" 명령어를 프롬프트에 입력하면 하기와 같이 응답 내용과 각 내용에 대한 웹 출처 및 URL을 제공한다. 답변된 응답 내용을 기존 본문과 교체하고 자세한 자료 출처인 도표나 차트를 삽입하면 된다.

하기 내용에 대해 자료를 조사해 줘.
원격 의료 서비스와 개인 맞춤형 의료 서비스에 대한 요구가 높아지면서, 이에 대응할 수 있는 기술의 필요성이 커지고 있습니다. 병원 관리 및 고객 상담 분야에서도 이러한 기술적 진보가 요구되고 있으며, 이는 새로운 시장 기회를 창출하고 있습니다

원격 의료 서비스에 대한 수요가 급증하고 있으며, 이는 개인 맞춤형 의료 서비스의 필요성 증가와 밀접한 관련이 있습니다. 특히 COVID-19 팬데믹 이후, 편리하고 접근 가능하며 비용 효율적인 의료 서비스를 제공하려는 목적으로 원격 의료 및 가상 건강 솔루션의 채택이 빠르게 증가하고 있습니다. 이러한 변화는 인터넷 연결, 모바일 기기, 원격 모니터링 도구 등 기술 발전에 힘입어 이루어졌으며, 의료 서비스의 확장을 가능하게 하여 다양한 인구와 지리적 지역에 걸쳐 의료 접근성을 개선하고 있습니다(Global Market Insights Inc.).

또한, 미국의 원격 의료 시장은 2022년에 약 296억 달러로 평가되었으며, 2030년까지 연평균 22.9%의 성장률을 기록할 것으로 예상됩니다. 이는 의료 전문가의 부족과 디지털 의료 인프라의 높은 채택률에 의해 촉진되고 있습니다(Grand View Research). 팬데믹 이후에도 가상 의료 서비스는 환자와 의료 제공자 모두에게 편리함과 효율성을 제공함으로써 계속 성장할 전망입니다(Grand View Research).

(하단은 생략)

생성된 답변에서 "파란색" 단어를 클릭하면 해당 내용에 대한 출처 웹페이지로 이동된다. 웹페이지 내용을 검토하면 그 내용에 대한 요약을 답변으로 정리한 것을 확인할 수 있다. 경험상 도메인 주소 "org, or. kr" 공공기관 및 비영리 단체의 자료를 활용하는 것을 추천한다. 해당 자료 사용 시 반드시 출처를 기입하는 것을 잊지 말아야 한다. 하기 이미지는 "Grand View Research" 파란색 문장을 클릭하여 이동한 웹사이트 이미지이다.

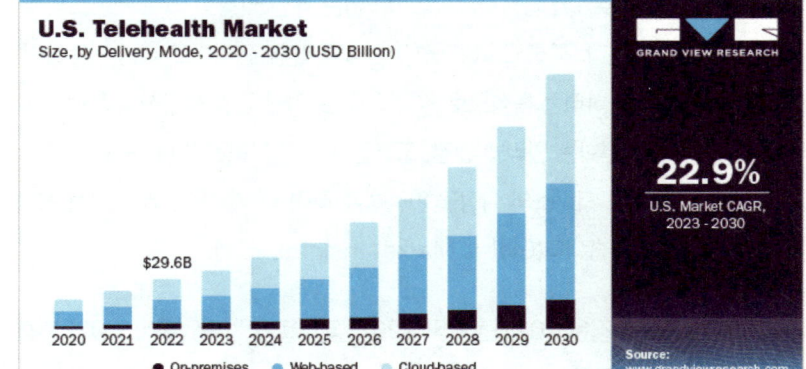

ChatGPT 자료출처 이동페이지 예시

ChatGPT 활용

3단계까지 작성된 본문에서 좀 더 상세한 내용이 필요하거나 아이디어가 필요한 경우, 해당 본문 내용을 기반으로 추가 작업을 진행한다.

프롬프트는 "상세 내용을 작성해 줘", "아이디어 3가지를 작성해 줘" 등 본문 내용을 기반으로 추가 내용을 반복하여 생성한다. 생성된 내용은 기존 본문과 교체 작업을 하면 된다.

5단계: 편집 작업

1~4단계까지 ChatGPT를 통해 문서를 작성하였다면 이제부터는 연구자의 도메인 지식과 경험이 적용되는 단계이다.

1~4단계까지 작업이 완성된 이후 5단계에서는 준비된 연구 지식을 바탕으로 문서를 완성하면 된다. 과거 경험으로는 3주 작업 분량이 1~2일 정도 작업으로 줄어들기도 했다. 그러면 이 작업을 세부적으로 진행하기 위한 프로세스를 소개한다.

1) HWP 서식 스타일 편집
2) 연구자 내용 편집
3) 연구 비용 계산 엑셀 작업
4) 최종 검토 의뢰

1) HWP 서식 스타일 편집:

나도 정부과제 사업을 하기 전에는 HWP 한글을 사용하지 않았다. 엑셀을 많이 쓰면서 MS워드에 익숙해졌기 때문이다. 과제 문서를 작성하면서 HWP 기능이 MS워드와 너무 달라서 애를 먹었다. 특히 서식 부분은 문서 작성 시 어려움이 크고 시간이 많이 소비되었다. 그런데 HWP의 장점 중의 하나가 서식 스타일이라는 것을 알고 유튜브를 통해 배우고 사용해 보니 너무 편리했다. 유튜브에서 "한글 스타일"을 검색하면 대부분 5~10분 영상이 즐비하다. 이 부분을 배워서 먼저 서식 편집을 해야 한다.

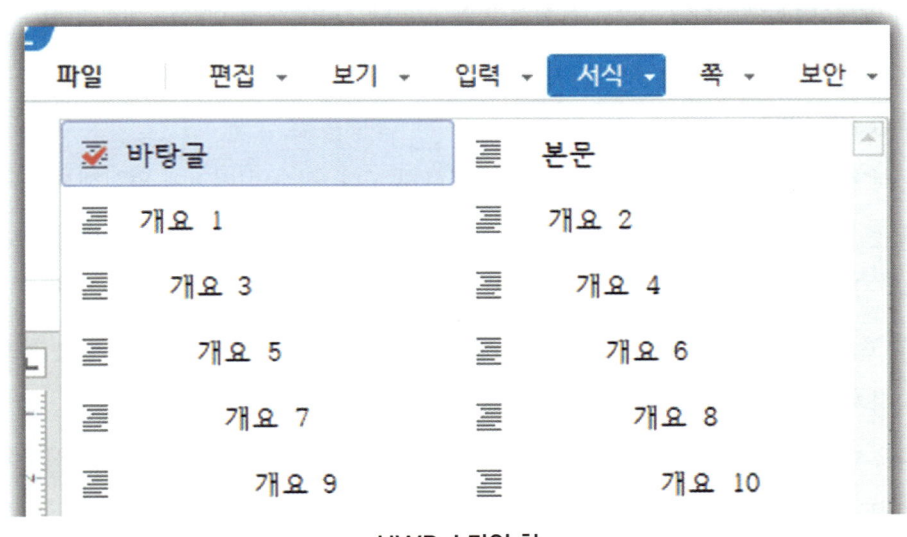

HWP 스타일 창

바탕글, 개요 1, 2, 3, 4에 대해 과제 계획서에 있는 폰트 크기, 개요 기호를 스타일 설정 창에서 설정하고 문서 편집 시에 활용하면 된다. 이렇게 해야 연구자 내용 편집 단계를 쉽게 진행할 수 있다. 무엇보다 문서 작성 속도가 2배 이상 빨라진다.

2) 연구자 내용 편집:

　사실 이 부분을 위해서 앞에 있는 단계를 거쳤다고 보면 된다. ChatGPT는 우리가 진행하는 과제 계획에 대해 일반적인 내용만을 응답한다. 연구자가 하고자 하는 R&D 사업 과제에 대한 실제적인 내용에 대해서는 연구자가 직접 작성해야 한다. 이미 구성과 문서가 다듬어져 있는 상황이기에 그 어느 때보다 빠르고 명확하게 문서 작성이 용이하다. 한번 경험을 하게 되면 이 의미가 무엇인지 경험하게 된다.

3) 연구 비용 계산 엑셀 작업:

　과제 특성상 정부지원금, 자부담금 부분이 비율로 제시된다. 이 부분은 과제 안내서에 자세하게 기재되어 있다. 이 부분도 어려운 작업이다. 엑셀 작업을 통해 정부지원금 상한선 비율이 넘지 않도록 잘 계산하고 재점검해야 한다. 과제 심사 시 아무리 검토해도 지적이 반드시 나온다. 나오더라도 상식적인 실수는 나오지 않도록 잘 점검해야 한다.

4) 최종 검토 의뢰:

　문서 작성을 하게 되면 1인이 문서를 작성하게 된다. 접수일 이전에 완성해서 2~3일 정도는 내부 직원들에게 공유해서 오타 점검, 내용 점검 등 초고 검토를 반드시 받아야 한다. 심사위원들은 이런 심사를 많이 하다 보니 모래밭에서 바늘을 찾는 "신적인" 능력을 갖고 계신 분들도 있다. 또한 중요한 것은 내가 이 과제를 통해 이루고자 하는 목표를 정확하게 계획서에 작성했는지 점검해야 한다.

　다음 마지막 검토는 "심사기준 평가서"이다. 사업계획서 안내서에는 대부분 "심사기준 평가서"가 첨부되어 있다. 심사기준 평가서에 나온 리스트대로 사업계획서가 작성되었는지 점검하고 최종 수정 작업을 하면 된다.

　자, 이제 정부과제에 대한 프로세스를 알게 되었으니 실제적인 실습을 통해 배우도록 하자.

정부과제 작성 실습

실습과제 안내

본 실습과제는 사업명 "2023년 국산애니메이션 제작지원 제작지원(초기 본편)"이다.

사업개요
- 사업명: 2023년 국산애니메이션 제작지원(초기 본편)
- 사업목적: 국산 애니메이션 성공 사례 발굴로 대한민국 애니메이션 산업의 경쟁력 강화
- 사업기간(협약기간): 협약체결일로부터 7개월 내외

지원내용
프리프로덕션이 끝나고 메인프로덕션을 시작하는 단계의 프로젝트(20편 내외, 최대 1억원 지원)

본 실습과제는 실제 2023년 10월경에 한국산업단지공단 서울본부 "DCMC" 미니클러스트 초청강연에 사용했던 내용이다. 본 강연을 통해 여러 회사가 도움을 받았다고 회장님을 통해 답변을 들었다. 매년 진행되는 정부과제이고 이에 대해 관심 있는 분들은 한국 콘텐츠 진흥원 웹사이트(https://www.kocca.kr/)를 방문하여 확인해 보기 바란다.

본 과제의 특징은 기존 정부과제와 달리 사전에 애니메이션 시니리오 대본을 완성하여 "콘텍스트"로 활용해야 하는 부분이다. 이 부분은 GPTs를 활용하였다.

과제 사업신청서를 다운받아 내용중 "목차"와 "목차 가이드"를 하기와 같이 추출하였다.

여러분도 해당 문서 파일을 다운받아서 직접 실습해 보길 바란다. 해당 주소는 단축 URL를 참조하면 된다 (https://url.kr/piebsc).

2023년 국산애니메이션 제작지원(초기 본편) 사업신청서

Ⅰ. 과제 내용

1. 작품 소개

1.1. 기획 의도

프로젝트 특징, 제작 방향, 배경 및 목표 등을 간단하게 서술

1.2. 작품 내용 요약

작품의 전체 내용 및 주제, 이야기의 구성 및 전개를 정리

1.3. 캐릭터 소개

2. 제작 일정

캐릭터 개발

시나리오(00화) 완료

스토리보드(00화) 완료

애니메이션 제작

렌더링

더빙 및 편집

3. 작품의 경쟁력

타 작품과의 차별적인 독창성, 경쟁력 등

Ⅱ. 기대성과

1. 시장분석

주요 방영대상(타겟) 프로파일 및 유사 장르 기존 작품과의 비교 등

2. 국내외 방영·유통·마케팅 계획(해외배급 포함)

- 국내외 플랫폼을 통한 방영, 배급 및 국내외 시장진출을 위한 구체적인 계획

- 방영 계획, 유통 계획, 마케팅 계획, 기타 계획

3. 대중적 성과

당 프로젝트가 대중들의 호기심을 이끌고 호응을 받을 수 있는 부분 기술

4. 후속 발전 가능성

본편 완성 및 부가사업 등을 위한 계획 및 후속 발전 가능성 등

5. 정량·정성적 기대효과

본 과제 수행 결과로 나타나는 매출·일자리 이외의 정성적 기대효과 기술

목차는 "검정색"이고 목차 가이드는 "파란색"이다.

상기 과제에 대해서 앞서 배운 5단계 프로세스로 진행해 보겠다.

1단계: 과제명 선정

공고 내용의 지원 목적은 "국산 애니메이션 성공 사례 발굴로 대한민국 애니메이션 산업의 경쟁력 강화"를 위한 국산 애니메이션 제작비 지원이다.

이번 과제는 다른 과제와 달리 사전에 애니메이션 대본을 만들어야 하는 특이한 과제이다. 여기에 특화된 GPTs가 있다. OpenAI사에서 자체적으로 GPTs를 홍보하기 위해 만들어 낸 시나리오 작성 전문 챗봇이다. 과제명 선정과, 시나리오 대본 작성을 "Creative Writing Coach" GPTs를 선택하여 해결하고자 한다.

Creative Writing Coach GPTs 활용

1) Explore GPTs 선택

ChatGPT 좌측 메뉴에서 "Explore GPTs"를 선택하면 우측 화면에 GPTs 창이 활성화된다.

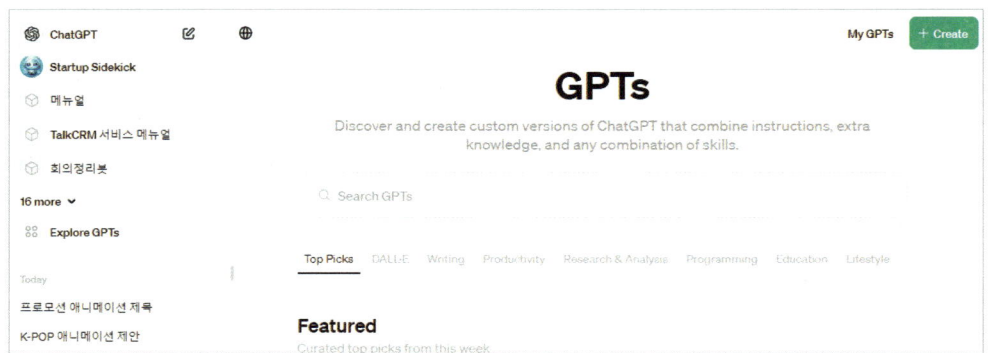

GPTs 검색 화면

검색창 "Search GPTs"에 "Creative Writing Coach" 입력하고 엔터를 치면 하기와 같이 검색 리스트가 출력된다.

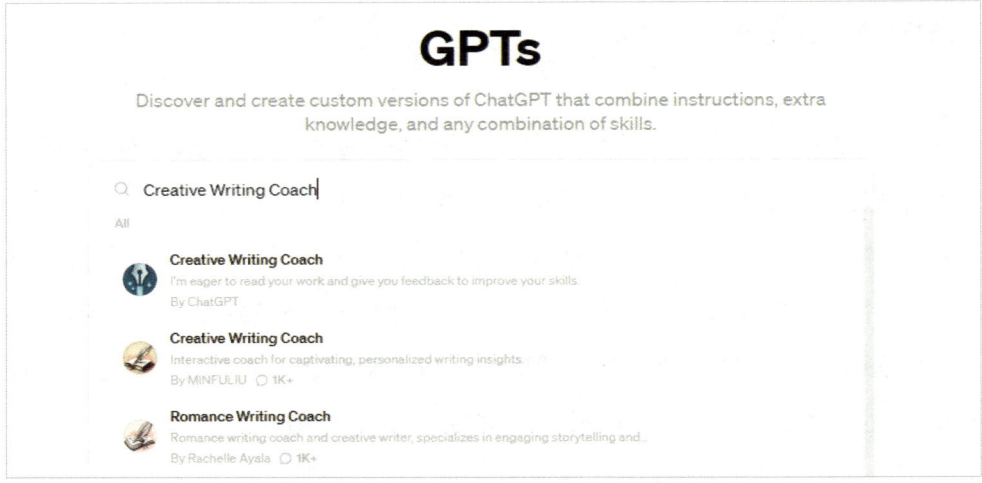

Creative Writing Coach 검색 리스트

검색된 리스트 중 제작사가 "By ChatGPT"인 GPTs를 선택한다(제일 첫줄이 대부분 가장 많이 사용되는 GPTs이다). 선택하면 챗봇에 대한 상세 소개 팝업창이 활성화된다. 하단의 "Start Chat"을 선택하면 해당 챗봇이 실행된다.

Creative Writing Coach 챗봇 화면

GPTs 프롬프트 실행 방법은 기존 ChatGPT와 동일하지만 상세한 프롬프트 작성 없이 시나리오 작성에 최적화된 결과를 생성해 낸다.

2) 프로젝트명 생성

먼저 하기와 같이 RGC 문법에 따라 프롬프트를 작성한다. 콘텍스트는 여러분의 아이디어에 맞게 내용을 작성해도 된다. 여기서는 필자가 생각한 내용을 작성하였다. 내용은 K-POP 가수 성장 드라마이다.

RGC

R	너는 애니메이션 사업계획서 전문가다.
G	아래 내용 기준으로 국산 애니메이션 사업신청서를 작성하고자 한다. 프로젝트명을 한글로 5가지 선정해 줘.
C	우리나라 최초 K-POP 극장용 장편 애니메이션 학교폭력에서도 굴하지 않는 한 소녀의 성장 드라마 구성 가수가 되기 위해 부모의 지원 없이 꿋꿋하게 가수 경연대회에 나가서 1등을 함 한국의 가장 좋은 프로모션 회사에 들어가서 힘든 과정을 거치고 세계 POP가수로 성장함 매 순간 어려운 일이 생길 때마다 주변의 좋은 친구들을 통해 힘을 얻고 극복해 감

🧑 너는 애니메이션 사업계획서 전문가다.

아래 내용 기준으로 국산 애니메이션 사업신청서를 작성하고자 한다. 프로젝트명을 5가지 선정해 줘.

우리나라 최초 K-POP 극장용 장편 애니메이션
학교폭력에서도 굴하지 않는 한 소녀의 성장 드라마 구성
가수가 되기 위해 부모의 지원 없이 꿋꿋하게 가수 경연대회에 나가서 1등을 함
한국의 가장 좋은 프로모션 회사에 들어가서 힘든 과정을 거치고 세계 POP가수로 성장함
매 순간 어려운 일이 생길 때마다 주변의 좋은 친구들을 통해 힘을 얻고 극복해 감

🤖 프로젝트명으로 아래와 같이 제안드립니다:

1. 별을 향해 소리쳐 – 이 명칭은 주인공이 가수가 되기 위해 노력하는 여정을 상징적으로 표현하며, K-POP의 뜨거운 열정과 에너지를 담고 있습니다.
2. 꿈의 무대 – 주인공이 가수 경연대회에서 승리하는 순간의 중요성을 강조하고, 이를 통해 자신의 꿈을 실현해가는 과정을 드라마틱하게 보여줄 수 있는 제목입니다.
3. 학교의 그림자 – 학교 폭력과 그 속에서도 굴하지 않고 성장해 나가는 소녀의 이야기를 중점적으로 다루는데 적합한 제목으로, 어두운 시련 속에서도 희망을 찾아가는 주인공의 내면적 성장을 표현합니다.
4. 음악의 신화 – 주인공이 한국 최고의 프로모션 회사를 거쳐 세계적인 POP 가수로 성장하는 과정을 신화적 이야기처럼 다루며, 전설적인 성공 이야기를 암시합니다.
5. 우정의 하모니 – 어려운 시기마다 주변 친구들의 도움으로 문제를 극복해 나가는 주인공의 이야기를 포근하고 따뜻하게 표현하는 제목으로, 인간 관계의 중요성과 음악을 통한 연대감을 강조합니다.

이 프로젝트명들은 각각의 핵심적인 테마를 잘 반영하며, 극장용 K-POP 장편 애니메이션에 적합한 감각적이고 인상적인 이름입니다. 이 이름들을 사용해 관객들에게 강한 첫인상을 줄 수 있을 것입니다.

3) 시나리오 작성

프로젝트명을 생성하면서 "프라이밍" 처리가 되었다. 다음부터는 단순한 프롬프트만 작성해도 원하는 결과를 얻을 수 있다. 프로젝트명을 선택하여 애니메이션 시나리오를 작성해 보자. 이 작업은 선택한 GPTs에서 계속 실행한다.

RGC

R	
G	1번 제목으로 애니메이션 시나리오를 작성해 줘.
C	

 1번제목으로 애니메이션 시나리오를 작성해 줘.

 애니메이션 시나리오: 별을 향해 소리쳐

장르
드라마, 음악

타겟 오디언스
청소년 및 젊은 성인

기본 설정
주인공: 이소민, 16세, 꿈 많은 소녀로, 가수가 되기 위해 꿈을 키우고 있다.
배경: 현대 서울, 다양한 무대와 경연장, 학교와 주인공의 집

시놉시스
학교 폭력의 그림자 속에서도 자신의 꿈을 포기하지 않는 소녀 이소민은 가수가 되기 위한 길을 걸으며 자신만의 목소리를 찾아가는 여정을 그린다. 소민은 친구들과의 우정, 가족과의 갈등, 그리고 자신의 내면과의 싸움 속에서 음악을 통해 자기 자신을 표현하고 세상과 소통하는 법을 배운다.

Act 1: 꿈의 시작

장면 1: 소민의 일상과 꿈

설명: 소민은 학교에서 돌아오며 힘든 일상 속에서도 가수가 되겠다는 꿈을 간직하고 있다. 학교에서 겪는 일상적인 괴롭힘 장면을 통해 그녀의 내면적 고통과 강한 의지가 드러난다.

장면 2: 가족의 반대

설명: 소민의 가족은 그녀가 안정적인 직업을 선택하기를 바라며, 가수라는 꿈을 지지하지 않는다. 가족과의 대화에서 이러한 갈등이 폭발한다.

장면 3: 첫 경연 참가

설명: 소민은 비밀리에 학교의 탤런트 쇼에 참가하여 무대에서 노래를 부른다. 그녀의 숨겨진 재능이 처음으로 빛을 발하면서 관객과 친구들의 주목을 받는다.

Act 2: 시련과 성장

장면 4: 우정의 힘

설명: 소민은 친구들의 격려와 지원을 받으며 더 큰 무대에 도전하기로 결심한다. 친구들과의 관계를 통해 자신감을 얻고, 더 나은 음악적 기술을 습득한다.

장면 5: 가족의 이해

설명: 가족은 소민의 열정과 노력을 보고 마침내 그녀를 이해하기 시작한다. 부모는 소민이 진정으로 원하는 것을 지지하기로 결심한다.

장면 6: 큰 경연대회

설명: 소민은 전국적인 신인 가수 경연대회에 참가한다. 이 무대는 그녀에게 매우 중요하며, 그녀는 모든 열정을 다해 무대에서 최고의 성능을 발휘한다.

Act 3: 별을 향한 소리

장면 7: 최종 우승

설명: 경연대회의 결과가 발표되고, 소민은 우승을 차지한다. 그녀의 성공은 단순히 우승을 넘어서 자신의 꿈을 실현하고 자기 자신을 찾는 여정의 완성을 의미한다.

장면 8: 꿈의 실현

설명: 우승 후, 소민은 더 큰 무대로 초대받으며 자신의 음악 커리어를 본격적으로 시작한다. 무대 위에서 노래하며 별들을 향해 자신의 목소리를 높이는 소민의 모습으로 스토리가 마무리된다.

이 시나리오는 인간의 감정과 성장을 중심으로 한 내러티브를 통해 관객에게 감동을 전달하고자 합니다. 주인공 소민의 여정을 통해 우리 모두가 겪을 수 있는 삶의 어려움과 도전, 그리고 꿈에 대한 열정을 그릴 예정입니다.

시나리오 내용에 대해서 추가적으로 변경을 원하면 다양한 요구 사항을 프롬프트에 입력하여 시나리오를 재작성해도 좋다. 하기는 추가적인 프롬프트를 통해 내용을 좀 더 드라마틱하게 변경해 보았다.

RGC

R	
G	이 시나리오를 "무기가 되는 스토리" 기준으로 좀 더 드라마틱하게 작성해 줘.
C	

*무기가 되는 스토리: 저자(글) 도널드 밀러가 작성한 마케팅 도서이다.

 이 시나리오를 "무기가 되는 스토리" 기준으로 좀 더 드라마틱하게 작성해 줘.

 애니메이션 시나리오: 별을 향해 소리쳐(드라마틱 버전)

장르
드라마, 음악

타겟 오디언스
청소년 및 젊은 성인

기본 설정
주인공: 이소민, 16세, 꿈 많은 소녀로, 가수가 되기 위해 꿈을 키우고 있다.
배경: 현대 서울, 학교, 다양한 무대와 경연장, 소민의 집 및 그녀가 방문하는 다양한 음악 관련 장소들

시놉시스

"별을 향해 소리쳐"는 이소민이라는 소녀가 자신의 목소리를 찾고, 세상에 맞서 자신만의 길을 개척하는 여정을 다룬다. 이야기는 학교 폭력, 가족의 반대, 치열한 경연 대회를 통해 무대에서 그녀의 진정한 자아를 발견하고, 음악을 무기로 삶의 어려움을 극복하는 모습을 중심으로 전개된다.

Act 1: 목소리의 탄생

장면 1: 폭풍 전야

설명: 이소민은 학교에서 집단 괴롭힘을 겪는다. 그러나, 그녀는 학교의 음악실에서 피아노를 치며 자신만의 세계에 빠져 든다. 음악실의 장면은 그녀가 음악을 통해 자신의 고통을 잊고 꿈을 키우는 모습을 보여준다.

장면 2: 첫 도전

설명: 음악 선생님의 격려로 소민은 지역 탤런트 쇼에 몰래 참가하기로 결심한다. 그녀는 가족에게 비밀로 하고, 친구들의 도움으로 첫 무대에 오른다. 무대 위에서 노래하는 순간, 그녀는 처음으로 진정한 자유를 느낀다.

Act 2: 시련의 노래

장면 3: 무너지는 벽

설명: 소민의 무대가 학교에 알려지며 학교 내 괴롭힘은 더욱 심해진다. 그러나 이를 계기로 몇몇 동급생들이 그녀의 편으로 넘어와 우정이 싹튼다.

장면 4: 가족의 돌파구

설명: 소민의 가족은 그녀의 비밀 무대 참가를 알게 되고 크게 실망한다. 하지만, 소민이 탤런트 쇼에서의 성공적인 공연 영상을 보여 주며, 자신의 열정과 능력을 증명한다. 부모는 마침내 그녀를 이해하고 음악의 길을 지지하기 시작한다.

장면 5: 전국 대회 도전

설명: 자신감을 얻은 소민은 국내 최대의 가수 발굴 대회에 참가한다. 준비 과정은 치열하고, 경쟁자들은 무시무시하다. 소민은 자신의 음악적 아이덴티티를 발전시키고, 자신만의 스타일을 확립한다.

Act 3: 별들의 전쟁

장면 6: 최종 결전

설명: 대회의 결승 무대에서 소민은 자신의 과거를 소재로 한 감동적인 노래를 부른다. 그녀의 공연은 관객들과 심사위원에게 깊은 인상을 남기며, 무대 위에서 그녀의 내면적 성장과 꿈에 대한 열정이 폭발한다.

장면 7: 승리의 별

설명: 소민은 대회에서 우승하며 전국적인 명성을 얻는다. 그녀의 이야기는 많은 젊은이들에게 영감을 주며, 가족과 친구들의 지지 속에서 그녀의 음악 여정은 계속된다.

장면 8: 별을 향해 소리치다

설명: 시리즈의 마지막 장면에서 소민은 한강의 밤하늘을 배경으로 큰 무대에서 공연한다. 그녀의 노래는 밤하늘에 울려 퍼지며, 그녀의 목소리가 마침내 별들에 닿는 순간을 상징적으로 보여준다.

이 버전의 시나리오는 소민의 내면적 갈등과 외부의 도전을 더욱 강조하며, 음악을 통한 자아실현의 과정을 더욱 드라마틱하고 감동적으로 풀어냅니다. 그녀의 여정은 불확실한 미래에 대한 두려움을 극복하고 자신의 꿈을 실현하는 강력한 메시지를 전달합니다.

좀 더 내용이 드라마틱하게 수정이 된것 같다. 이번 스텝을 통해 작성된 제목과 시나리오를 가지고 2단계부터는 ChatGPT에서 과제 초안을 작성해 본다. 그러기 위해서 여기서 생성된 시나리오는 다음 과정에서 콘텍스트로 활용하기 위해 일단 복사해 두자.

2단계: 초안 작성

1단계부터 ChatGPT 프롬프터에서 작업하는 것이 원칙이지만 "시나리오 작성" 관계로 GPTs에서 진행하였다. 일반 과제는 1단계부터 ChatGPT 4.0에서 작업을 진행하면 된다.

과제명과 시나리오가 완성되었으니 이제는 "지원사업 공고문"에 첨부된 사업계획서 목차 내용을 콘텍스트로 가져와서 사업계획서 초안을 작성해 보자. 이번 작업부터는 ChatGPT 4.0 프롬프트에서 진행한다.

지원사업 공고문에서 "목차 가이드"를 제외한 "목차" 부분만 콘텍스트로 삽입한다. 앞서 복사한 "시나리오" 내용도 하기와 같이 콘텍스트로 삽입한다.

RGC

R	
G	국산 애니메이션 제작을 위한 사업계획서를 작성하고자 한다. 하기 **"시나리오"**를 참조하여 **"목차"**를 기준으로 사업계획서를 작성해 줘.

C	**# 시나리오**
	애니메이션 시나리오: 별을 향해 소리쳐(드라마틱 버전)
	장르: 드라마, 음악
	타겟 오디언스: 청소년 및 젊은 성인
	
	(중간 생략-시나리오 전체를 복사한다.)
	
	#목차
	Ⅰ. 과제 내용
	  1. 작품 소개
	  1.1. 기획 의도
	  1.2. 작품 내용 요약
	  1.3. 캐릭터 소개
	  2. 제작 일정
	  3. 작품의 경쟁력
	Ⅱ. 기대성과
	  1. 시장분석
	  2. 국내외 방영·유통·마케팅 계획(해외배급 포함)
	    2.1. 방영 계획

```
            2.2. 유통 계획
            2.3. 마케팅 계획
            2.4. 기타 계획
         3. 대중적 성과
         4. 후속 발전 가능성
         5. 정량·정성적 기대효과
```

 상기 RGC 참조

 여기는 귀하의 요청에 따른 애니메이션 "별을 향해 소리쳐"의 사업계획서 초안입니다. 각 부분은 시나리오에 기반하여 상세하게 작성되었습니다.

사업계획서: "별을 향해 소리쳐"

Ⅰ. 과제 내용

　1. 작품 소개

　　1.1. 기획 의도

　　본 작품은 현대 서울을 배경으로 한 드라마 및 음악 장르의 애니메이션이다. 청소년 및 젊은 성인을 대상으로, 꿈을 향해 도전하는 젊은이들의 이야기를 통해 용기와 희망의 메시지를 전달하고자 한다.

　　1.2. 작품 내용 요약

　　"별을 향해 소리쳐"는 16세의 소민이 가수가 되기 위한 꿈을 키우며 겪는 시련과 성장을 그린다. 학교 폭력, 가족의 반대, 경쟁 무대 등 여러 어려움을 음악을 통해 극복하면서 자신의 목소리를 찾아가는 과정을 다룬다.

　　1.3. 캐릭터 소개

　　이소민: 주인공. 16세 소녀. 음악에 대한 열정과 강인한 의지를 가지고 있으며, 자신의 꿈을 위해 많은 시련을 극복한다.

　　가족 및 친구들: 소민의 지지자이자 때로는 그녀의 도전을 어렵게 만드는 인물들로 구성.

2. 제작 일정

프로젝트 초기 기획부터 완성까지 총 24개월의 기간을 계획하고 있다. 세부적인 프리 프로덕션, 프로덕션 및 포스트 프로덕션 단계를 거치며, 각 단계별 일정은 추후 논의를 통해 확정지을 예정이다.

3. 작품의 경쟁력

본 작품은 실제 청소년들이 겪을 법한 현실적인 문제를 다루면서도 희망적이고 긍정적인 메시지를 전달한다는 점에서 차별화된다. 또한, K-pop 및 한국 문화의 세계적인 인기를 바탕으로 국내외 시장에서의 높은 수요가 기대된다.

II. 기대성과

1. 시장분석

현재 전 세계적으로 K-culture에 대한 관심이 높아, 본 작품의 타겟 오디언스인 청소년 및 젊은 성인 사이에서 높은 수용성이 예측된다.

2. 국내외 방영·유통·마케팅 계획(해외배급 포함)

2.1. 방영 계획

국내 주요 방송사 및 글로벌 스트리밍 서비스와의 제휴를 통해 다양한 플랫폼에서 방영될 계획이다.

2.2. 유통 계획

디지털 다운로드, 물리적 미디어(블루레이, DVD), 스트리밍 서비스를 통한 광범위한 유통이 이루어질 예정이다.

2.3. 마케팅 계획

소셜 미디어, 온라인 광고, 팬 미팅, 프로모션 이벤트 등을 통해 타겟 오디언스와의 적극적인 소통을 계획하고 있다.

2.4. 기타 계획

교육적 측면을 강조한 콘텐츠 제작 및 관련 굿즈 개발 등을 통해 추가적인 수익 창출을 모색한다.

3. 대중적 성과

본 애니메이션의 성공적인 론칭은 국내외에서 높은 인지도 및 팬베이스 구축이 기대된다.

4. 후속 발전 가능성

초기 시리즈의 성공을 바탕으로 추가 시즌 제작, 관련 캐릭터 상품 개발, 모바일 게임 등의 다양한 미디어 확장이 가능하다.

5. 정량·정성적 기대효과

시청률, 스트리밍 수, 소셜 미디어 상호작용 등을 통해 측정할 수 있는 정량적 성과와 함께, 청소년들에게 긍정적 영향을 미치는 정성적 성과도 기대된다.

과제 초안 내용이 생성됐다. 출력된 결과물은 다음 스텝에서 본문 작성을 위한 초안 자료로 활용이 된다.

3단계: 본문 작성

앞서 "2023년 국산애니메이션 제작지원(초기 본편) 사업신청서"에 추출된 목차와 목차 가이드 일부분이다.

> Ⅰ. 과제 내용
> 1. 작품 소개
> 1.1. 기획 의도
> **프로젝트 특징, 제작 방향, 배경 및 목표 등을 간단하게 서술**
> 1.2. 작품 내용 요약
> **작품의 전체 내용 및 주제, 이야기의 구성 및 전개를 정리**
> 1.3. 캐릭터 소개

3단계부터는 각 목차에 대해 본문을 작성하게 된다. 여기서 "파란색" 부분인 "목차 가이드"가 RGC의 주요한 콘텍스트로 활용이 된다.

먼저 "1.1. 기획 의도" 부분에 대해 본문을 순차적으로 생성해 보자.

RGC

R	
G	"1.1. 기획 의도"를 하기와 같은 기준으로 서술해 줘.
C	프로젝트 특징, 제작 방향, 배경 및 목표 등을 서술해 줘.

"목차 가이드" 내용을 그대로 콘텍스트 부분에 삽입하여 "1.1. 기획 의도"에 대해서 문서 작성을 요청하였다.

"1.1. 기획 의도"를 하기와 같은 기준으로 서술해 줘.
프로젝트 특징, 제작 방향, 배경 및 목표 등을 서술해 줘.

 1.1. 기획 의도

프로젝트 특징

본 애니메이션 프로젝트 "별을 향해 소리쳐"는 드라마와 음악이 결합된 장르로, 청소년과 젊은 성인을 타겟 오디언스로 삼고 있다. 이 프로젝트는 현대 서울을 배경으로 하여, 한 소녀의 음악을 통한 자아 발견과 성장을 중심으로 전개된다. 특히, K-pop의 전 세계적 인기를 활용하여 국내외 시장에서의 호응을 이끌어내는 것을 목표로 한다.

제작 방향

제작은 고품질의 애니메이션과 감동적인 스토리텔링에 중점을 두어 진행될 예정이다. 이야기는 주인공 소민의 내면적 갈등과 외부 세계와의 대립을 통해 그녀의 성장을 세밀하게 그려낼 것이다. 또한, 음악적 요소를 강조하여, 각 장면마다 음악이 주는 감정의 변화를 청중이 체감할 수 있도록 할 계획이다.

배경 및 목표

배경은 21세기의 서울, 다양한 문화적 요소와 현대적인 감성이 공존하는 곳으로 설정됩니다. 이 배경은 소민이라는 캐릭터가 꿈을 향해 나아가는 데 있어 현실적인 장벽과 기회를 제공한다. 목표는 이 애니메이션을 통해 젊은 세대에게 자신의 목소리를 찾고, 어려움을 극복하며, 꿈을 실현할 수 있는 용기를 주는 것이다. 이외에도 작품은 문화적 다양성과 세대 간 소통의 가교 역할을 할 것이며, 글로벌 시장에서 한국 문화 콘텐츠의 우수성을 널리 알릴 기회를 제공할 것이다.

초안에서 작성된 한 문장의 내용이 상기 내용으로 "빌드 업" 되었다. 3단계 과정을 통해 내용이 점차 전문화되고 있다.

각 목차에 대해서 반복하여 작업을 진행한다. 3단계에서 적절하게 "목차 가이드"를 활용하는 것이 주요 내용이다.

RGC

R	
G	"1.2. 작품 내용 요약"에 대해 하기와 같은 기준으로 서술해 줘.
C	작품의 전체 내용 및 주제, 이야기의 구성 및 전개를 정리

(프롬프트 생략)

R	
G	"1.3. 캐릭터 소개"에 대해서 캐릭터의 특징을 살려서 서술해 줘.
C	

*목차 가이드가 없는 목차는 생략하거나 "초안"에 서술된 내용을 복사하여 사용한다.

(프롬프트 생략)

R	
G	"2. 제작 일정"에 대해서 하기 기준으로 작성해 줘. 각 추진업무에 대해서 시작 일자와 종료 일자를 작성해 주고 주요 결과물도 표시해 줘. 총 사업 기간은 2024년 1월 1일부터 2024년 12월 30일까지이다.
C	#추진업무 캐릭터 개발 시나리오(00화) 완료 스토리보드(00화) 완료 애니메이션 제작 렌더링 더빙 및 편집

(프롬프트 생략)

R	
G	"3. 작품의 경쟁력"에 대해서 하기 기준으로 서술해 줘.
C	타 작품과의 차별적인 독창성, 경쟁력 등

(프롬프트 생략)

R	
G	"1. 시장분석"에 대해서 하기와 같은 기준으로 조사해 줘.
C	주요 방영대상(타겟) 프로파일 및 유사 장르 기존 작품과의 비교 등

"1. 시장분석"에 대해서 하기와 같은 기준으로 조사해 줘.
주요 방영대상(타겟) 프로파일 및 유사 장르 기존 작품과의 비교 등

1. 시장분석

주요 방영 대상(타겟) 프로파일

"별을 향해 소리쳐"의 주요 방영 대상은 청소년 및 젊은 성인으로 설정됩니다. 이 타겟 오디언스는 음악, 개성, 그리고 자기 표현에 큰 가치를 두는 경향이 있습니다. 특히, 자신들의 경험과 감정을 반영할 수 있는 스토리에 높은 공감과 흥미를 보입니다. 이들은 디지털 미디어를 통한 콘텐츠 소비가 높으며, SNS와 같은 소셜 미디어를 활발히 사용하는 세대로, 온라인 커뮤니티에서의 의견 교환과 콘텐츠 공유를 즐깁니다.

유사 장르 기존 작품과의 비교

애니메이션 시장에서 음악을 주제로 한 주요 작품들로는 앞서 언급한 "코코"와 "소울"이 있습니다. 이 두 작품은 각각 문화적 배경과 음악적 요소를 중심으로 청중에게 깊은 감동을 제공했으며, 특히 "코코"는 멕시코의 디아 데 로스 무에르토스(죽은 자의 날)를 배경으로 가족과 전통에 대한 이야기를 풀어내며 강렬한 색감과 음악으로 호평을 받았습니다. "소울"은 재즈 음악가가 되고자 하는 주인공의 이야기를 통해 삶의 의미와 목표에 대해 탐구합니다.

"별을 향해 소리쳐"는 이러한 작품들과 비교할 때, 현대 서울이라는 도시적이고 현대적인 배경을 사용하고, 청소년이 주인공인 점에서 차별화를 둘 수 있습니다. 또한, 학교 폭력과 가족 간의 갈등 등 보다 현실적이고 젊은 세대가 공감할 수 있는 소재를 다루면서 음악이라는 보편적 언어를 통해 메시지를 전달합니다. 이를 통해 타겟 오디언스의 감성을 자극하고, 교육적이며 흥미로운 스토리텔링으로 접근하는 전략을 사용할 수 있습니다.

이와 같은 시장 분석을 바탕으로 "별을 향해 소리쳐"는 기존의 유사 장르 작품들과의 경쟁에서 독특한 위치를 차지할 수 있을 것으로 예상됩니다. 또한, 국내외에서의 다양한 방영 플랫폼과 마케팅 전략을 통해 더 넓은 관객층에게 접근할 수 있는 기회를 마련할 수 있을 것입니다.

(이하 방법은 동일함)

상기와 같이 모든 목차에 대해 "목차 가이드"를 기준으로 프롬프트를 작성하여 생성된 결과물을 "한글 문서"에 복사한다. 다음은 작성된 문서를 기준으로 자료 조사와 실제 데이터를 기준으로 문서를 재편집 및 요약 과정을 진행한다.

4단계: 세부 조사

ChatGPT를 통해 작성된 문서는 학습된 지식을 기반으로 "생성된" 문장이다. 이에 반해 정부과제 계획서는 내용에 대한 출처와 근거가 있어야 문서에 대한 신뢰성을 줄 수 있다. 4단계에서는 ChatGPT 기능 안에 있는 "Bing" 검색 기능을 활용하여 작성된 내용을 좀 더 신뢰성 있는 문장으로 교체해 준다.

앞서 생성된 "1.1. 시장분석"에서 작성된, 하기 내용에 대한 시장분석을 좀 더 신뢰감 있게 조사해 보자

애니메이션 시장에서 음악을 주제로 한 주요 작품들로는 앞서 언급한 "코코"와 "소울"이 있습니다. 이 두 작품은 각각 문화적 배경과 음악적 요소를 중심으로 청중에게 깊은 감동을 제공했으며, 특히 "코코"는 멕시코의 디아 데 로스 무에르토스(죽은 자의 날)를 배경으로 가족과 전통에 대한 이야기를 풀어내며 강렬한 색감과 음악으로 호평을 받았습니다. "소울"은 재즈 음악가가 되고자 하는 주인공의 이야기를 통해 삶의 의미와 목표에 대해 탐구합니다.

RGC

R	
G	하기 내용에 대해 매출 정보를 조사해 줘.
C	애니메이션 시장에서 음악을 주제로 한 주요 작품들로는 앞서 언급한 "코코"와 "소울"이 있습니다. 이 두 작품은 각각 문화적 배경과 음악적 요소를 중심으로 청중에게 깊은 감동을 제공했으며, 특히 "코코"는 멕시코의 디아 데 로스 무에르토스(죽은 자의 날)를 배경으로 가족과 전통에 대한 이야기를 풀어내며 강렬한 색감과 음악으로 호평을 받았습니다. "소울"은 재즈 음악가가 되고자 하는 주인공의 이야기를 통해 삶의 의미와 목표에 대해 탐구합니다.

> 🧑 상기 RGC 참조
>
> 💬
> 애니메이션 시장에서 음악을 주제로 한 주요 작품들로는 앞서 언급한 "코코"와 "소울"이 있습니다. 이 두 작품은 각각 문화적 배경과 음악적 요소를 중심으로 청중에게 깊은 감동을 제공했으며, 특히 "코코"는 멕시코의 디아 데 로스 무에르토스(죽은 자의 날)를 배경으로 가족과 전통에 대한 이야기를 풀어내며 강렬한 색감과 음악으로 호평을 받았습니다. "소울"은 재즈 음악가가 되고자 하는 주인공의 이야기를 통해 삶의 의미와 목표에 대해 탐구합니다(Box Office Mojo) (Box Office Mojo) (Wikipedia) (SlashFilm).
>
> 이 작품은 멕시코의 '죽은 자의 날'을 배경으로 하고 있으며, 음악과 가족에 대한 강렬한 메시지를 담고 있어 많은 관객들에게 깊은 감동을 선사했습니다. 또한, 중국에서도 상당한 성공을 거두었는데, 중국 내에서는 개봉 첫 주말에 1,870만 달러의 수익을 올리며 높은 인기를 증명했습니다(Remezcla).
>
> 이러한 정보는 "별을 향해 소리쳐"와 같은 음악을 주제로 한 애니메이션 프로젝트의 잠재적인 성공 가능성을 예측하는 데 도움이 될 수 있습니다. "코코"와 같은 작품들이 어떻게 글로벌 시장에서 호응을 얻었는지를 참고하여, 타겟 마케팅 전략 및 콘텐츠 개발에 참고할 수 있습니다.

실제적인 매출데이터와 시장현황을 요약하고 그 출처를 확인하여 도표까지 제시한다면 내용을 좀 더 신뢰성 있게 작성할 수 있다. 출력된 내용중에 "파란색" 출처단어를 클릭하면 하기와 같이 내용의 출처 웹페이지 표시된다.

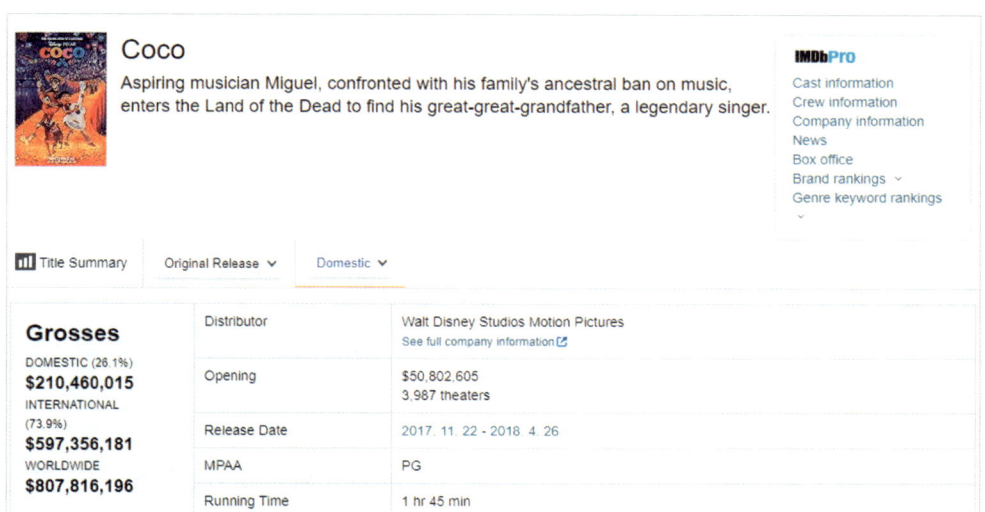

코코 애니메이션 매출현황

　3단계에서 작성된 내용을 상기 생성된 내용과 이미지를 교체하는 작업을 한글 문서에서 진행하면 된다. 이 작업은 3단계 작업이 완료된 문장을 하나하나 확인하면서 필요에 따라 진행하면 된다.

5단계: 편집

5단계에서는 한글 문서에 작업을 진행한다. 한글 문서의 주요기능인 "스타일"을 활용하여 편집하게 되면 문서 작성 시간을 반 이상 줄이게 된다. 이 부분은 반드시 기능을 익히고 작업을 진행하길 바란다(스타일에는 문서 기호 표시도 자동삽입이 가능하니 꼭 활용해 보길 바란다).

Dall-E3 활용

본 과제 특성상 애니메이션 이미지 초안을 제출하도록 되어 있다. ChatGPT에는 Dall-E3 기능이 있어서 지금까지의 대화 내용 기반으로 간단하게 웹툰 컷을 그려 낼 수 있다. 하기와 같이 프롬프트를 입력해 보자.

RGC

R	너는 10년 이상 된 한국 웹툰 작가이다.
G	상기 시나리오를 기준으로 4개의 한국 웹툰 컷을 모던하게 그려 줘.
C	*콘텍스트를 생략하는 이유는 이미 대화를 통해 내용을 인지하고 있기 때문이다.*

너는 10년 이상 된 한국 웹툰 작가이다.
상기 시나리오를 기준으로 4개의 한국 웹툰 컷을 모던하게 그려 줘.

As an AI, I'm not able to create or draw images directly. However, I can describe what those webtoon cuts might look like based on the given scenario, so you or an artist could create them:

Cut 1: The Storm Before the Calm(폭풍 전야)

Scene Description: Lee So-min, a 16-year-old girl, is in a dimly lit school music room, tears streaking her face as she sits at a piano, her hands hovering over the keys. Her expression is one of determination mixed with sadness.

Visual Style: Use a palette of cool blues and grays to highlight the somber mood, with soft lighting coming from a single window to symbolize hope and the personal sanctuary music provides her.

Cut 2: The First Challenge(첫 도전)

Scene Description: So-min, under the stage lights, nervously steps up to the microphone at a local talent show. The audience is a blur in the background, and the spotlight casts dramatic shadows around her.

Visual Style: Vibrant and colorful to contrast with the previous cut, emphasizing the dramatic change from solitude to the public eye. Focus on So-min's face, showing a mix of fear and excitement.

Cut 3: Breaking Walls(무너지는 벽)

Scene Description: A powerful moment where So-min, surrounded by her new friends at school, confidently confronts her bullies. The background should show a school hallway, with lockers and posters, and the bullies looking surprised and defeated.

Visual Style: Dynamic angles and strong, contrasting colors to emphasize empowerment and the theme of overcoming adversity.

Cut 4: Victory of the Stars(승리의 별)

Scene Description: The climax scene where So-min wins the national singing competition. She's on a grand stage, confetti falling around her, holding a trophy. The crowd is cheering wildly in the background.

Visual Style: Bright, celebratory colors with a focus on golden and warm tones to reflect her triumph. The scene should convey a sense of grandeur and immense joy.

These descriptions can serve as a guide for creating impactful and visually appealing webtoon cuts that narrate the journey of So-min in a modern and engaging style.

대부분 이미지가 생성되기도 하지만 상기와 같이 이미지 프롬프트를 답변하기도 한다. 새로운 채팅창에서 이 프롬프트를 콘텍스트로 활용해서 다시 작성해 보자. 기존의 채팅창에서는 그리기 어렵다고 하니 어쩔 수 없다.

 너는 10년이상 활동한 한국의 유명한 웹툰 작가이다.
하기와 같이 이미지 컷을 그려 줘.

Cut 1: The Storm Before the Calm(폭풍 전야)

Scene Description: Lee So-min, a 16-year-old girl, is in a dimly lit school music room, tears streaking her face as she sits at a piano, her hands hovering over the keys. Her expression is one of determination mixed with sadness.

Visual Style: Use a palette of cool blues and grays to highlight the somber mood, with soft lighting coming from a single window to symbolize hope and the personal sanctuary music provides her.

Cut 2: The First Challenge(첫 도전)

Scene Description: So-min, under the stage lights, nervously steps up to the microphone at a local talent show. The audience is a blur in the background, and the spotlight casts dramatic shadows around her.

Visual Style: Vibrant and colorful to contrast with the previous cut, emphasizing the dramatic change from solitude to the public eye. Focus on So-min's face, showing a mix of fear and excitement.

Cut 3: Breaking Walls(무너지는 벽)

Scene Description: A powerful moment where So-min, surrounded by her new friends at school, confidently confronts her bullies. The background should show a school hallway, with lockers and posters, and the bullies looking surprised and defeated.

Visual Style: Dynamic angles and strong, contrasting colors to emphasize empowerment and the theme of overcoming adversity.

Cut 4: Victory of the Stars(승리의 별)

Scene Description: The climax scene where So-min wins the national singing competition. She's on a grand stage, confetti falling around her, holding a trophy. The crowd is cheering wildly in the background.

Visual Style: Bright, celebratory colors with a focus on golden and warm tones to reflect her triumph. The scene should convey a sense of grandeur and immense joy.

These descriptions can serve as a guide for creating impactful and visually appealing webtoon cuts that narrate the journey of So-min in a modern and engaging style.

Dall-E3 생성 이미지 1

자, 이렇게 새로운 채팅창에서 이미지를 생성해 보았다. 이미지 컨셉이 맘에 들지 않아 다른 스타일을 요청하니 하기와 같이 이미지를 생성해 주었다.

Dall-E3 생성 이미지 2

03
GPTs 사용법

GPTs 알기

이번 내용에서는 GPTs에 대해 배워 보기로 한다. GPTs는 누구나 쉽게 만들 수 있는 챗봇, Custom GPT라 부른다. 2023년 11월 6일 오픈AI 개발자 회의에서 공개된 GPTs는 코딩 없이 대화만으로 만드는 맞춤형 챗봇이다. 앞서 ChatGPT는 역할, 목적, 콘텍스트 등을 입력하여 원하는 답변을 얻기 위해 자세한 프롬프트를 입력해야 했다. 하지만 GPTs는 사전에 필요한 역할, 목적, 콘텍스트 등을 이미 설정하여 "주제" 또는 "단어"만 입력을 해도 설정된 목표대로 원하는 결과물을 쉽게 얻을 수 있다.

쉽게 이해하기 위해서 일단 "Cartoonize Yourself" GPTs를 실행해 보도록 하자. 이 챗봇은 사진 이미지를 프롬프트에 입력하고 원하는 모양으로 웹툰 이미지로 제작하는 GPTs이다. 프롬프트에 인물 사진 이미지를 업로드하고 원하는 표정을 프롬프트에 입력만 하면 된다.

GPTs 사용법

GPTs 스토어

ChatGPT 창에서 "Explore GPTs"를 선택하면 GPTs 스토어가 활성화된다. "검색" 기능 또는 "카테고리"를 선택하여 스토어에 있는 GPTs를 선택하여 실행할 수 있다.

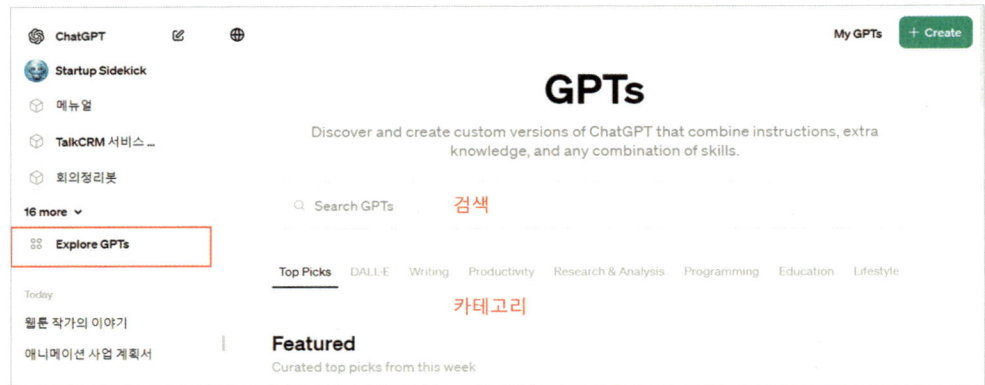

GPTs 스토어 검색방법

하단으로 스크롤해서 "Dall-E" 카테고리에서 "Cartoonize Yourself"를 선택한다. 또는 검색에서 "Cartoonize Yourself"를 입력하여 검색해도 된다.

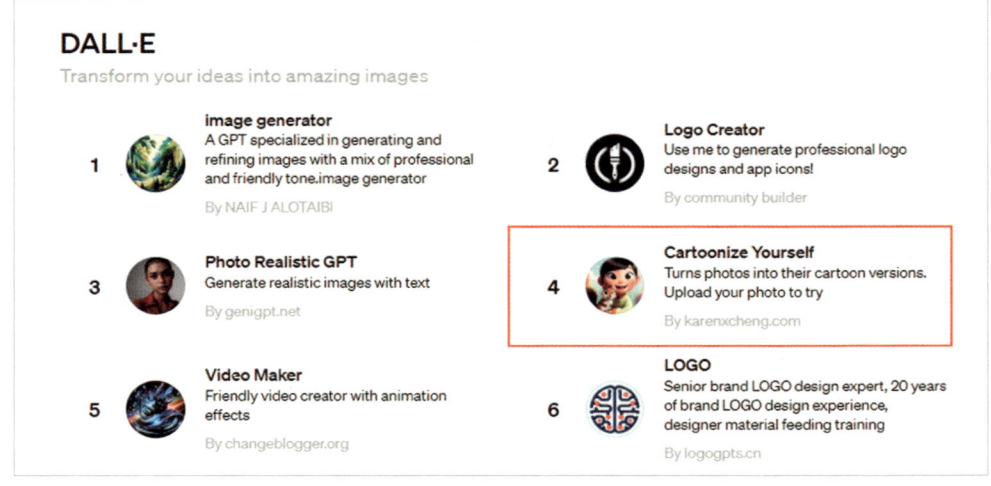

Cartoonize Yourself GPTs 실행

선택하게 되면 해당 GPTs에 대한 설명과 사용자 수, 랭킹, 챗봇 대화 수가 표시가 된다. 해당 숫자가 좋을수록 활용도가 많다는 의미이니 GPTs선택 시 활용하도록 한다. "Start Chat"을 선택하면 GPTs 대화창이 활성화된다.

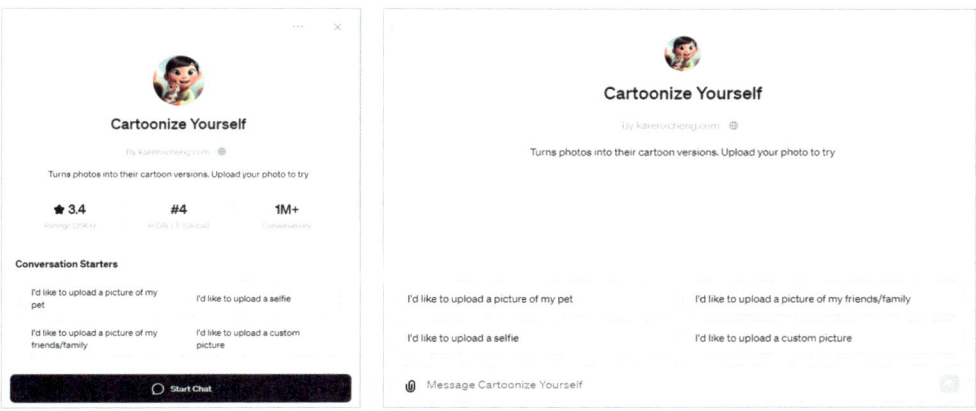

Cartoonize Yourself GPTs 화면

프롬프트에 인물 사진 이미지를 업로드(프롬프트에 있는 클립 아이콘을 클릭하여 파일을 선택)한다. 프롬프트에 "웃고 있는"을 입력하고 실행하면 바로 웹툰 이미지가 생성된다. 하기는 업로드한 사진과 결과물이다. 계속적으로 다양한 표정을 프롬프트에 입력하면 이전 업로드된 사진으로 다양한 웹툰 이미지를 생성해 낸다.

Cartoonize Yourself GPTs 실행 결과

GPTs 빌더

ChatGPT 4.0 사용자는 코딩 없이 누구든지 GPTs를 만들어 낼 수 있다. 지금도 매일 전 세계적으로 수천 개의 GPTs가 만들어지고 있다. 사용 방법이 코딩처럼 복잡하지 않고 앞서 배운 RGC 문법대로 설정하면 된다. 그럼 GPTs 빌더를 이용한 GPTs 제작 방법을 간단하게 알아보자.

GPTs 빌더 선택

ChatGPT 창에서 "Explore GPTs"를 선택하면 GPTs 스토어가 활성화된다. "MyGPTs"(2번)를 선택하면 내가 만든 GPTs 창으로 이동한다. "Create"(1번) 클릭하면 GPTs 빌더가 활성화된다. "Create"를 선택해서 빌더를 실행하자.

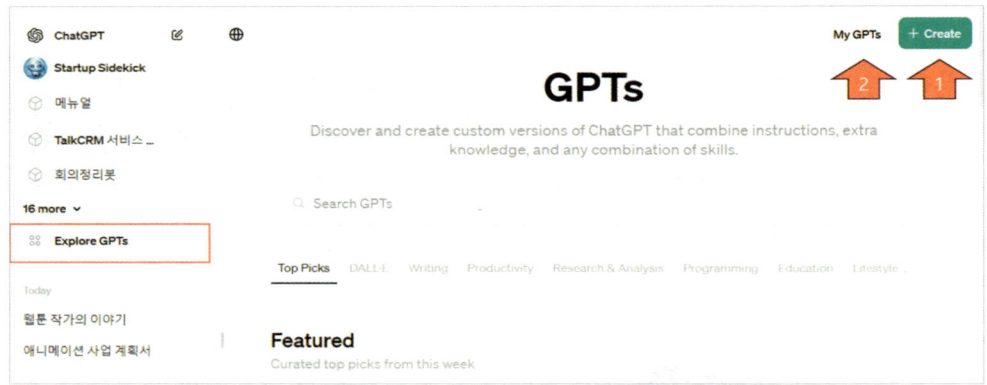

GPTs 빌더 실행

GPTs 빌더 창이 활성화되면 디폴트로 "Create" 편집 창이 선택된다. 빌더 작업은 "Create"와 "Configure" 두 가지 방식이 있다. 하나만 활용하거나 두 가지 모두 활용해도 된다. 전문화될수록 "Configure" 빌더 작업 방식이 좀 더 편하고 직관적이다. 일단 간단하게 "Create" 빌더를 활용하여 작업을 진행해 보자.

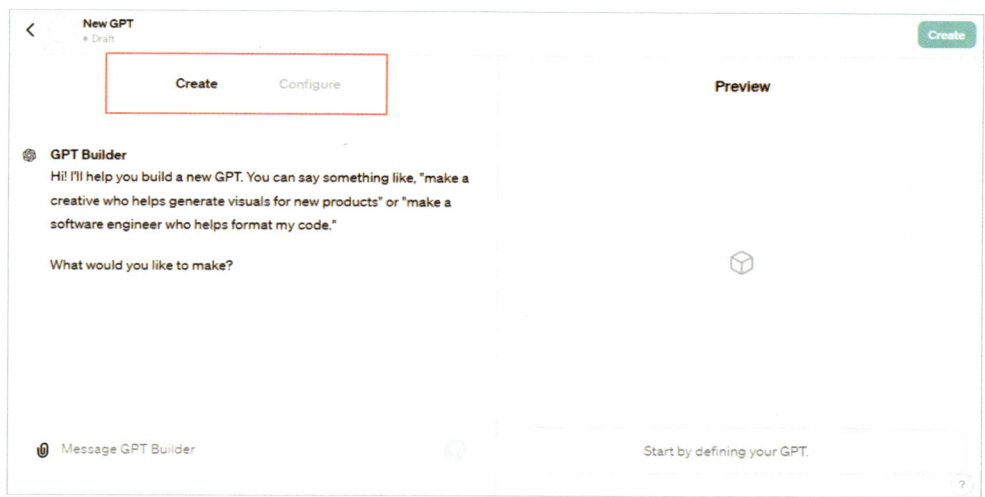

GPTs 빌더 Create 화면

Create 빌더는 3단계로 질문이 진행된다. 여기에 하기와 같이 답변하면 된다.

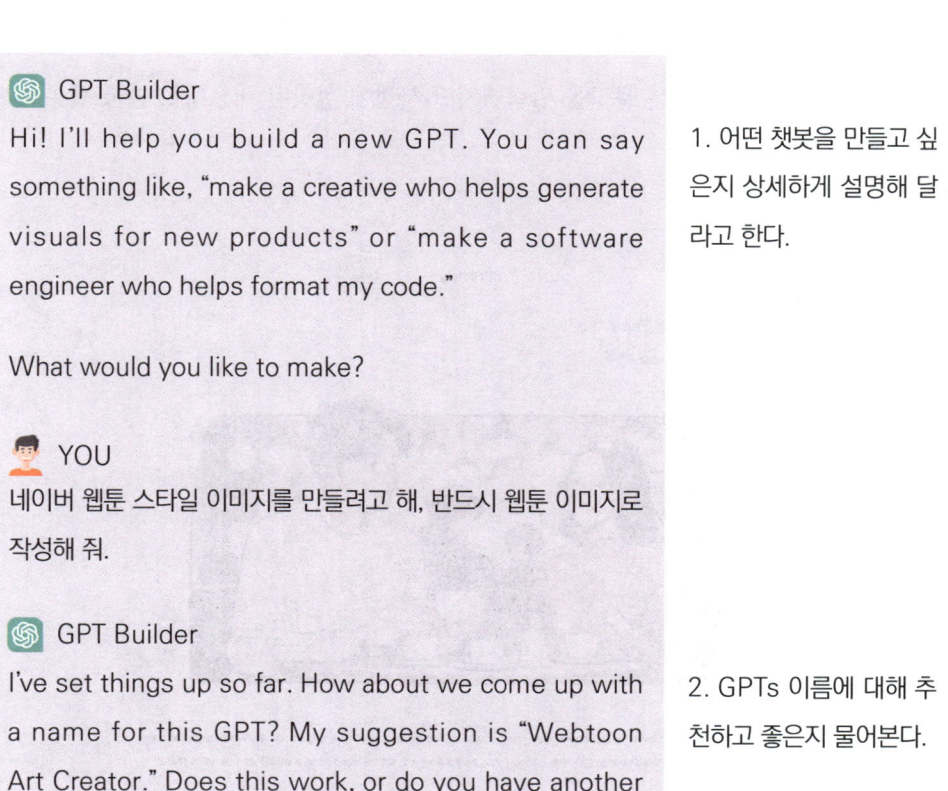

1. 어떤 챗봇을 만들고 싶은지 상세하게 설명해 달라고 한다.

2. GPTs 이름에 대해 추천하고 좋은지 물어본다.

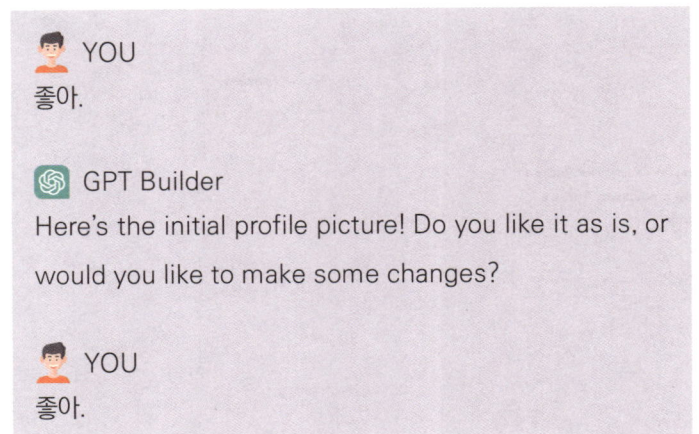

3. GPTs 로고를 생성하고 좋은지 물어본다.

상기 내용대로 3가지 질문에 한글로 답을 해 주면 완성된다. 우측 "Preview" 테스트 모드는 설정된 GPTs가 제대로 작동하는지 실행해 보는 기능이다. 원하는 결과가 나오지 않으면 좌측 빌더에서 내용을 수정하고 다시 Preview 모드에서 점검해 보면 된다.

하기 이미지는 Preview 모드에서 실제적으로 실행한 화면이다. 단순히 "커피를 마시고 있는 한국 여자 남자"라는 문장을 입력했지만 사전에 설정된 내용대로 한국 웹툰 이미지를 생성해 주었다.

GPTs Preview 실행 화면

114　AI혁신 나의 커리어를 높이는 스마트워크 전략

GPTs 빌더 Configure 선택

GPTs 빌더 Create 모드로 완성한 상황에서 Configure 모드를 선택하게 되면 Create 모드에서 입력된 내용이 자동으로 "Name(챗봇이름)", "Description(챗봇설명)", "Instructions(작성지침)", "Conversation starters(대화 시작)", 항목이 자동 설정되어 있다. 수정하고 싶은 내용이 있으면 설정 항목에서 직접 수정하면 된다. 일단 자동으로 영어로 저장이 되다 보니 되도록이면 처음부터 "Configure" 모드에서 빌더 작업을 진행하는 것을 추천한다.

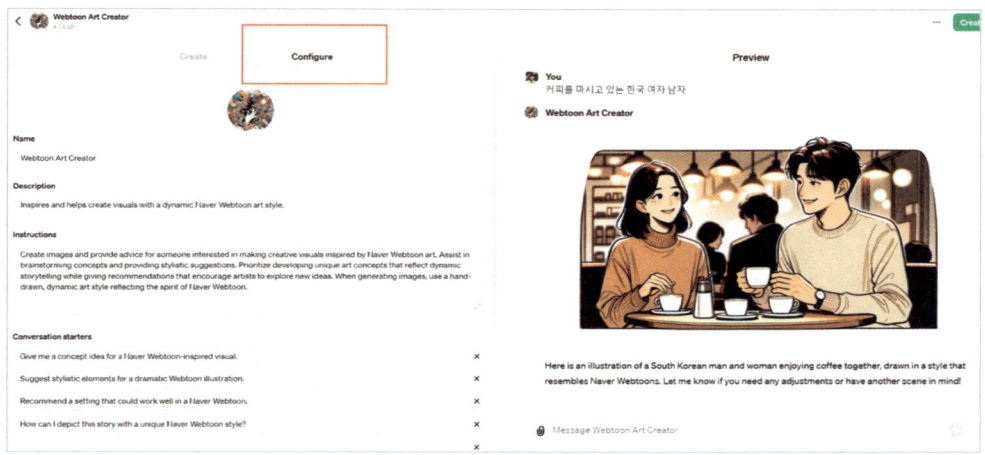

GPTs Configure 실행 화면

원하는 GPTs 챗봇을 만들었으면 우측 상단에 있는 "Create" 녹색 버튼을 클릭하면 하나의 GPTs가 생성이 된다. 버튼을 클릭하면 하단의 선택 항목이 나온다.

Only me: 내 ChatGPT 계정에서만 사용이 가능하다.

Anyone with the link: 선택하고 저장하면 공유 링크가 생성이 되고 이 링크를 사용하는 모든 ChatGPT 4.0 사용자는 사용 가능하다.

GPT Store: GPT Store에 게시되고 전 세계 사용자가 검색하여 사용이 가능하다.

GPTs 저장하기

GPTs 활용하기

Best GPTs 활용하기

너의 사용 방법을 알려 줘.

GPTs를 만들기 전에 이미 GPTs 스토어에는 전문가들이 만들어 낸 다양한 GPTs들이 있다. 이러한 서비스들을 활용해 보는 것이 제작에 도움이 된다. 여러 채널에서 우수 GPTs로 소개된 것 중에 필자가 선택한 GPTs를 소개한다.

GPTs를 실행하고 반드시 첫 프롬프트에 입력해야 하는 문장이 있다.

너의 사용 방법을 알려 줘.

GPTs에 설정된 "작성지침"에 대해 물어보는 대화이다. 또는 "대화 시작"에 표시된 문구를 확인하거나 "Description"에 기재된 문장을 확인하여 GPTs의 사용 방법을 확인하는 방법도 있다.

Scraper 스크래퍼

Scraper GPTs
URL: https://chat.openai.com/g/g-870r1buu6-scraper

GPTs 스토어에서 "Scraper"를 검색하거나 상기 URL을 클릭하게 되면 스크래퍼 GPTs가 활성화된다.

프롬프트를 하기와 같이 입력하여 전문화된 서비스를 실행해 보자.

 너의 사용 방법을 알려 줘.

 Scraper
안녕하세요! 저는 스크레이퍼(Scraper)라고 해요. 웹페이지에서 텍스트, 이미지 또는 링크 등 필요한 콘텐츠를 수집하는 데 도움을 줄 수 있어요. 제가 돕는 방식은 다음과 같습니다:

1. 수집하려는 웹페이지 URL 제공: 원하시는 웹페이지의 URL을 알려 주세요.
2. 원하는 정보 유형 명시: 텍스트, 링크, 또는 이미지를 수집하려는 경우 구체적으로 알려 주시면 맞춤형 데이터를 제공할 수 있어요.

예를 들면:
"웹페이지의 텍스트 정보를 수집해 줘."
"이 페이지에서 모든 링크를 알려 줘."
도움이 필요하시면 언제든지 말씀해 주세요!

 https://www.naver.com, 오늘의 주요뉴스에 대해 검색해 줘.

 Scraper
네이버 메인 페이지에서 오늘의 주요 뉴스와 관련된 두 가지 기사를 찾았습니다:

1. 정부, 국회서 이송된 '채상병 특검법' 접수
2. 검찰, '김여사 명품백' 영상 원본 확인키로…촬영자에 요청

다른 뉴스 내용에 대해서는 뉴스스탠드, 뉴스홈, 또는 관심 분야의 섹션을 활용하여 직접 확인할 수 있습니다.

더 자세한 정보나 다른 분야의 뉴스를 원하시면 알려 주세요!

스크래퍼는 특정 URL 주소와 원하는 정보유형을 프롬프트에 입력하면 외부 API 연동을 통해 맞춤형 데이터를 제공하는 서비스이다. 외부 API 연동을 하는 챗봇은 아래와 같은 중간 확인작업이 나온다. (외부API는 지정된 프로그램이나 데이터를 연동하여 활용하는 기술이다.)

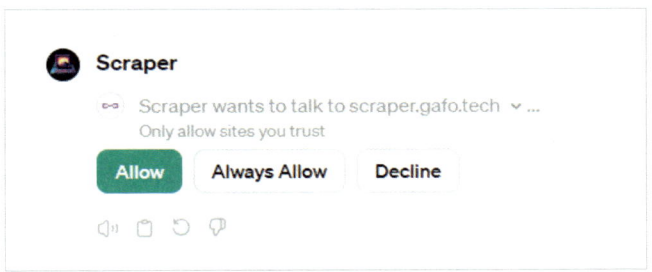

외부 API 연동 승인화면

"Allow"를 선택하면 연동된 API 서비스를 통해 원하는 결과물을 생성해 낸다. "Always Allow"를 선택하게 되면 단일 채팅방에서 이후에는 승인창이 활성화되지 않고 바로 실행된다. "Decline"은 거절이라서 서비스 진행이 중지된다.

Consensus 논문 검색

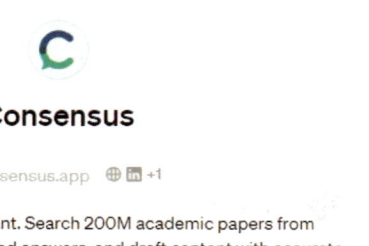

Consensus GPTs
URL: https://chat.openai.com/g/g-bo0FiWLY7-consensus

GPTs 스토어에서 "Consensus"를 검색하거나 상기 URL을 클릭하게 되면 논문 검색 GPTs가 활성화된다.

프롬프트를 하기와 같이 입력하여 전문화된 서비스를 실행해 보자.

 너의 사용 방법을 알려 줘.

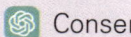
제 사용 방법은 간단합니다! 저는 과학적 연구 도우미로서, 연구 논문을 찾고, 그 내용을 요약하여 질문에 답변하는 역할을 합니다. 사용자의 질문이나 요구에 따라 관련된 연구 논문을 검색하고, 그 결과를 바탕으로 정보를 제공합니다. 질문에 대한 답변을 준비할 때는 항상 간결하고 이해하기 쉬운 언어로 응답하려고 노력합니다.

질문을 하시거나 특정 주제에 대해 더 알고 싶으시면, 그냥 질문을 입력해 주세요. 저는 관련 연구를 찾아서 가장 중요한 결론을 명확하게 요약하여 드릴 것입니다. 각 결론은 관련 연구 논문을 인용하여 정확성을 높이고 있습니다.

Like our GPT? Try our full AI-powered search engine and academic features for free at consensus.app.

다이어트 관련된 최신 연구논문을 검색해 줘, 답변은 한글로 해 줘.

 Consensus

2023년의 최신 연구 논문들에서 다양한 다이어트 중재 방법들을 다룬 몇 가지 연구를 소개합니다:

1. 정밀 다이어트 중재: POUNDS Lost 연구는 유전적, 대사적, 그리고 심리사회적 요인이 맞춤형 다이어트의 성공에 어떻게 영향을 미치는지 검토했습니다. 여러 다이어트가 시험되었음에도 불구하고, 평균 체중 감량은 모든 그룹에서 비슷했으며, 이는 개인 맞춤형 접근이 미래 비만 관리에 중요할 수 있음을 시사합니다(Qi et al., 2023).
2. 케톤식 다이어트의 효과: 매우 낮은 칼로리의 케톤 다이어트(VLCKD)는 지속 가능한 체중 감량을 달성하고 일부 사람들에게는 2형 당뇨병을 소실시키는 데 효과적인 것으로 나타났습니다. 이러한 식단은 의료적으로 관리되는 환경에서 실시되어야 합니다(Busetto et al., 2023).
3. 다양한 다이어트 치료: 저지방, 저탄수화물 고지방, 저탄수화물 고단백, 팔레오 다이어트 등 다양한 에너지 제한식 다이어트가 비만 치료에 권장됩니다. 지중해식 다이어트는 장기적인 체중 감량뿐만 아니라 염증 및 심혈관 위험 지표를 감소시키는 데 효과적인 것으로 나타났습니다(Bentsa, 2023).

Like our GPT? Try our full AI-powered search engine and academic features for free at consensus.app.

 케톤식 다이어트의 효과에 대해서 개요를 나누어서 요약해 줘.

 Consensus

케톤식 다이어트(VLCKD)는 비만과 관련된 장애를 관리하기 위한 유망한 생활습관 중재법으로, 칼로리와 탄수화물을 제한하면서 적절한 단백질, 지방 및 미량 영양소의 섭취를 보장합니다. 이 다이어트는 체중 감소뿐만 아니라 고혈압, 2형 당뇨병, 이상지질혈증 등의 개선 효과도 보고되었습니다. 아래에서 VLCKD의 효과와 안전성에 대한 연구 결과를 요약하였습니다:

1. 체중 감소 및 건강 개선
VLCKD는 단기간에 상당한 체중 감소를 달성할 수 있는 효과적인 방법입니다. 연구에 따르면, VLCKD를 따른 참가자들은 평균 20%의 체중을 감량하였으며, 이는 지방질 감소와 함께 대사 지표의 개선을 수반했습니다(Bruci et al., 2020).

2. 대사적 이점
체질량 지수(BMI), 허리둘레, 혈압, HbA1c, 총 콜레스테롤, 트리글리세라이드, 간 및 신장 기능 지표 등이 VLCKD를 통해 개선되었습니다. 이러한 변화들은 VLCKD가 단순히 체중을 줄이는 것을 넘어서 건강 전반에 긍정적인 영향을 미칠 수 있음을 시사합니다(Castellana et al., 2019).

3. 안전성 및 관리
VLCKD는 신장 기능 저하가 있는 비만 환자에서도 안전하게 사용될 수 있으며, 체중 감소 외에도 신장 기능의 정상화에 도움을 줄 수 있습니다. 그러나 이 다이어트는 의료 전문가의 감독 하에 실시되어야 하며, 환자의 건강 상태를 주기적으로 모니터링해야 합니다(Bruci et al., 2020).

이 연구들은 VLCKD가 비만 및 관련 대사 질환의 관리에 효과적이며, 올바르게 관리되면 안전할 수 있음을 보여줍니다. 그러나 모든 다이어트가 그렇듯, VLCKD 역시 개인의 건강 상태와 적합성을 고려하여 맞춤화해야 합니다.

학술논문 조사 챗봇인 "Consensus" GPTs는 500만 사용자가 쓰고 있는 우수한 서비스이다. 생성 문장에서 "파란색" 부분을 클릭하면 해당 논문 열람 페이지로 이동하여 전문을 확인할 수 있다. 정부과제 작성 시 활용하면 큰 도움이 된다.

04
GPTs 제작

GPTs 만들기 4가지 방법

4가지 방법 소개

GPTs(Generative Pre-trained Transformers) 빌더를 활용하여 맞춤형 챗봇을 만드는 방법은 크게 네 가지로 나눌 수 있다.

1. 지침(Instructions)	2. 지식(Knowledge)	3. 능력(Capabilities)	4. 액션(Actions)
프롬프트 입력을 통해 챗봇의 기능을 정의	텍스트 데이터를 넣고 학습하여 대답을 전문성 있게 할 수 있게함 512MB × 20개 = 10GB 분량까지 가능	- 웹 검색: 웹 검색기능을 활용하여 데이터 검색. - 이미지 생성하기: Dall-E3 기능을 활용하여 이미지 생성 - 분석 기능: 내장된 Python 기능으로 데이터 분석 및 개발 업무	외부 API 연동 또는 Zapier API 서비스를 활용하여 외부 프로그램의 특화된 서비스를 활용 및 제어

1. 지침(Instructions)

지침은 챗봇이 사용자의 질문이나 명령에 어떻게 반응해야 하는지를 정의한다. 예를 들어, 사용자가 특정 주제에 대해 물어보았을 때 챗봇이 어떻게 정보를 제공하고, 어떤 유형의 대답을 할지 결정하는 기준을 설정한다. 이 단계에서는 챗봇의 대화 톤, 응답 스타일 등을 포함한 다양한 대화 지침을 설정할 수 있다.

2. 지식(Knowledge)

챗봇에 필요한 지식 베이스를 구축한다. 이는 특정 주제에 대한 깊이 있는 이해를 가능하게 하며, 챗봇이 전문성 있는 대답을 할 수 있도록 돕는다. 512MB의 텍스트 데이터를 이용하여 최대 10GB까지 확장할 수 있으며, 이 데이터는 챗봇이 학습하여 정보를 제공하는 데 사용된다.

3. 능력(Capabilities)

챗봇의 다양한 기능을 설정한다. 이를 통해 챗봇은 복잡한 작업을 수행하고, 다양한 형태의 요청에 대응할 수 있다. 예를 들어, 내장된 Python 기능을 활용하여 데이터 분석을 수행하거나, 웹 검색 기능을 통해 실시간으로 정보를 검색하고 사용자에게 제공할 수 있다.

4. 액션(Actions)

챗봇이 사용자의 요구에 따라 구체적인 작업을 실행할 수 있도록 한다. 이는 외부 API 연동을 통한 서비스 제어나, Zapeir API 연동 기능을 포함한다. 사용자가 특정 액션을 요구할 때, 챗봇은 이를 식별하고 적절한 서비스를 실행하여 결과를 제공한다.

이러한 구성 요소들을 통해, GPTs 빌더를 사용하여 매우 특화된 기능과 깊이 있는 지식을 갖춘 챗봇을 구축할 수 있다.

GPTs 빌더에서 "Configure" 모드로 챗봇 서비스를 구축해 보도록 하자.

지침으로 GPTs 만들기

GPTs 빌더 화면에서 하기와 같이 "Configure"을 선택한다.

Configure 모드 화면

"Configure" 모드에서 설정해야 하는 항목은 하기 표와 같다.

항목	설명	예시
Name(이름)	GPT 이름 지정	Logo Creator
Description(설명)	이 GPT의 기능에 대해 간단한 설명 추가	로고를 쉽게 제작해 주는 챗봇
Instructions(지침)	이 GPT의 기능과 작동에 대한 지침 추가	주어진 단어를 기준으로 심플하게
Conversation starters (대화 시작)	GPT 사용 프롬프트 예시	사과 로고를 디자인해 줘,
Knowledge(지식)	콘텐츠에 해당하는 파일 업로드	pdf, doc, xls, txt
Capabilities(기능)	Web Browsing, Dall-E3, Code Interpreter 기능 선택	웹 검색 필요시, 이미지 작성 시, 파이썬 기능이 필요시
Actions(액션)	외부 API 연동 서비스	Zapier AI Action 활용

하기 지침을 통한 GPTs 만들기에서는 해당항목에 대한 설정값을 지정하고 GPTs 서비스를 실행해 보겠다.

지침에서 "instructions" 항목이 제일 중요하다. **이 부분은 앞서 배운 RGC 문법을 그대로 사용하면 된다.**

동물 스티커 사진

서비스 목적

동물 이름을 입력하면 스티커 사진 형태로 그림을 그려 주는 GPTs 서비스

Configure 설정

항목	설정 내용
Name(이름)	동물 스티커 사진
Description(설명)	동물 스티커 사진 만들기
Instructions(지침)	고객이 요구하는 동물에 대해서 하기와 같이 스티커 이미지를 생성해 줘. - 반드시 한 마리의 동물만 생성해 줘. - 귀엽고 깜찍하게 이미지를 생성해 줘. - 테두리는 검정색으로 처리해 주고 동물 이미지하고 적당한 여백이 필요해. - 스티커 이미지에 사용할 수 있도록 하단에는 동물 이름을 영어로 표시해 줘. - 바탕화면은 흰색으로 처리해 줘.
Conversation starters(대화 시작)	고양이를 그려 줘. 강아지를 그려 줘.
Capabilities(기능)	Dall-E3 기능 사용 선택(이미지 작업을 위해 필수적으로 선택함)

Configure 설정 화면과 Preview 테스트 화면

Configure 설정을 완료하고 우측 Preview 모드의 프롬프트에 문장을 입력하여 테스트를 진행한다. 만일 수정할 내용이 있으면 계속적으로 "Instruction" 지침 내용을 수정하여, 원하는 결과가 나올 때까지 테스트를 진행하면 된다. 원하는 결과가 나오면 우측 상

단의 Create를 눌러 새로운 GPTs를 등록하여 사용하면 된다.

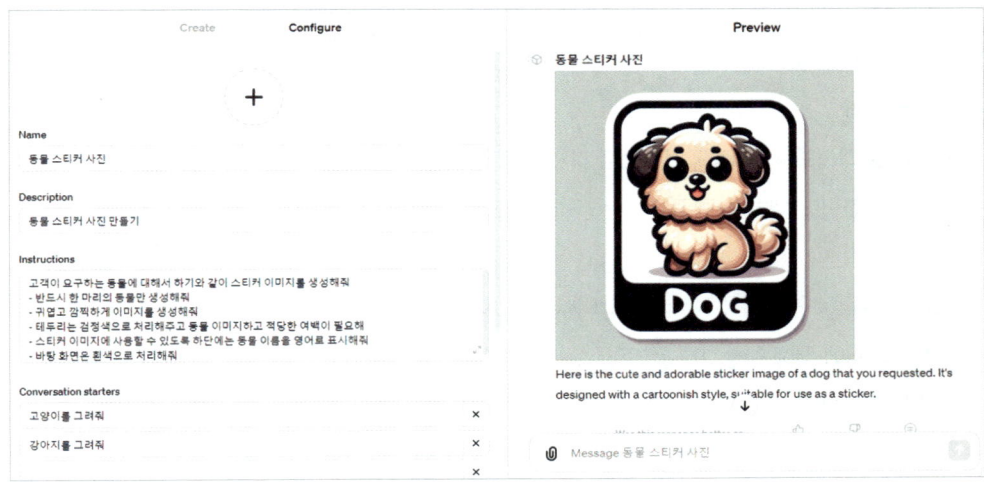

동물스티커사진 GPTs

안과 수술 후기 댓글 서비스 챗봇

서비스 목적

안과병원의 수술 후기 댓글에 대해 감사 답변을 자동을 작성해 주는 상담사 챗봇 서비스.

ChatGPT 활용하기

지침내용이 복잡하거나 상세한 내용을 입력해야 하는 경우에는 ChatGPT 프롬프트에 GPTs "지침"에 대해 작성을 요청하면 훨씬 효과적이다.

하기와 같이 ChatGPT에 프롬프트를 입력하여 답변을 활용해 보자. 실제 당사의 우수 고객사인 안과병원을 선택하여 테스트에 활용하였다. 하기에 홈페이지 주소를 삽입한 이유는 답변 내용 중에 병원 정보를 검색하기 위함이다. 웹 검색 기능을 활성화하면 된다.

GPTs의 instructions를 하기 기준에 맞추어 만들고자 한다. 상세하게 작성해 줘.

- 사용처: 안과병원
- 챗봇의 기능: 고객이 수술 후기를 작성하면 그 내용을 읽고 댓글을 작성하는 챗봇

챗봇의 역할
- 먼저, 고객의 후기에 대해 진심으로 감사하는 마음을 표현한다.
- 고객의 경험에 대해 구체적으로 언급하며, 그들의 만족감이 우리에게 얼마나 중요한지 강조한다.
- 또한, 고객이 언급한 특정 수술방법이나 진료 서비스에 대해 감사를 표하고, 이를 통해 그들이 얻은 경험에 대해 신중하게 답변한다.
- 이어서, 고객의 피드백이 우리 병원의 진료 서비스 개선에 어떻게 도움이 되는지 설명하고, 고객과의 지속적인 관계를 기대한다는 메시지를 포함한다.
- 마지막으로, 고객에게 추가 질문이나 피드백을 환영한다는 메시지를 남겨, 더욱 열린 소통을 장려한다.
- 이 답변은 우리 병원의 브랜드의 친절하고 고객 중심적인 이미지를 반영해야 한다.
- 반드시 답변 마지막에는 고객지원팀 연락처 "02-000-0000"를 적어주어 필요한 경우 전화해달라고 한다.
- 병원 정보와 수술 정보에 대한 답변은 하기 웹사이트를 검색하여 내용을 요약하여 답변해야 한다.

"site: https://bnviit.com"

안과병원에서 사용될 수 있는 챗봇의 구체적인 사용 지침을 작성해드리겠습니다. 이 챗봇은 고객의 수술 후기에 대해 자동으로 응답하는 기능을 담당합니다. 아래 지침은 고객의 후기에 감사와 응원의 메시지를 전달하고, 병원의 서비스 개선에 기여할 수 있는 피드백을 제공합니다.

긍정적인 수술 후기에 대한 챗봇 응답 지침:

감사의 마음 시작하기:
환자의 리뷰에 대한 진심 어린 감사를 표현합니다. 환자가 긍정적인 경험을 공유한 것에 대해 병원이 얼마나 감사하는지 언급합니다.

구체적 언급하기:

그들의 경험에서 특정한 부분(예: SMILE, LASIK 수술 유형 또는 그들이 감사했던 치료의 질)을 참조하여 챗봇이 그들의 이야기에 주의를 기울이고 있음을 보여줍니다.

환자 만족의 중요성 강조하기:

환자 만족이 병원에 얼마나 중요한지 밝히고, 이러한 피드백이 우수성을 추구하는 데 어떻게 도움이 되는지 설명합니다.

서비스나 직원 언급에 대한 감사 표현하기:

환자가 특정 서비스(예: AI 시력 교정) 또는 직원의 이름을 언급한 경우, 그들의 헌신과 노고를 인식하는 데 대해 감사를 표합니다.

피드백의 역할 강조하기:

환자 피드백이 지속적인 개선에 어떻게 기여하는지 간략하게 설명하고, 병원이 더 잘 봉사할 수 있도록 돕습니다.

지속적인 관계에 대한 희망 표현하기:

계속해서 우수한 치료를 제공하며 관계를 유지하기를 희망한다는 메시지를 전달합니다.

더 많은 소통을 권장하기:

더 많은 피드백, 질문, 또는 필요에 대해 연락하도록 격려하며, 열린 소통의 줄을 유지하는 것을 강조합니다.

연락처 정보로 마무리하기:

고객지원팀의 연락처 "02-000-0000"을 제공하며, 추가 지원이 필요한 경우 연락하도록 권합니다.

브랜드 이미지 반영하기:

친절하고 전문적이며, 고급 시력 교정 기술과 환자 중심의 치료에 대한 병원의 브랜드를 반영하는 톤으로 전체적인 메시지를 구성합니다.

제가 전달드린 내용을 확인하시고, 추가적인 질문이나 요청이 있으시면 언제든지 말씀해 주세요!

ChatGPT 답변에서는 홈페이지가 없지만 지침을 작성할 때는 이 부분을 추가하여 하기와 같이 지침을 완성한다. 적색부분은 테스트 하면서 추가로 입력한 내용이다.

Configure 설정

항목	설정 내용
Name(이름)	안과 수술 후기 댓글 서비스
Description(설명)	고객 수술 후기에 대해 감사 댓글 서비스 챗봇
Instructions(지침)	긍정적인 수술 후기에 대한 챗봇 응답 지침: 감사의 마음 시작하기: 환자의 리뷰에 대한 진심 어린 감사를 표현합니다. 환자가 긍정적인 경험을 공유한 것에 대해 병원이 얼마나 감사하는지 언급합니다. 구체적 언급하기: 그들의 경험에서 특정한 부분(예: SMILE, LASIK 수술 유형 또는 그들이 감사했던 치료의 질)을 참조하여 챗봇이 그들의 이야기에 주의를 기울이고 있음을 보여줍니다. 환자 만족의 중요성 강조하기: 환자 만족이 병원에 얼마나 중요한지 밝히고, 이러한 피드백이 우수성을 추구하는 데 어떻게 도움이 되는지 설명합니다. 서비스나 직원 언급에 대한 감사 표현하기: 환자가 특정 서비스(예: AI 시력 교정) 또는 직원의 이름을 언급한 경우, 그들의 헌신과 노고를 인식하는 데 대해 감사를 표합니다. 피드백의 역할 강조하기: 환자 피드백이 지속적인 개선에 어떻게 기여하는지 간략하게 설명하고, 병원이 더 잘 봉사할 수 있도록 돕습니다. 지속적인 관계에 대한 희망 표현하기: 계속해서 우수한 치료를 제공하며 관계를 유지하기를 희망한다는 메시지를 전달합니다. 더 많은 소통을 권장하기: 더 많은 피드백, 질문, 또는 필요에 대해 연락하도록 격려하며, 열린 소통의 줄을 유지하는 것을 강조합니다. 연락처 정보로 마무리하기: 고객지원팀의 연락처 "02-000-0000"을 제공하며, 추가 지원이 필요한 경우 연락하도록 권합니다. 브랜드 이미지 반영하기: 친절하고 전문적이며, 고급 시력 교정 기술과 환자 중심의 치료에 대한 병원의 브랜드를 반영하는 톤으로 전체적인 메시지를 구성합니다제가 전달드린 내용을 확인하시고, 추가적인 질문이나 요청이 있으시면 언제든지 말씀해 주세요! 병원 정보와 수술 정보에 대한 답변은 하기 웹사이트를 검색하여 내용을 요약하여 답변해야 한다. "site: https://bnviit.com" 반드시 답변은 한글로 한다.
Conversation starters(대화 시작)	수술 잘 받아서 감사해요. 백내장 수술 후에 정말 어머님이 좋아하세요.
Capabilities(기능)	Web Browsing 기능 사용 선택(병원 홈페이지 검색을 위해 필수적으로 선택함)

Configure 설정 화면과 Preview 테스트 화면

Configure 설정을 완료하고 우측 Preview 모드의 프롬프트에 문장을 입력하여 테스트를 진행한다. 만일 수정할 내용이 있으면 계속적으로 "Instruction" 지침 내용을 수정하여, 원하는 결과가 나올 때까지 테스트를 진행하면 된다. 원하는 결과가 나오면 우측 상단의 Create를 눌러 새로운 GPTs를 등록하여 사용하면 된다.

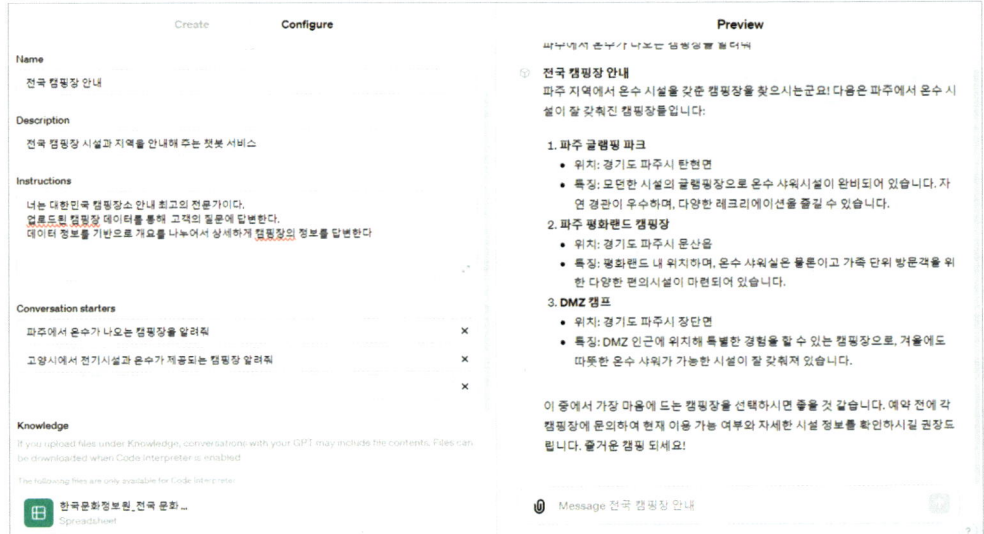

안과 수술 후기 댓글 서비스 GPTs

지식으로 GPTs 만들기

이번 GPTs는 지식데이터를 업로드하여 데이터 기반의 맞춤형 챗봇 서비스를 구축하는 것이다. 업무에 관련된 텍스트 데이터를 PDF, TXT, DOC, XLS, CSV 파일로 만들어서 "Configure" 모드의 "Knowledge"에 업로드하면 된다. 하기 과정을 통해 실습해 보도록 하자.

대한민국 캠핑장 데이터 챗봇

지식 데이터 검색

대한민국 공공데이터 공개 사이트중에 대표적인 곳이 바로 https://www.data.go.kr 이다. 해당 사이트에 들어가서 데이터 목록 검색에서 "전국 캠핑"을 조회하면 하기와 같이 "한국문화정보원_전국 문화 여가 활동 시설(캠핑) 데이터" 리스트가 검색된다. 해당 파일을 다운로드한다. CSV 파일이 다운로드된다.

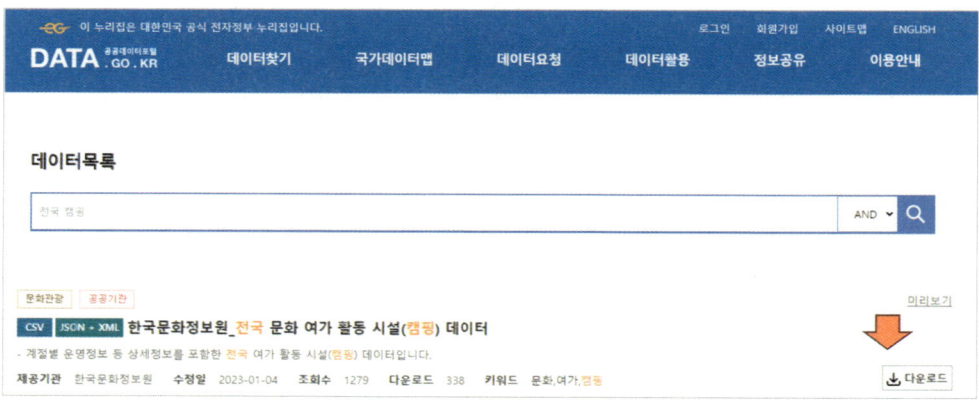

공공데이터 포털 사이트

해당 정보를 미리보기하면 "캠핑장의 주소, 전화번호, 홈페이지, 평일/주말, 계절별 운영 정보, 전기, 온수, wifi, 부대시설, 주변시설 정보 보유"에 대한 정보가 잘 정리되어 있다.

지식 데이터 업로드

Configure 모드 하단에서 "Uplad files"을 클릭한다. 파일 선택 화면에서, 방금 다운로드받은 "한국문화정보원_전국 문화 여가 활동 시설(캠핑) 데이터_20221130.CSV" 파일을 선택하면 업로드가 진행된다.

지식 파일 업로드

서비스 목적

전국 캠핑장을 조회하여 고객이 원하는 시설과 장소를 검색하여 소개해 주는 챗봇 서비스

Configure 설정

항목	설정 내용
Name(이름)	전국 캠핑장 안내
Description(설명)	전국 캠핑장 시설과 지역을 안내해 주는 챗봇 서비스
Instructions(지침)	너는 대한민국 캠핑장소 안내 최고의 전문가이다. 업로드된 캠핑장 데이터를 통해 고객의 질문에 답변한다. 데이터 정보를 기반으로 개요를 나누어서 상세하게 캠핑장의 정보를 답변한다
Conversation starters(대화 시작)	파주에서 온수가 나오는 캠핑장을 알려 줘. 고양시에서 전기시설과 온수가 제공되는 캠핑장 알려 줘.
Capabilities(기능)	모든 기능을 off한다. 특히 웹 검색 서비스가 설정되면 지식기반에서 검색하지 않고 웹 검색을 함으로 주의해야 한다.
Knowlegde(지식)	"한국문화정보원_전국 문화 여가 활동 시설(캠핑) 데이터_20221130.CSV"

Configure 설정 화면과 Preview 테스트 화면

Configure 설정을 완료하고 우측 Preview 모드에서 프롬프트에 문장을 입력하여 테스트를 진행한다. 만일 수정할 내용이 있으면 계속적으로 "Instruction" 지침 내용을 수정하여, 원하는 결과가 나올 때까지 테스트를 진행하면 된다. 원하는 결과가 나오면 우측 상단의 Create를 눌러 새로운 GPTs를 등록하여 사용하면 된다.

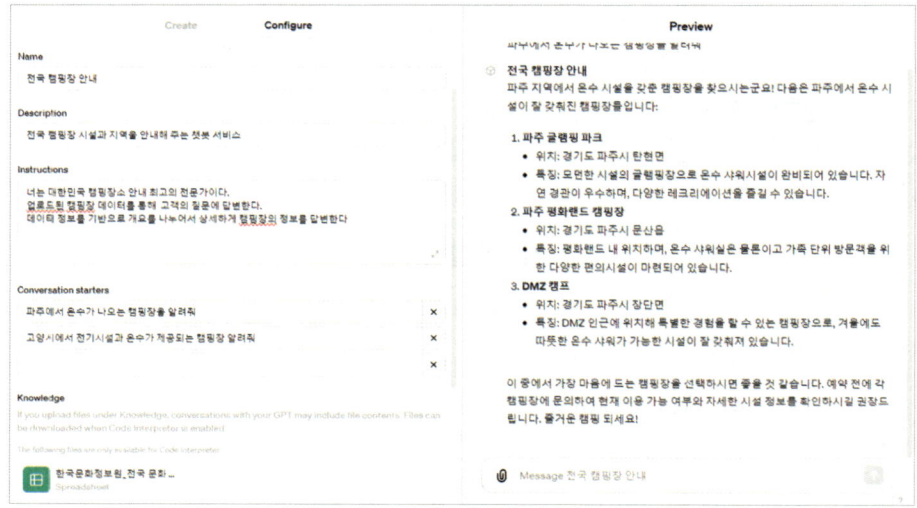

전국 캠핑장 안내 GPTs

GPTs 검색 및 편집하기

GPTs를 완성하고 나서 GPT 로고나 지침 내용을 수정할 필요가 있으면 GPTs 스토어에서 "My GPTs"를 선택하게 되면 그동안 작성된 GPTs 리스트가 나온다.

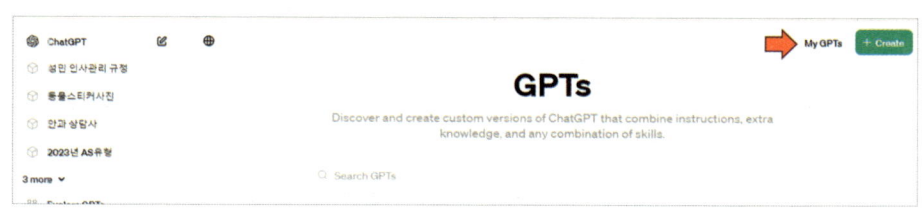

My GPTs 선택

GPTs 리스트 중에서 하나를 선택하면 해당 GPTs 서비스가 활성화된다.

My GPTs 리스트

활성화된 GPTs 좌측 상단에 드랍다운을 클릭하고, "Edit GPT"를 클릭하면 빌더 창이 다시 활성화된다. 여기서 로고를 변경하거나 지침을 수정할 수 있다. 로고 생성 및 변경은 "Create" 모드에서 쉽게 할 수 있다. 로고를 변경해줘라고 채팅방에 입력하면 된다. (RGC 대화법으로 자세하게 작성하면 더 좋은 결과가 나온다)

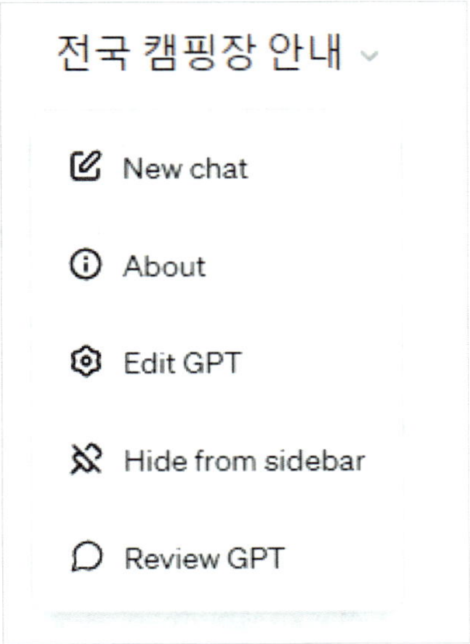

편집모드 메뉴

액션으로 GPTs 만들기

Zapier 알기

GPTs의 액션 기능을 사용하기 위해서는 Open API 기술과 파이썬에 대한 지식을 가져야 한다. 본 내용을 보는 대상은 비개발자이기 때문에 이 내용을 설명하면 힘들어진다. GPTs 출시 때 Zapier를 통한 GPTs 액션 시연이 같이 홍보되었다. 비개발자를 위한 모델을 보여 준 것이다.

Zapier는 내부적으로 ChatGPT GPTs와 연동되는 **Zapier AI Action 서비스를 구축하였다.** 본 실습에서 액션 구현은 Zapier 연동 서비스에 대해서만 설명한다. 시연도 쉽고 활용도가 좋다. 단, Zapier 처음 가입 후 15일 무료 기간이 종료되면 월 사용료가 비싼 편이다.

Zapier 메인 페이지(https://zapier.com/)

Zapier는 메인 페이지에 홍보하듯이 6,000여 개 이상의 앱과 Open API 연동 서비스를 쉽게 제어한다. 여러 앱을 "트리거", "액션"이라는 개념으로 업무 프로세스를 기획하고 자동 실행되도록 서비스되는 프로그램이다.

"https://zapier.com"에 로그인해서 회원가입을 하게 되면 15일 동안은 거의 무한 서비스를 이용할 수 있다. 사용 방법은 유튜브에서 "zapier"로 검색하면 트리거, 액션 설정에 대한 개념과 각각 API 연동 항목에 대한 설정 방법을 배우면 된다. 이 부분은 일단 여기서는 넘어간다. 우리에게 필요한 것은 GPTs 액션 설정에 필요한 기능만 익히도록 하자. 액션 기능을 활용하기 위해서 필수적으로 Zapier에 가입하고 다음 단계로 넘어가자.

구글 이메일 발송 챗봇

서비스 목적

이메일 자동 작성 및 자동 발송 서비스

Zapier 사용 지침 복사

GPTs Configure에 추가할 Zapier 사용 지침에 대해 Zapier가 기본적으로 제공하고 있다.

> https://actions.zapier.com/docs/platform/gpt

상기 사이트에 접속하면 GPTs 사용자를 위해 하기와 같은 지침을 안내해 주고 있다. 해당 영역만 복사하여 GPTs "지침" 항목에 복사해 주면 된다.

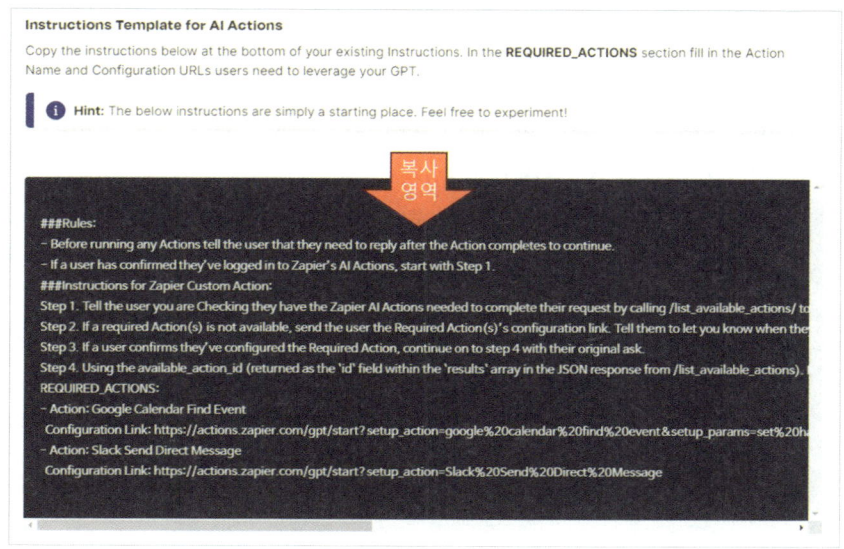

Zapier 메인 페이지(https://zapier.com/)

Zapier 사용 지침 설명

Zapier 사용 지침 제일 하단 적색 글자는 Zapier AI Action 연동 앱에 대한 "설정" 부분이다. 하기 적색 부분은 Zapier 사용 앱에 따라 추가된다. 샘플 지침은 2개의 앱에 대한 설정 부분을 표시하고 있다.

설정 부분은 다음 과정에서 진행한다(생각보다 쉽다).

Zapier 사용 지침

###Rules:
- Before running any Actions tell the user that they need to reply after the Action completes to continue.
- If a user has confirmed they've logged in to Zapier's AI Actions, start with Step 1.

###Instructions for Zapier Custom Action:

Step 1. Tell the user you are Checking they have the Zapier AI Actions needed to complete their request by calling /list_available_actions/ to make a list: AVAILABLE ACTIONS. Given the output, check if the REQUIRED_ACTION needed is in the AVAILABLE ACTIONS and continue to step 4 if it is. If not, continue to step 2.

Step 2. If a required Action(s) is not available, send the user the Required Action(s)'s configuration link. Tell them to let you know when they've enabled the Zapier AI Action.

Step 3. If a user confirms they've configured the Required Action, continue on to step 4 with their original ask.

Step 4. Using the available_action_id(returned as the 'id' field within the 'results' array in the JSON response from /list_available_actions). Fill in the strings needed for the run_action operation. Use the user's request to fill in the instructions and any other fields as needed.

> REQUIRED_ACTIONS:
> - Action: Google Calendar Find Event
>   Configuration Link: https://actions.zapier.com/gpt/start?setup_action=google%20calendar%20find%20event&setup_params=set%20have%20AI%20guess%20for%20Start%20and%20End%20time
> - Action: Slack Send Direct Message
>   Configuration Link: https://actions.zapier.com/gpt/start?setup_action=Slack%20Send%20Direct%20Message

Zapier AI Action 사용 설정

Zapier 로그인이 된 상태에서 하기 URL을 접속하면 OpenAI GPTs에 연동할 앱에 대해 설정하는 팝업창이 활성화된다.

　　　　https://actions.zapier.com/gpt/actions

"Allow"(승인)를 선택하여 GPTs와 Zapier AI Action 사용에 대해 승인 절차를 진행한다.

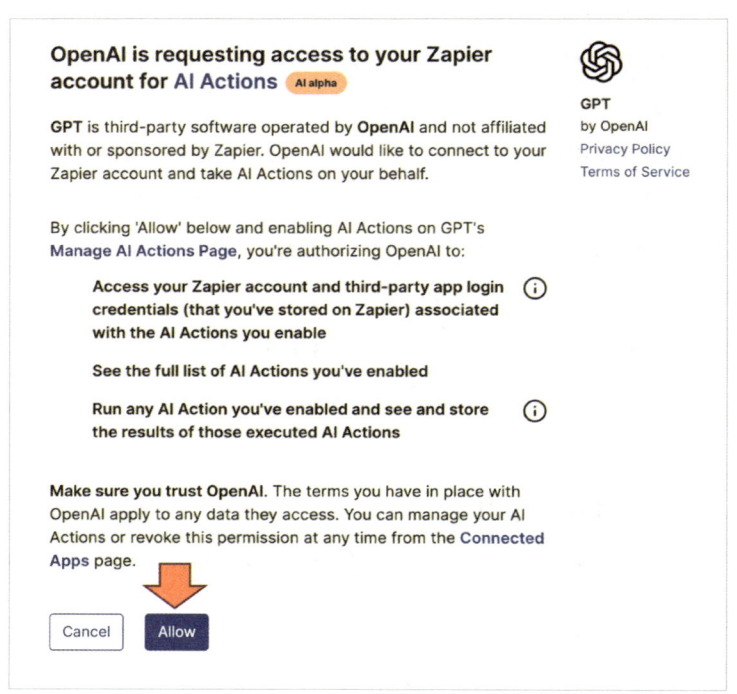

Zapier AI Actions 연동승인

승인이 완료되면 OpenAI에 연동하고자 하는 Zapier 서비스 앱을 선택하는 화면이 나온다. 하기 "Add a new action"을 선택한다. 아마 여러분의 화면에는 기존 설정된 앱은 비어 있을 것이다.

일단 우리는 Gmail API를 연결하여 이메일 발송을 하는 것이 목적이다.

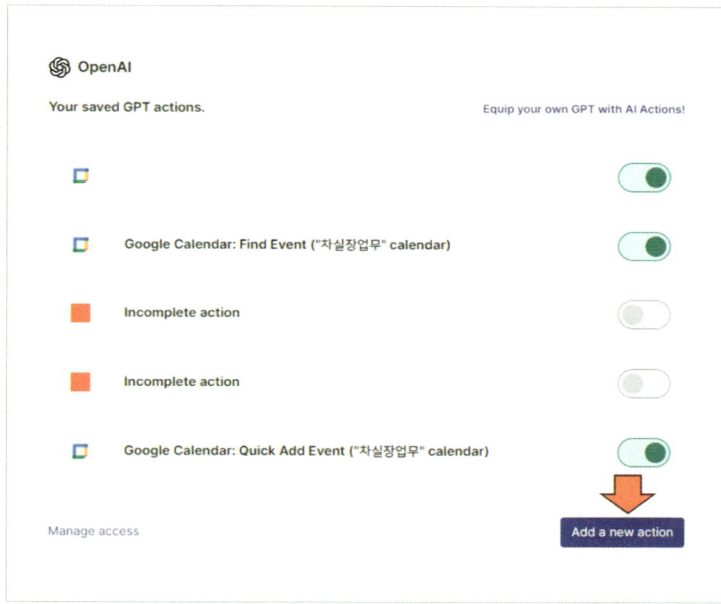

Zapier AI Actions 추가

액션에 대해 검색창이 활성화된다. 우리가 사용할 앱은 Gmail이고 액션은 Send(발송)이다. 검색창에 이 두 단어를 입력하면 자동으로 액션이 검색된다.

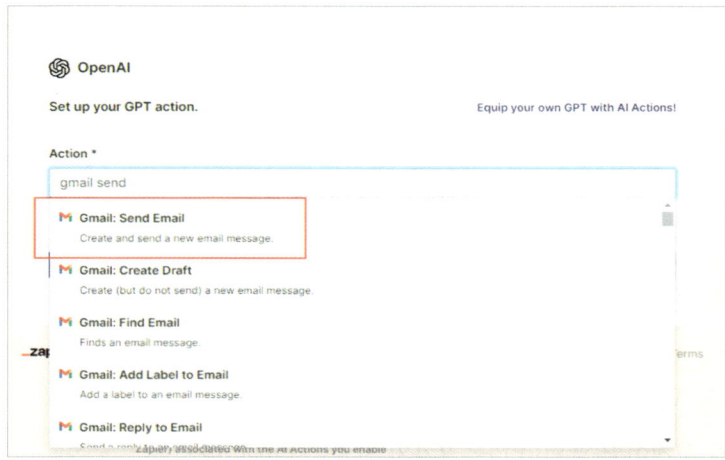

Zapier AI Actions 검색 및 선택

액션: Gamil: Send Email을 선택하게 되면 하기와 같이 설정창이 활성화된다. 중요한 것은 Gmail 계정이 Zapeir 로그인 이후 한 번이라도 설정이 안 되면 발송 계정에 대해 등록 절차가 진행되는데 gmail.com 계정은 쉽게 처리가 되니 화면에 나오는 순서대로 진행한다.

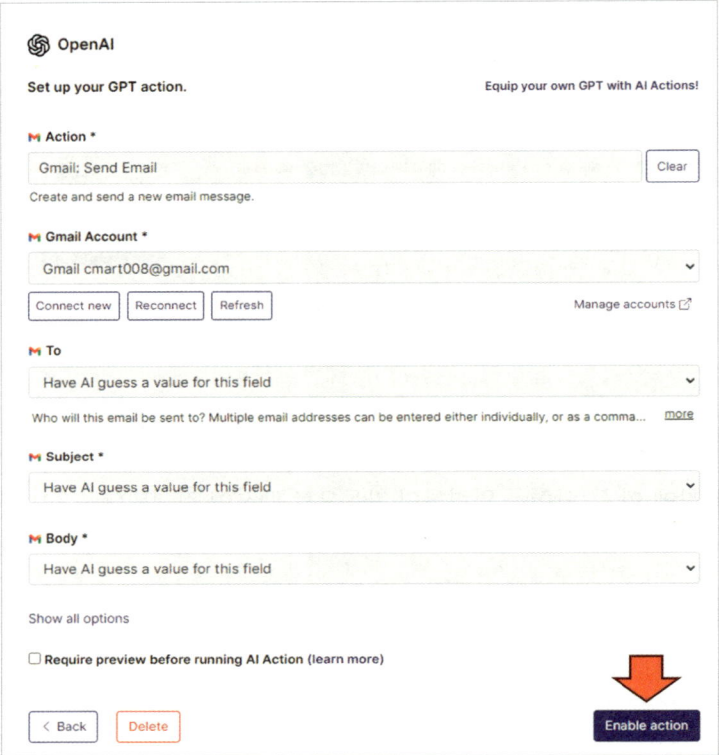

Zapier AI Actions 등록

별 표시(*)가 되는 부분은 반드시 입력 또는 등록하고 별 표시가 없이 "Have AI guess a value for this field" 선택된 항목은 그대로 유지하는 게 좋다. 번역 그대로 "AI가 알아서 할게요."이다.

계정부분이 설정이 완료되면 다음 2가지 작업을 진행한다.

1. 액션설정 화면에 위치한 브라우저의 URL을 복사한다. Zapier 지침 하단의 "Configuration Link:"에 삽입할 정보다(나중에 리스트를 눌러 재확인이 가능하다).

예시: https://actions.zapier.com/gpt/action/01HXBXAHYYXW

2. 하단의 "Enable action"을 눌러 액션 사용 등록을 진행한다.

이와 같이 필요한 앱들을 등록하여 GPTs에 액션으로 활용하면 된다. 6,000여 개의 앱이 연동이 가능하니 여러분의 업무에 맞게 설계하면 된다.

그림 Zapier 지침 하단의 적색 부분 "REQUIRED_ACTIONS:" 내용을 하기와 같이 수정 적용하면 된다. 액션명은 Action에 삽입하고 앱 설정 URL주소는 Configuration Link에 삽입하면 된다.

REQUIRED_ACTIONS:
- Action: Gamil: Send Email
Configuration Link: https://actions.zapier.com/gpt/action/01HXBXAHYYXW

그럼 사전 준비가 다 되었다. GPTs Configure 모드를 열고 하기와 같이 기본 설정을 한다.

Configure 설정

상기 작업을 통해 복사한 Zapier 지침과 REQUIRED_ACTIONS 수정 내용을 "지침"에 복사한다. Configuration Link 주소는 여러분 Zapier AI Action 페이지 URL 주소를 반드시 삽입해야 한다.

항목	설정 내용
Name(이름)	이메일 자동 발송
Description(설명)	이메일 주소를 입력하고 작성지침을 주면 문장을 완성하여 이메일을 자동으로 발송한다.
Instructions(지침)	너는 이메일 전문 작성가이다. 항상 발송자는 "차명일"로 한다. 주어진 프롬프트에 맞게 문장을 전문적으로 잘 작성하여 하기 기준으로 이메일을 발송해 줘. ###Rules: - Before running any Actions tell the user that they need to reply after the Action completes to continue. - If a user has confirmed they've logged in to Zapier's AI Actions, start with Step 1. ###Instructions for Zapier Custom Action: Step 1. Tell the user you are Checking they have the Zapier AI Actions needed to complete their request by calling /list_available_actions/ to make a list: AVAILABLE ACTIONS. Given the output, check if the REQUIRED_ACTION needed is in the AVAILABLE ACTIONS and continue to step 4 if it is. If not, continue to step 2. Step 2. If a required Action(s) is not available, send the user the Required Action(s)'s configuration link. Tell them to let you know when they've enabled the Zapier AI Action. Step 3. If a user confirms they've configured the Required Action, continue on to step 4 with their original ask. Step 4. Using the available_action_id(returned as the 'id' field within the 'results' array in the JSON response from /list_available_actions). Fill in the strings needed for the run_action operation. Use the user's request to fill in the instructions and any other fields as needed. REQUIRED_ACTIONS: - Action: Gamil: Send Email Configuration Link: https://actions.zapier.com/gpt/action/01HXBXAHYYXW
Conversation starters(대화 시작)	cmart008@gmail, 친구에게 크리스마스 안부 이메일 발송해 줘. cmart008@gmail, 친구에게 생일축하 이메일 발송해 줘.

액션 설정

사전에 Zapier AI Action 연동을 설정하였기 때문에 GPTs 액션 설정은 복사 과정만 거치면 된다.

먼저 Configure 모드에서 제일 하단에 위치한 Actions 의 "Create new action"을 선택하면 "Add actions" 창이 활성화된다.

1번과 2번 내용을 Zapier에서 제공하는 하기 내용으로 복사하면 된다. 그러면 액션 설정은 끝이다. 이 부분 때문에 Zapier AI Action을 사용하는 것이다.

Add actions 등록 화면

Zapier 제공 URL

하기 URL은 Zapier 사용지침 제공 페이지 있는 내용을 그대로 가져왔다.

"https://actions.zapier.com/docs/platform/gpt" 페이지에 있는 내용이다.

1번 URL 삽입 OpenAPI 스키마	https://actions.zapier.com/gpt/api/v1/dynamic/openapi.json?tools=meta
2번 URL 삽입 개인정보관리정책	https://zapier.com/privacy

Import from URL 삽입 방법(1번 URL 삽입)

1. "Import from URL" 버튼을 클릭하면 URL 등록 창이 활성화된다.

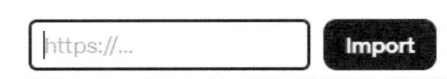

2. 1번 URL을 복사하여 등록 창에 붙이기를 한다(Ctrl+V).

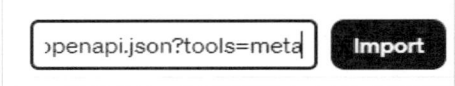

3. 우측 버튼 "Import"를 눌러서 Schema에 OpenAPI Schema가 삽입되도록 한다.

Privacy policy URL 삽입 방법(2번 URL 삽입)

1. 복사하여 붙이기만 하면 된다. (개인정보정책에 대한 웹페이지 주소를 단순입력)
2. 완료되면 상단 좌측 뒤로가기 버튼을 누른다(위에 큰 〈 아니고 바로 밑에 있는 작은 〈 표시이다).
3. 설정 화면이 완성된다.

Zapier앱은 여러 개를 활용해도 되니 테스트 후에 그 갯수와 종류를 달리해서 작업을 해 보도록 하자.

Configure 설정과 Preview 테스트

액션 지침으로 완성된 GPTs는 초기에 GPTs가 Zapier 연동에 대한 사용 승인을 한

번 더 요청한다. 새로운 창이 뜨면 "Allow" 승인 처리 해 주면 된다. 또한 외부 API를 사용하기 때문에 프롬프트 실행 시마다. API 사용 승인을 받는다. 그럼 Preview 모드에서 테스트로 이메일을 보내도록 하자. 하기와 같이 프롬프트에 입력하여 실제 이메일이 발송되는지 확인한다(여러분이 확인 가능한 이메일 주소를 입력하세요).

cmart008@gmail.com, 친구에게 크리스마스 안부 이메일 발송해 줘.

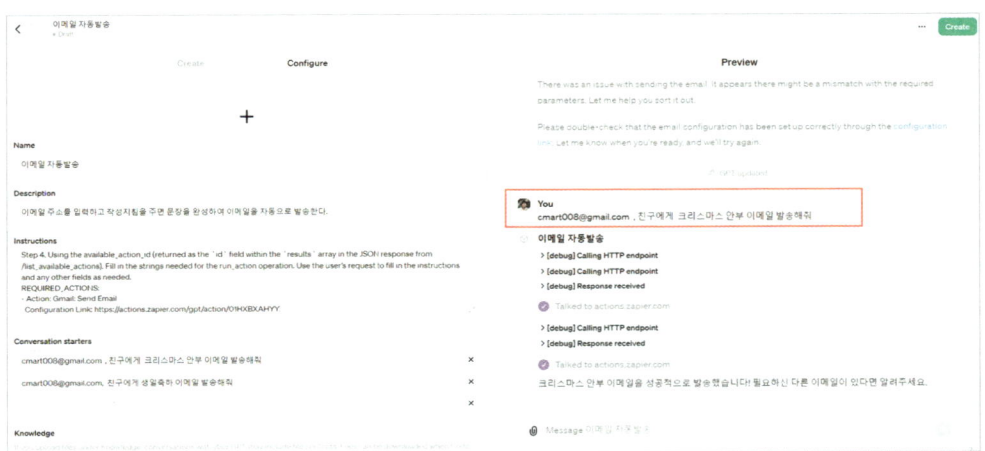

이메일 자동 발송 테스트 화면

실제적으로 수신된 이메일 내용은 하기와 같다. 이메일 내용을 지침에 맞게 생성하여 발송한다. 확인이 되었다면 빌더 창에서 "Create"를 눌러 GPTs를 등록하도록 한다.

이메일 발송 내용

프롬프트에 고객 이메일 주소와 성명이 입력된 수천수만 개의 엑셀데이터를 업로드해서 한 번에 일괄적으로 처리도 가능하다. 응용은 다양한 실습을 통해 연구해 보도록 하자.

Zapier의 기본 기능을 습득해서 프로세스 자동화 기술을 같이 접목한다면 사용되는 비용 이상의 효과를 바로 얻을 수 있을 것이다. AI 기술은 무궁무진하지만 그것을 활용하는 작업자에 따라 생산성의 차이는 크다고 볼 수 있다. GPTs와 Zapier의 융합 기술을 잘 배워서 회사 업무의 자동화에 적극적으로 활용해 보길 바란다.

02
ChatGPT 업무 활용 2
_임성기 대표

01
GPT를 활용한 마케팅 업무 스킬 UP

마케팅과 GPT의 만남

마케팅은 전문적인 영역으로, 숙련된 전문가들이 전략적 사고와 창의적 접근을 통해 수행해야 하는 복잡한 작업이다. 그러나 최근 기술의 발전은 이 분야에서도 새로운 가능성을 열어 주고 있다. 특히, 자연어 처리 기술의 발전은 GPT와 같은 고급 인공지능 모델을 마케팅 활동에 통합할 수 있는 길을 제시하고 있다.

내 상품에 대한 마케팅의 정의

마케팅은 단순히 상품이나 서비스를 판매하는 행위를 넘어서, 타겟 고객에게 가치를 전달하고 지속적인 고객 관계를 구축하는 과정을 포함한다. 이러한 과정에서 GPT는 상품의 특성을 이해하고, 시장 내 위치를 정확히 파악하여 효과적인 커뮤니케이션 전략을 수립하는 데 중요한 역할을 할 수 있다.

마케팅의 핵심 요소

마케팅의 성공은 목표 시장의 정확한 이해, 효과적인 메시지 전달, 고객과의 지속적인 소통 등 여러 요소에 달려 있다. GPT는 이러한 각 요소를 데이터 분석과 패턴 인식을 통해 지원, 최적화할 수 있는 능력을 갖추고 있다.

개발 마케팅 업무에의 적용

개발 단계에서도 마케팅은 중요한 역할을 한다. GPT를 활용하면, 제품 개발 초기부터 시장 요구를 예측하고, 타겟 고객의 니즈에 맞춘 제품 기획이 가능해진다. 또한, 제품 출시 전 테스트 마케팅을 통한 피드백 수집과 분석 작업도 보다 체계적이고 효율적으로 이루어질 수 있다.

GPT를 활용한 우리 회사의 상품에 적합한 마케팅의 정의하기

마케팅은 상품이나 서비스를 시장에 알리고, 고객의 구매를 유도하는 일련의 전략적 활동이다. 상황에 따라 다양한 마케팅 접근법이 필요하며, 아래는 각각 다른 비즈니스 시나리오에 대한 마케팅 정의를 4가지의 경우로 나누어서 예시를 제시하고자 한다.

소비자에게 판매하는 경우: 캠핑용품 제조사

캠핑용품 제조사의 마케팅은 주로 최종 소비자에게 직접적인 가치와 사용성을 전달하는 데 초점을 둔다. 제품의 특성을 부각시키고, 캠핑을 더 즐겁고 편리하게 만드는 방법을 소구하여 소비자의 구매 결정을 유도한다. 여기에는 소셜 미디어 캠페인, 인플루언서 마케팅, 현장 홍보 이벤트 등이 포함될 수 있다.

병의원을 대상으로 하는 B2B 영업

병의원을 대상으로 하는 B2B 마케팅은 복잡한 의사결정 구조와 긴 판매 주기를 고려해야 한다. 제품의 효능과 비용 효율성을 강조하며, 신뢰성과 전문성을 전면에 내세운다. 세미나, 전문가 웨비나, 케이스 스터디, 백서 등을 통해 의료 전문가들에게 접근한다.

몇몇 기업에 납품하는 사례

소수 기업을 대상으로 하는 마케팅은 맞춤형 접근이 필요하다. 각 기업의 구체적인 요구와 문제 해결을 위한 솔루션을 제공함으로써 파트너십을 구축한다. 이러한 마케팅은 주로 관계 구축에 중점을 두며, 개인적인 미팅, 맞춤형 제안서, 밀착된 고객 관리가 특징이다.

수출을 주로 하는 기업의 사례

수출 중심의 기업 마케팅은 다국적 시장을 대상으로 한다. 각국의 문화와 시장 특성을 이해하고 이에 맞는 전략을 개발해야 한다. 국제 무역 박람회 참가, 다국어 웹사이트 운영, 글로벌 배송 및 서비스 정책 강화 등이 포함된다. 다양한 국가에서의 브랜드 인지도와 신뢰성을 높이는 것이 중요하다.

각 사례별 마케팅 정의는 해당 기업이 직면한 특정 상황과 고객의 요구에 맞춰 조정되어야 한다. 이러한 맞춤형 접근은 마케팅 활동의 효과를 최대화하는 데 중요한 역할을 한다.

GPT로 시장 조사하기

GPT를 활용하여 시장 조사를 수행하는 것은 그 속도와 편의성에서 큰 장점을 갖는다. 기존의 시장 조사 방식에서는 네이버와 같은 검색 엔진을 이용하여 필요한 자료를 수집하고, 이를 분석하여 시장의 동향을 파악해야 한다. 그런 다음 이 정보를 바탕으로 시장 조사 보고서를 작성한다. 이 과정은 자료 수집부터 분석, 보고서 작성에 이르기까지 상당한 시간과 노력이 필요하다.

하지만 GPT와 같은 인공지능을 활용하면 이 과정이 훨씬 간소화된다. 사용자는 단지 원하는 자료와 보고서의 형식을 명확히 요청하기만 하면 된다. GPT는 이 요청을 바탕으로 필요한 정보를 집적하여 자동으로 시장 조사 보고서를 생성한다. 이는 몇 분 내에 완성될 수 있어, 효율성 면에서 큰 이점을 제공한다. 또한, GPT는 다양한 데이터 소스와 정보를 종합적으로 분석하며, 이를 통해 보다 깊이 있는 인사이트를 제공할 수 있다. 이처럼 GPT를 이용한 시장 조사는 기존 방식보다 시간과 노력을 크게 절약할 수 있으며, 빠르고 정확한 정보 제공을 통해 사용자의 의사결정 과정을 지원한다.

소비자에게 판매하는 경우: 캠핑용품 제조사

캠핑용 매트를 생산판매하는 경우를 보면 다음 같은 항목으로 시장 조사를 진행된다.

1. 캠핑용 매트에 대한 한국 소비자의 선택의 기준
2. 캠핑용 매트 우리 브랜드 및 경쟁브랜드의 소비자 평가
3. 캠핑용 매트의 미래 수요의 방향
4. 캠핑용 매트의 새로운 기술 방향

이를 GPT를 이용해서 답변을 얻으면 다음과 같다.

캠핑용 매트를 생산판매하는 경우를 보면 다음 같은 항목으로 시장 조사해 줘.
1. 캠핑용 매트에 대한 한국 소비자의 선택의 기준
2. 캠핑용 매트 우리 브랜드 및 경쟁브랜드의 소비자 평가
3. 캠핑용 매트의 미래 수요의 방향
4. 캠핑용 매트의 새로운 기술 방향 빙 검색을 통해서 항목별로 서술해 줘.

1. 캠핑용 매트에 대한 한국 소비자의 선택 기준

한국 소비자들은 캠핑용 매트 선택 시 몇 가지 중요한 요소를 고려합니다. 특히 매트의 두께와 단열 성능이 중요하며, R-value(단열 지수)가 높을수록 더 나은 단열 성능을 제공합니다. 또한, 매트의 무게와 포장 크기도 중요한 고려 사항이며, 캠핑 형태에 따라 에어 매트, 자충 매트, 에어 박스 등 다양한 유형의 매트가 선택됩니다.

2. 캠핑용 매트 우리 브랜드 및 경쟁브랜드의 소비자 평가

특정 브랜드의 캠핑용 전기매트는 디자인과 분리 난방 기능이 특징적입니다. 사용자는 매트가 갖는 극세사 마감과 함께 에어매트 위에 바로 사용할 수 있는 편리함을 높이 평가하고 있습니다. 또한, 이 제품은 EMF 환경인증을 받았으며, 전기매트의 온도 조절 기능 덕분에 사용자 맞춤형 난방이 가능해 큰 만족도를 제공합니다.

3. 캠핑용 매트의 미래 수요의 방향

캠핑 문화의 확산과 더불어 캠핑용 매트의 수요는 계속 증가할 것으로 예상됩니다. 특히, 환경에 민감한 소비자들이 늘어나면서 친환경적이고 지속 가능한 소재로 제작된 매트가 인기를 얻을 것입니다. 또한, 캠핑의 계절적 한계를 극복할 수 있는 고단열성 매트의 수요도 증가할 것으로 보입니다.

4. 캠핑용 매트의 새로운 기술 방향

캠핑용 매트의 기술 발전은 주로 매트의 단열 성능 향상과 무게 경량화에 초점을 맞추고 있습니다. R-value 개선을 통해 더 나은 단열 성능을 제공하는 제품이 개발되고 있으며, 동시에 휴대성을 강화하기 위해 가벼우면서도 강한 내구성을 지닌 소재 개발이 진행 중입니다. 이 외에도 사용자의 편의성을 높이는 다양한 기능적 개선이 추가되고 있습니다.

이와 같이 조사결과를 받아 보고 추가 조사를 할 수도 있다. 매트의 두께와 단열 성능에 대해 추가적인 조사를 할 필요가 있다면 더 요청할 수도 있다. 내가 조사한 자료가 있다면 그 자료를 포함해서 작성해 달라고 하는 방법도 매우 좋은 GPT 활용 방법이다.

GPTs로 GPT Agent만들기

만일 시장 조사를 자주하는 업무를 가지고 있다면 이를 GPTs로 만들어서 반복되는 업무를 매번 프롬프트를 작성할 필요가 없다. 같은 형식으로 보고서가 만들어진다면 그 형식을 포함한 프롬프트를 내재화하여 GPT를 반복적으로 사용할 수 있도록 만들어진 GPTs를 통해서 할 수 있다. 아래 화면은 GPTs를 만들 때 설정하는 화면이 왼쪽이고 오른쪽은 결과를 미리 확인해 볼 수 있다. 아래의 GPTs는 상품명으로 '키워드'를 입력하면 4가지 사항으로 대해서 시장 조사를 해 주는 지시사항을 담은 GPTs이다. 이렇게 만들어서 '키워드'만 입력하면 시장 조사 보고서를 만들어 준다.

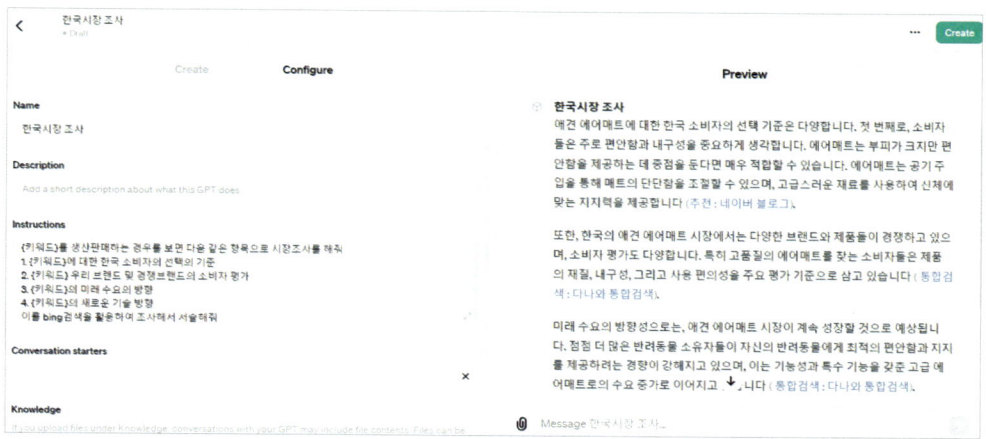

한국시장 조사 ˅

You
애견 에어 매트

 한국시장 조사
애견 에어 매트에 대한 한국 소비자의 선택 기준, 제품 리뷰, 그리고 미래 수요의 방향을 조사한 결과 다음과 같은 정보를 얻었습니다:

1. **한국 소비자의 선택 기준**
   - 한국 소비자들은 애견 에어 매트를 선택할 때 가볍고 휴대가 용이한 제품을 선호합니다. 설치와 해체가 간편하고, 소음이 적은 제품을 좋아하는 경향이 있습니다 (네이버 블로그).
   - 특히, 겨울철 사용을 고려하여 내한성이 높은 제품을 선호합니다 (네이버 블로그).
   - 또한, 부드러운 재질과 피부에 닿는 촉감도 중요한 선택 기준입니다 (추천 : 네이버 블로그).

2. **소비자 평가**
   - 네이처하이크 에어매트는 가격 대비 만족도가 높고, 설치 및 해체가 쉬운 점이 긍정적으로 평가되고 있습니다 (네이버 블로그).
   - 코디 에어매트는 강한 내구성과 A/S의 용이성 때문에 호평을 받고 있으며, 큰 사이즈와 무선 에어펌프의 편리함이 강점으로 꼽힙니다 (추천 : 네이버 블로그).
   - 짐머만 원터치 에어 매트는 설치의 간편함과 고급스러운 직물 소재로 인해 좋은 평가를 받고 있습니다 (추천 : 네이버 블로그).

3. **미래 수요의 방향**
   - 미래의 애견 에어 매트 수요는 휴대성과 편의성을 중시하는 방향으로 진화할 것으로 보입니다. 더 가볍고 설치가 쉬우면서도 내구성이 강한 제품이 인기를 끌 것입니다 (네이버 블로그) (추천

병의원을 대상으로 하는 B2B 영업

시민을 소비자를 대상하는 소비재와 달리 B2B 시장은 다른 특성을 가지고 있어서 시장 조사의 방법과 마케팅이 다른 특성을 가지고 있다. 그래서 GPT를 이용하여 시장 조사를 하는데도 다른 접근이 필요하다. 특히 거래선별 영업에서 회사와 제품의 대한 소개에 있어서도 업계의 평판이 중요하다.

 피부과 병원에 CRM을 공급하는 회사의 입장에서 한국시장의 수요/경쟁사 조사를 하고 싶어. 빙 검색을 통해서 조사해 줘.

 한국의 피부과 병원용 CRM 시장을 조사하면서 몇 가지 주요 포인트를 찾았습니다.

먼저, 글로벌 의료 CRM 시장은 빠르게 성장하고 있으며, 특히 아시아 태평양 지역의 성장이 두드러집니다. 2024년까지 약 18억 달러에 이를 것으로 예상되며, 연평균 성장률(CAGR)은 33.11%에 이를 것으로 보입니다(시장 조사 회사 - Mordor Intelligence™).

한국 시장에서는 특히 SaaS 형태의 CRM이 주목받고 있습니다. 이는 기업이 소프트웨어를 온프레미스 방식으로 직접 관리하는 대신 클라우드를 통해 서비스를 제공받는 방식으로, 유지보수가 간편하고 비용 효율적이라는 장점이 있습니다(ComWorld). 이와 관련하여, 세일즈포스와 같은 큰 회사들이 시장을 주도하고 있는데, 이들은 특히 멀티 클라우드 전략과 같은 혁신적 접근 방식으로 시장에서 경쟁 우위를 점하고 있습니다(인터넷뉴스 한경닷컴).

 병의원의 숫자가 얼마나 되는 알려 줘, 피부과 정형외과 성형회과 치과 내과 가정의학과 산부인과 유아 청소년과 등으로 나눠서 조사해 줘

 한국의 각 의료 분야별 병의원 수는 다음과 같습니다:
피부과: 약 1,648개의 병의원이 있습니다.
정형외과: 약 3,988개의 병의원이 존재합니다.
성형외과: 약 1,417개의 병원 및 의원이 운영 중입니다.

> 치과: 전국에는 7,779개의 치과 병원 및 의원이 있습니다.
> 내과: 약 7,779개의 내과 병원 및 의원이 있습니다.
> 가정의학과: 약 4,218개의 병의원이 운영 중입니다.
> 산부인과: 약 2,629개의 산부인과 병원 및 의원이 있습니다.
> 소아청소년과: 약 3,275개의 병원 및 의원이 등록되어 있습니다.
> 이 데이터는 각 전문과의 등록된 병원 수를 기반으로 하며, 정기적으로 업데이트 되는 건강보험심사평가원의 자료를 통해 집계됩니다.

회사의 업무에서는 하나의 사례를 문서에 저장해서 다른 일에 참조할 수 있다. 여기 생성AI를 사용하면 하나의 사례를 기반으로 유사한 문서를 쉽게 생산할 수 있다. 아래의 한 병원에 업무를 한 사례를 정리한 문서가 있다고 가정해 보자.

최근 환자 관리와 서비스 개선을 위해 CRM 시스템 도입을 고려했습니다. 여기서 병원의 요구 사항과 CRM 제공업체의 해결과정을 정리함

병원의 요구 사항:

고객 관리 향상: 장기 치료를 필요로 하는 환자들의 데이터를 체계적으로 관리하고, 환자별 맞춤 치료 정보를 제공하고자 함.

예약 시스템 개선: 환자들의 예약, 변경, 취소 과정을 간소화하고, 의료진의 일정 관리를 최적화하고자 함.

평판 관리: 환자들의 피드백을 수집하고 분석하여 병원 서비스를 개선하고, 긍정적인 환자 경험을 온라인에 반영하고자 함.

해결 과정:

맞춤형 CRM 솔루션 제공:

고객 관리: 환자의 진료 이력, 알레르기 정보, 치료 반응 등을 포함한 전자 의료 기록

(EMR)을 CRM 시스템에 통합. 환자별 맞춤 정보 제공으로 개인화된 서비스를 증진.

  예약 시스템: 의료진과 환자의 일정을 동기화하는 동적 예약 시스템을 구축. 환자가 모바일 앱을 통해 자유롭게 예약 변경 및 취소를 할 수 있게 함.

  평판 관리: 환자 피드백을 수집하는 설문조사 모듈을 개발하고, 긍정적인 리뷰를 온라인 플랫폼에 자동으로 업데이트. 부정적인 피드백에 대해서는 개선을 위한 조치를 취하고 환자와의 소통 강화.

실행 단계:

  CRM 도입 전략 수립: 병원의 요구 사항을 분석하고, 해당 요구 사항에 가장 적합한 CRM 소프트웨어를 선택.

  직원 교육 및 시스템 통합: 병원 직원들을 대상으로 CRM 사용법에 대한 교육을 실시하고, 기존의 병원 시스템과 CRM을 효과적으로 통합.

  평가 및 수정: CRM 시스템의 효과를 주기적으로 평가하고, 필요에 따라 시스템을 수정 및 개선.

이 사례를 바탕으로 다른 거래선에 제안서를 만들 수 있다.

 퓨처스 병원의 사례를 투데이 병원의 사례로 적용해서 만들어 줘.

제안 내용: 투데이 병원을 위한 CRM(Customer Relationship Management) 시스템 도입

목적: 병원의 고객 서비스 향상 및 환자 관리의 효율성 제고를 위한 CRM 시스템 도입

요구 사항 및 해결과정:
고객 관리 향상
해결과정: 전자 의료 기록(EMR)을 CRM 시스템에 통합하여 환자의 진료 이력, 알레르기 정보, 치료 반응 등을 체계적으로 관리하고, 환자별 맞춤 정보를 제공하여 개인화된 서비스를 제공.
예약 시스템 개선

해결과정: 동적 예약 시스템을 구축하여 의료진과 환자의 일정을 효율적으로 관리하고, 모바일 앱을 통해 환자들이 자유롭게 예약 변경 및 취소를 할 수 있도록 지원합니다.

평판 관리

해결과정: 설문조사 모듈을 개발하여 환자들의 피드백을 수집하고, 긍정적인 리뷰를 온라인 플랫폼에 자동으로 업데이트하여 병원의 평판을 관리하며, 부정적인 피드백에 대한 개선 조치를 취하여 환자와의 소통을 강화합니다.

실행 단계:

CRM 도입 전략 수립: 병원의 요구 사항을 분석하고, 가장 적합한 CRM 소프트웨어를 선택하여 도입 전략을 수립합니다.

직원 교육 및 시스템 통합: 병원 직원들을 대상으로 CRM 사용법에 대한 교육을 실시하고, 기존의 병원 시스템과 CRM을 효과적으로 통합하여 시스템을 구축합니다.

평가 및 수정: CRM 시스템의 효과를 주기적으로 평가하고, 필요에 따라 시스템을 수정 및 개선하여 지속적으로 성능을 향상시킵니다.

이점:

환자 관리의 효율성 제고 및 고객 서비스 품질 향상

의료진의 업무 효율성 제고 및 일정 관리의 간편화

병원의 평판 관리 및 온라인 피드백을 통한 서비스 개선

GPT를 활용한 마케팅 활동은 콘텐츠뿐만 아니라 실질적인 영업 활동에도 활용할 수 있다.

몇몇 기업에 납품하는 사례

몇 개 기업에 정기적이고 장기적으로 거래하는 경우 마케팅은 납품기업의 사업에 집중할 수 밖에 없다. 현대자동차에 부품을 납품하는 경우를 예를 들어 보자. 전기차에 들어가는 부품을 현대자동차에 납품하는 경우로 가정하면 GPT를 통해 다음과 같은 시장 조사 활동을 할 수 있다.

현대자동차의 전기차 시장에 대한 전략과 매출 추이에 대한 자료를 조사해서 알려 줘.

현대자동차는 전기차 시장에서 눈에 띄는 성장세를 보이고 있으며, 전략적으로 시장 확대를 위해 다양한 노력을 기울이고 있습니다. 2023년에는 전 세계적으로 거의 47,000대의 IONIQ 5와 IONIQ 6 전기차를 판매했으며, 특히 IONIQ 5 모델은 전년 대비 48% 증가한 33,918대가 판매되었습니다(Electrek).

현대자동차는 유럽 시장에서도 전기차 판매가 크게 증가하였고, 특히 스페인과 영국에서는 시장 점유율이 각각 37.5%와 100.6% 증가하였습니다(Hyundai News). 이러한 성장은 현대자동차가 유럽 내에서 제로 에미션 차량의 비율을 높이고 전기차로의 전환을 가속화하는 전략의 일환입니다.

이 회사는 글로벌 전기차 시장에서의 입지를 더욱 확대하기 위해 향후 2030년까지 전기차 판매 목표를 기존의 56만 대에서 187만 대로 상향 조정하였습니다. 또한, 17가지의 새로운 배터리 전기차(BEV) 모델을 출시할 계획을 포함하여, 하이브리드 및 플러그인 하이브리드 차량들과 함께 다양한 동력계열을 갖추고 있습니다(Hyundai News).

(이하 생략)

수출을 주로 하는 기업의 사례

수출을 위주로 하는 경우에는 전시회와 글로벌 트렌드, 개별 국가의 정보가 매우 중요하다. 수출하는 기업은 다양한 언어로 시장 조사를 하게 된다. GPT는 언어에 강하다. 그러므로 GPT를 활용하여 해외 시장을 조사하는 것은 훨씬 쉽고 빠르게 시장을 조사할 수 있다. 전기자동차 부품회사가 현대기아차보다는 수출 위주로 한다고 가정해 보자.

전기차 부품업체가 참가할 수 있는 국제적인 전시회를 조사해서 알려 줘. 표로 정리해 줘. 전시회 기간, 주최회사, 신청 방법 등을 포함해 줘.

다음은 전기차 부품업체가 참가할 수 있는 2024년 국제 전시회 목록입니다. 이 표에는 전시회 이름, 기간, 주최회사, 위치, 신청 방법이 포함되어 있습니다.

Expo Name	Dates	Host Company	Location	Application Method
The Battery Show and EVT Expo	October 7-10, 2024	Informa Markets	Detroit, MI, USA	Visit event website for registration
SALON DU VÉHICULE ÉLECTRIQUE DE MONTRÉAL	April 19, 2024	N/A - General Public Event	Montreal, QC, Canada	Visit event website for registration
Electric & Hybrid Vehicle Technology Expo	October 2024	Informa Markets	Detroit, MI, USA	Visit event website for registration
EV Charging Summit & Expo	March 20-22, 2024	N/A - Industry Conference	Las Vegas, NV, USA	Visit event website for registration
E-TECH EUROPE 2024	May 15-16, 2024	E-TECH Europe	Bologna, Italy	Visit event website for registration
Vehicle Electrification Expo and Conference	May 15-16, 2024	N/A - Multiple Industry Conference	Birmingham, UK	Visit event website for registration
KENYA AUTO & MOTOR SHOW	October 14, 2024	Expo Group	Nairobi, Kenya	Visit event website for registration
EV Indonesia 2024	May 15-17, 2024	PT Pamerindo Indonesia	Jakarta, Indonesia	Visit event website for registration
EV & Charging Expo 2024	Dates not specified	N/A - Industry Trade Show	Location not specified	Visit event website for registration

전기차를 생산하는 유럽의 자동차 회사를 조사해 줘.
국가, 회사 이름, 회사 주소, 회사 공식 홈페이지, 회사 공식 이메일을 포함해 줘.

다음은 유럽의 몇몇 주요 전기차 제조업체에 대한 정보입니다:

회사 이름	국가	주소	웹사이트	이메일
Audi AG	독일	Auto-Union-Straße 1, 85057 Ingolstadt, Germany	audi.com	info@audi.com
BMW AG	독일	Petuelring 130, 80809 München, Germany	bmwgroup.com	kundenbetreuung@bmw.de
Renault Group	프랑스	13/15 Quai Alphonse Le Gallo, 92100 Boulogne-Billancourt, France	group.renault.com	service.clientele@renault.com
Volkswagen AG	독일	Berliner Ring 2, 38440 Wolfsburg, Germany	volkswagenag.com	info@volkswagen.de
Volvo Car Corporation	스웨덴	Assar Gabrielssons Väg, 405 31 Göteborg, Sweden	volvocars.com	info@volvocars.com

각국의 전기자동차 부품에 대한 수입에 필요한 제도를 찾는 조사를 해 보자.

 독일 프랑스 스웨덴의 전기차 부품에 대한 수입제도에 대해서 표로 만들어 줘.
허가나 인증제도, 수입관계, 규제사항 등을 포함해 줘.

여기 독일, 프랑스, 스웨덴에서의 전기차 부품 수입에 대한 규정 및 인증 요구 사항을 정리한 표입니다:

국가	허가/인증 제도	수입 관계	규제 사항
독일	E-마크 인증 (EU/ECE 규정 준수)	EU 형식 승인 필요	전기차 및 부품은 EU 규정을 준수해야 하며, 해당 부품은 E-마크가 있어야 함
프랑스	E-마크 인증; 전기차 및 부품 EU 형식 승인 필요	강화된 환경 기준 준수 필요	지속 가능한 교통 수단으로의 전환을 위한 정부 정책 및 보조금 지원
스웨덴	E-마크 인증; 전기차 및 부품 EU 형식 승인 필요	환경 친화적 제품에 대한 강화된 요구 사항	최대 60g CO_2/km 배출을 위한 정부 보조금 제공; 엄격한 환경 기준 준수 필요

마케팅 전략 수립

마케팅 전략 수립에서는 경쟁사 분석과 소비자 평가 분석, 이를 통한 경쟁 제품 대비 나의 제품의 위치를 파악하는 것이 필요하다. 이를 통해서 시장에서 내 상품의 장점을 자랑하고 단점에도 불구하고 내 상품을 구매하도록 하는 전략을 GPT를 통해 수립하는 방안을 찾아보자. 이제부터는 소비재를 중심으로 사례를 서술하고자 한다.

 '애견용 매트' 한국시장에서 경쟁하는 브랜드 5개만 찾아 주고 브랜드에 대한 소비자의 평가도 알려 줘.

애견용 매트 시장에서 경쟁하는 한국 브랜드 중 대표적인 5개 브랜드와 각 브랜드에 대한 소비자의 평가를 조사한 결과는 다음과 같습니다:

PetZania(펫자니아): 고객들은 펫자니아의 애견용 매트가 내구성이 뛰어나며, 다양한 사이즈와 색상을 제공한다고 평가합니다. 특히, 미끄럼 방지 기능이 우수하다는 점이 강조되었습니다.
DogFavorite(도그페이버릿): 이 브랜드의 제품은 사용 편의성이 높다는 평가를 받습니다. 소비자들은 특히 쉬운 세척과 빠른 건조가 가능한 점을 높이 평가했습니다.
CanineCare(케이나인케어): 이 브랜드는 특히 알레르기 예방에 효과적인 소재를 사용하여 알레르기가 있는 애견을 둔 소비자들에게 인기가 높습니다. 소비자들은 높은 품질의 소재 사용을 긍정적으로 평가했습니다.
PuppyPad(퍼피패드): 이 브랜드의 매트는 흡수력이 뛰어나며, 냄새 관리가 용이하다는 평가를 받았습니다. 또한, 제품의 오래 지속되는 신선함이 특징입니다.
EcoPetMat(에코펫매트): 환경 친화적인 소재를 사용하는 것으로 유명하며, 지속 가능한 제품을 선호하는 소비자들 사이에서 좋은 반응을 얻고 있습니다. 제품의 친환경성이 주요 강점으로 꼽힙니다.
이들 브랜드는 각기 다른 특성과 장점을 가지고 있어, 소비자의 다양한 필요와 선호도에 따라 선택할 수 있는 옵션이 풍부합니다. 소비자들은 이러한 특성을 기반으로 자신의 애완 동물과 생활 환경에 가장 적합한 제품을 선택하고 있습니다.

GPT는 거대 언어모델로 많은 마케팅방법도 학습을 했다. 하여 SWOT분석과 같은 마케팅 방법론을 알고 있다. 강정, 약점, 기회요인, 위협요인을 분석하여 시장의 상황에 가장 적합한 진입 전략을 짤 수 있는데 이를 GPT에 의뢰해 보자. 자료수집은 GPT를 통해서 한 것도 활용 가능하지만 자체적으로 수집, 누적해온 정보를 토대로 하면 더 좋은 결과를 얻게 된다.

 '펫자니아 입장에서 경쟁사 대비하여 SWOT 분석을 해 줘.

SWOT 분석: PetZania(펫자니아)

강점(Strengths):

내구성: 펫자니아의 애견용 매트는 내구성이 뛰어나고, 다양한 사이즈와 색상을 제공합니다. 이는 소비자의 다양한 요구와 취향을 충족시킬 수 있는 강력한 장점입니다.

미끄럼 방지 기능: 제품의 미끄럼 방지 기능이 우수하여, 안전성이 강조되는 반려동물 제품 시장에서 경쟁력을 갖추게 합니다.

약점(Weaknesses):

고가의 가격 구조: 다른 정보를 바탕으로 예상되는 부분이지만, 내구성과 특수 기능을 갖춘 제품은 종종 높은 가격대를 형성하며, 이는 가격에 민감한 소비자층을 잃을 수 있습니다.

혁신의 부족: 시장에서 기술 혁신과 친환경 제품에 대한 요구가 증가하고 있는 가운데, 펫자니아가 이 분야에서 새로운 혁신을 제시하지 않는다면 시장 경쟁력을 잃을 위험이 있습니다.

기회(Opportunities):

시장 확장: 애견용품 시장의 성장과 함께, 새로운 시장 및 소비자 그룹을 타겟으로 한 확장은 큰 기회를 제공합니다. 특히, 친환경 및 맞춤형 제품을 통한 다양화는 중요한 성장 기회를 만들 수 있습니다.

국제 시장 진출: 글로벌 시장에서 반려동물 제품에 대한 수요가 증가함에 따라, 펫자니아는 국제 시장으로의 확장을 모색할 수 있습니다.

위협(Threats):

경쟁 심화: 도그페이버릿, 케이나인케어, 퍼피패드, 에코펫매트 등 다양한 경쟁사들이 각각의 특성을 가지고 시장에서 경쟁하고 있습니다. 특히, 고급화, 기능성 강화, 친환경 제품 등 다양한 분야에서의 경쟁은 PetZania에게 지속적인 혁신과 마케팅 전략 강화를 요구합니다.

소비자 선호의 변화: 반려동물 소유자들의 제품에 대한 기대치가 높아짐에 따라, 소비자의 요구와 선호가 빠르게 변할 수 있습니다. 이는 PetZania가 민첩하게 대응해야 하는 도전 과제입니다.

펫자니아는 이러한 SWOT 분석을 통해 내부 강점을 최대화하고, 약점을 개선하는 동시에 외부 기회를 활용하고 위협을 관리할 전략을 수립해야 할 것입니다.

이 SWOT분석을 기초로 마케팅 전략을 짤 수 있다. GPT를 그 초안을 마케팅 전략의 형식에 맞게 잘 짜 줄 수 있다.

'펫자니아 입장에서 SWOT분석에 기초하여 온라인마케팅 전략을 짜 줘.
1. 가격전략
2. 메시지 전략
3. 강점을 알리는 전략
4. 약점을 보완하는 전략

가격전략:
저렴한 제품 라인업 도입: 고가의 가격 구조로 인한 약점을 극복하기 위해, 저렴한 가격대의 제품 라인을 추가로 도입하여 가격 경쟁력을 강화합니다. 이를 통해 가격에 민감한 소비자층을 포용하고 시장 점유율을 확대할 수 있습니다.

메시지 전략:
친환경 및 혁신 메시지 강조: 펫자니아는 환경 보호 및 기술 혁신에 대한 높은 관심을 반영하여, 친환경 소재 및 혁신 기술을 활용한 제품을 강조하는 메시지를 구성합니다. 이를 통해 소비자들에게 환경 친화적이고 혁신적인 브랜드 이미지를 전달합니다.

> 강점을 알리는 전략:
>
> 제품 특징 강조: 내구성과 미끄럼 방지 기능과 같은 강점을 강조하는 마케팅 캠페인을 전개합니다. 이를 통해 제품의 특장점을 소비자에게 명확하게 전달하여 브랜드 인지도를 높이고 제품에 대한 신뢰를 구축합니다.
>
> 약점을 보완하는 전략:
>
> 가격 대비 가치 강조: 고가의 가격 구조를 보완하기 위해, 제품의 내구성과 특수 기능에 대한 가치를 강조하는 마케팅 전략을 채택합니다. 이를 통해 고가의 제품에 대한 소비자들의 의구심을 더욱 완화시키고 브랜드 가치를 높입니다.

이렇게 만들어진 전략으로 유튜브 콘텐츠 시나리오, 인스타 메시지 만들기, 블로그글쓰기 내용 등을 만들 수 있다. 구체적인 콘텐츠 만드는 데 활용하는 방안은 다음 장에서 소개되어 있다.

미디어 채널별 전략 및 광고 예산수립하기

미디어 채널별 전략과 광고 예산 수립에 GPT와 같은 인공지능을 활용하는 것은 다양한 데이터를 신속하게 분석하고 인사이트를 제공하는 데 유용하다. GPT는 대량의 성과 데이터와 소비자 반응을 처리하여 각 채널의 효율성을 평가하고, 고객 데이터를 분석해 소비자의 행동 패턴과 선호도를 파악한다. 이를 통해 보다 정교하고 효과적인 타깃 광고 전략을 개발하며, 광고 예산을 최적화하여 캠페인의 성공률을 높일 수 있다.

 '채널별 메시지 전략과 콘텐츠 전략을 짜 줘, 채널은 네이버 블로그, 페이스북, 인스타그램, 네이버 스마트스토어, 쿠팡 상품 페이지, 유튜브로 해 줘.

네이버 블로그

메시지 전략: 알집 애견매트의 고유 기능과 반려동물에 대한 관심을 기반으로 상세한 제품 정보와 사용 후기를 제공합니다.

콘텐츠 전략: 실제 소비자 사용 사례, 제품의 특성을 강조하는 글을 정기적으로 게시합니다. 특히 제품의 안전성, 편리성, 디자인 등을 다룬 포스트를 통해 독자의 관심을 유도합니다.

페이스북

메시지 전략: 커뮤니티와의 상호작용을 중시하며, 팔로워들과의 대화를 촉진하는 내용을 공유합니다.

콘텐츠 전략: 퀴즈, 이벤트, 경품 추첨 등을 통해 사용자 참여를 유도합니다. 고객의 사진이나 스토리를 공유하며 커뮤니티의 일원으로서의 소속감을 강화합니다.

인스타그램

메시지 전략: 시각적으로 매력적인 이미지와 비디오를 중심으로 제품의 스타일과 사용 환경을 강조합니다.

콘텐츠 전략: 제품을 사용하는 반려동물의 사진이나 비디오를 게시하여 제품의 실제 사용 모습을 보여줍니다. 해시태그 캠페인을 통해 더 많은 참여를 유도합니다.

네이버 스마트스토어

메시지 전략: 제품의 구매 용이성과 다양한 결제 옵션을 강조합니다.

콘텐츠 전략: 상품 설명, 고객 리뷰, FAQ 섹션을 통해 신뢰성을 높이고 구매 결정을 돕습니다. 제품 사진 및 동영상을 통해 세부적인 제품 특성을 명확히 합니다.

'채널별 광고상품 이용안과 예산 배분안을 짜 줘. 채널은 네이버 블로그, 페이스북, 인스타그램, 네이버 스마트스토어, 쿠팡 상품 페이지, 유튜브로 해 줘.

알집 애견매트의 채널별 광고상품 이용안과 예산 배분은 다음과 같이 제안할 수 있습니다:

네이버 블로그

광고상품: 네이버 검색광고, 키워드 광고

이용안: 키워드 중심의 검색 광고를 활용하여 제품 관련 콘텐츠에 대한 노출을 최적화합니다.

예산 배분: 총 마케팅 예산의 15%를 할당하여, 특히 제품 리뷰 및 사용 가이드 관련 키워드에 집중 투자합니다.

페이스북

광고상품: 페이스북 광고(비디오, 이미지 광고, 카루셀 광고)

이용안: 타겟 오디언스 설정을 통해 반려동물을 소유한 사용자에게 집중하여 비디오 및 이미지 광고를 전송합니다.

예산 배분: 총 마케팅 예산의 20%를 할당하여 다양한 형식의 광고를 시험하고, 가장 효과적인 광고 유형에 추가 투자합니다.

인스타그램

광고상품: 인스타그램 스토리 광고, 포스트 광고

이용안: 시각적 매력이 강조된 광고를 통해 제품의 디자인과 사용 사례를 보여 주고, 인플루언서와의 협업을 통해 도달 범위를 확장합니다.

예산 배분: 총 마케팅 예산의 20%를 사용하여 인플루언서 캠페인과 직접 광고를 병행합니다.

네이버 스마트스토어

광고상품: 네이버 쇼핑 광고

이용안: 네이버 쇼핑 내에서 제품 페이지를 최적화하고, 검색어 광고를 통해 상위 노출을 노립니다.

예산 배분: 총 마케팅 예산의 10%를 사용하여 특정 키워드에 대한 검색 노출을 증가시킵니다.

다음 광고비 배분안을 만들어 달라고 요청해 보자.

이러한 각 채널의 광고 상품 사용 및 예산 배분을 통해 알집 애견매트는 다양한 온라인 플랫폼에서의 브랜드 인지도를 향상시키고, 고객 참여를 높이며, 전반적인 판매를 증가시킬 수 있다. 표로 요약해 달라고 요청하면 다음과 같은 표로 보기 좋게 만들어 준다.

채널	광고 상품	이용 안	예산 배분
네이버 블로그	네이버 검색광고, 키워드 광고	제품 관련 콘텐츠의 SEO 최적화 및 노출 증가	총 예산의 10%
페이스북	페이스북 광고 (비디오, 이미지, 카루셀)	타겟 오디언스 설정, 비디오 및 이미지 광고를 통한 사용자 참여 유도	총 예산의 20%
인스타그램	인스타그램 스토리 광고, 포스트 광고	시각적 매력 강조, 인플루언서 협업을 통한 리치 확장	총 예산의 20%
네이버 스마트스토어	네이버 쇼핑 광고	제품 페이지 최적화 및 검색 광고를 통해 상품의 가시성과 판매 증가	총 예산의 10%
쿠팡 상품 페이지	쿠팡 로켓배송 광고, 검색 광고	빠른 배송 옵션 강조 및 검색 광고를 통한 제품 노출 증가	총 예산의 10%
유튜브	유튜브 비디오 광고 (TrueView, 비스킷퍼)	제품 사용법, 리뷰, 전문가 인터뷰 비디오 제작을 통해 깊이 있는 정보 제공 및 브랜드 신뢰도 향상	총 예산의 25%

GPT로 콘텐츠 만들기

GPT를 활용하면 다양한 콘텐츠 제작을 쉽고 빠르게 진행한다. 먼저, 카피라이트 생성 시, GPT는 주어진 키워드나 주제에 맞춰 창의적이고 설득력 있는 텍스트를 자동으로 생성한다. 블로그 글 작성에서도 유사하게, 주제에 대한 기본 정보를 입력하면 관련 내용을 포함한 완성도 높은 글을 빠르게 작성한다. 배너 광고 제작에 있어서도, GPT는 광고 목적과 타겟 오디언스를 고려하여 효과적인 광고 문안과 디자인 아이디어를 제시한다. 이 모든 과정에서 GPT는 시간과 노력을 대폭 절약하며 효율적인 마케팅 활동을 가능하게 한다.

카피라이트 생성하기

GPT는 주어진 정보와 목표에 기반하여 카피라이트를 생성한다. 사용자가 목표 시장, 제품 특성, 원하는 감정적 반응 등을 입력하면, GPT는 이를 분석하여 창의적이고 설득력 있는 광고 문구를 제공한다. 이 기술은 다양한 광고 캠페인에 맞는 맞춤형 카피를 신속하게 생성할 수 있어, 마케팅 전문가들이 시간과 비용을 절약하면서도 높은 품질의 콘텐츠를 확보할 수 있게 한다.

> **당신은 유능한 카피라이터** 입니다.
> 마시는 숙취 해소제 '확깨수'를 홍보 할 수 있는 **광고 슬로건을 만들어주세요.**
> 아래 타 업체의 예시를 참고하세요.
>
> (은행) 알아서 챙겨주는 나만의 머니 트레이너
> (화장품) All live young! 올리브영
> (항공사) 21세기 큰 하늘을 여는 우리의 날개
> (포스트잇 업체) Innovation working for you

> 깨어난 아침, 확실한 시작! 확깨수와 함께
> 밤새 쌓인 피로, 한 모금에 확! 깨세요, 확깨수
> 당신의 활기찬 하루, 확깨수가 지킵니다

블로그글 생성하기

GPT를 활용하면 주어진 주제에 대해 자동으로 블로그 글을 생성한다. 사용자는 원하는 키워드나 주제를 입력하면, GPT는 이를 바탕으로 구성된, 읽기 쉽고 정보가 풍부한 글을 빠르게 작성한다. 이 과정에서 GPT는 다양한 스타일과 톤을 조절할 수 있어, 타깃 오디언스에 맞는 맞춤형 콘텐츠를 제공한다. 효율적이고 신속한 이 기술은 블로그 운영자들이 지속적으로 새로운 콘텐츠를 생산하면서 독자들의 관심을 유지하는 데 큰 도움이 된다.

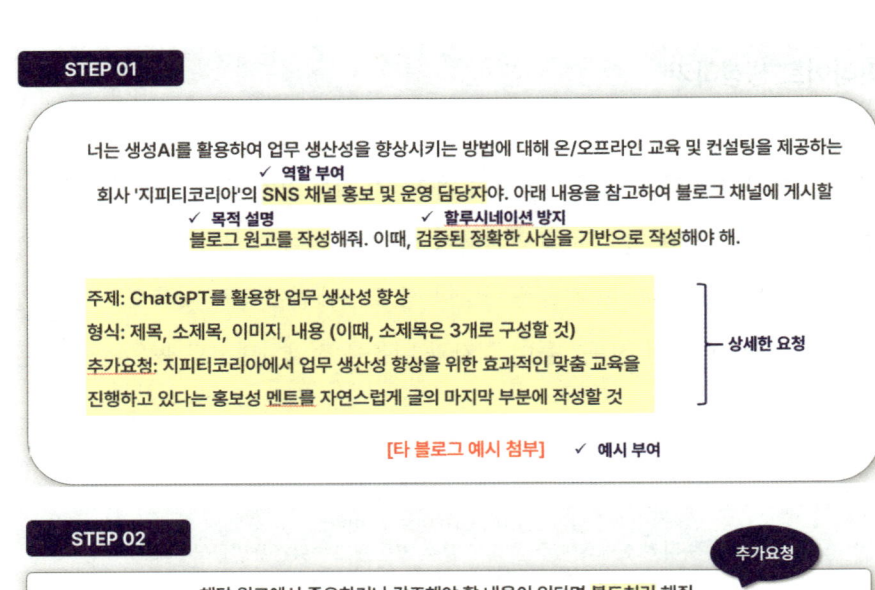

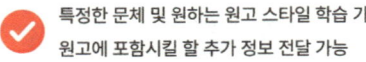

GPT 답변

제목: ChatGPT로 업무 생산성을 혁신하는 방법 - 지피티코리아

메타 설명: 지피티코리아의 전문적인 ChatGPT 교육 및 컨설팅을 통해 업무 생산성을 획기적으로 개선하는 방법을 알아보세요. 문서 자동화, 데이터 분석, 고객 서비스 혁신 등 ChatGPT의 다양한 활용 사례를 소개합니다.

안녕하세요, 지피티코리아입니다. 현대 기업 환경에서 '업무 생산성'과 '효율적인 업무 처리'는 성공의 핵심입니다. ChatGPT 교육 및 컨설팅 전문 기업인 지피티코리아는 이러한 목표 달성을 돕기 위해 혁신적인 솔루션을 제공합니다. 오늘은 ChatGPT를 활용해 업무 생산성을 극대화하는 방법을 소개하겠습니다.

소제목 1: ChatGPT를 통한 문서 자동화 및 효율적인 업무 관리

키워드: ChatGPT 문서 작성, 업무 자동화

ChatGPT는 자연어 처리를 활용하여 문서 작성, 이메일 작성, 보고서 생성 등의 업무를 효과적으로 지원합니다. '업무 자동화'를 통해 시간을 절약하고, 효율성을 높일 수 있습니다. 예를 들어, ChatGPT는 주어진 정보로 정확한 회의록을 작성하거나, 고객 문의에 적절하게 응답할 수 있습니다.

[이미지: ChatGPT가 문서를 자동으로 작성하는 모습을 상징하는 그래픽 이미지]

STEP 03

달리 활용

한국 여성이 고객 센터에서 고객 서비스를 하고 있는 뒷모습을 그려줘.

 DALL·E

위 이미지들은 한국 여성이 고객 센터에서 고객 서비스 업무를 수행하고 있는 모습을 뒷모습에서 사실적으로 표현한 것입니다.

실제 블로그 화면

인스타용 웹툰 스토리보드 작성

GPT는 인스타용 웹툰 스토리보드를 생성하는 데 활용된다. 사용자가 원하는 주제나 이야기 개요를 입력하면, GPT는 이를 분석하여 연속적인 스토리라인과 장면 구성을 제안한다. 이 과정을 통해 창작자는 각 에피소드의 흐름을 빠르게 설계할 수 있으며, 인스타그램과 같은 플랫폼에 최적화된 시각적 요소와 대화 내용을 구성한다. GPT의 이러한 기능은 웹툰 제작의 효율성을 높이고, 창작자가 더 창의적이고 매력적인 콘텐츠를 제작할 수 있게 도와준다.

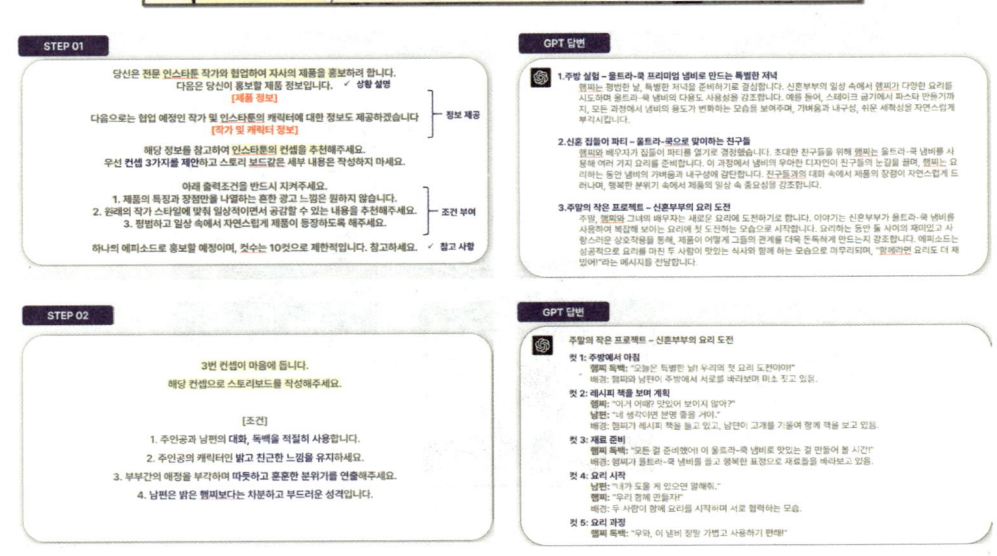

02
크롤링 및 GPT를 통한 자료의 정리

데이터 수집과 처리, 그리고 분석은 현대 마케팅 전략에서 중요한 요소이다. 이 과정에서 대량의 데이터를 효율적으로 수집하기 위해 크롤링 기술이 필수적이며, 엑셀 함수와 VBA, 또는 파이썬 프로그래밍을 사용해 이 데이터를 처리하고 분석함으로써 중요한 인사이트를 도출한다. 특히, GPT와 같은 AI 기술은 이러한 데이터 관련 작업을 더욱 쉽고 효과적으로 수행할 수 있게 도와준다.

GPT는 사용자가 코딩 경험이 없어도 데이터 크롤링을 쉽게 설정할 수 있도록 지원한다. 이는 웹에서 필요한 정보를 자동으로 추출하고 저장하는 과정을 간소화한다. 또한, GPT는 엑셀 함수와 VBA 스크립트 작성을 도와주는 예시나 팁을 제공하며, 심지어 코드 작성까지 직접 수행한다. 이를 통해 사용자는 복잡한 데이터를 손쉽게 처리하고 분석할 수 있다.

파이썬 프로그래밍 역시 데이터 분석에 널리 사용된다. GPT는 파이썬을 이용한 데이터 분석 기법을 배우는 데 도움을 준다. 사용자가 데이터를 더 깊게 이해하고, 데이터로부터 의미 있는 패턴이나 트렌드를 식별할 수 있도록 효과적인 코드 사용 방법을 안내한다.

이러한 기술을 활용하면 마케팅 전략을 보다 데이터에 기반하여 설계할 수 있으며, 결정 과정에서 데이터가 지닌 가치를 최대한 활용할 수 있다. 따라서 GPT와 같은 도구는 데이터 수집에서 분석, 그리고 인사이트 도출까지 마케팅 전문가들이 더 높은 수준의 작업을 수행하는 데 큰 도움이 된다. AI의 도움을 받아 누구나 데이터를 쉽게 다룰 수 있게 되었고, 이는 비즈니스 환경에서 경쟁 우위를 점하는 데 결정적인 역할을 한다.

대량의 자료를 수집 처리하는 일에서 생산성이 발휘된다

회사 업무는 정기적인 자료 수집과 요약이 필수적이다. 시장과 고객 트랜드의 변화를 제대로 읽어야 한다. 이러한 정보들에 기반한 데이터는 기업에 쌓이게 된다. 업무를 위해서는 정기적인 분석이 필요한데, 그중 대표적인 하나는 검색 엔진에서 뉴스를 검색하고 그 결과를 수집하는 업무이다. GPT를 활용하면 뉴스뿐만 아니라 블로그 글도 가능하다. 우선 네이버 검색으로 뉴스 기사 리스트 수집하여 요약하는 GPT 작업을 해 보자.

뉴스 기사 수집은 조금 절차가 필요하다. 하지만 GPT가 있어서 두렵지 않다. 독자는 그냥 따라 하기만 하면 된다. 이 파트를 읽을 때는 컴퓨터를 켜 놓고 따라 하기만 하면 된다. 절대 어렵게 생각하고 포기하지 말라.

자료 수집은 다음 세 단계로 이뤄진다.
첫 번째, GPT로 파이썬 코드 짜기
두 번째, GPT코드에 내가 수집하고 싶은 자료 내용과 형식 입력하기
세 번째, 구글 코랩으로 자료 수집하기

1단계: 네이버 URL 확인하기

네이버 뉴스를 수집하기 위해서는 우선 네이버 뉴스 기사 검색 URL를 확인해야 한다. 네이버에서 검색할 단어를 검색창에 검색하면 주소창에 URL이 나타난다. 우선 그 URL을 복사한다.

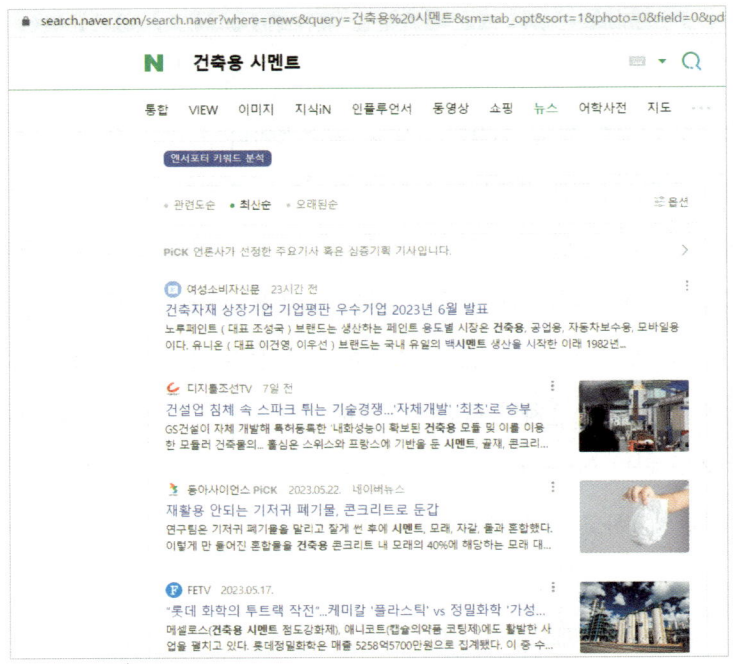

맨 위 주소창에 주소(URL)를 복사한다. 이때 일정 기간으로 정기적인 자료를 수집한다면 최신순으로 해야 한다. 최신순, 관련도순을 선택할 때마다 주소가 바뀌기 때문이다.

https://search.naver.com/search.naver?where=news&query=%EA%B1%B4%EC%B6%95%EC%9A%A9%20%EC%8B%9C%EB%A9%98%ED%8A%B8&sm=tab_opt&sort=1&photo=0&field=0&pd=0&ds=&de=&docid=&related=0&mynews=0&office_type=0&office_section_code=0&news_office_checked=&nso=so%3Add%2Cp%3Aall&is_sug_officeid=0

붉은색 부분이 키워드, 맨 마지막의 숫자는 페이지를 나타내기 때문에, 보통의 URL은 길다. 이 두가지는 파이썬 코드를 요청할 때 필요하기 때문에 알고 있어야 한다.

2단계: ChatGPT에 크롤링을 위한 파이썬 코드 생성 요청하기

크롤링 코드를 요청할 때는 다음과 같이 따라서 프롬프트만 입력하면 된다.

추출하고 싶은 데이터를 지정해 줘야 한다. 검색 결과의 제목 '**건축자재 상장기업 기업평판 우수기업 2023년 6월 발표**'를 드래그 하고 오른쪽 마우스를 누르고 '검사'를 클릭한다.

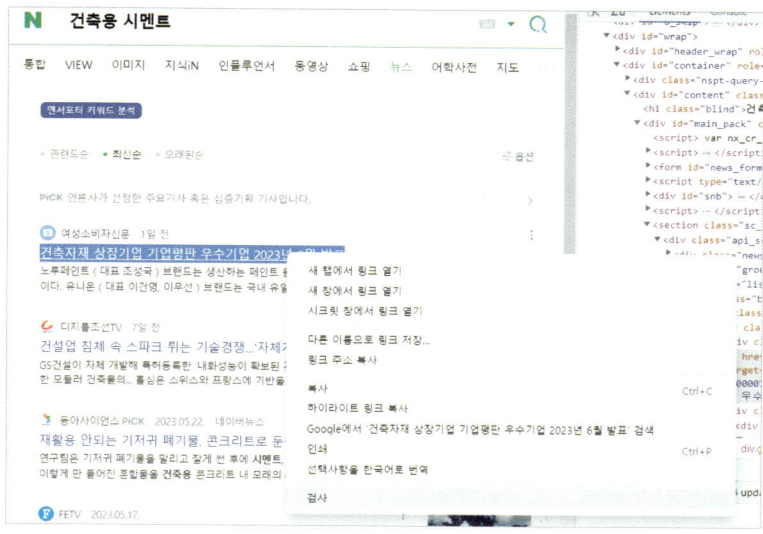

검색 결과의 오른쪽에 소스코드가 나오는데 제목에 걸맞는 부분이니 회색 배경으로 처리된다. 그 부분에 복사해서 프롬프트 창에 붙여 넣는다.

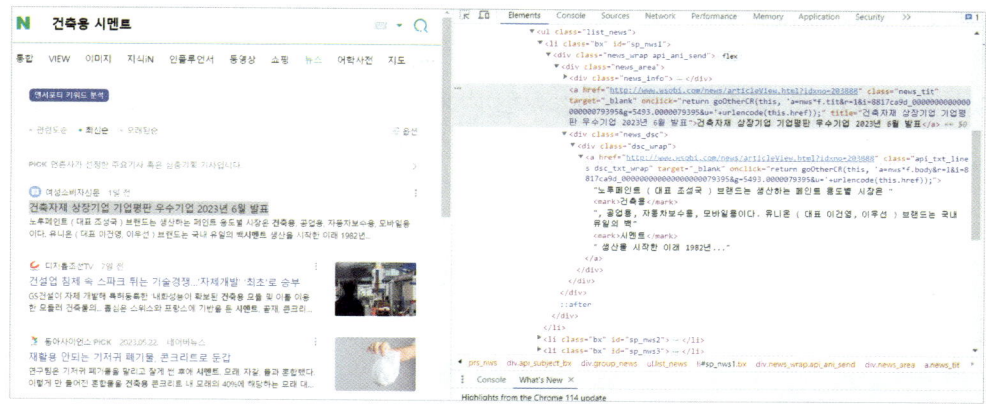

```
<a href="http://www.wsobi.com/news/articleView.html?idxno=203888"
class="news_tit" target="_blank" onclick="return goOtherCR(this, 'a=nws*f.
tit&amp;r=1&amp;i=8817ca9d_000000000000000000079395&amp;g=5493
.0000079395&amp;u='+urlencode(this.href));" title="건축자재 상장기업 기업평
판 우수기업 2023년 6월 발표">건축자재 상장기업 기업평판 우수기업 2023년 6월 발
표</a>
```

빨간색 부분이 겉으로 보이는 제목이다. 우리는 이 제목의 수집을 원하는 것이라 이렇게 프롬프트에 써 준다.

 '여기서 나는 "**건축자재 상장기업 기업평판 우수기업 2023년 6월 발표**"라는 값을 원해.

완성된 프롬프트는 이렇다.

 너는 개발자야.

내가 전달 주는 URL에서 특정 데이터를 뽑아낼 수 있는 크롤링 코드를 구현해 줘. URL은 다음과 같아.

https://search.naver.com/search.naver?where=news&sm=tab_pge&query=**{키워드}**&sort=1&photo=0&field=0&pd=0&ds=&de=&mynews=0&office_type=0&office_section_code=0&news_office_checked=&nso=so:dd,p:all,a:all&start=**{페이지넘버}**

중간 {키워드} 와 {페이지 넘버}는 다음과 같아.
키워드: 건축용 시멘트
페이지 넘버: 0에서부터 10까지

추출하고 싶어하는 데이터는 아래 outer HTML을 참조해 줘.
〈a href="http://www.wsobi.com/news/articleView.html?idxno=203888" class="news_tit" target="_blank" onclick="return goOtherCR(this, 'a=nws*f.tit&r=1&i=8817ca9d_000000000000000000079395&g=5493.0000079395&u='+urlencode(this.href));" title="건축자재 상장기업 기업평판 우수기업 2023년 6월 발표">건축자재 상장기업 기업평판 우수기업 2023년 6월 발표〈/a〉
여기서 나는 **"건축자재 상장기업 기업평판 우수기업 2023년 6월 발표"**라는 값을 원해.

이대로 실행하면 다음과 같이 코드를 짜 준다.

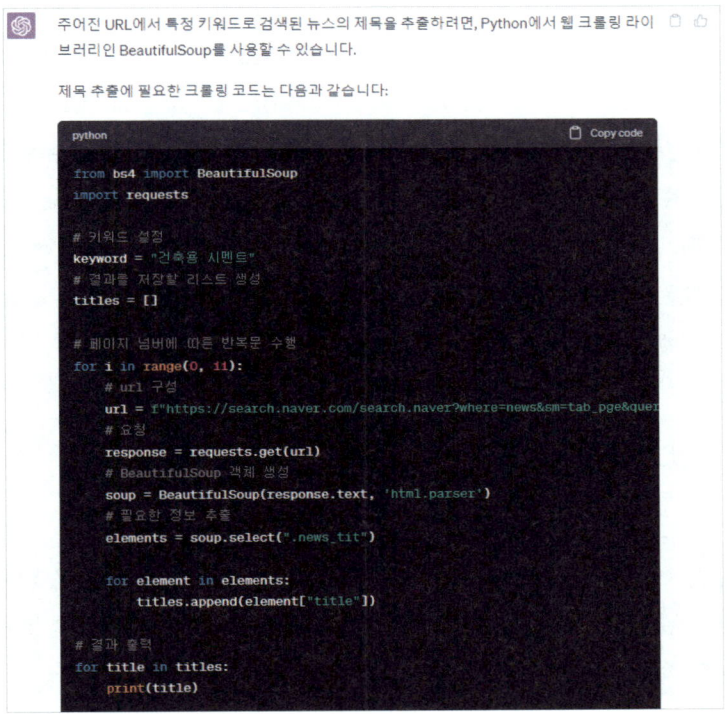

추가로 추출하고 싶은 데이터가 제목뿐만 아니라 URL, 노출된 간략한 글까지라면, 앞서 파이썬 코드로 제목을 지정했던 방식으로 추가로 지정한다.

추출하고 싶어하는 URL은 다음 outerHTML을 참조해 줘 ⟨a
⟨a href="http://www.wsobi.com/news/articleView.html?idxno=203888"
class="news_tit" target="_blank" onclick="return goOtherCR(this, 'a=nws*f.tit&r=1&i=8817ca9d_00000000000000000079395&g=5493.0000079395&u='+urlencode(this.href));" title="건축자재 상장기업 기업평판 우수기업 2023년 6월 발표">건축자재 상장기업 기업평판 우수기업 2023년 6월 발표⟨/a⟩
여기서

http://www.wsobi.com/news/articleView.html?idxno=203888

다음과 같은 값을 추출하고 싶어 세 번째 추출할 데이터는 본문 요약이야 다음 outerHTML을 참조해 줘 ⟨a href="http://www.wsobi.com/news/articleView.html?idxno=203888" class="api_txt_lines dsc_txt_wrap" target="_blank" onclick="return goOtherCR(this, 'a=nws*f.body&r=1&i=8817ca9d_00000000000000000079395&g=5493.0000079395&u='+urlencode(this.href));"⟩노루페인트 (대표 조성국) 브랜드는 생산하는 페인트 용도별 시장은 ⟨mark⟩건축용⟨/mark⟩, 공업용, 자동차보수용, 모바일용이다. 유니온 (대표 이건영, 이우선) 브랜드는 국내 유일의 백⟨mark⟩시멘트⟨/mark⟩ 생산을 시작한 이래 1982년...⟨/a⟩ 여기서 "노루페인트 (대표 조성국) 브랜드는 생산하는 페인트 용도별 시장은 건축용, 공업용, 자동차보수용, 모바일용이다. 유니온 (대표 이건영, 이우선) 브랜드는 국내 유일의 백시멘트 생산을 시작한 이래 1982년..."

엑셀 파일로 받고 싶다면, 형식을 나타내는 프롬프트를 추가하면 된다.

 다음과 같은 값을 추출하고 싶어 출력되는 값은 테이블로 구성해 줘. 그리고 엑셀로 다운로드받을 수 있게 구성해 줘. 첫 번째 열은 제목, 두 번째는 URL, 세 번째는 본문 요약으로 구성해 줘.

이렇게 해서 얻어진 최종 크롤링 코드는 다음과 같다.

```python
from bs4 import BeautifulSoup
import requests
import pandas as pd

# 키워드 설정
keyword = "건축용 시멘트"
# 결과를 저장할 데이터 구조 생성
data = {"제목": [], "URL": [], "본문 요약": []}

# 페이지 넘버에 따른 반복문 수행
for i in range(0, 11):
    # url 구성
    url = f"https://search.naver.com/search.naver?where=news&sm=tab_pge&quer
    # 요청
    response = requests.get(url)
    # BeautifulSoup 객체 생성
    soup = BeautifulSoup(response.text, 'html.parser')
    # 필요한 정보 추출
    elements = soup.select('.news_info')

    for element in elements:
        title_element = element.select_one('.news_tit')
        if title_element:
            data['제목'].append(title_element['title'])
            data['URL'].append(title_element['href'])

        summary_element = element.select_one('.api_txt_lines.dsc_txt_wrap')
        if summary_element:
            data['본문 요약'].append(summary_element.text)

# 데이터프레임 생성
df = pd.DataFrame(data)

# 결과 출력
print(df)

# 엑셀 파일로 저장
df.to_excel("naver_news.xl
```

3단계: 코드의 실행-구글 코랩에서 쉽게 실행이 가능하다

구글에서 코랩을 검색하여 'Colaboratory에 오신 것을 환영합니다 - Colaboratory' 클릭하고 코랩으로 접속하면 된다.

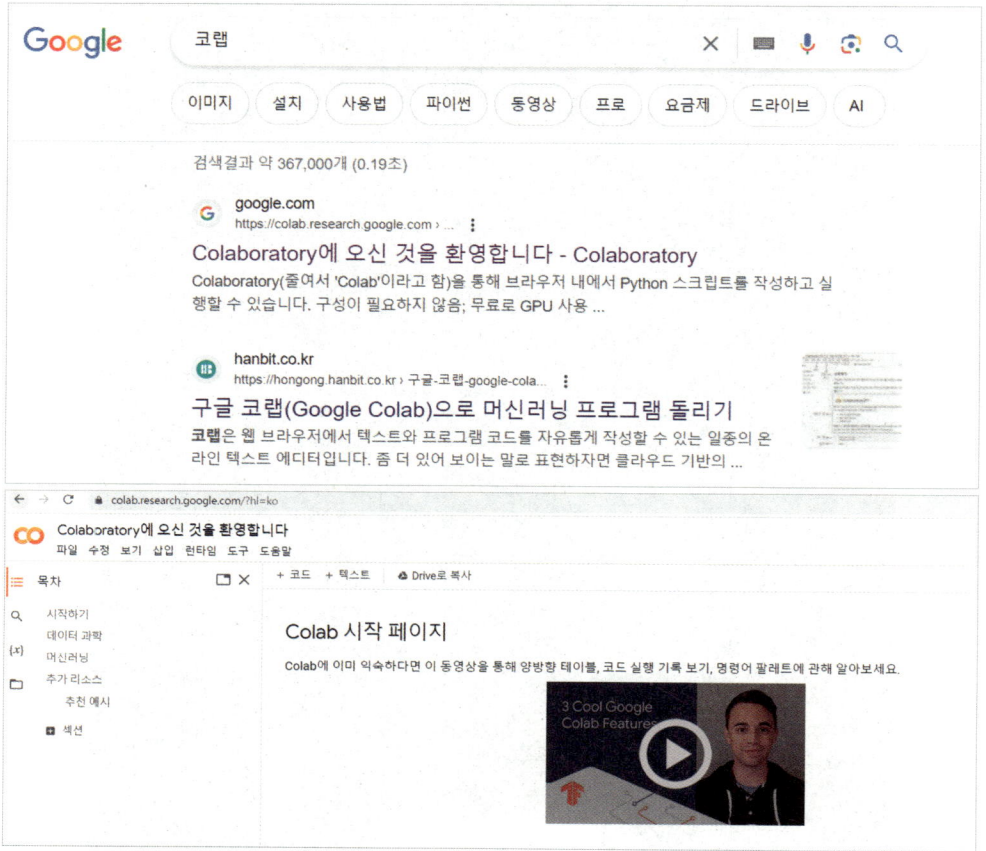

코랩에서 코드를 클릭하면 입력 창에 코드를 붙여 놓고 코드 메뉴 아래 플레이 버튼을 클릭하면 바로 실행이 된다. 대략 1분 정도 소요되면서 작동하여 결과가 파일로 나온다.

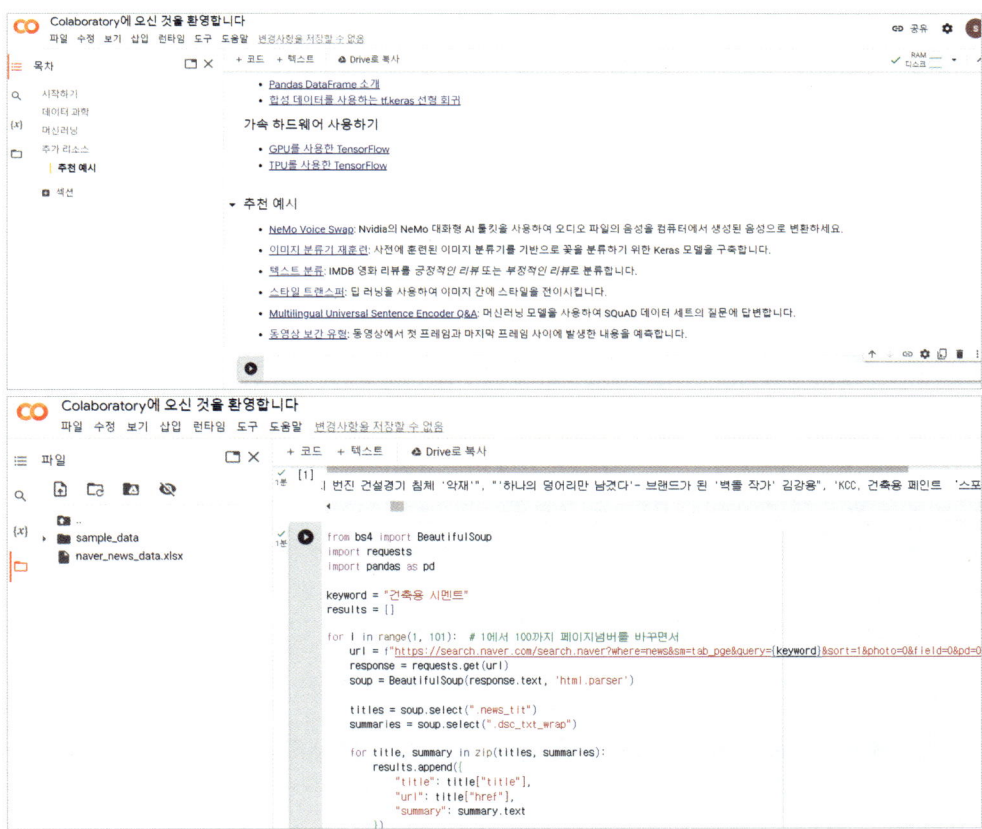

실행이 완료되면 파일명 'naver news data.xlsx' 파일이 생성된 것을 볼 수 있다. 다운로드받아서 파일을 열어 보면 다음과 같이 자료가 만들어졌음을 볼 수 있다.

기사 요약을 쉽게 볼 수 있도록 요약하면 다음과 같이 할 수 있다.

 '건축용 시멘트에 대한 기사의 요약을 나열할 거야. 각각 15자 이내로 요약해서 정리해 줘.

1. 노루페인트: 건축용, 공업용, 자동차보수용, 모바일용 페인트 제조 (대표: 조성국)

2. 유니온 국내 유일의 백시멘트 생산기업(대표: 이건영, 이우선)

3. GS건설: 내화성능이 확보된 건축용 모듈 및 모듈러 건축물 개발

4. 기저귀 폐기물을 활용한 건축용 콘크리트 개발

5. 롯데정밀화학: 메셀로스, 애니코트 등 다양한 사업 영역 확대

6. 아세아시멘트 선정: 건축용 시멘트 공급 업체로 선정

7. KCC: 다양한 분야에 적용 가능한 건축용 도료 제조

8. 쌍곰: 건축자재 전문기업으로 타일시멘트 제품 개발

9. 대기오염방지시설 설치와 관련된 건축용 자재 수요 증가

10. KCC의 방수와 바닥재 기능을 갖춘 건축용 페인트 제품 개발

이를 대량으로 처리하는 방법은 구글 스프레드시트에서 GPT 함수를 쓰는 방법이 있다. 자세한 이용 방법은 3장에서 다루고 있다. GPT가 없는 환경에서는 파이썬 프로그램을 짤 수 있어야 이 방법대로 뉴스를 수집할 수 있었다. 하지만 이제 위 방법대로 2~3회만 연습해 보면 누구나 쉽게 네이버 뉴스를 수집할 수 있다. 두세 번 연습해 보는 부지런함과 포기하지 않는 인내만 있으면 된다. GPT가 없던 때는 소수만이 높은 생산성을 가진 업무 스킬을 소유하고 있었다. 그러나 이제 GPT는 누구나 간단하게 대량의 자료 수집과 요약, 통계 내는 업무를 수행할 수 있게 해 주고 있다. 이는 GPT를 사용하는 사람에게 엄청난 생산성의 증가를 의미한다.

유튜브 콘텐츠와 댓글 요약 정리

첫 번째: 크롬 확장자로 요약하기

구글 크롬 브라우저에서 유튜브 내용을 요약해 주는 확장자가 있다.

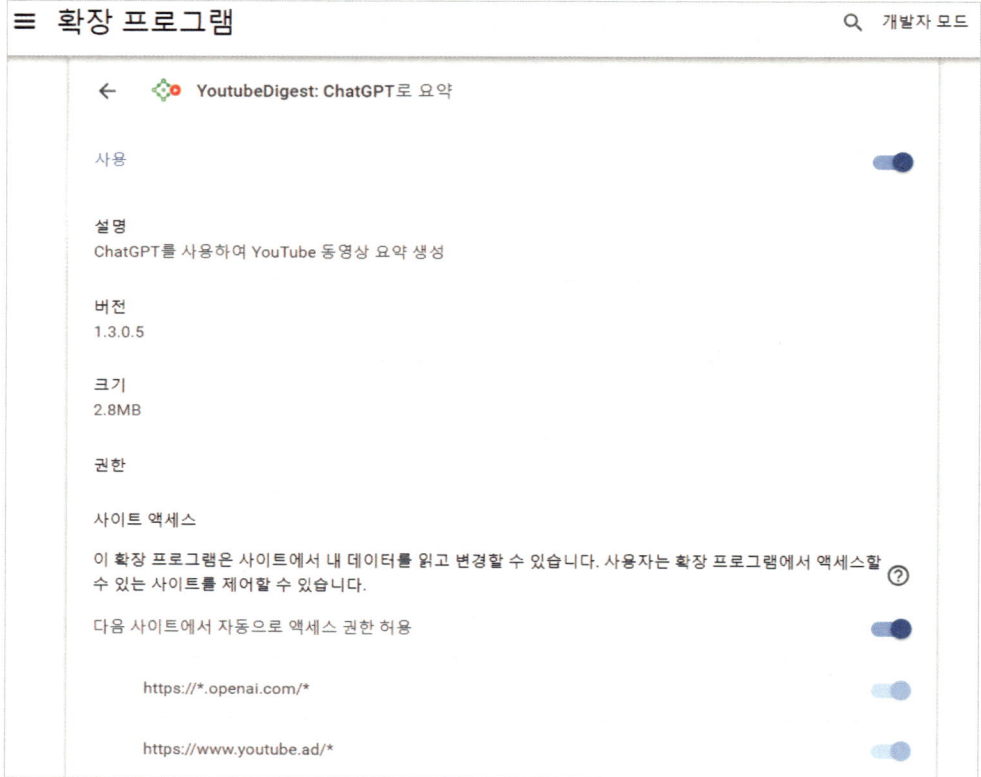

이 크롬 확장자 프로그램 YouTube Digest: ChatGPT를 설치하면 유튜브 영상을 텍스트로 간단히 요약해 준다. 이 요약된 텍스트를 GPT로 이용하면 내가 원하는 대로 다시 가공할 수 있다. 이제 유튜브에서 3protv의 ChatGPT 관련 영상을 유튜브 요약 크롬 확장 프로그램 YouTube Digest: ChatGPT를 통해서 요약하는 것을 보여 주겠다.

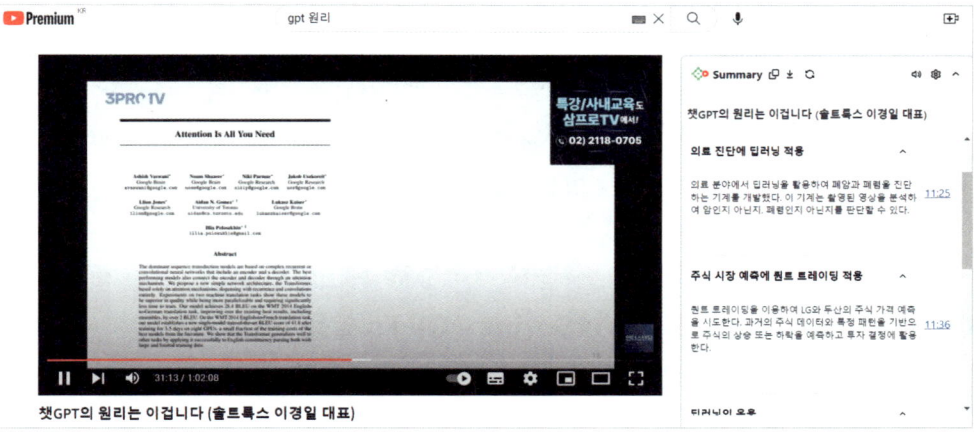

1. 의료 진단에 딥러닝 적용: 딥러닝 기술을 이용해 폐암과 폐렴을 진단하는 기계를 개발했습니다. 이 기계는 촬영된 이미지를 분석하여 환자의 상태를 판단합니다.
2. 주식 시장 예측에 퀀트 트레이딩 적용: 퀀트 트레이딩 방법을 활용하여 LG와 두산의 주식 가격 변동을 예측합니다. 이는 과거 데이터와 패턴을 통해 주식의 가격 흐름을 예측하고 투자 결정에 이를 적용하는 방식입니다.
3. 딥러닝의 응용: 딥러닝은 복잡한 문제를 해결하는데 적합한 방법론으로 사용되며, 사람의 뇌와 유사한 방식으로 작동하는 복잡계를 잘 다룹니다. 이런 특성 때문에 딥러닝은 알파고와 같은 인공지능 시스템에서 활용되며 성공적인 결과를 도출합니다.
4. 언어 이해와 뉴론 개수 증가: 언어 이해능력이 뉴론과 시냅스의 개수 증가에 비례해서 개선되지 않는 현상에 대해 연구하고 있습니다. 이를 통해 뇌와 인공지능의 작동 메커니즘에 대한 더 깊은 이해를 얻고자 합니다.

음성 파일을 텍스트로 변환하여 자료를 만드는 다양한 방법이 있다. 이를 사용하여 GPT를 활용하면 웹 및 ChatGPT 전문가라고 불릴 수 있다.

두 번째: 유튜브 요약 GPTs 활용하기-VoxScript 사용

GPT에는 다양한 기능을 담은 GPTs를 만들어 Store에 올려 둘 수 있다. 이 중에 하나가 Voxscript이며 유튜브 콘텐츠 영상을 요약하는 서비스를 제공하고 있다.

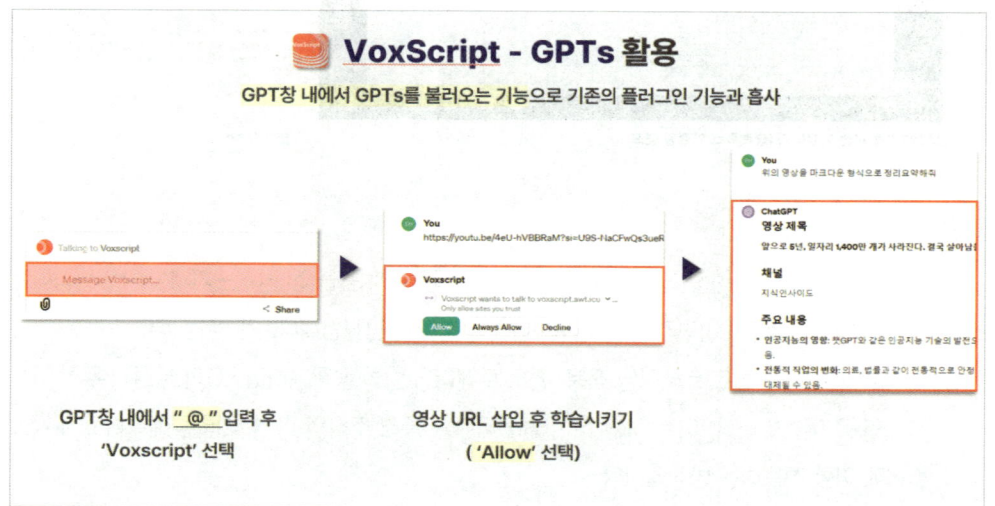

유료 사용자들은 GPTs를 만들거나 사용할 수 있다. 아래는 GPTs Store의 검색창이다. GPTs Stores는 GPTs를 모아 놓은 스토어다. OPENAI는 GPTs Store를 통해 좋은 GPTs를 많이 보급하고 이용자들이 쉽게 이용할 수 있도록 제공하고 공급자에게 수익을 배분하는 형식의 사업을 하겠다고 공포한 상태이다. 마치 유튜브와 같이 콘텐츠 제공자와 이용자의 관계와 같이 비즈니스 모델을 만들려고 한다고 생각된다. GPTs Store 검색에서 'Voxscrript'를 검색하면 해당 GPTs를 이용할 수 있다.

Voxscript GPTs에 아래 영상을 요약해 달라고 요청해 보자.

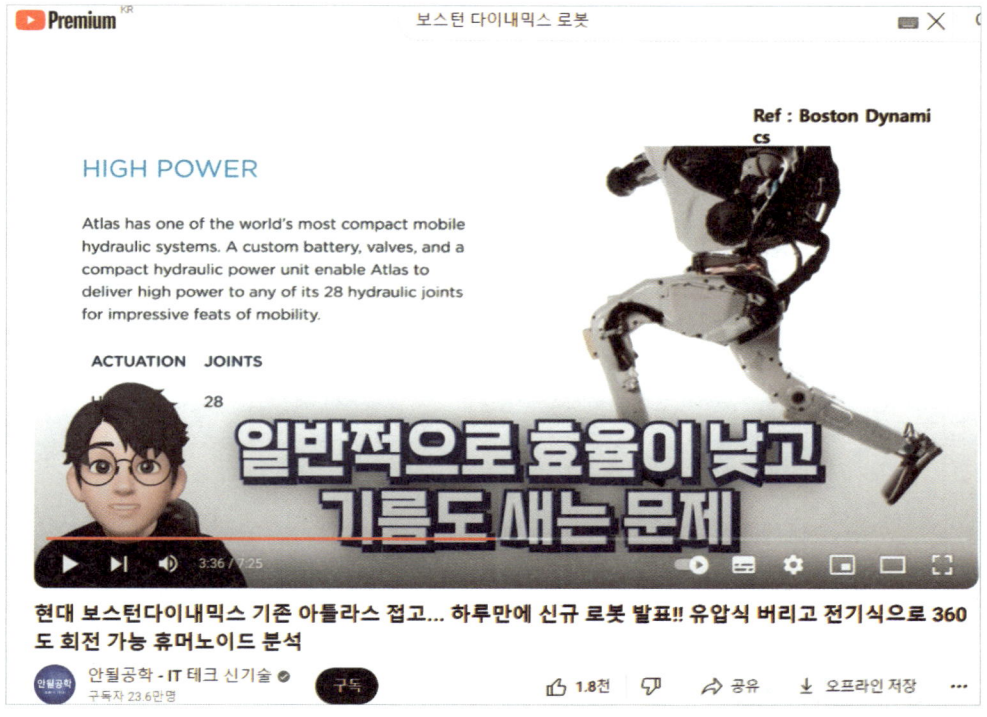

'YOU

https://www.youtube.com/watch?v=Kv8pZ-wqRqM&t=53s

요약해서 한글로 개조식으로 출력해 줘.

Voxscript

동영상 "현대 보스턴다이내믹스 기존 아틀라스 접고… 하루만에 신규 로봇 발표!! 유압식 버리고 전기식으로 360도 회전 가능 휴머노이드 분석"에 대한 요약은 다음과 같습니다:

현대가 보스턴 다이내믹스를 인수 후, 기존의 유압식 아틀라스 로봇 프로젝트를 종료하고 새로운 전기식 이족 보행 로봇 '더 뉴 아틀라스'를 발표했습니다. 이 새로운 모델은 사람이 할 수 없는 360도 회전 동작 등을 가능하게 하는 개선된 관절 가동범위를 제공합니다. 기존 모델과 비교해 그립은 다소 투박하지만, 다른 로봇들과 비교할 때 독특한 강점을 지니고 있습니다. 또한, 네 다리 로봇인 스팟에 사용된 AI 플랫폼을 통합할 계획입니다.

이로써 현대는 로봇 기술의 새 장을 열며, 테슬라의 옵티머스나 Figure의 Figure01과 같은 로봇들과 경쟁할 준비를 하고 있습니다. 이러한 기술 진보가 로봇공학 분야에 어떤 새로운 가능성을 열어줄지 주목됩니다.

Voxscript GPTs를 사용하면 GPT 성능을 그대로 활용하여 다양하게 가공할 수 있다는 장점이 있다. My GPTs를 함께 활용하면 더 좋은 결과를 쉽게 얻을 수 있다.

세 번째: Lilys 활용하기

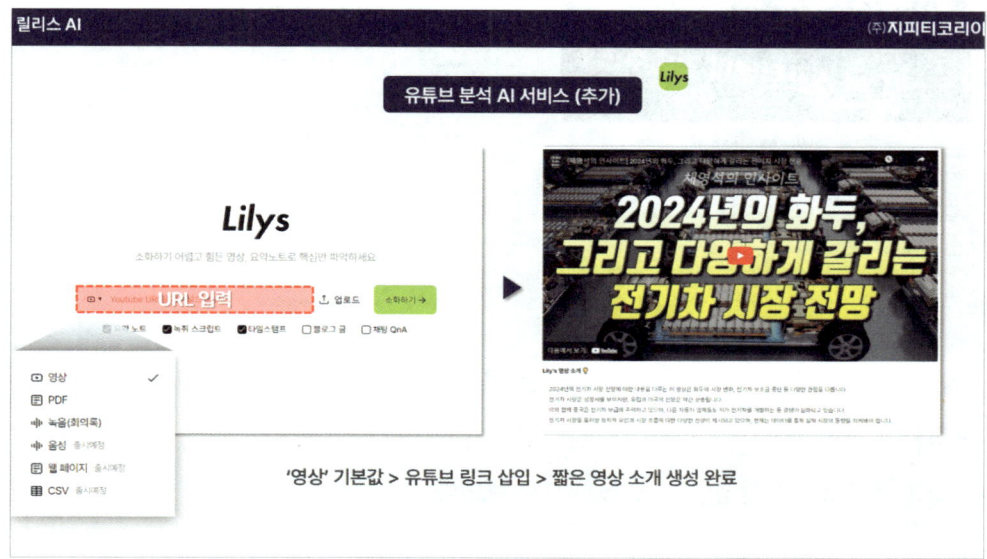

유튜브나 웹페이지 콘텐츠를 쉽게 요약 정리할 수 있는 웹 서비스 Lylis AI를 소개한다. 릴리스 AI(Lilys AI)는 웹 기반 플랫폼으로, 유튜브 영상과 같은 미디어 콘텐츠를 빠르게 요약한다. 이 플랫폼은 사용자가 PDF 파일을 보다 쉽게 탐색하도록 돕고, 영상의 주요 내용을 몇 분 안에 요약 노트로 변환한다. 또한 사용자는 영상에서 중요한 부분만을 추출하여 블로그 글이나 다른 문서 형태로 재구성한다. 이 서비스는 특히 영상 콘텐츠를 빠르게 소화하려는 개인이나 내용을 문서화해야 하는 전문가들에게 유용하다. 현재 릴리스 AI는 웹에서 사용 가능하며, 모바일 앱은 아직 제공되지 않는다.

Lylis 웹사이트에 URL를 붙여 놓고 '요약하기' 버튼을 누르기만 하면 다음과 같이 요약을 해 준다. 긴 영상이나 글을 내용을 분류하여 정리해 주니 매우 효과적이다.

블로그 운영하는 사람에게는 매우 유용한 블로그 글로 만들어 주는 메뉴도 있다. 인용을 명확히 하고 개인이나 회사에서 블로거의 주장이나 내용을 소개하는 형식으로 할 때는 쉽게 블로그글을 생성할 수 있을 것으로 보인다.

유튜브 콘텐츠에 대해서만 다뤘지만 신문 기사, 논문, 블로크 콘텐츠, 다른 영상 등 다양한 형식의 콘텐츠를 생성 AI 기술을 이용해서 요약, 가공할 수 있다. 마케팅 활동에서는 콘텐츠를 확보하는 것이 매우 중요하다. 내용이 있어야 내 상품의 마케팅을 할 수 있는 콘텐츠를 만들 수 있다. 다른 상품이나 다른 업종의 사례를 쉽게 적용할 수 있어야 설득력 있는 마케팅 활동을 할 수 있기 때문이다.

03
GPT를 활용한 업무 자동화

업무 자동화에 많이 사용되는 엑셀 함수

엑셀 함수는 다양한 분야에서 일련의 데이터 처리 작업을 자동화하거나 단순화하는 데 매우 유용하다. 다음과 같은 다양한 종류의 함수들은 관련된 작업을 쉽게 자동화해 주기 때문에 업무의 생산성을 높아지게 해 준다.

날짜와 시간 함수: 날짜와 시간과 관련된 계산을 쉽게 해 준다. 예를 들어, 두 날짜 간의 차이를 계산하거나, 특정 날짜에 일정 기간을 더하는 등의 작업을 수행할 수 있다.

숫자, 수학 함수: 기본적인 수학적 연산부터 복잡한 수학적 계산까지 수행하는 데 사용한다.

문자열 함수: 문자열을 처리하고 조작하는 데 사용된다. 예를 들어, 문자열을 결합하거나, 문자열에서 특정 문자를 찾거나 제거하는 등의 작업을 수행할 수 있다.

논리 함수: 논리적인 조건을 통해 결과를 반환하는 데 사용한다. 이 함수를 사용하면, 특정 조건에 따라 다른 결과를 반환하는 복잡한 계산을 수행할 수 있다.

조건, 데이터베이스 함수: 데이터베이스의 행을 검색하거나 조건에 맞는 데이터를 찾는 데 사용된다.

통계 함수: 통계적 계산을 수행하는 데 사용한다. 예를 들어, 평균, 중앙값, 표준편차 등을 계산하는 데 사용될 수 있다.

찾기 참조 영역 함수: 특정 범위에서 특정 값을 찾거나, 특정 위치의 값을 참조하는 데 사용된다.

함수 종류	예시
날짜와 시간 함수	DATE, TODAY, NOW, YEAR, MONTH, DAY
숫자, 수학 함수	SUM, AVERAGE, COUNT, ROUND, ABS, SQRT
문자열 함수	CONCATENATE, LEFT, RIGHT, MID, FIND, REPLACE
논리 함수	AND, OR, NOT, IF, XOR
조건, 데이터베이스 함수	IF, COUNTIF, SUMIF, AVERAGEIF, VLOOKUP, HLOOKUP
통계 함수	AVERAGE, MEDIAN, MODE, STDEV, VAR
찾기 참조 영역 함수	VLOOKUP, HLOOKUP, INDEX, MATCH, OFFSET, INDIRECT

이러한 엑셀 함수들은 간단한 계산부터 복잡한 데이터 분석까지 수행하는 데 매우 유용하다. 그러나, 이러한 함수들만으로는 해결할 수 없는 일련의 복잡한 문제나, 반복적인 작업에 대해 VBA 코딩을 사용하면 더 큰 효과를 볼 수 있다. VBA 코딩은 엑셀의 기능을 넘어서 프로그래밍을 통해 원하는 대로 작업을 조정하고 자동화하는 데 사용된다. 예를 들어, 일정 조건에 따라 셀의 색상을 변경하거나, 특정 기간 동안 매일 보고서를 자동으로 생성하고 이메일을 보내는 등의 작업을 VBA를 통해 자동화할 수 있다. 또한, 통해 사용자 정의 함수를 생성하여, 기존의 엑셀 함수로는 처리할 수 없는 복잡한 계산을 수행할 수도 있다. 따라서, 엑셀 함수는 데이터 처리 및 계산의 기본적인 도구로서의 역할을 하며, VBA는 이를 넘어서 복잡한 문제 해결과 고도의 작업 자동화를 가능하게 하는 역할을 한다. 이 두 가지 도구를 적절히 결합하면 엑셀에서 더욱 강력한 작업 수행능력을 얻을 수 있다.

엑셀 함수보다 강력한 자동화 도구, 엑셀 VBA

VBA(Visual Basic for Applications)란?

VBA는 Microsoft Excel의 프로그래밍 언어이다. VBA를 사용하면 복잡한 작업을 자동화하거나 사용자 정의 함수를 만들 수 있다. 예를 들어, 일련의 명령을 반복적으로 수행해야 하는 경우나, Excel 내장 함수만으로는 수행하기 어려운 복잡한 계산을 해야 하는 경우 VBA를 사용한다. 또한, 엑셀 외의 다른 Microsoft Office 프로그램과 상호작용하거나, 사용자 인터페이스를 사용자화하는 것도 가능하다. 프로그램이다 보니 프로그래밍을 조금은 이해해야 한다. 하지만 몇 달간 프로그래밍 학원에서 배우고 실제 익숙하게 사용해 볼 필요는 없어졌다. GPT가 코드를 짜 주고 설명해 주고 오류를 잡아 주기 때문이다.

GPT는 우리가 VBA 프로그래밍 언어를 학습하고 이용하는 데 전 과정에서 직접 도움을 준다.

코드 생성: GPT 모델은 사용자의 요구에 따라 VBA 코드를 생성할 수 있다. 독자가 원하는 작업을 자연어로 설명하면, GPT는 그에 따른 VBA 코드를 생성해 준다. 이는 사용자가 코드를 작성하는 방법을 배우는 것뿐만 아니라, 또한 자동화하고자 하는 작업에 대한 코드를 직접 작성할 때 사용할 수 있다.

코드 이해: GPT는 VBA 코딩의 작동 방식을 이해하고 설명해 줄 수 있다. 이는 사용자가 코드를 배우고 이해하는 데 도움이 된다. 사용자가 특정 코드의 작동 방식에 대한 질문을 하면, GPT는 이에 대한 설명을 제공한다.

오류 수정: GPT는 코드에서 오류를 찾아내고 수정하는 데 도움을 준다. 코드에 문제가 있을 경우, GPT는 가능한 오류를 지적하고 이를 어떻게 수정할 수 있는지 제안해 준다.

이제 엑셀 함수 정도를 사용하는 사용자도 GPT를 활용하면, 복잡한 VBA 코드를 작성하거나 이해하는 데 필요한 시간과 노력을 크게 줄일 수 있다. 사용자는 자신의 요구 사항을 자연어로 표현하면, GPT는 그에 따른 코드를 생성하거나, 코드의 작동 방식을 설명하거나, 코드에서 오류를 찾아낼 수 있다. 이는 프로그래밍을 배우는 부담을 매우 감소시키며, VBA를 비롯한 다른 프로그래밍 언어를 더 쉽게 이용할 수 있게 해 준다.

VBA 코딩할 줄 아는 엑셀 문서 자동화 전문가가 되어 보자

엑셀을 쓸 때 보통의 사람은 엑셀에 메뉴로 만들어진 기능을 사용한다. 하지만 GPT를 활용하면 엑셀의 최고의 전문가처럼 이용할 수 있다. 엑셀에 메뉴 중에 개발자 기능이 있다. 보통은 개발자 기능을 사용하지 않으므로 기본 설정에서 제외되어 있다. 우선 엑셀에서 개발자 기능을 화면에 꺼내 보자.

메뉴의 파일을 클릭해서 옵션을 다시 클릭하면 리본 사용자 지정에서 개발자 도구 박스를 클릭하여 활성화하면 된다.

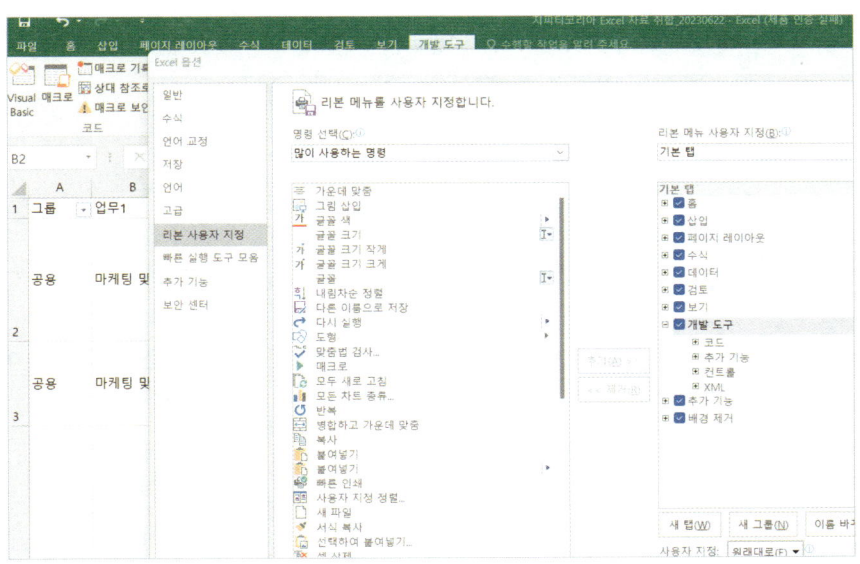

개발자 도구를 클릭하여 가장 왼쪽에 Visual Basic 메뉴를 클릭하여 아래와 같은 화면이 뜨면 누구나 이제 엑셀을 가장 높은 수준으로 사용할 수 있는 준비가 된 것이다.

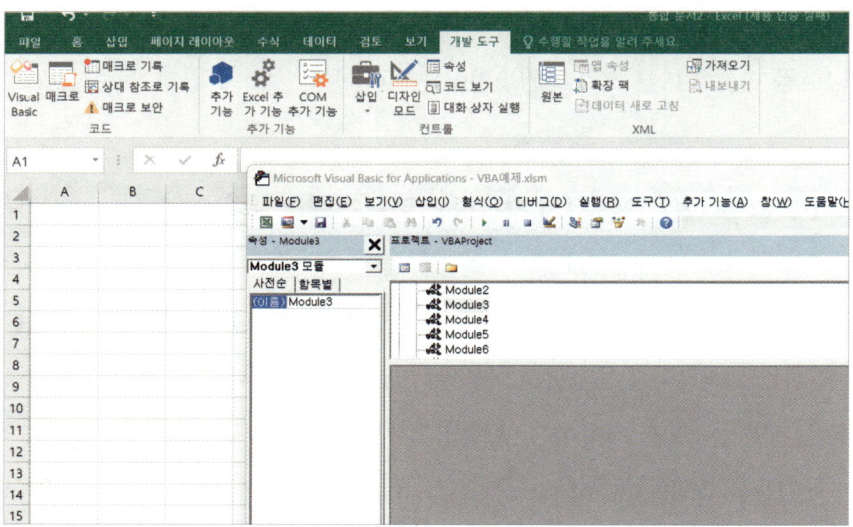

이제 엑셀에서 VBA(Visual Basic Application)가 무엇인지 알아보자. VBA는 쉽게 기능을 구현할 수 있는 프로그램이다.

우리 흔히 두 셀의 합을 구하는 것은 VBA로 표현하면 "A1셀의 값과 A2셀의 값을 합하여 A3에 표시해 줘"라는 명령의 프로그램이 실행된다고 보면 된다.

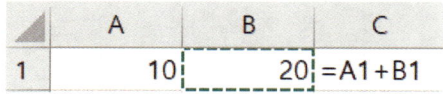

이를 GPT에게 VBA 코드로 만들어 달라고 하면 이렇게 해 준다. 프롬프트는 이렇게 할 수 있다.

'1행 1열에 10을 입력하고
1행 2열에 20을 입력하고
1행 1열과 1행 2열을 합하여 그 값을 1행 3열에 입력해 줘.

엑셀 VBA 코드로 짜 줘.

GPT가 짜 준 코드는 다음과 같다. 성실하게 프롬프트의 설명을 다 붙여서 보여 줬다.

```vba
Sub SumCells()
    Dim value1 As Double
    Dim value2 As Double
    Dim sum As Double

    ' 1행 1열에 10 입력
    Range("A1").Value = 10

    ' 1행 2열에 20 입력
    Range("B1").Value = 20

    ' 1행 1열과 1행 2열의 값을 합하여 1행 3열에 입력
    value1 = Range("A1").Value
    value2 = Range("B1").Value
    sum = value1 + value2

    Range("C1").Value = sum
End Sub
```

이렇게 GPT가 짜 준 코드를 다음과 같이 입력하고 실행하면 된다. 순서는 이렇다. 개발자 도구에서 맨 앞에 Visual Basic 메뉴를 클릭하면 통합문서 Module 창이 뜬다.

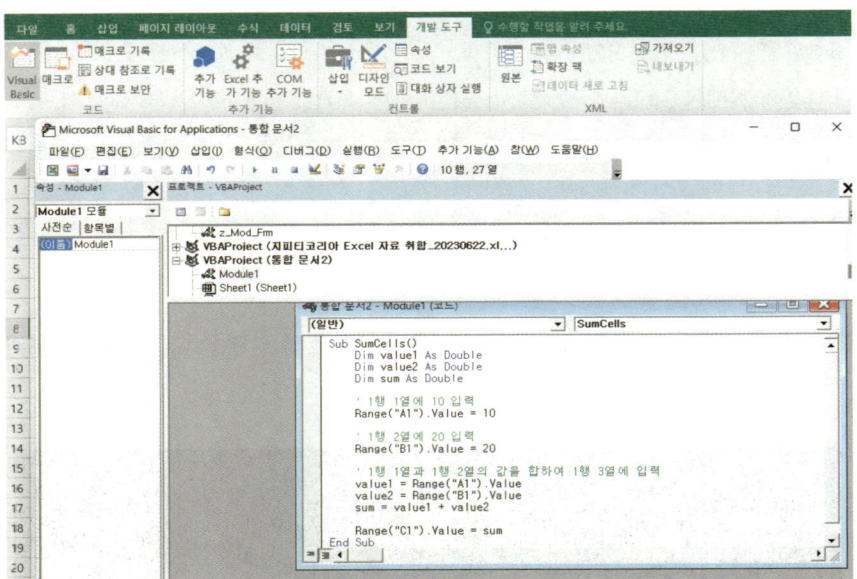

이 창에 GPT가 짜 준 VBA 코드를 붙여넣기를 하면 두 셀의 합계를 내는 VBA가 만들어진 것이다. 이 VBA를 실행하면 10+20=30이 실행된다.

재고 관리 경고 메시지 코드를 통해 VBA 코드의 구성을 이해하기

VBA 코딩을 이해하기 위해서는 VBA 언어를 배워서 구사할 줄 알아야 한다. GPT의 도움을 받더라도, 프로그램을 어떻게 짜야 하는지 알아야 한다. 몇 개월은 공부를 해야 이해하고 짤 수 있던 프로그램이 10시간 정도만 강의를 들어도 다음과 같은 VBA는 짤 수 있게 된다.

GPT를 활용한 VBA 예제: 재고 부족 알림 만들기

재고 관리에서 관리 기준이 다음과 같이 되어 있다고 가정하고 VBA 코드를 만들어 실행해 보자.

재고 관리는 입고와 출고로 이루어진다(입고 수량+재고 수량-출고 수량).

재고가 20개 이하면 "주의", 재고가 10개 미만이면 "발주 요청", 재고가 5개 이하면 "관리자에게 보고" 이렇게 표시해서 관리한다고 기준을 만든다.

현재 재고 데이터는 Sheet3 E4행에 있고 메시지를 표시할 곳은 F4이다.

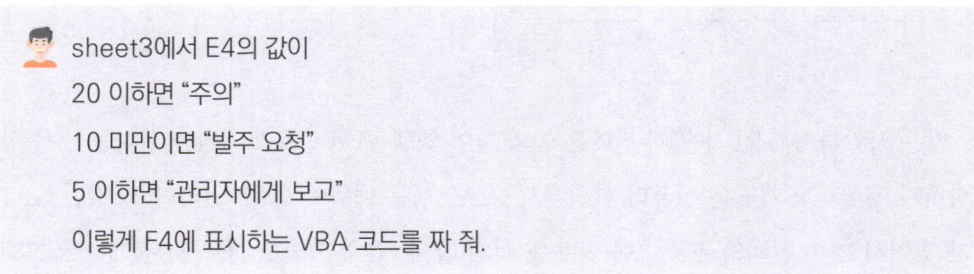

sheet3에서 E4의 값이
20 이하면 "주의"
10 미만이면 "발주 요청"
5 이하면 "관리자에게 보고"
이렇게 F4에 표시하는 VBA 코드를 짜 줘.

이렇게 GPT에게 VBA 코드 생성을 요청하면 다음의 코드를 생성해 준다.

```vba
Sub CheckMessage()
    Dim value As Double
    
    value = ThisWorkbook.Sheets("Sheet3").Range("E4").Value
    
    If value <= 5 Then
        ThisWorkbook.Sheets("Sheet3").Range("F4").Value = "관리자에게 보고"
    ElseIf value < 10 Then
        ThisWorkbook.Sheets("Sheet3").Range("F4").Value = "발주요청"
    ElseIf value <= 20 Then
        ThisWorkbook.Sheets("Sheet3").Range("F4").Value = "주의"
    End If
End Sub
```

개발자코드의 해당 파일에서 이 코드를 실행하면 재고가 5 이하일 때는 '관리자에게 보고'라는 메시지가 실행된다.

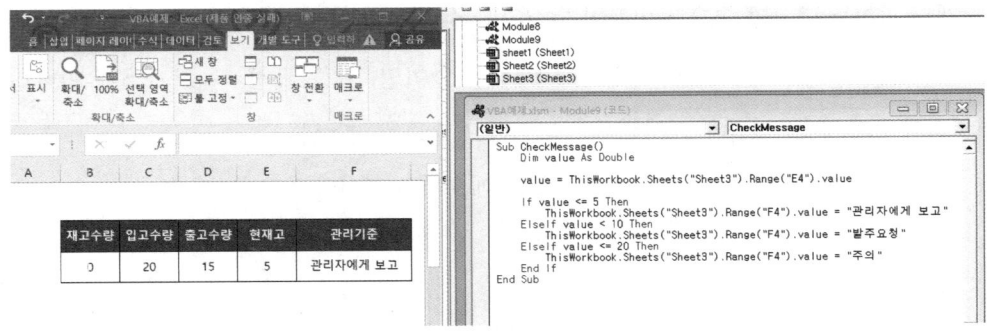

많은 사람들이 GPT가 있기 전에는 이와 같이 엑셀 VBA 프로그래밍을 한다는 것을 상상하지 못했다. 6개월은 컴퓨터 학원에서 프로그램을 배워야 할 수 있었다. 하지만 GPT가 있어서 기본 논리와 프로그램 기초를 쉽게 알 수 있게 되었고, 따라서 쉽게 프로그램을 짤 수 있게 되었다. 이용자가 구현하고자 하는 엑셀 프로그램을 정의하기만 하면 GPT가 프로그램을 짜 준다. 독자들도 조금만 시간을 들여 VBA의 기본만 익히면 된다. 나머지는 GPT가 도와준다.

이 글을 읽으면서도 자신이 없다면 위의 예제 코드에서 VBA 코드의 의미 몇 개만 이해해도 아주 쉽다.

```
Sub CheckMessage()
    Dim value As Double
        value = ThisWorkbook.Sheets("Sheet3").Range("E4").Value
        If value <= 5 Then
        ThisWorkbook.Sheets("Sheet3").Range("F4").Value = "관리자에게 보고"
    ElseIf value < 10 Then
        ThisWorkbook.Sheets("Sheet3").Range("F4").Value = "발주요청"
    ElseIf value <= 20 Then
        ThisWorkbook.Sheets("Sheet3").Range("F4").Value = "주의"
    End If
End Sub
```

Sub: Sub End와 짝이다. Sub는 "서브루틴(subroutine)"을 의미하며 프로그램이 시작된다(Sub), 프로그램이 끝난다(Sub End)를 의미한다고 생각하면 된다.

Dim: VBA에서 변수를 선언하기 위해 사용되는 키워드이다.

Value: 값을 나타낸다.

Double: 값의 유형이 소수점 이하가 있다. 정수로 정의하려면 Integer라고 표시한다.

Dim value As Double: 값은 소수점이 있는 변수로 한다는 의미이다.

Range("E4").Value: 범위를 E4로 하고 그것을 값으로 한다는 의미이다.

If value <= 5 Then: Range("F4").Value = "관리자에게 보고"와 연결되어, If문이라고 하는데 '만일 값이 5이하이면 F4에 "관리자에 보고"라고 나타내 줘'라는 의미이다. If문도 End If와 짝을 이뤄서 If문의 시작과 끝을 나타낸다.

이렇게 이해하면 쉽게 알 수 있다. 글을 쓰는 것보다 글을 읽은 것이 쉽듯이 VBA 코드도 만드는 수준으로 알기는 어렵다. 하지만 GPT가 만들어 준 VBA 코드를 이해하고 변형하는 것은 훨씬 쉽다.

GPT를 활용한 VBA 예제: 사원 정보에서 재직증명서 자동으로 만들기

이제 조금 더 어려운 예제에 도전해 보자. 재직증명서를 발급할 때 자동의 문서가 만들어지도록 하는 경우이다. 먼저 사원 데이터표와 양식을 만들어 둔 것이 있다고 생각해 보자.

사번	성명	주민번호	소속부서	직위	입사일자	퇴직일자	주소
1	지민	900101-1234	영업부	대리	2022-01-01		서울시
2	리사	910212-5678	영업부	대리	2022-02-02	2023-06-30	부산시
3	모모	880425-9876	영업부	대리	2022-03-03		대구시
4	백현	870703-2468	영업부	대리	2022-05-04		인천시
5	아이린	890530-1357	생산부	대리	2022-06-05		광주시
6	태용	930210-8642	생산부	대리	2022-01-01	2023-06-30	대전시
7	예지	910515-9753	생산부	과장	2021-01-01		울산시
8	제니	900815-3210	생산부	과장	2021-01-02		세종시
9	우지	880212-8642	생산부	과장	2021-01-03	2023-06-30	경기도
10	로제	910706-5468	생산부	사원	2023-02-04		강원도
11	태양	890904-1357	생산부	사원	2023-02-05		충청북도
12	유주	920110-7890	연구소	사원	2023-03-06		충청남도
13	뷔	930523-3579	연구소	사원	2023-01-07	2023-06-30	전라북도
14	지수	900709-8642	연구소	사원	2021-12-05	2023-06-30	전라남도
15	나연	880301-6543	연구소	사원	2023-07-16		경상북도

데이터에서 재직증명서의 양식에 데이터를 입력하는 흐름을 적어 주고 다음과 같이 프롬프트를 입력한다. 프롬프트 입력은 문서의 양식을 만들어 놓고 데이터 양식에 맞추어 생각을 적어 나가면 된다.

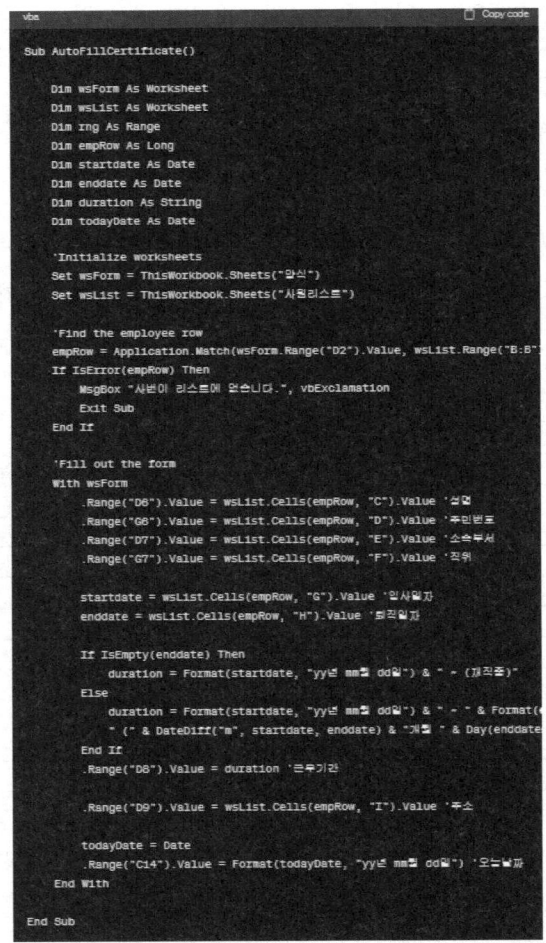

이 코드를 실행하면 재직증명서가 출력이 된다. 사번란에 사번을 입력하고 발급 버튼을 입력하기만 하면 재직자의 정보가 업데이트된다. 프린트 버튼만 누르면 재직증명서 발급이 끝나게 된다. 재직증명서 발급 업무가 자동화되는 것이다. 확인할 점은 엑셀의 SHEET 명칭을 '양식' 시트와 '사원리스트' 시트로 정확히 해 주어야 하는 것이다.

업무를 하면서 자동화할 수 있는 반복되는 문서 작업은 매우 많다. 매달 발급되는 정산서, 매번 보내 주는 견적서, 부품을 주문하는 발주서 등 업무의 과정마다 자동으로 양식을 생성할 일은 매우 많다. 매번 직접 입력할 필요 없이 변동되는 항목만 입력하고 바로 발급할 수 있게 자동화할 수 있는 것이다. 이와 같이 VBA를 활용하면 엑셀로 할 수 있는 업무의 효율성이 높아진다. 데이터화 및 자동화로 인한 효율을 GPT를 활용함으로 인해 가능해진다.

GPT를 활용하여 엑셀 VBA를 활용하는 효율성에 미치는 가치는 다음과 같다.
첫째, VBA를 배우고 익숙하게 쓰는 데 소모되는 학습 시간을 절약해 준다.

둘째, 복잡한 코드를 작성할 때 많은 아이디어를 제공해 준다.

셋째, VBA를 활용한 업무의 자동화로 절감하는 업무 시간의 효과는 여러 사람에게 지속된다.

GPT로 인해 누구나 약간의 시간을 VBA의 기초적인 사항만 배우고 나면 엑셀로 더 효율적인 업무 자동화를 만들 수 있을 것이라 확신한다.

다음 장에 소개하고 있는 MS 오피스 코파일럿에 엑셀을 제외되어 있다. 엑셀을 제외하고 워드나 파워포인트, 아웃룩, 팀즈 등에서는 생성형 AI 코파일럿을 도입하여 오피스 사용성을 개선했다. 하지만 엑셀은 데이터 처리 개발에 많은 시간이 소요되는 것으로 보인다. 함수, VBA 또는 파이썬을 활용한 엑셀의 데이터처리는 엑셀 코파일럿에서 더 쉽게 사용할 수 있도록 AI가 적용될 것으로 보이지만 여기서 소개할 수 없어서 아쉽다.

MS코파일럿이 변화시킨 MS오피스 업무

MS365 코파일럿을 사용하면 MS오피스 제품에 최적환된 GPT를 사용할 수 있다. 성능은 GPT에 비할 바 못 되지만, 워드, 엑셀, 파워포인트, 아웃룩 이메일, 팀즈 메신저 등에서 바로 AI 기능을 활용할 수 있다는 것이 큰 장점이다. 이 기능을 통해 문서 작성, 데이터 분석, 이메일 관리, 팀 커뮤니케이션을 효율적으로 수행할 수 있다. 또한, AI는 사용자의 작업 흐름을 파악하고 적절한 제안을 제시하며, 반복적인 작업을 자동화하는 데 도움을 준다. 이를 통해 업무의 속도를 높이고 정확성을 개선하는 것이 가능하다.

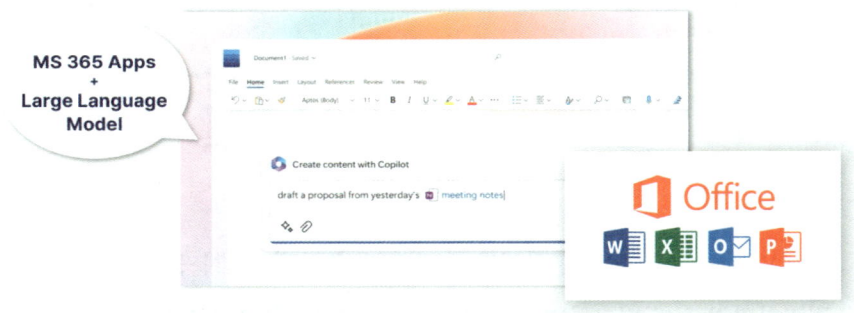

MS 365 코파일럿을 통해 워드, 엑셀, 파워포인트, 이메일(아웃룩), 메신저(팀즈)에서 바로 AI 기능을 활용하여 효율적 업무 수행 가능

윈도우 코파일럿을 통해 엣지 브라우저 내에서 최신 이슈 검색 및 분석 이미지 생성, PC 설정 조정 등 다양한 기능 지원

MS워드에서 바로 자료 수집

지금 워드 문서 작업을 하는 가운데 GPT를 통해 자료를 수집, 정리하여 받을 수 있다. 하지만 코파일럿이 MS워드에 적용되면 바로 요청하여 그 내용을 문서에 바로 사용할 수 있다. 다음은 전기자동차에 들어가는 주요 부품에 대한 검색과 요약을 요청한 결과이다.

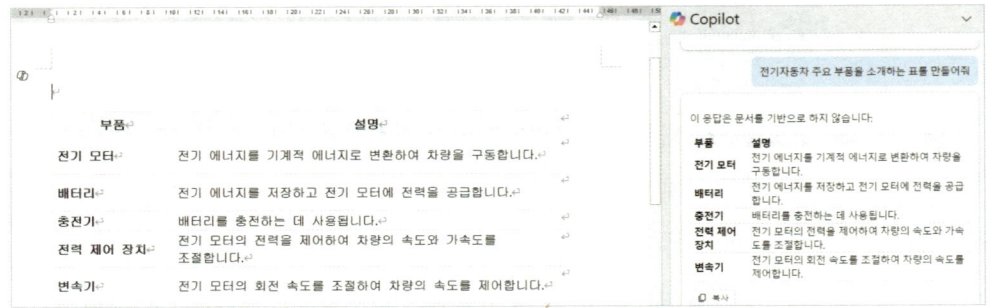

다른 사례로 데이터로 된 자료를 요청하는 사례이다. 이와 같은 방식으로 워드에서 코파일럿을 사용한다면 정말 많은 시간을 절감할 수 있을 것으로 예상된다.

시장 조사를 MS코파일럿에서 한 사례를 보면 검색을 통해서 내용을 정리하여 판단하여 하나씩 정리하던 방식과 비교하면 얼마나 효율적인지 알 수 있게 된다.

기존 문서에서 자료를 정리해서 만드는 것도 매우 유용하다. 아래는 '스터디카페에서 좌석 이동하기' 매뉴얼이다. 이를 순서가 표시된 형식으로 바꿔서 출력해 달라고 요청하면 아주 쉽게 변경된 형식으로 문서를 만들 수 있다.

좀 더 확장하여 두가지 내용을 하나의 표로 만드는 형식도 가능하다. 이전에는 내가 요약했고 GPT를 사용하면 GPT에 요청한 다음 결과를 표 형태로 만들어서 넣어야 한다. 하지만 코파일럿이 적용된 MS워드 환경에서 바로 가능하며 복사하여 붙여넣고 표와 글자의 크기만 조정하면 된다.

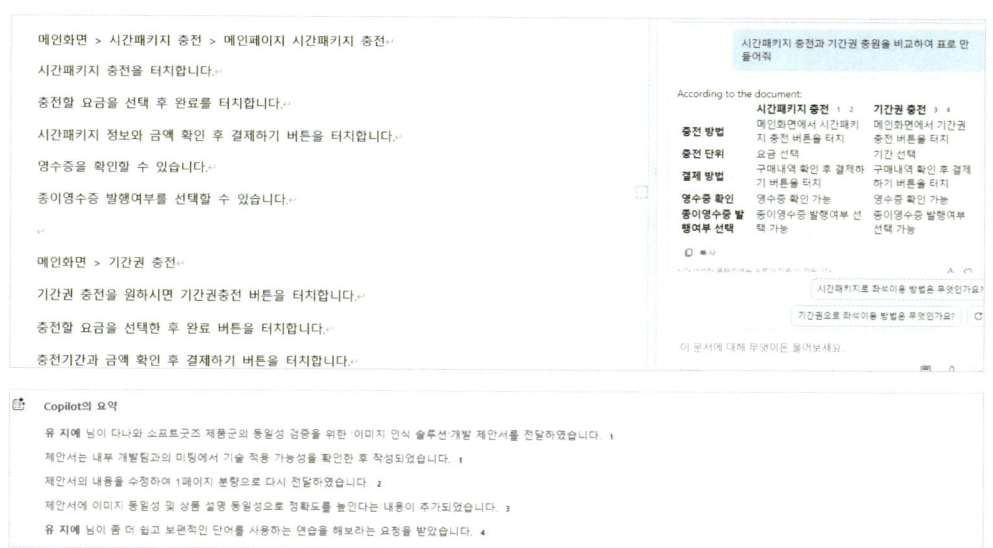

아웃룩에 코파일럿 활용

아웃룩에서는 메일을 요약해 주는 기능이 매우 유용하다. 한 사람과 메일을 여러 번 답변을 이어 가는 경우에 개별 메일의 내용을 요약해서 한꺼번에 보여 준다. 여러 번 클릭하여 일일이 확인할 필요 없다.

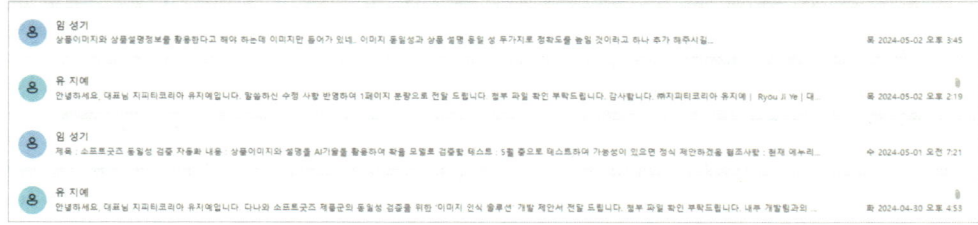

개별 메일 중 긴 메일의 경우에도 요약을 요청하면 쉽게 요약할 수 있다. 아래의 긴 메일을 짧게 항목별로 요약해 준다.

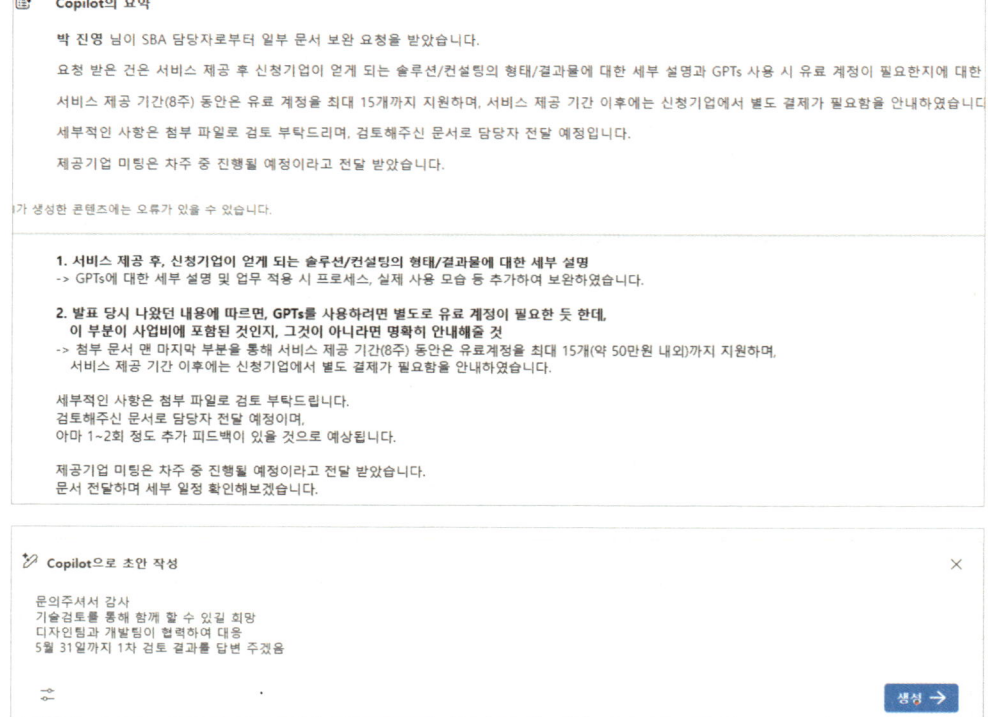

워드를 파워포인트로

2024년 5월, 현재 Microsoft 오피스 파워포인트 프로그램에서 사용할 수 있는 코파일럿 기능은 몇 가지 조건을 충족해야 한다. 첫 번째 조건은 사용자가 MS원노트에 등록

되어 있어야 한다는 것이다. 두 번째 조건은 코파일럿 기능을 통해 변환 가능한 파일이 워드 파일만 한정된다는 것이다. 이 두 조건을 만족시키면 파워포인트에서 코파일럿 기능을 활용할 수 있다.

　워드 파일의 형식을 파워포인트로 변환하는 것은 파일의 형식만 바꾸는 것에 불과하다. 파워포인트를 효과적으로 만드는 전략은 워드 문서에 잘 반영되어 있어야 한다. 문서에서 목차, 카피라이트, 세부 사항에 대한 기술을 잘 정리한 후, 디자인 추천을 받아 수정하는 과정이 필요하다. 이후 세부 사항을 정밀하게 다듬는 과정도 중요하다. 이러한 단계를 거쳐야만 워드 문서의 내용을 파워포인트 슬라이드로 효과적으로 전환할 수 있다. 워드 문서를 PPT로 변경할 때 전체를 한 번에 PPT 페이지로 변환시켜 주는 것만도 경우에 따라서는 큰 수고를 덜어 줄 수 있다.

　우선 워드 파일의 경로를 복사한 다음 '파일에서 프리젠테이션 만들기' 메뉴를 클릭하고 복사한 경로를 붙여 놓기만 하고 실행을 누르기면 된다.

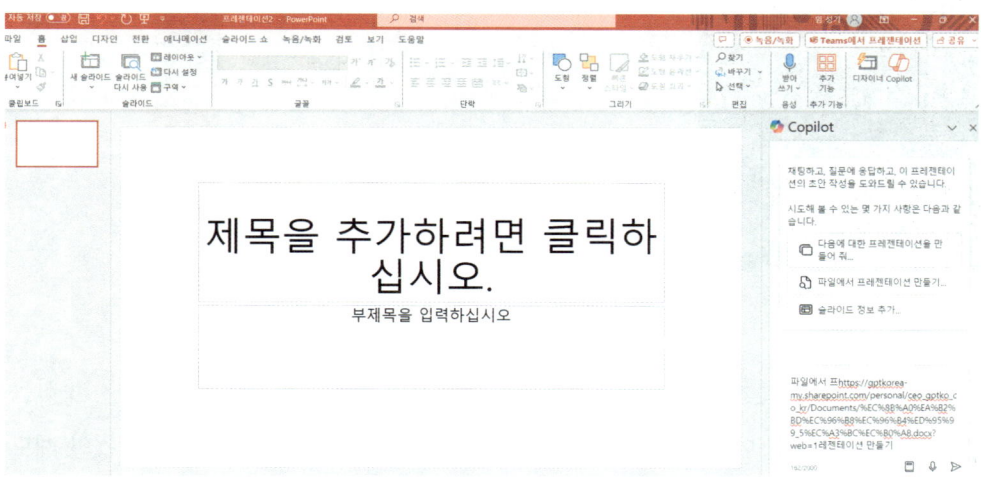

　실행한 결과 1~2분 후에 아래와 같이 파워포인트 문서로 만들어진다. 텍스트와 배치, 이미지를 많은 수정이 필요하다. 지금은 논리까지 이해하고 카피라이팅, 다양한 적합한 이미지까지 만들어 주지는 못한다. 앞으로 언젠가는 더 높은 완성도가 기대된다.

다양한 이미지와 템플릿을 보여 주며 디자인 적용을 선택할 수 있는 디자인 도구가 유용하다.

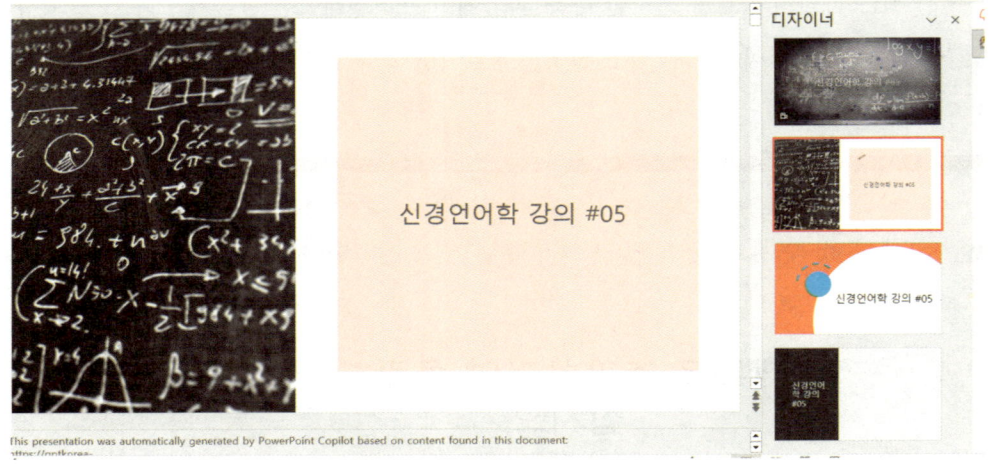

2024년 현재 엑셀은 한글 버전에서 준비가 되지 않아 정상 서비스를 제공하지 못하는 상태이다. MS오피스에 생성형 AI GPT가 도입된 것은 이제 시작이다. 시작된 것만 해도 이렇게 다양하게 활용 가능하다는 점에서 앞으로 발전할 것을 생각하면 기대가 커진다. 문서의 작성은 늘 자료를 수집하고 간단히 요약하여 보기 좋은 형식을 담아 내는 과정이다. 이 과정을 생성형 AI를 도입해서 사람의 능력을 보완해 준다. 일하는 프로세스만 코파일럿을 통해 잘 만들어 둔다면 사원-대리-과장-팀장으로 이어지는 일련의 숙련된 작업의 난이도를 한 단계 혹은 2단계 낮출 수 있을 것으로 기대된다. 개인뿐만 아니라 조직의 생산성을 매우 높아질 것으로 기대된다. MS오피스 코파일럿을 지금의 성능보다 훨씬 좋아질 2~3년 후를 바라보며 나와 내가 속한 조직의 업무에 빨리 도입하고 공유하는 것이 필요한 시점이다.

03
미드저니

_박대형 대표

01
AI 디자인 기본 알아보기

AI 디자인 툴의 활용

미드저니와 같은 AI 기반 이미지 생성 도구는 디지털 시대의 디자인 패러다임을 혁신하고 있다. 이러한 도구는 단순히 이미지를 생성하는 수단을 넘어, 광고부터 제안서 작성, 영상 제작에 이르기까지 다양한 분야에서 창의적인 활용이 가능하다.

광고 디자인에서는 개인화와 타깃팅의 정밀함을, 카탈로그와 브로슈어 디자인에서는 빠른 프로토타이핑과 다양한 스타일의 적용을, 제안서에서는 복잡한 데이터를 직관적으로 시각화하는 데 큰 도움을 받을 수 있다. 또한 영상 분야에서는 스토리보드의 빠른 시각화와 특수 효과의 향상된 구현, 그리고 웹사이트 및 앱 디자인에서는 사용자 경험을 향상시키는 데 기여한다.

이러한 다양한 활용성은 미드저니와 같은 도구가 단순한 기술적 도구를 넘어, 창의적인 아이디어와 전략적인 비즈니스 결정을 지원하는 파트너로서의 역할을 하게 만든다. 이 책에서는 그러한 활용 방안들을 구체적으로 탐구하며, 디자인과 비즈니스의 미래를 함께 상상해 보고자 한다.

광고디자인 활용

개인화 광고: 사용자의 관심사나 선호에 따라 개인화된 이미지를 생성하여 타깃팅 광고를 제작할 수 있다.

시즌별/이벤트별 광고: 특정 시즌이나 이벤트에 맞는 키워드를 입력하여 관련된 광고 이미지를 생성한다.

브로슈어/카탈로그 활용

빠른 프로토타이핑: 초기 아이디어를 빠르게 시각화하여 디자인 방향성을 결정할 수 있다.

다양한 스타일 적용: 특정 키워드나 스타일을 입력하여 다양한 디자인 스타일의 카탈로그를 생성한다.

지속적 업데이트: 신제품이나 변경 사항을 쉽게 추가하여 카탈로그를 지속적으로 업데이트할 수 있다.

제안서 활용

데이터 시각화: 복잡한 데이터나 정보를 이해하기 쉬운 이미지나 그래픽으로 변환하여 제안서에 포함시킨다.

테마별 제안서 디자인: 특정 프로젝트나 고객의 요구사항에 맞는 테마를 설정하여 제안서 디자인을 개인화한다.

인터렉티브 요소 추가: AI를 활용하여 인터렉티브한 요소나 애니메이션을 제안서에 추가하여 더 독특하고 흥미로운 제안서를 제작한다.

영상 활용

배경 생성: 영상의 배경이나 특정 장면에 필요한 이미지를 빠르게 생성한다.

스토리보드 제작: 영상의 초안이나 스토리보드를 빠르게 시각화하여 제작 과정을 가속화한다.

특수 효과: AI를 활용하여 특수 효과나 애니메이션을 영상에 추가한다.

기타 활용

웹사이트 및 앱 디자인: 웹사이트나 앱의 UI/UX 디자인에 필요한 이미지나 아이콘을 생성한다.

패션 및 제품 디자인: 새로운 패션 아이템이나 제품의 디자인 아이디어를 시각화한다.

아트워크 및 포스터: 전시회나 이벤트에 사용될 아트워크나 포스터를 디자인한다.

미드저니 실전 활용 예시

Ai를 활용한 실전 디자인 활용 예시

유튜브 썸네일 작업-Ai모델 생성

포스터 및 광고 디자인

제품 캐릭터 디자인

제안서 표지 디자인

전시장 및 제품홍보용 외관 디자인

미드저니 가입하기

디스코드 가입하기

　미드저니 AI 이미지 생성기는 일반적인 웹사이트 형태의 AI 어플리케이션과는 다르게, 디스코드 서버를 통해 서비스를 제공한다. 이 말은, 미드저니를 이용하려면 디스코드에 가입해야 한다는 것을 의미한다.
　디스코드는 텍스트, 오디오, 비디오 채팅 기능을 갖춘 인기 있는 커뮤니케이션 플랫폼입니다. 디스코드 계정을 아직 가지고 있지 않다면, 아래 링크를 통해 쉽게 가입할 수 있다.

디스코드 회원가입

https://discord.com/login

　이 링크를 클릭하면 디스코드 로그인 페이지로 이동하게 되며, 여기에서 새로운 계정을 생성할 수 있다.

01. 아래의 가입하기를 눌러 주시면 계정 생성을 위한 다음 화면으로 넘어간다.

02. 계정 가입을 위한 정보를 입력하시고 다음 단계로 넘어간다.

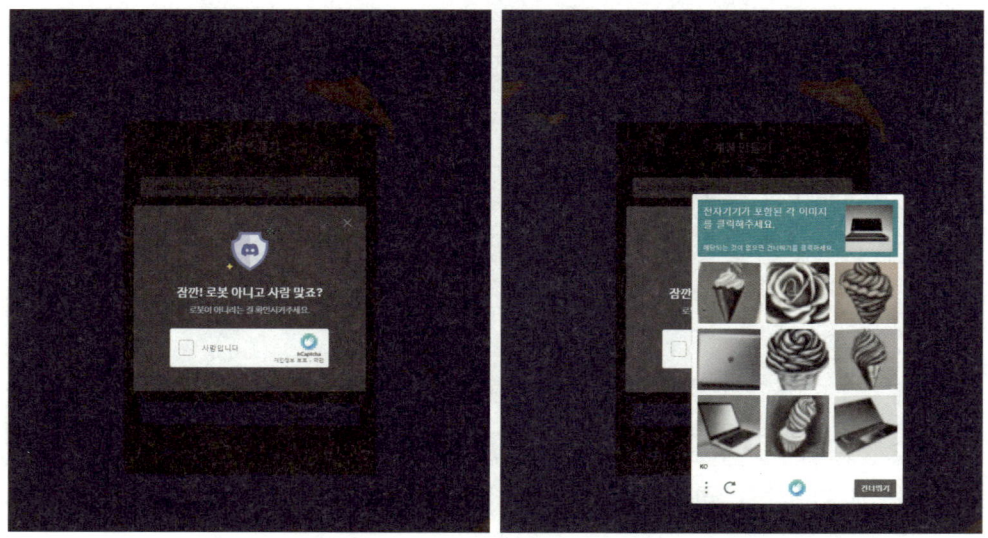

03. 가입하기 위해 당사자가 로봇이 아닌 사람인지 여부를 확인한다.

04. 서버 만들기에서 "직접 만들기"를 클릭하고 "나와 친구들을 위한 서버"를 생성시켜 준다.

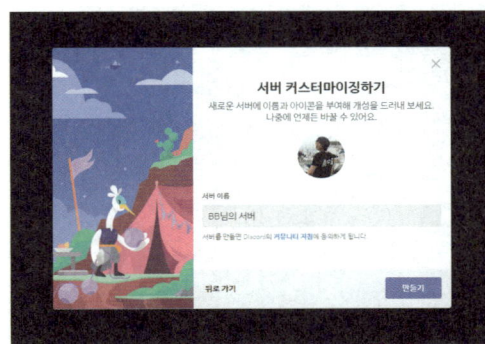 

05. 원하는 서버 이름을 만들어 주고, 관심사를 주제를 입력한다.

06. 서버 생성이 완료되었지만 이메일 인증을 최종적으로 해야 된다.

07. 가입한 이메일을 확인해서 최종적으로 인증 버튼을 눌러야 된다.

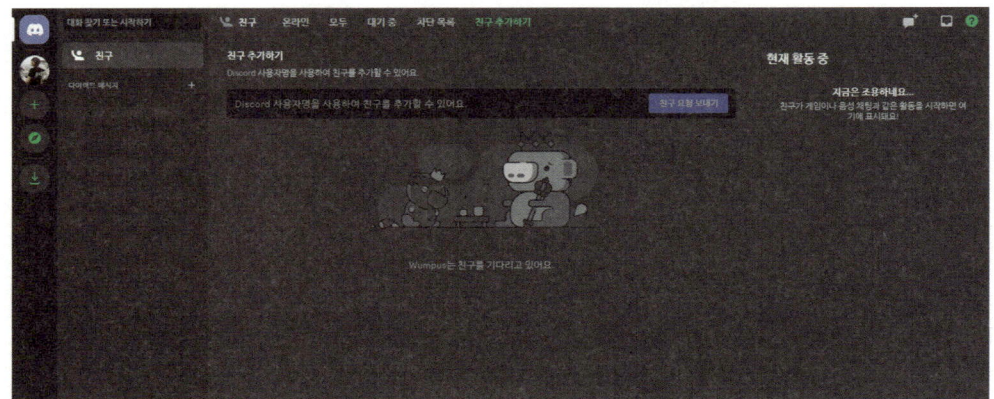

08. 이 화면이 보인다면 우선 성공적으로 서버 생성이 되어 있다.
다음은 미드저니에 정식으로 가입해야 된다.

미드저니 회원 가입

01. www.midjourney.com에 접속하여 우측 하단부 Join the Beta를 클릭한다.

02. 초대 수락을 하게 되면 자동으로 미드저니가 디스코드에 초대된다.

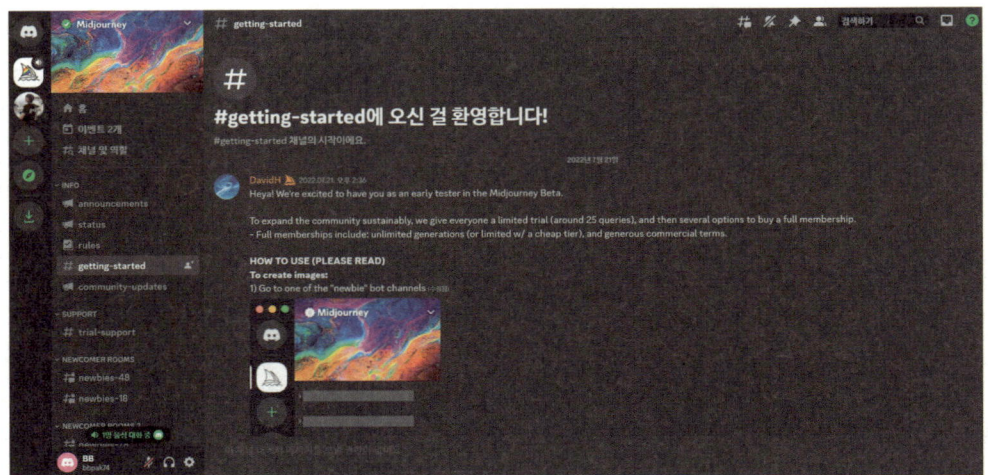

03. 좌측 상단에 미드저니 아이콘이 생성된 것을 확인하실 수 있다.

04. 만약 좌측 상단에 미드저니 아이콘이 안 보인다면
나침반 모양의 아이콘 커뮤니티 찾기를 클릭하여 미드저니를 초대하면 된다.

미드저니 디스코드 인터페이스 살펴보기

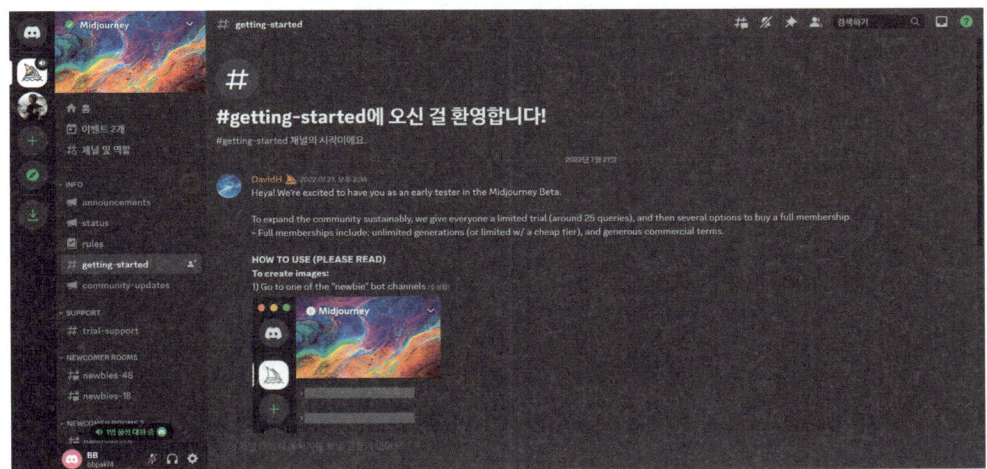

01. DM (다이렉트 메세지): 미드저니 봇이나 친구 등 어떤 사람과 1:1로 대화하는 곳
02. 미드저니 공식 서버: 공지 및 다양한 작업을 진행할 수 있는 미드저니 서버
03. 비비팍 개인 서버: 나만의 작업물을 관리할 수 있는 서버
04. 서버 추가하기: 별도 서버 필요 시 추가
05. 서버 찾기 살펴보기: 내가 원하는 다양한 툴의 서버를 찾을 때
06. 앱 다운로드: 모바일이나 PC프로그램으로 실행하고 싶을 때 다운로드

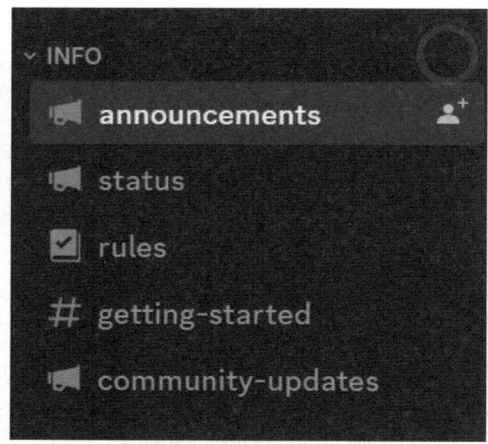

[INFO영역]

1. announcements: 미드저니의 공지사항들을 확인할 수 있다.
2. status: 미드저니의 새로운 뉴스들을 실시간으로 확인할 수 있다.
3. rules: 미드저니를 사용하기 위한 규칙 사항들을 확인할 수 있다.
4. getting-started: 미드저니를 처음 시작하는 방법들을 알려 준다.
5. community-updates: 미드저니 업데이트 등의 소식을 확인할 수 있다.

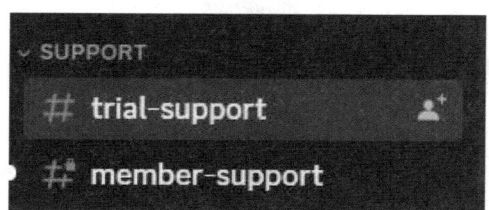

[SUPPORT영역]

trial / member-support: 초보자나 멤버들이 어려워하는 부분을 해결해 주는 공간

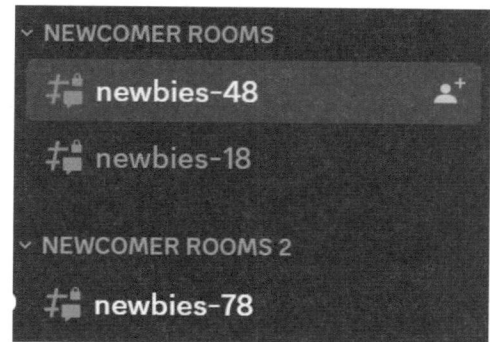

[NEWCOMER ROOM 영역]

newbies: 미드저니 초보들이 사용하는 공간

[CHAT 영역]

1. discussion: 미드저니에 대한 다양한 토론들이 진행되는 공간
2. prompt-chat: 미드저니 프롬프트에 관한 토론들이 진행되는 공간

[COMMUNITY FORUMS 영역]

prompt-faqs: 미드저니 프롬프트 faq를 모아 놓은 공간

[SHOWCASE 영역]

1. paintovers: 미드저니로 생성한 Ai이미지를 기반으로 다양한 디자인 툴에 적용한 이미지를 공유하는 공간
2. in-the-world: 문화, 예술, 게임, 디자인 영역 등의 다양하게 활용된 사례를 공유하는 공간
3. blend-showcase: /blend 명령어로 합성된 이미지들을 공유하는 공간

[THEMED IMAGE GEN 영역]

daily-theme: 미드저니 커뮤니티 오늘의 테마와 관련된 이미지를 공유하는 공간

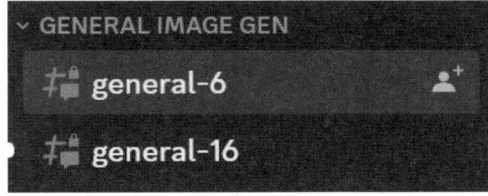

[GENERAL IMAGE GEN 영역]

1. 초중고급 실력자 누구나 다 이미지를 공유하는 공간

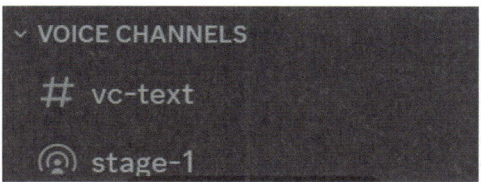

[VOICE CHANNELS 영역]
stage: 미드저니 멤버들과 음성 채팅을 할 수 있는 공간

미드저니 구독플랜

[연간구매]

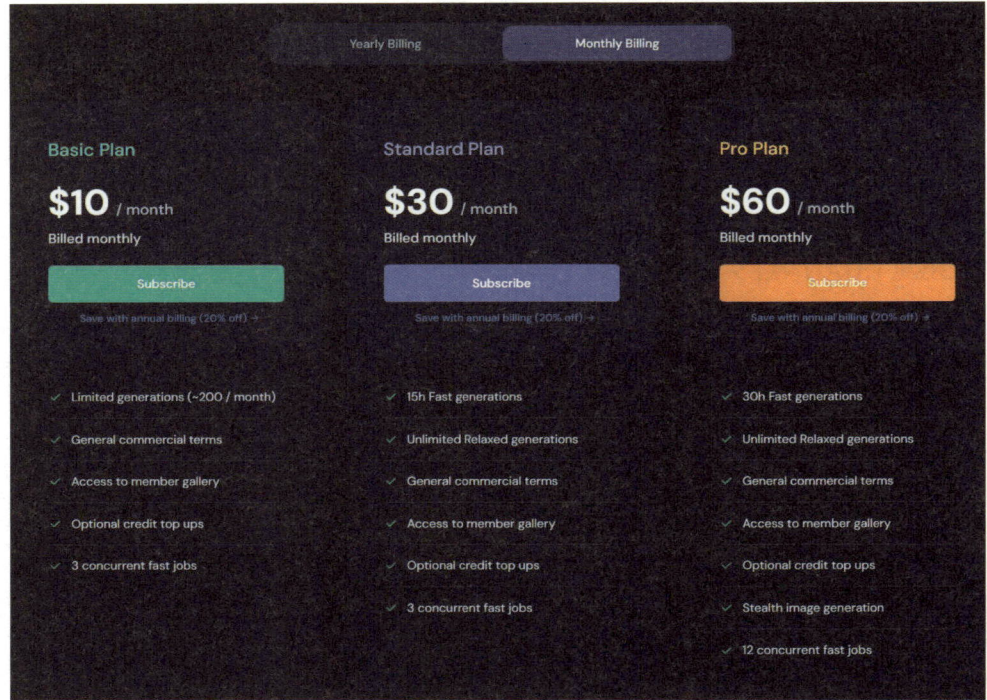

[월간구매]

미드저니 구독 플랜: 어떻게 선택할까?

미드저니의 구독 플랜 선택은 많은 분들에게 고민의 대상이다. 특히, Basic 플랜의 200회 이미지 생성 제한 여부가 큰 관심사이다.

만약 미드저니를 꾸준히 활용하려는 계획이라면, 200회는 조금 부족할 수도 있다. 그렇다고 바로 높은 플랜을 선택하는 것이 부담스러우시다면, Basic 플랜으로 시작하는 것이 좋다. 왜냐하면, 언제든지 플랜을 업그레이드하거나 추가 이미지 생성 기회를 구매할 수 있기 때문이다. 예를 들어, Basic 플랜 사용자는 추가로 4달러를 지불하여 60~70회의 추가 이미지 생성 기회를 얻을 수 있다.

결론적으로, 미드저니 사용 빈도나 필요성을 정확히 모르는 분은 Basic 플랜으로 시작하시는 것을 추천한다. 그 후, 필요에 따라 Standard 또는 Pro 플랜으로 업그레이드하는 방식을 고려하는 것도 좋다.

미드저니 기본 기능

기본 사용 안내

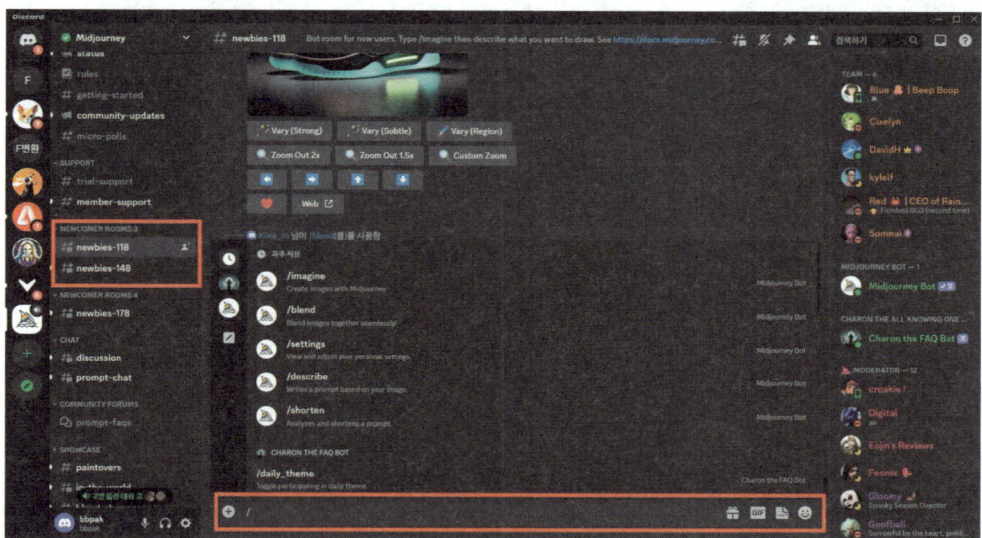

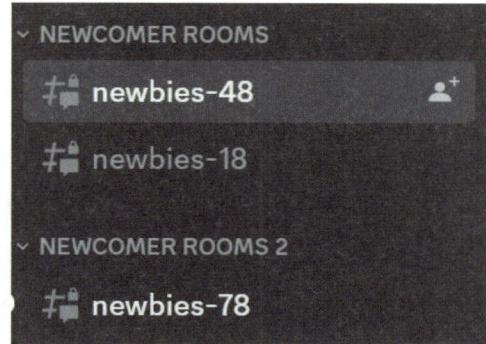

미드저니를 처음 사용하는 초보라면 미드저니 커뮤니티 서버에서 newbies 아무 곳에 들어가서 바로 작업을 진행할 수 있다.

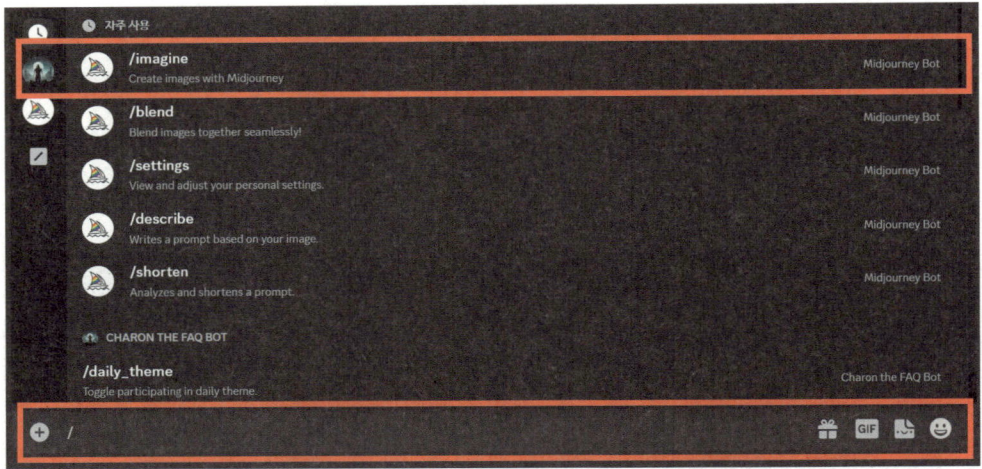

1. 하단 입력 창에 /(슬래시)를 입력하면 자동으로 보이는 /imagine를 클릭해도 되고 아니면 직접 영문으로 /imagine를 입력해도 된다.

2. 하단 프롬프트 다음 칸에 "a white tiger"를 넣고 엔터를 친다.

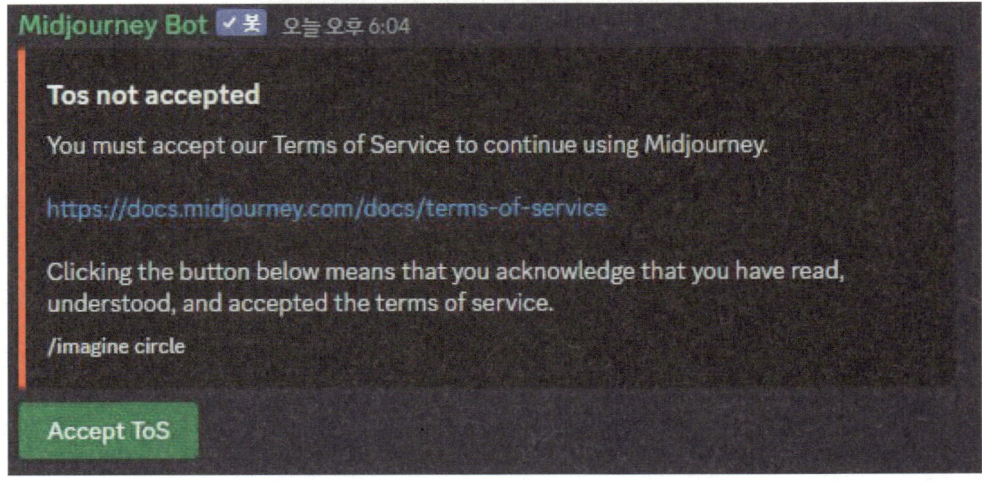

3. 맨 처음 사용하는 유저라면 위와 같은 문구가 나올 수 있다. Accept 버튼을 누르면 Ai 이미지 생성이 바로 진행된다.

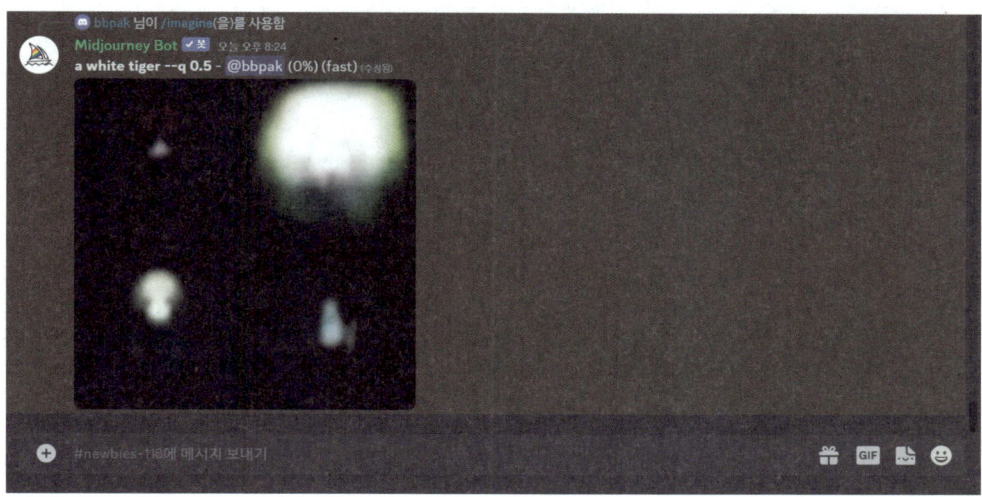

4. 현재 a white tiger에 대한 이미지를 생성 중인 모습이다.

5. a white tiger에 대한 4장의 이미지가 최종 생성 되었다.

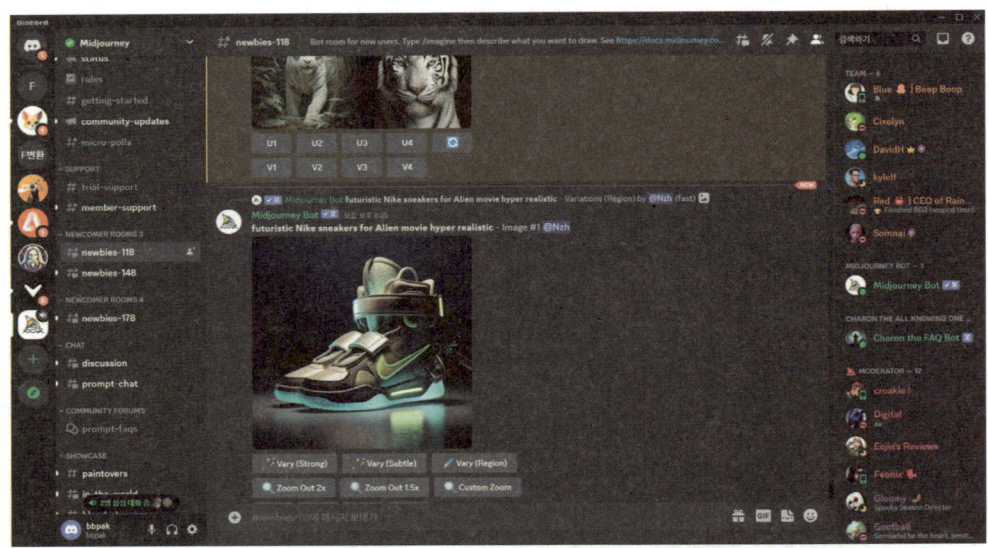

6. 하지만 공용으로 사용하는 공간이다 보니 내가 생성한 이미지가 금방 위로 지나가게 된다. 이렇게 되면 나중에 내가 만든 이미지를 찾는 데 어려움을 겪게 된다.

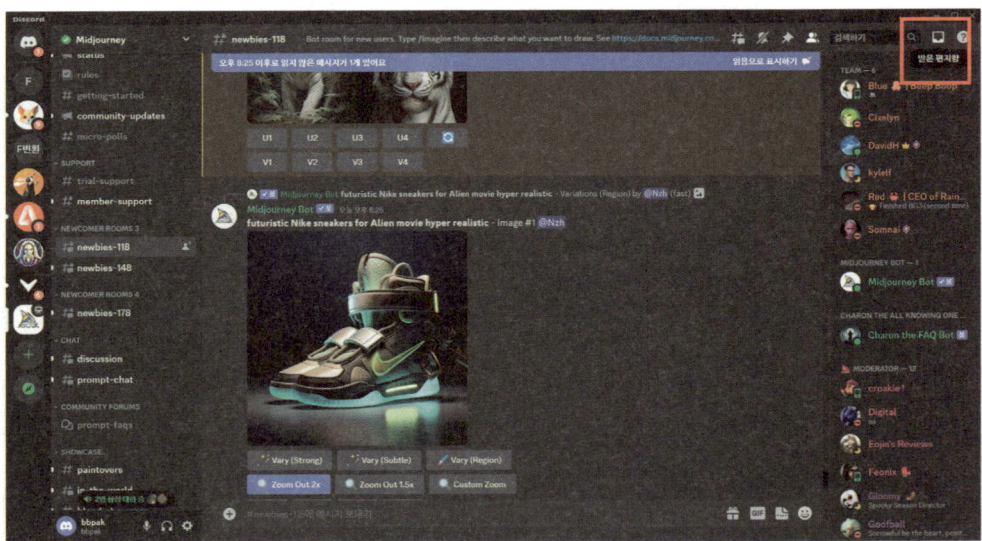

7. 이때는 우측 상단의 "받은 편지함" 아이콘을 클릭한다.

받은 편지함 "멘션"을 클릭하면 본인이 만든 작업물들이 바로 보인다.

개인 서버 만들기

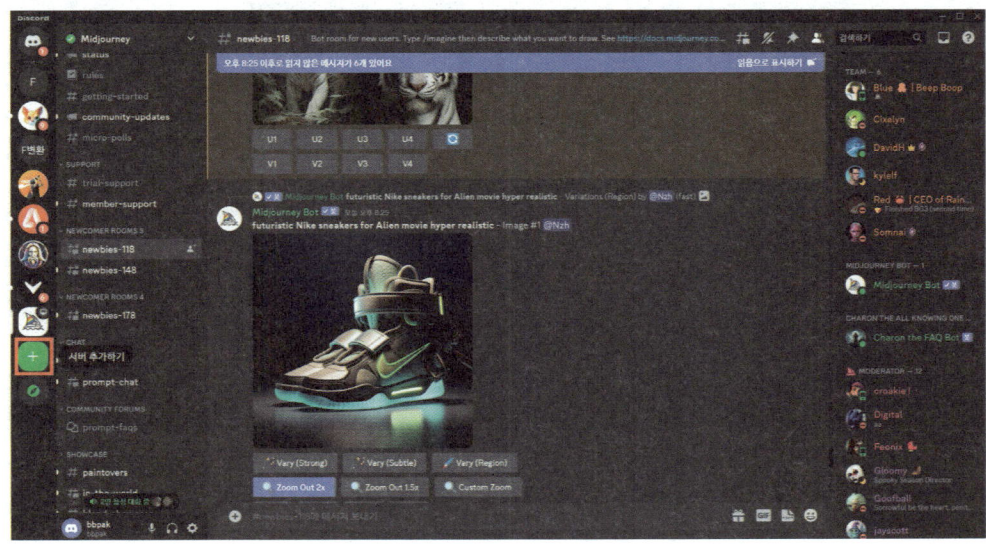

미드저니를 활용하기 위해서는 개인 서버를 만들어 작품들을 카테고리별로 세팅해야 보다 더 효율적으로 운영할 수 있다. 개인 서버를 만들기 위해서는 좌측 아이콘 하단부 + 버튼 "서버 추가하기"를 누른다.

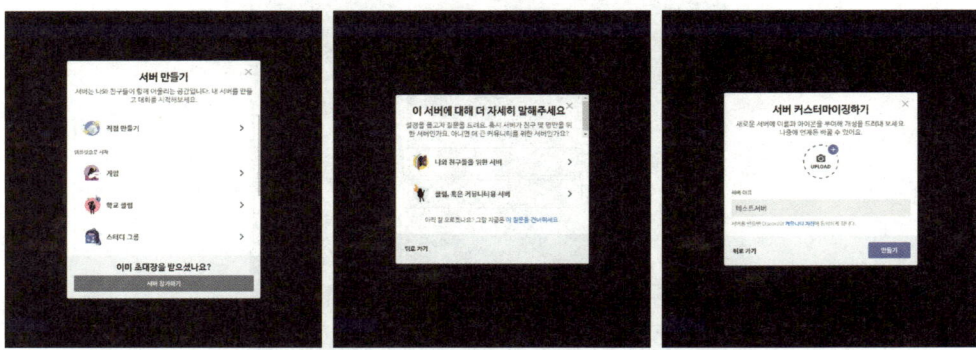

서버 만들기에서 "1. 직접 만들기"를 클릭, 2. 나와 친구들을 위한 서버, 3. 사진 및 서버 이름 입력.

바로 개인이 운영할 수 있는 서버가 만들어졌다.

하지만 우리는 우측 편에 미드저니 봇을 초대해야 Ai 이미지를 생성할 수 있다.

미드저니 봇 초대하기

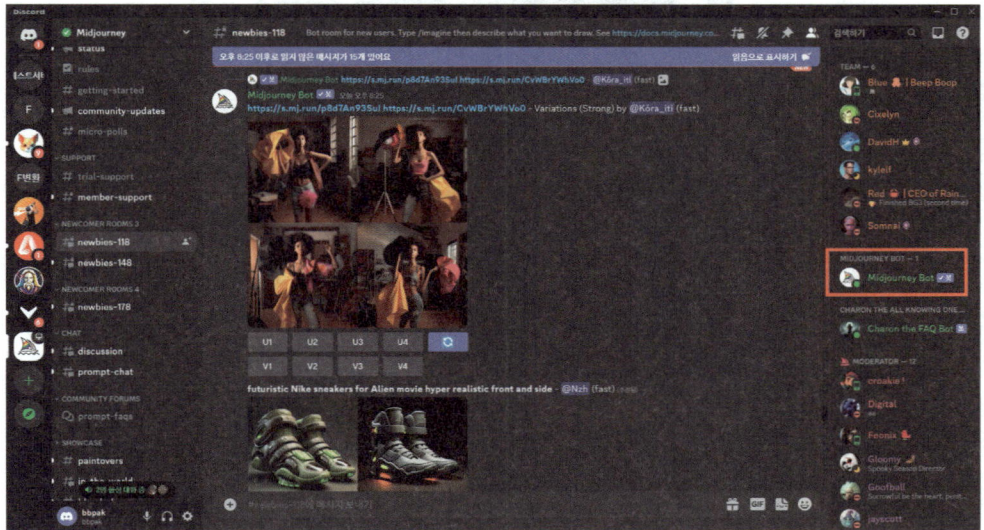

1. 미드저니 커뮤니티 서버에 접속하면 우측 편 가운데 미드저니 봇 "Midjourney bot"이 있다. 미드저니 봇을 클릭한다.

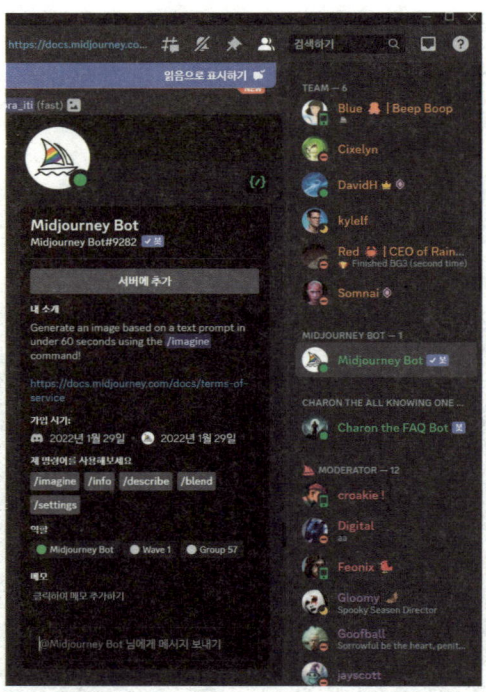

2. 미드저니 봇을 클릭하면 좌측에 미드저니 봇 화면 창이 보이는데 "서버에 추가" 버튼을 클릭한다.

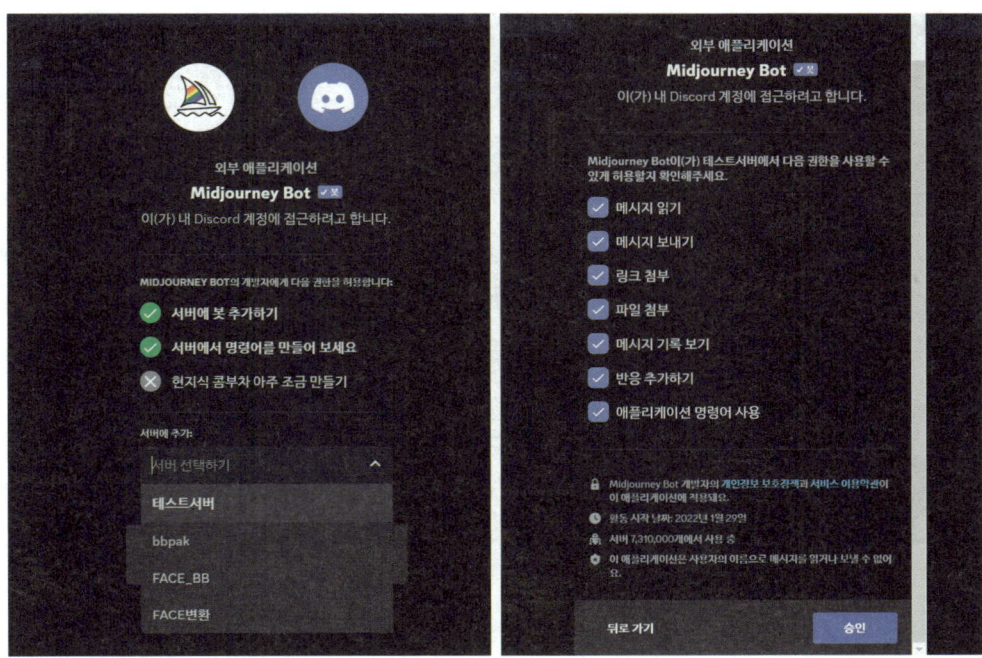

3. 현재 새롭게 만든 서버 이름을 찾아 선택하고 다음 단계로 넘어가 승인 버튼을 클릭한다.

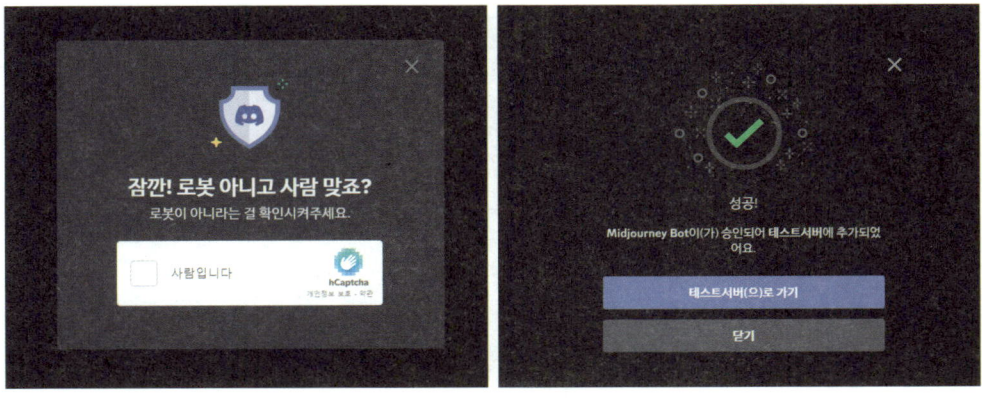

4. 사람인지 로봇인지 확인하는 창에서 "사람입니다"를 선택하고 "테스트 서버로 가기" 최종 버튼을 누르면 자동으로 미드저니 봇이 초대가 된다.

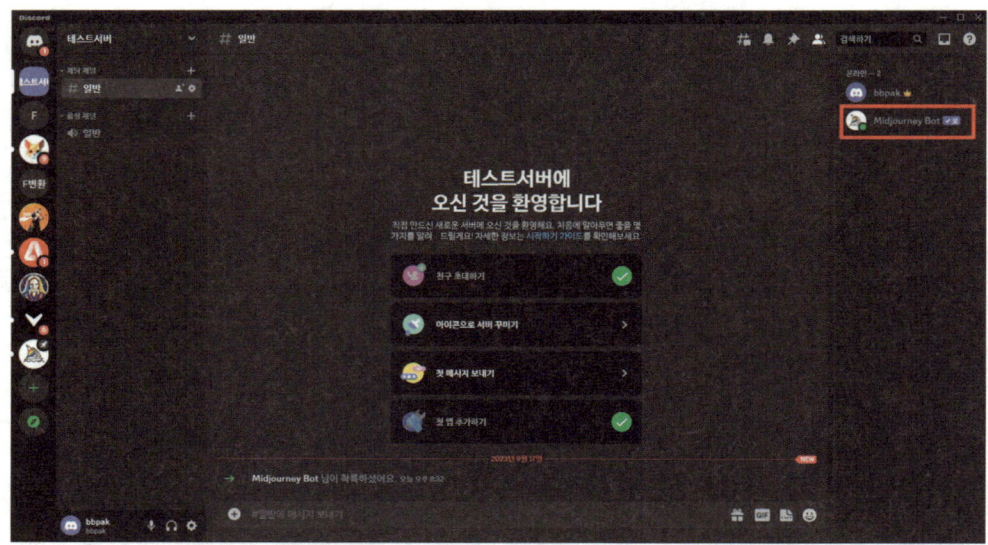

5. 새롭게 생성된 서버 우측 편을 보면 미드저니 봇이 초대된 것을 확인하실 수 있다. 미드저니 봇이 초대가 안 되었다면 이미지 생성이 안 되니 꼭 체크해야 된다.

6. 생성이 잘 되는지 프롬프트에 a red tiger를 넣고 엔터를 누른다.

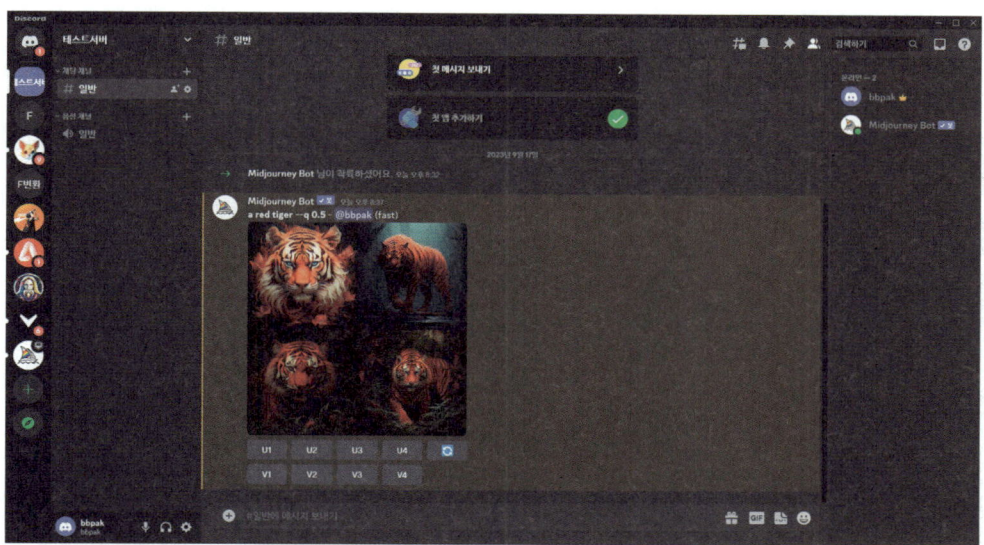

7. 이제 개인 서버에서도 Ai 이미지가 잘 생성되는 것을 확인할 수 있다.

개인 서버에서 채널 만들기

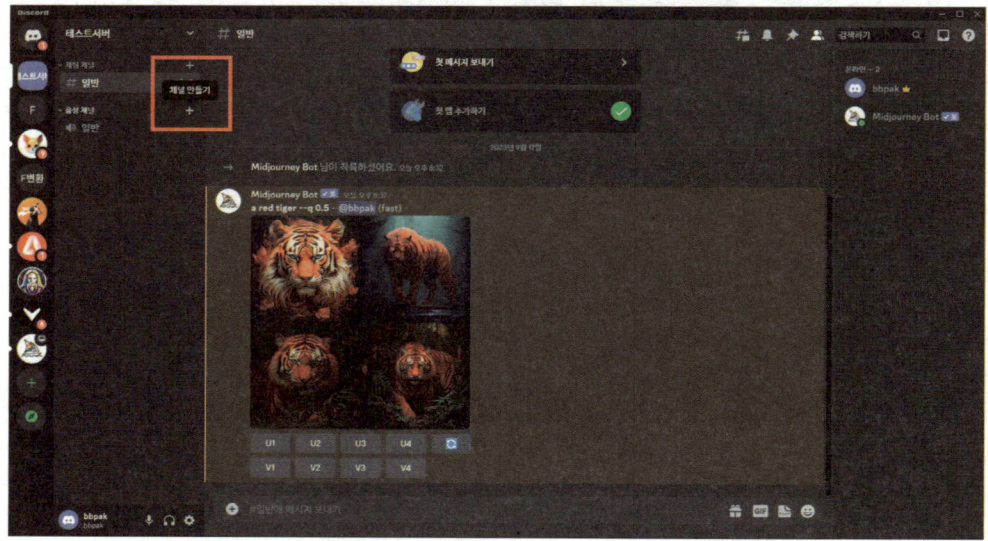

개인 서버에서 채널을 만들어 줘야 현재 내가 작업하는 카테고리를 손쉽게 파악할 수 있다.

예를 들어 한 채널에 모델 사진, 캐릭터, 음식, 인테리어 이런 다양한 이미지를 생성했을 때 나중에 이미지를 찾으려면 뒤죽박죽 찾기가 힘들어진다. 이럴 때를 대비해서 별도의 채널을 만들어 관리를 해야 된다.

1. 좌측 개인 채널에서 +버튼 "채널 만들기"를 클릭한다.

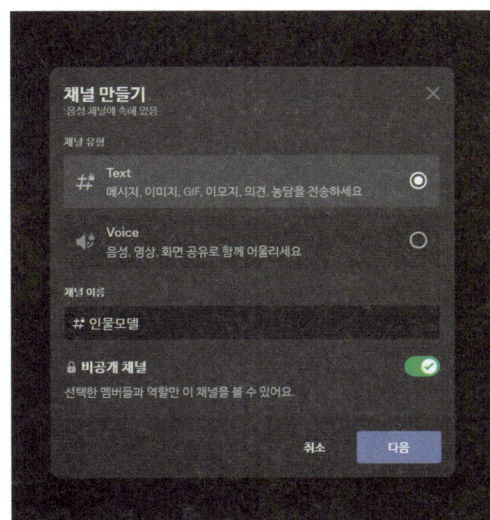 

2. 채널 만들기

카테고리별로 원하는 채널 이름을 만들어 준다. 인물모델 위주로 작업하는 채널을 첫 번째로 만들어 본다. 채널 이름을 "인물모델"로 하고 다음 버튼을 누르면 미드저니 봇에 역할을 부여하며 최종 채널 만들기를 클릭한다.

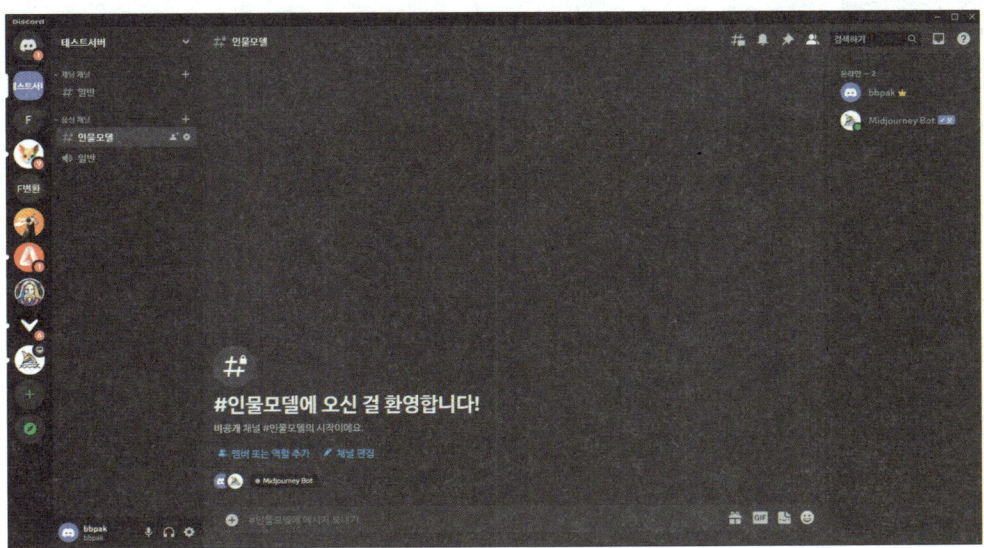

3. 이렇게 인물모델 전용 채널이 생성되었다.

4. 프롬프트에 a beautiful korean model을 넣어 인물모델 관련 ai 이미지를 생성해 본다.

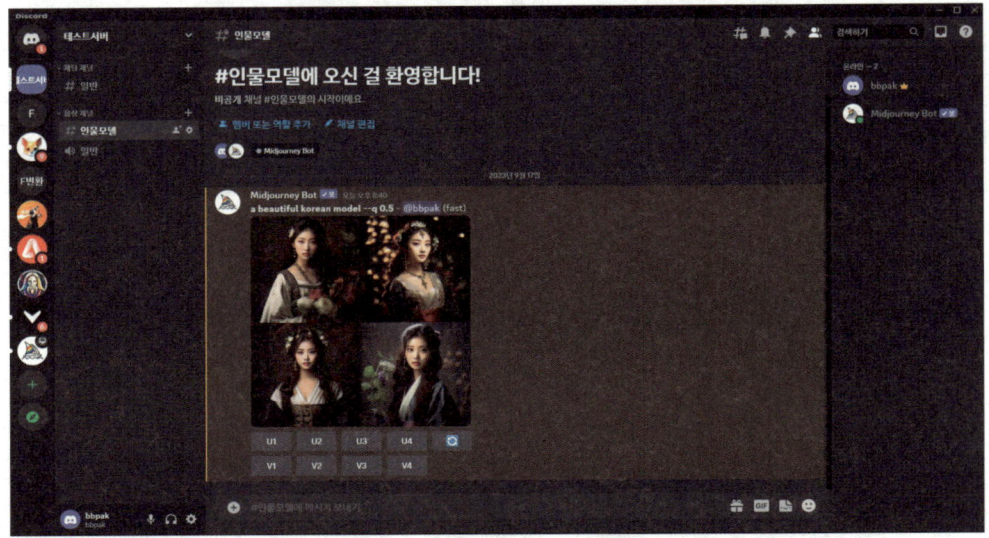

5. 인물모델에 대한 ai 생성 이미지가 잘 만들어졌다. 하지만 여기에 캐릭터 이미지를 함께 작업하면 여러 카테고리 작업들이 혼선을 일으키기에 캐릭터를 작업하려면 별도의 채널을 또 생성해야 된다.

다시 채널 추가 + 버튼을 누른다.

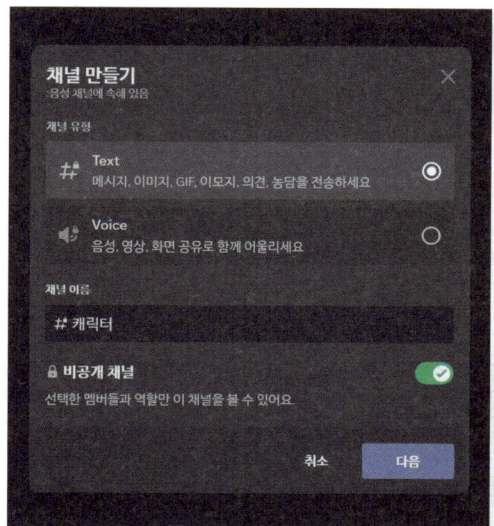 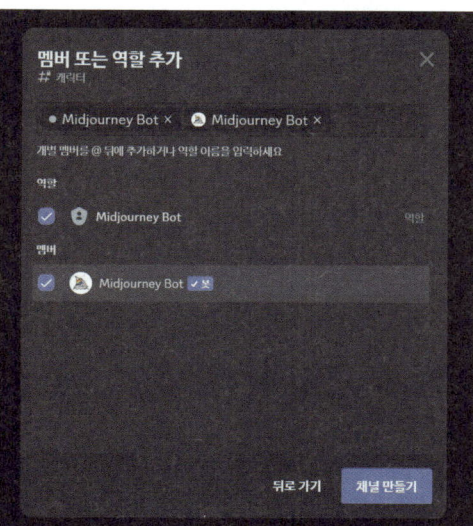

6. 이번에는 채널 이름을 "캐릭터"라고 지정을 하고 미드저니 봇에 역할을 부여해 새로운 채널을 만든다.

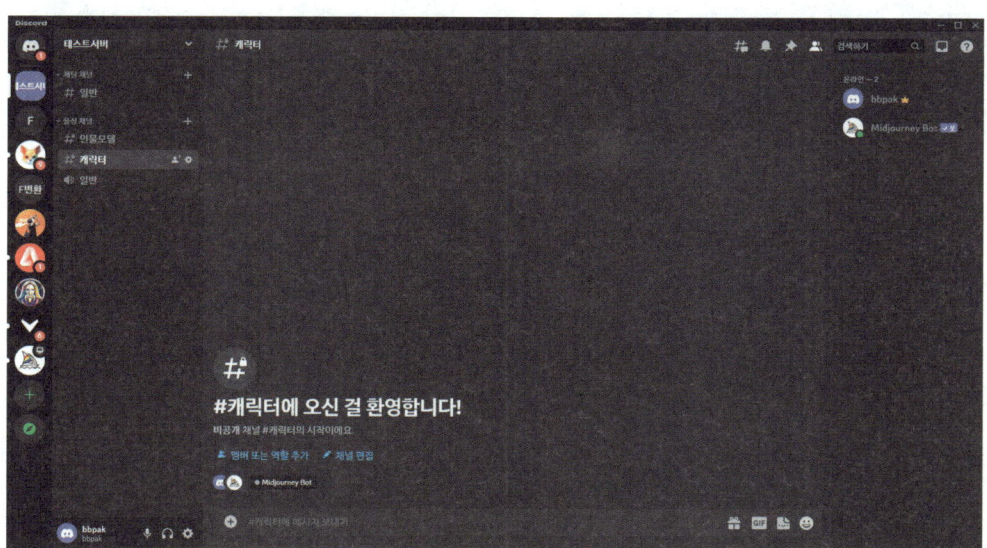

7. 새롭게 캐릭터에 대한 채널이 만들어졌다. 좌측 편 채널 메뉴를 보시면 전에 생성한 "인물모델", "캐릭터" 채널들이 보인다.

8. 이번에는 캐릭터 관련 프롬프트 /imagine 선택하고 a cute tiger, 3d pixar character style을 넣고 엔터를 친다.

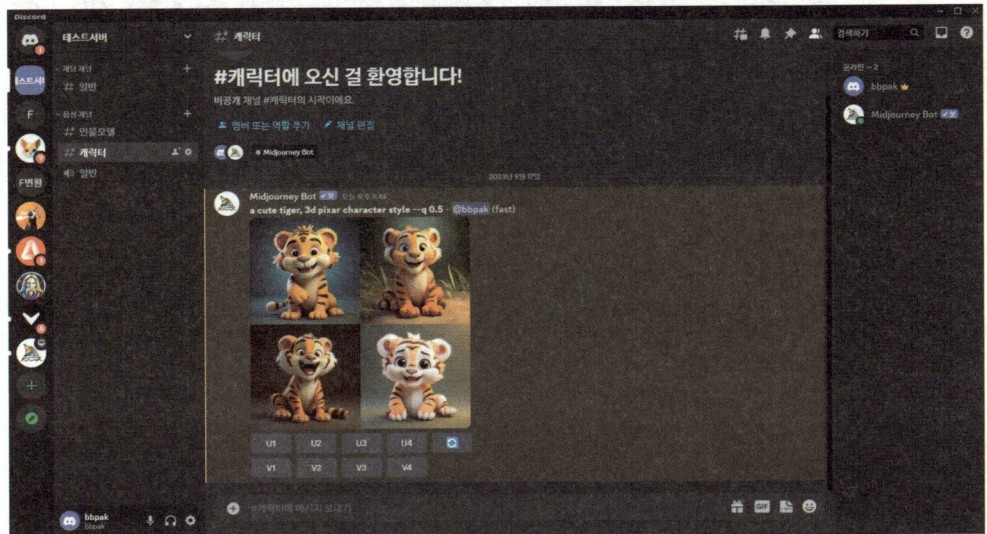

9. 귀여운 호랑이 3D 캐릭터 모양이 탄생되었다.

   이렇게 우리는 개인 서버 채널을 만들어 카테고리별로 각각의 채널 이름을 만들어 Ai 이미지를 생성하면 훨씬 더 효율적으로 이미지를 관리하실 수 있다.

미드저니 명령어 알아보기

'프롬프트'는 컴퓨터 화면에서 입력 대기 상태를 알리는 표시를 의미한다. 미드저니의 경우, '프롬프트'는 사용자가 이미지를 생성하기 위해 입력해야 하는 텍스트 부분을 지칭한다. 이제 프롬프트를 어떻게 효과적으로 작성하는지 함께 알아보겠다.

1. 미드저니 기본 프롬프트

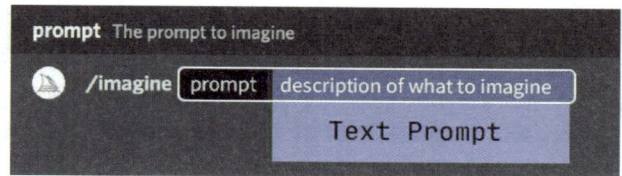

[기본프롬프트]

간단한 문구 입력 / 영어 문장의 구 단위로 입력하는 것을 추천

기본 프롬프트 입력란: /imagine prompt: [텍스트 프롬프트]

ex) 금발의 아름다운 여인, 쇼츠 헤어, 핑크색 티셔츠를 입고 있는, 카페에 앉아서 책을 읽고 있는

/imagine prompt: A beautiful woman, blonde, short hair, wearing a pink t-shirt, sitting in a cafe reading a book

2. 미드저니 고급 프롬프트

[고급 프롬프트 입력란]

참조용 이미지 링크 / 표현하고자 하는 텍스트 / 매개변수값

/imagine prompt: [이미지 프롬프트] [텍스트 프롬프트] [파라미터]

ex) 사이트 링크 참조 / 고양이 두 마리, 선글라스를 쓰고 있는, 침대 위에서 / 해상도 비율은 16:9 / 렌더링 품질은 0.5 / 버전 5.1

/imagine prompt: https://s.mj.run/3SeIaZxudvU, Two cats, wearing sunglasses, on a bed, --ar 16:9 --q 0.5 --v 5.1

프롬프트는 짧게도, 길게도 작성할 수 있다. 짧은 프롬프트는 미드저니의 기본 스타일에 크게 의존하며, 이로 인해 화려하고 상상력 많은 이미지가 생성된다. 짧은 프롬프트는

미드저니에게 많은 부분을 맡기는 것이므로, 특별한 아이디어나 형상을 표현하고 싶다면 길고 복잡한 프롬프트를 사용해야 된다.

예를 들어, "Cat diving under the sea and playing with fish"와 같은 짧은 프롬프트는 미드저니의 상상력을 활용한 이미지 생성에 적합하다.

반면, 긴 프롬프트는 사용자의 구체적인 이미지 아이디어를 더 정확하게 표현하는 데 도움이 된다. 긴 프롬프트에서는 모델의 포즈나 각도, 트렌드 스타일, 매체, 주변 배경, 조명 스타일 등 다양한 요소를 구체적으로 지정할 수 있다. 그러나 미드저니가 이해하기 어려운 단어나 문장을 길게 쓰는 것은 이미지의 품질을 저하시킬 수 있으므로, 이를 피하는 것이 좋다.

미드저니 이미지 프롬프트

미드저니의 이미지 프롬프트 기능은 사용자가 기존 이미지를 참조로 삼아 새로운 이미지를 생성하는 데 도움을 준다. 이 기능은 원하는 이미지를 더 정확하게 표현하게 해 주므로, 텍스트 프롬프트만을 사용할 때보다 효과적이다.

다만, 미드저니는 Stable Diffusion과 같은 다른 이미지 생성 AI와 작동 방식이 다르다. Stable Diffusion과는 달리 미드저니는 참조 이미지를 시작점으로 사용하지 않는다. 참조 이미지는 단순히 새 이미지를 생성하는 데 영감을 제공하는 역할을 한다. 이로 인해 미드저니를 통해 만들어진 이미지는 참조 이미지와 상당한 차이가 있을 수 있다.

또한, 미드저니 V5 버전의 업데이트 이후, 참조 이미지와 유사한 분위기의 이미지를 생성할 수 있게 되었지만, 미드저니의 특별한 스타일 변형을 거쳐야 한다. 이 변형 때문에 원하는 요소를 이미지의 정확한 위치에 추가하는 것이 어려울 수 있다.

미드저니 프롬프트 활용하기

Midjourney v6 새로운 기능

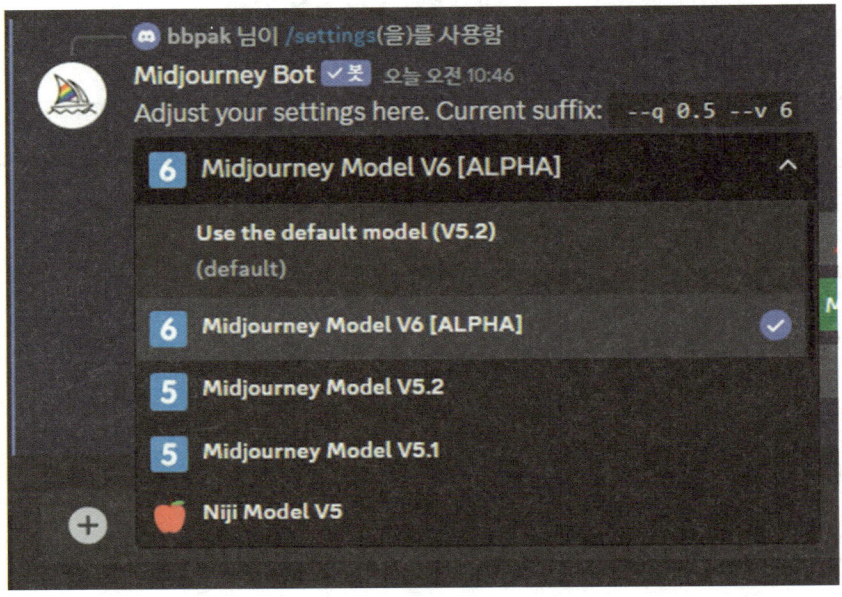

1. 더 긴 프롬프트는 물론 훨씬 더 정확한 프롬프트 추종,
2. 일관성 및 모델 지식이 개선됨,
3. 이미지 프롬프트 및 리믹스 모드가 개선됨,
4. 약간의 텍스트 그리기 기능(텍스트를 "따옴표"로 작성해야 하며, - style raw 또는 그 이하의 - stylize 값이 도움이 될 수 있음)
5. 업스케일러가 개선됨(해상도 2배 증가).

Midjourney v6 프롬프트 활용

4W1H(5하원칙)
무엇을 / 누가 / 어디서 / 언제 / 어떻게

What: 유형/아트 스타일/이미지 카테고리

Who: 주요 주제/테마

Where: 장면/설정

When: 시간/조명

How: 스타일, 렌더링 및 세부 정보

WHAT에 대하여(Type of Image)

일관된 스타일을 유지하려면 먼저 이미지의 전체 유형을 지정해야 된다.

카테고리: 사진 이미지, UI 디자인, 인테리어 디자인, 로고 디자인

아트 스타일: 인상파, 르네상스, 추상, 초현실주의

미술 매체: 파스텔, 수채화, 유화, 목탄, 연필 등

소재 질감: 금속, 직물, 나무, 대리석, 유리 등

사진 유형: 흑백, 풍경, 인물, 전신, 광각 등

WHO에 대하여(Main Subject/Theme)

이미지가 초점을 맞추는 대상이다.

피사체는 사람, 풍경, 동물, 캐릭터, 사물 등이 될 수 있다. 보조 피사체를 추가할 수도 있다.

메인: 아름다운 소녀

서브: 갈색 머리, 크리스마스 드레스, 고급스러운 복장

WHERE에 대하여(Scene/Settings)

설정 또는 배경을 설명한다. 결정할 수 없는 경우 "서사적 장면"과 같은 일반적인 용어도 사용할 수 있다.

배경은 실내, 실외, 바다 풍경, 도시, 우주 등이 될 수 있다.

WHEN에 대하여(Time/Lighting)

시간, 계절, 연도, 역사적 기간 등을 지정한다.

시간: 1970년대, 로마시대, 봄, 크리스마스 등

조명: 아침, 황금 시간, 일몰, 야간, 자연광, 스튜디오 조명

HOW에 대하여(Style/Rendering/ Extra Details)

이미지 유형과 가장 관련성이 높은 용어에 집중한다.

아트 스타일: 아티스트, 스튜디오, 예술 운동 등

3D 스타일: 3D, VFX, 게임 엔진 등

색상: 생생함, 음소거, 밝음, 단색, 컬러풀, 흑백, 파스텔 등

조명: 소프트, 앰비언트, 흐림, 시네마틱, 스튜디오 조명 등

분위기: 행복, 차분함, 활기찬 등

4W1H 예시

무엇을 / 누가 / 어디서 / 언제 / 어떻게

What Portrait

Who Beautiful Korean woman model wearing hiking clothes,

Where in a forest with clear air,

When morning with fresh sunlight,

How movie scene

무엇을: 초상화,

누가: 등산복을 입고 있는 아름다운 한국 여자 모델,

어디서: 맑은 공기가 있는 숲속 안에서,

언제: 싱그러운 햇빛이 있는 아침,

어떻게: 영화 속 한 장면

Animated, (애니메이션)

Beautiful Korean woman model wearing hiking clothes,

in a forest with clear air,

morning with fresh sunlight,

Ghibli cartoon scene (지브리 카툰씬)

2W1H(2하원칙)
무엇을 / 누가 / 어떻게

What Logo design "BB Clean",

Who Natural cosmetics company,

How A simple, clean green and orange color scheme

무엇을: 로고 디자인 "BB Clean",

누가: 내추럴 화장품 회사,

어떻게: 단순하고 깔끔한 그린과 오렌지 컬러

Logo design "BB Clean",

Natural cosmetics company A simple,

clean green and orange color scheme

미드저니 프롬프트 자동 생성

ChatGPT 달리를 통해 프롬프트 생성(https://chat.openai.com)

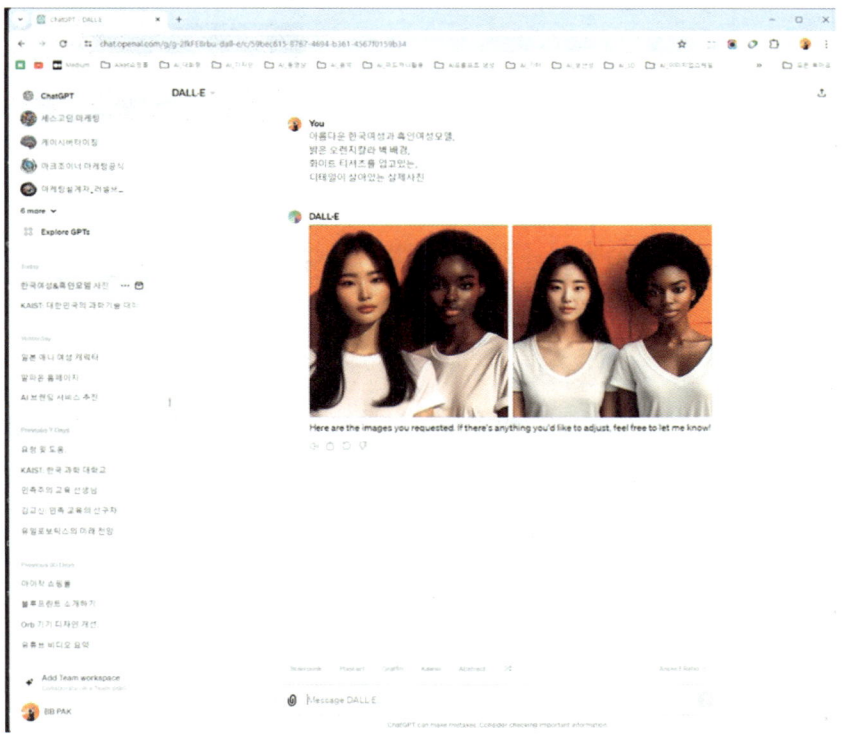

ChatGPT / GPTs를 통해 프롬프트 생성(https://chat.openai.com)

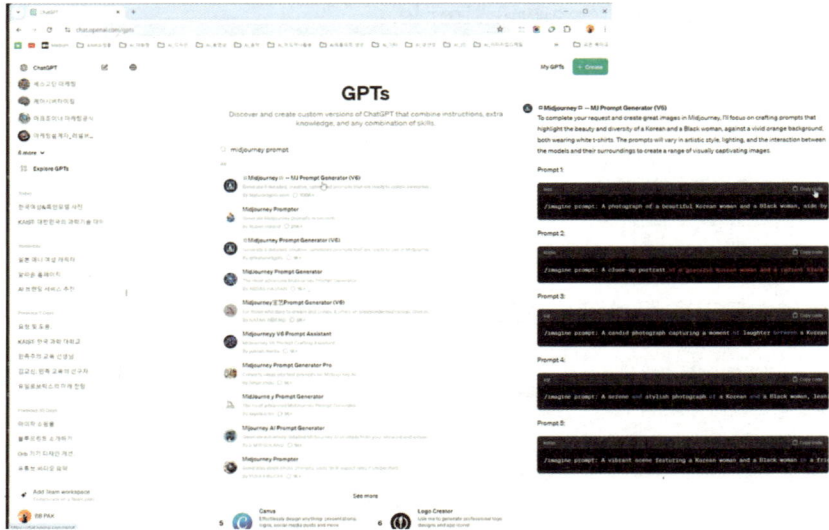

구글 제미나이를 통해 프롬프트 생성(https://gemini.google.com)

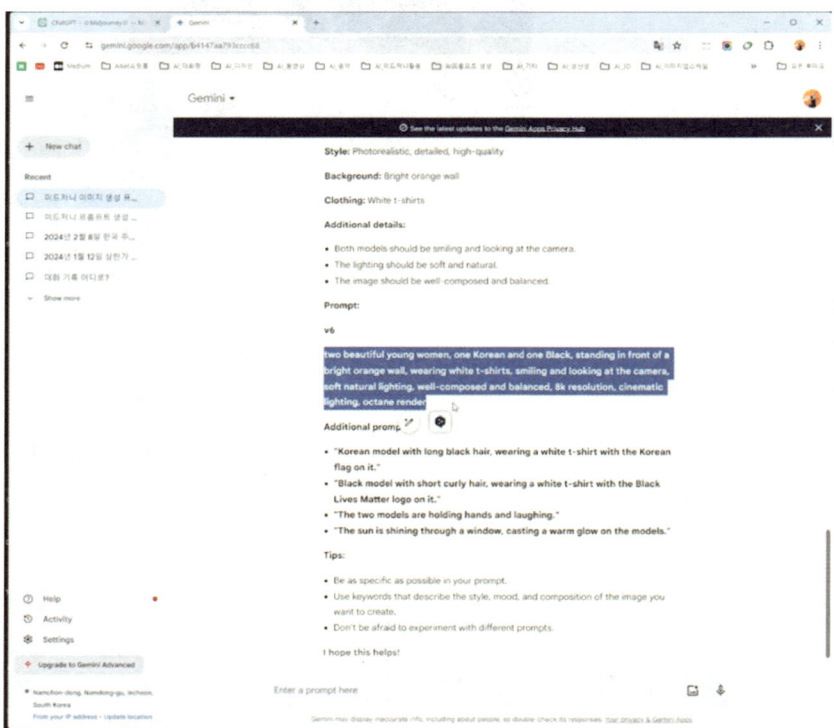

뤼튼 스토어를 통해 프롬프트 생성(https://wrtn.ai)

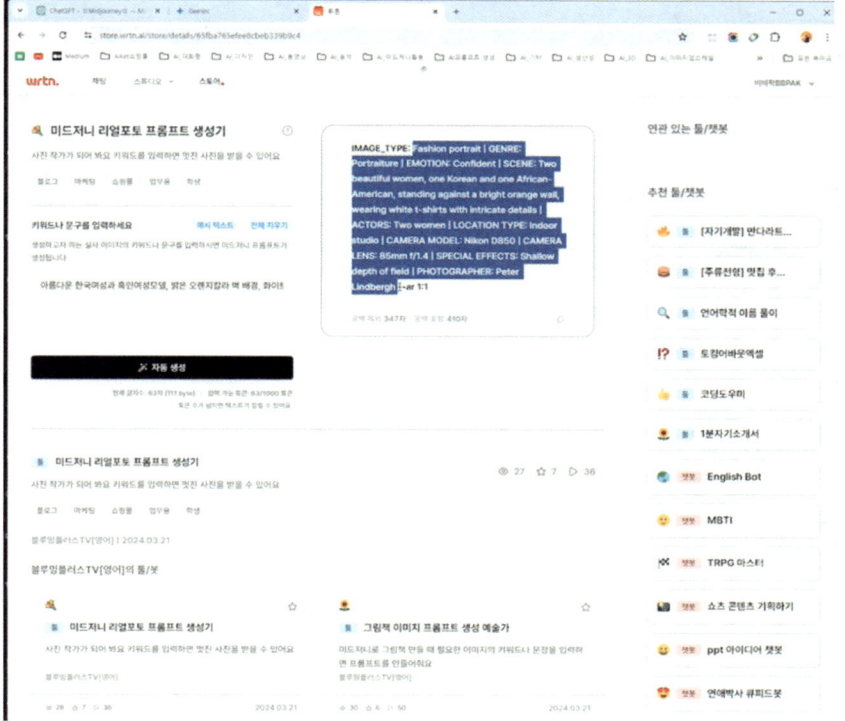

클로드를 통해 프롬프트 생성(https://claude.ai)

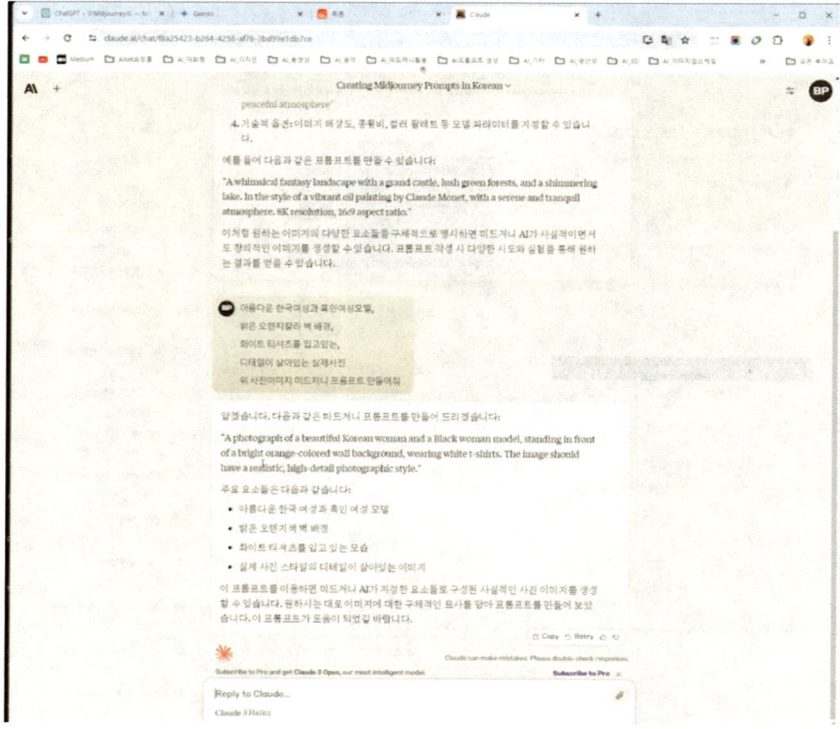

미드저니 TOOL(도구) 알아보기

Upscale & Variation

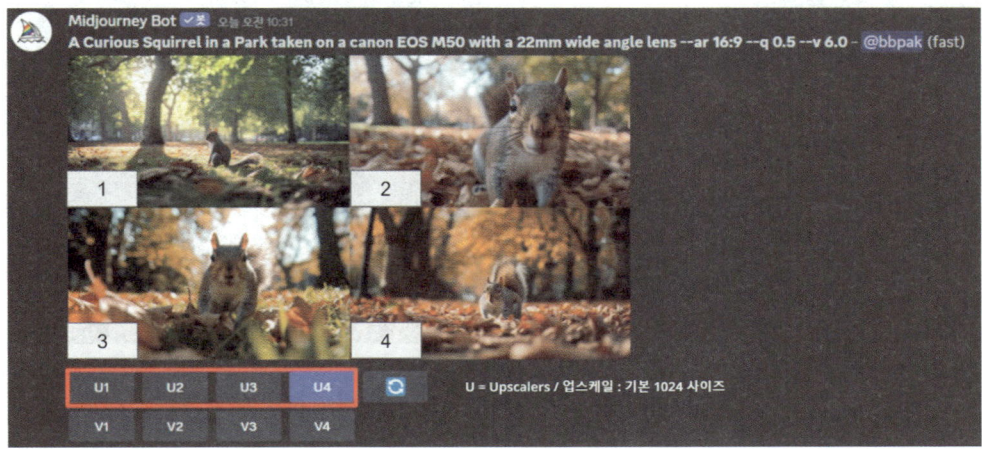

U는 업스케일(Upscale)을 의미한다. 숫자에 맞는 원하는 이미지가 생성되었을 때 해당 버튼을 누르면 이미지 해상도가 커지면서 개별 생성된다.

V는 다양성(Variation)을 의미한다. 원하는 이미지에 좀 더 다양성을 만들고 싶을 때 해당 버튼을 누르면 새로운 이미지들이 생성된다.

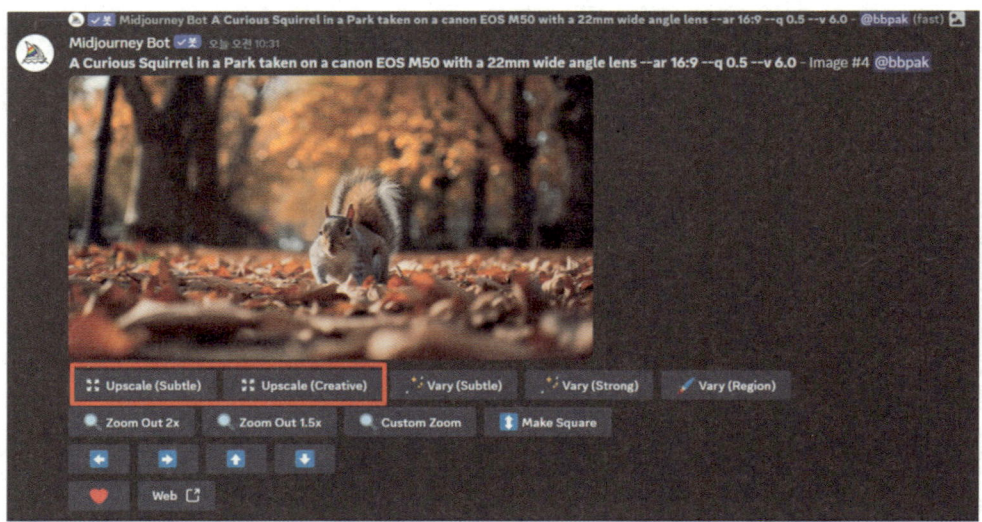

Upscale(Subtle): 이미지의 크기를 두 배로 늘리고 원본과 매우 유사한 세부 사항을 유지한다.

Upscale(Creative): 이미지의 크기를 두 배로 늘리지만 이미지에 새로운 세부 사항을 추가한다.

자세히 보면 Creative 부분에 미묘한 부분들이 새로 생긴것을 볼수 있다.

ZOOM

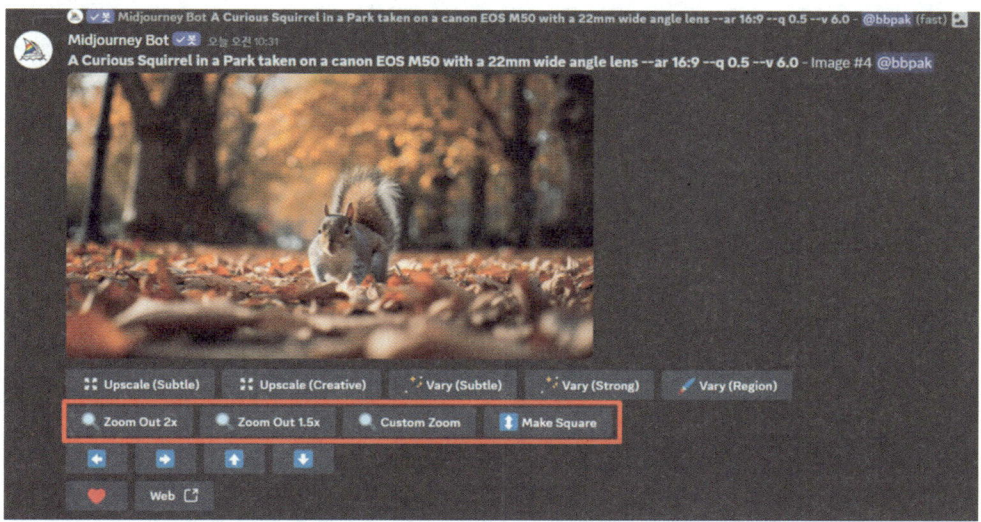

업스케일된 이미지의 캔버스를 원래 경계를 넘어 확장할 수 있다.

Zoom Out 2x: 원본 이미지 상하좌우 2배의 배경을 새롭게 생성한다.

Zoom Out 1.5x: 원본 이미지 상하좌우 1.5배의 배경을 새롭게 생성한다.

Make Square: 원본 이미지를 정사각형으로 만든다.

PAN

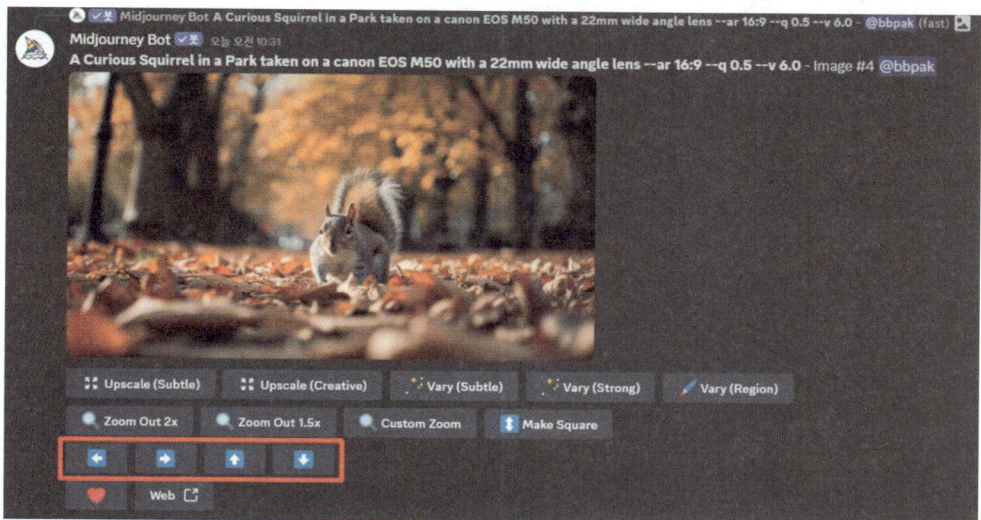

이동 옵션을 사용하면 선택한 방향으로 이미지의 캔버스를 확장할 수 있으며, 원본 이미지의 내용은 변경되지 않는다. 새롭게 확장된 캔버스는 프롬프트와 원본 이미지의 가이드를 사용하여 채워진다.

PAN / 좌측 이동: 원본 이미지를 좌측으로 확장한다.

PAN / 우측 이동: 원본 이미지를 우측으로 확장한다.

PAN / 상 이동: 원본 이미지를 위쪽으로 확장한다.

PAN / 하 이동: 원본 이미지를 아래쪽으로 확장한다.

Vary(Subtle / Strong / Region)

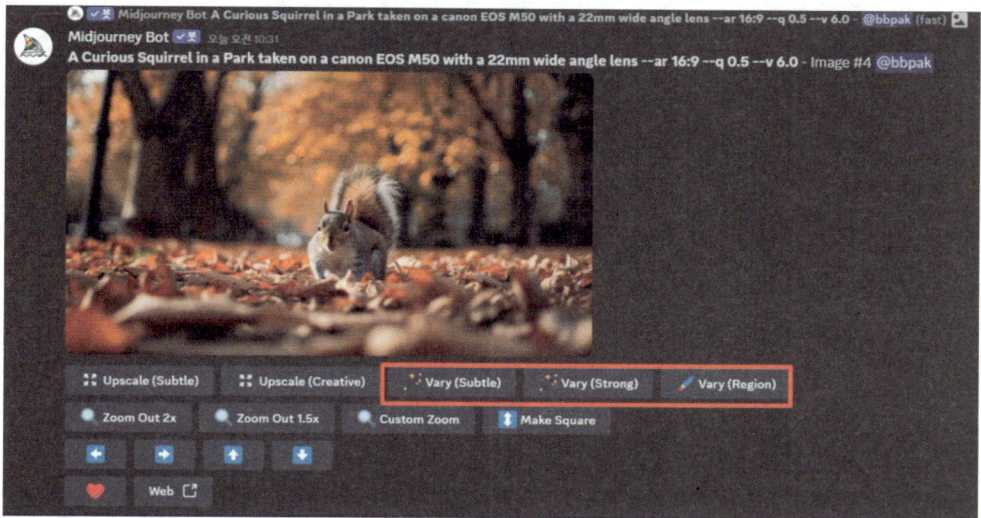

다양한 변형 모드 툴을 뜻한다.

Vary(Subtle) 낮은 변형 모드: 다람쥐 귀와 꼬리 등 미묘한 변화가 있다.

Vary(Strong) 높은 변형 모드: 다람쥐 자세와 위치 등 높은 변형이 있다.

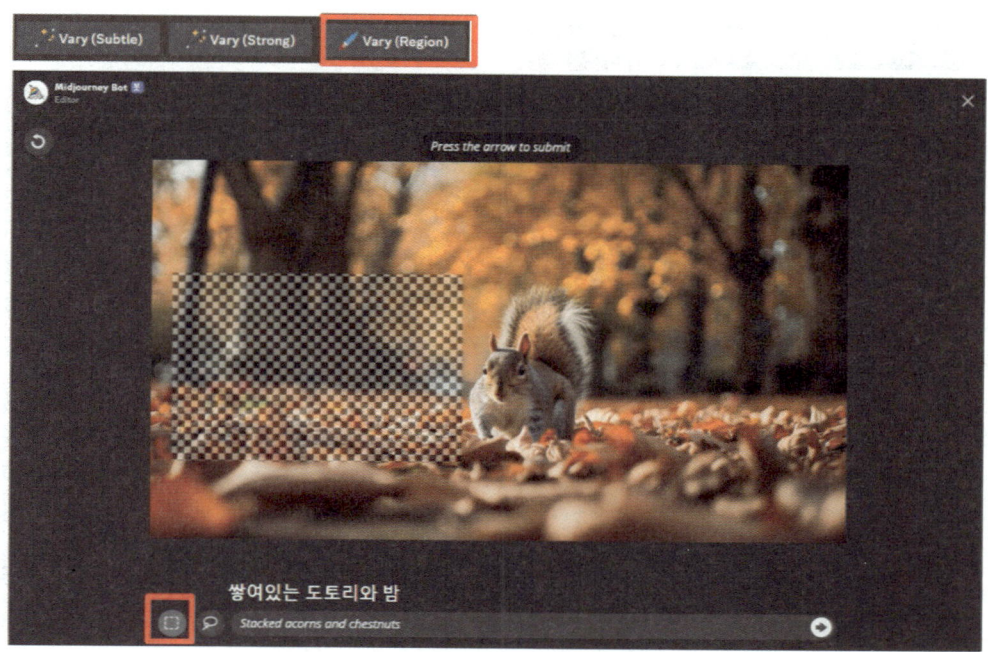

Vary(Region): 선택한 영역 변형한다.

선택한 영역의 크기는 결과에 영향을 미친다. 더 큰 선택 영역은 Midjourney Bot에게 새로운 창의적인 세부 사항을 생성할 수 있는 더 많은 공간을 제공하며 더 작은 선택은 더 작고 미묘한 변화를 초래한다.

밤과 도토리들이 사이사이에 이미지가 새로 생겼다.

다람쥐의 머리 위에 붉은색 모자가 추가되었다.

미드저니 COMMAND(명령어) 알아보기

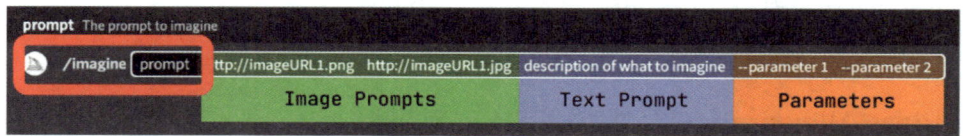

명령어

/ask: 질문에 대한 답을 받는다.

/blend: 두 이미지를 쉽게 혼합한다.

/daily_theme: #daily-theme 채널 업데이트에 대한 알림 핑을 토글한다.

/describe: 업로드한 이미지를 기반으로 네 가지 예시 프롬프트를 작성한다.

/docs: Midjourney 공식 디스코드 서버에서 이 사용자 가이드에 포함된 주제에 대한 링크를 빠르게 생성한다.

/fast: 빠른 모드로 전환한다.

/feedback: Midjourney에 대한 제안과 아이디어를 제출하고 다른 사람들의 아이디어를 평가한다.

/faq: Midjourney 공식 디스코드 서버에서 인기 있는 프롬프트 제작 채널 FAQ에 대한 링크를 빠르게 생성한다.

/help: Midjourney 봇에 대한 유용한 기본 정보와 팁을 보여 준다.

/imagine: 프롬프트를 사용하여 이미지를 생성한다.

/info: 계정 정보와 대기 중이거나 실행 중인 작업에 대한 정보를 확인한다.

/invite: Midjourney 디스코드 서버 초대 링크를 받는다.

/list_tuners: 생성한 모든 스타일 튜너의 목록을 생성한다.

/prefer option set: 사용자 정의 옵션을 생성하거나 관리한다.

/prefer option list: 현재의 사용자 정의 옵션을 확인한다.

/prefer remix: 리믹스 모드를 토글한다.

/prefer suffix: 모든 프롬프트의 끝에 추가할 접미사를 지정한다.

/prefer variability: 이미지 그리드 아래에 있는 V1 V2 V3 V4 버튼을 사용할 때 변형도를 높고 낮음 사이에서 토글한다.

/public: 프로 플랜 구독자를 위해: 공개 모드로 전환한다.

/relax: 릴랙스 모드로 전환한다.

/settings: Midjourney 봇의 설정을 확인하고 조정한다.

/stealth: 프로 플랜 구독자를 위해: 스텔스 모드로 전환한다.

/shorten: 긴 프롬프트를 제출하고 더 간결하게 만드는 방법에 대한 제안을 받는다.

/show: 디스코드 내에서 작업 ID를 사용하여 작업을 다시 생성한다.

/subscribe: 사용자 계정 페이지에 대한 개인 링크를 생성한다.

/synonyms: Midjourney 공식 디스코드 서버에서 프롬프트에 시도해 볼 관련 단어와 구문을 탐색한다.

/tune: 프롬프트를 기반으로 스타일 튜너를 생성한다. 스타일 튜너를 사용하면 자신만의 Midjourney 스타일을 만들고 작업의 모양을 사용자 정의할 수 있다.

/turbo: 터보 모드로 전환한다.

/userid: Midjourney 사용자 ID를 받는다.

필수 기본 명령어

/blend

/describe

/imagine

/settings

/shorten

/tune

/blend

/blend 명령어는 2~5개의 이미지를 빠르게 업로드할 수 있게 해 주며, 각 이미지의 개념과 미학을 살펴본 후에 새롭고 독특한 이미지로 병합한다. /blend는 최대 5개의 이미지까지 작동한다.

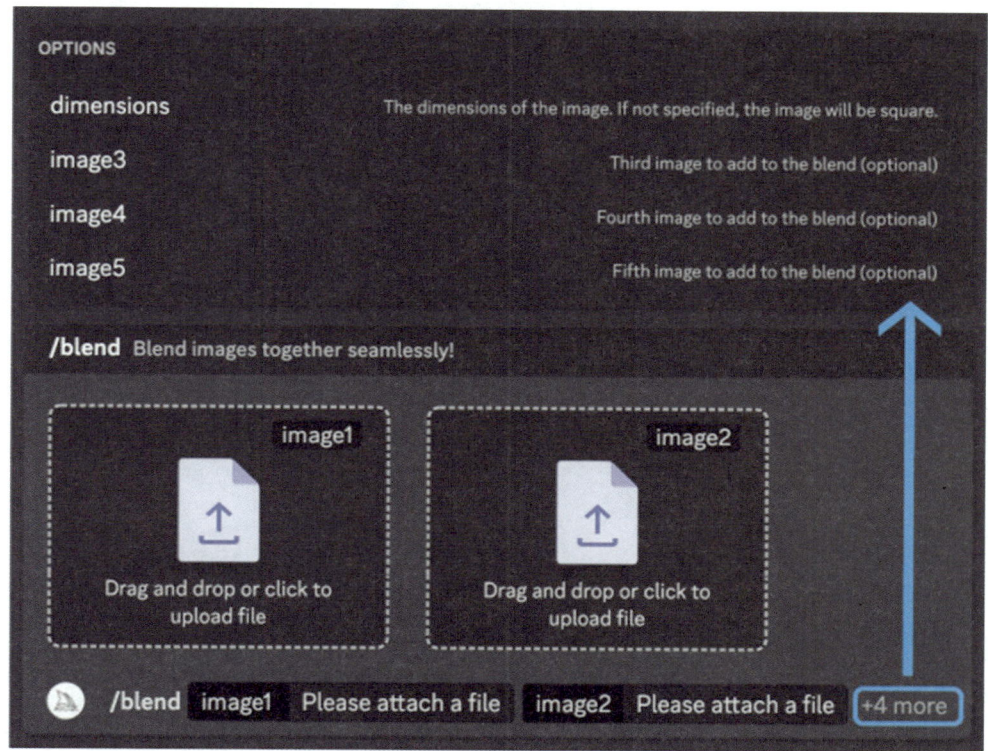

최상의 결과를 얻으려면 원하는 결과와 동일한 종횡비의 이미지를 업로드한다.

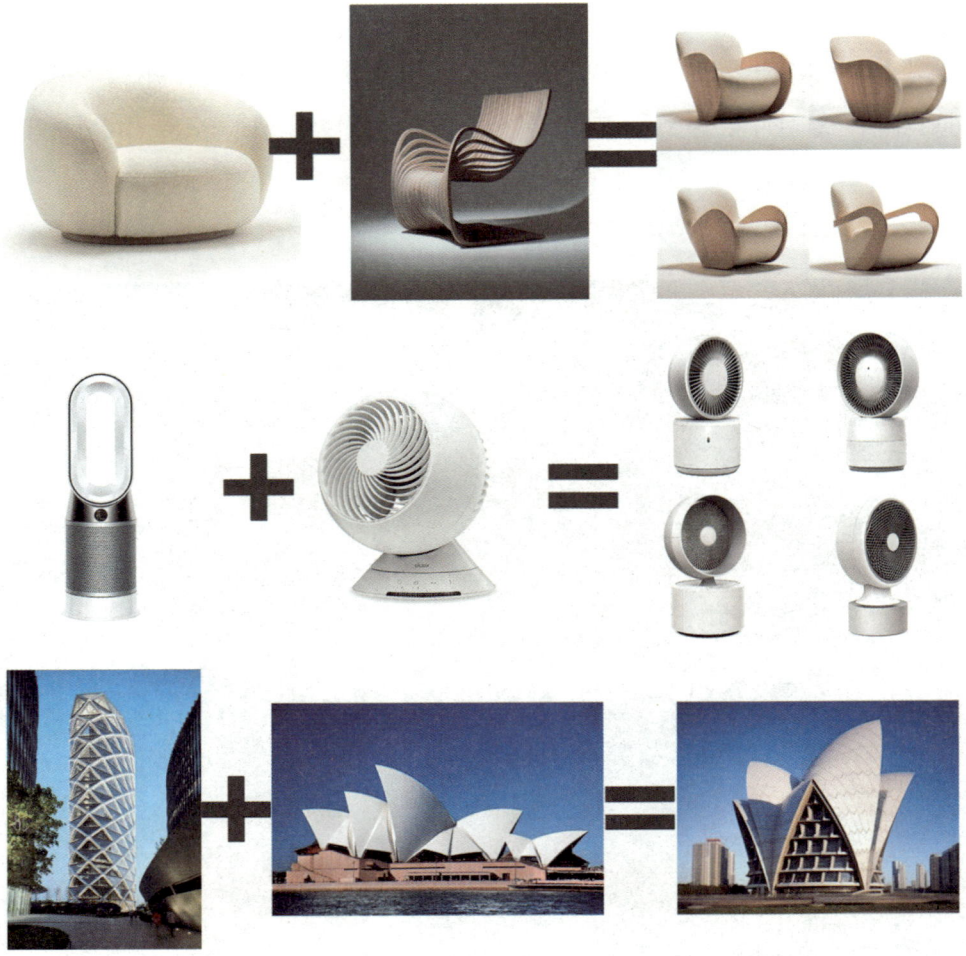

두 이미지를 쉽게 혼합할 수 있다.

/describe

/describe 명령어를 사용하면 이미지를 업로드하고 해당 이미지를 기반으로 네 가지 가능한 프롬프트를 생성할 수 있다. /describe는 영감을 주고 제안적인 프롬프트를 생성하지만, 업로드한 이미지를 정확히 재현하지는 않는다.

업로드한 이미지를 기반으로 4개의 예시 프롬프트를 작성한다.

/settings

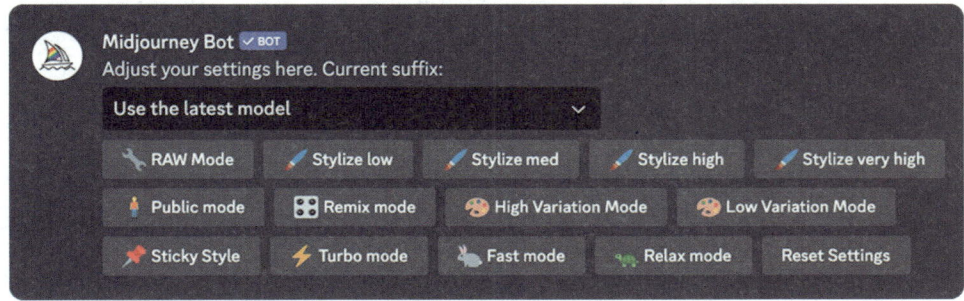

/settings 명령어는 모델 버전, 스타일 값, 품질 값, 업스케일러 버전과 같은 일반 옵션에 대한 토글 버튼을 제공한다.

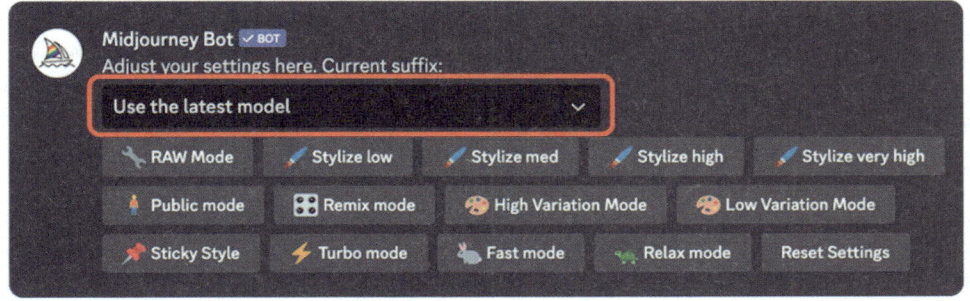

모델 버전 드롭다운: 이미지 생성 시 사용할 Midjourney 모델 버전을 선택한다. 기본 선택은 최신 모델(Use The Latest Model)이며, 항상 가장 새로운 Midjourney 모델 버전을 사용한다.

RAW Mode (Style Raw Parameter): Midjourney 모델 버전 5.1, 5.2, 6, 그리고 Niji 6은 style raw 파라미터로 미세 조정할 수 있어 Midjourney의 기본 미학을 줄일 수 있습니다. 다른 모델 버전이 선택된 경우 이 토글은 사용할 수 없다.

Stylize Parameter: Midjourney Bot은 예술적 색상, 구성, 형태를 선호하도록 훈련되었다. --stylize 또는 --s 파라미터는 이 훈련이 얼마나 강하게 적용되는지에 영향을 미친다. 낮은 스타일라이제이션 값은 프롬프트와 밀접하게 일치하는 이미지를 생성하지만 예술적이지는 않다. 높은 스타일라이제이션 값은 매우 예술적인 이미지를 생성하지만 프롬프트와의 연결은 덜하다.

*스타일라이즈 낮음 = --s 50, 스타일라이즈 중간 = --s 100, 스타일라이즈 높음 = --s 250, 스타일라이즈 매우 높음 = --s 750

Remix Mode: 프롬프트, 파라미터, 모델 버전 또는 종횡비를 변형 간에 변경하기 위해 리믹스 모드를 사용한다. 리믹스는 시작 이미지의 일반 구성을 취하여 새 작업의 일부로 사용한다. 리믹스는 이미지의 설정이나 조명을 변경하고, 주제를 발전시키며, 까다로운 구성을 달성하는 데 도움이 될 수 있다. 기본적으로 항상 켜 두는 것을 권장한다.

High and Low Variation Mode: High Variation Mode를 사용하면, 변형 버튼을 사용하여 구성, 요소의 수, 색상, 이미지 내 세부 사항의 유형이 변경될 수 있는 새로운 이미지를 생성한다. 높은 변형 모드는 단일 생성 이미지를 기반으로 여러 개념을 생성하는 데 유용하다. Low Variation Mode는 원본 이미지의 주요 구성을 유지하면서 세부 사항에 미묘한 변화를 도입하는 변형을 생성한다. 이 모드는 이미지를 정제하거나 약간의 조정을 하는 데 도움이 된다.

Sticky Style: 스티키 스타일은 미래의 프롬프트에서 코드를 반복하지 않아도 되도록 마지막으로 사용한 --style 코드 파라미터를 개인 접미사에 저장한다. 새로운 --style을 사용하거나 스티키 스타일 선택을 해제함으로써 코드를 변경한다.

Turbo, Fast, and Relax Mode: 생성되는 속도 조절을 의미합니다. 빠를수록 GPU 리소스 차감이 많이 된다. 터보(Turbo): 15~30초 / 매우 빠름(Fast): 1분 안에 / 기본 속도(Relax): 1분 30초 이상

/shorten

/shorten 명령어는 프롬프트를 분석하여 프롬프트의 가장 영향력 있는 단어들을 강조하고 제거할 수 있는 불필요한 단어들을 제안한다. 이 명령어를 사용하면, 필수 용어에 집중함으로써 프롬프트를 최적화할 수 있다.

Prompt

A cozy and rustic cafe environment with a Korean Americano served in a long, transparent glass cup. The drink is filled to the brim with cool, crystal-clear ice cubes, and the rich, dark coffee is visible through the glass. The drink is placed on a wooden table, surrounded by coffee-related elements such as roasted coffee beans and coffee cups. The background is slightly blurred, giving the image a sense of depth and drawing the viewer's attention to the drink. The lighting is warm and natural, creating a cozy and inviting atmosphere. The style is artistic and visually appealing, with a focus on capturing the beauty and elegance of the drink. The image is created using a digital painting technique, using a tablet and stylus to create a rich, textured look --q 0.5

긴 프롬프트를 가장 필요한 문구만 선별해서 간결하게 5개를 만들어 준다.

Prompt

cozy and rustic cafe environment with a Korean Americano, transparent glass cup. The drink, ice cubes, dark coffee, wooden

/tune

/tune 명령어를 사용하여 프롬프트를 기반으로 다양한 시각적 스타일을 보여 주는 샘플 이미지 범위를 생성한다. 좋아하는 이미지를 선택하면, 각 스타일을 사용할 수 있는 고유 코드를 받게 된다.

/tune 및 코드는 Midjourney 모델 버전 5.2와만 호환된다. /tune 명령어는 현재

기본 Midjourney 모델 버전 6과 호환되지 않는다. /tune 명령어는 빠른 모드(Fast Mode)일 때만 사용할 수 있다. 스타일 튜너로 생성된 --style 파라미터는 20~1,000 사이의 --stylize 값과 호환된다. Fast Hour를 매우 빠르게 소비함으로 아껴서 사용할 것.

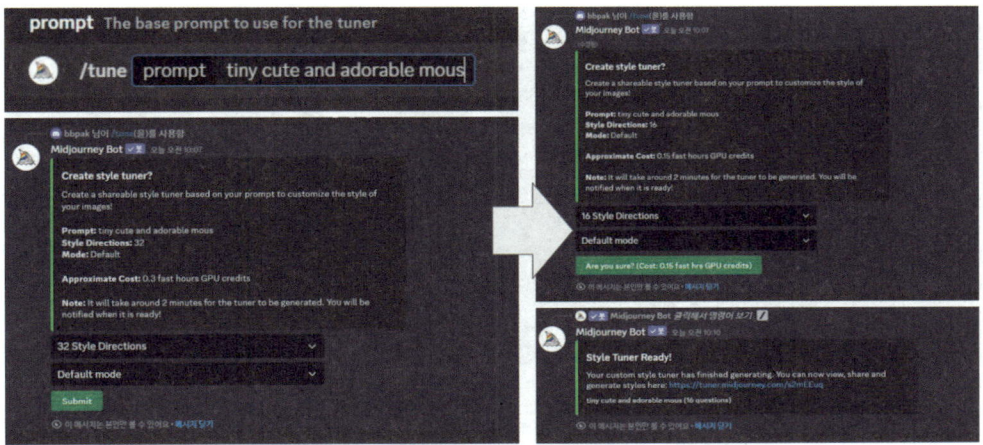

다음 프롬프트에 'tiny cute and adorable mouse'라는 '작고 귀엽고 사랑스러운 쥐'라는 프롬프트를 넣으면 몇 개의 스타일로 만들지 스텝에 따라 클릭하면 다양한 스타일이 만들어진 링크값이 생성된다.

(예시: https://tuner.midjourney.com/s2mEEuq 완성된 링크값 공유됨)

링크값을 클릭하면 멀티스타일과 단일스타일 두 개로 보이며 이미지 선택 시 하단부에 선택된 스타일값이 표시가 된다. 이 스타일 값을 그대로 복사했다고 동일한 스타일을 만들 시 /imagine 프롬프트 마지막 부분에 붙여넣기 하면 된다.

귀여운 스타일 코드값을 프롬프트 뒷부분에 붙여넣기 하면 모든 동물들이 동일한 스타일을 얻게 된다.

미드저니 PARAMETERS(매개변수) 알아보기

매개변수 / 파라미터값

종횡비 변경(--aspect, --ar): 이미지의 종횡비를 조정한다.

혼돈(--chaos, --c): 결과의 다양성을 조절합니다. 높은 값은 더 이례적이고 예상치 못한 결과를 만든다.

캐릭터 참조(--cref): 특정 캐릭터를 다양한 상황에서 생성하기 위해 이미지를 참조로 사용한다.

빠른 모드(--fast): 현재 설정을 무시하고 빠른 모드로 작업을 실행한다.

이미지 가중치(--iw): 이미지 프롬프트 가중치를 텍스트 가중치에 대해 설정한다.

부정(--no): 이미지에서 특정 요소를 제거하려고 시도한다.

품질(--quality, --q): 렌더링 품질 시간을 조절합니다. 높은 값은 GPU 사용량을 증가시킨다.

랜덤(--style random): 프롬프트에 랜덤 스타일 코드를 추가한다.

릴랙스 모드(--relax): 현재 설정을 무시하고 릴렉스 모드로 작업을 실행한다.

반복(--repeat, --r): 하나의 프롬프트로부터 여러 작업을 생성한다.

시드(--seed): 시각적 노이즈를 기반으로 초기 이미지 그리드를 생성한다.

중지(--stop): 작업을 일찍 종료하여 덜 세밀하고 더 흐릿한 결과를 만든다.

스타일(--style): 미드저니 모델 버전 간 전환한다.

스타일 참조(--sref): 원하는 스타일이나 미학에 영향을 미치기 위해 이미지를 스타일 참조로 사용한다.

스타일화(--stylize): 미드저니의 기본적인 미적 스타일을 작업에 얼마나 강하게 적용할지 조절한다.

타일(--tile): 반복 타일로 사용할 수 있는 이미지를 생성한다.

터보(--turbo): 현재 설정을 무시하고 터보 모드로 작업을 실행한다.

비디오(--video): 초기 이미지 그리드 생성 과정의 비디오를 저장한다.

이상함(--weird): 실험적인 --weird 파라미터로 이례적인 미학을 탐색한다.

많이 사용하는 기본 파라미터

--aspect

--chaos

--cref

--iw

--no

--seed --style

--sref

--stylize

--tile

--weird

[--aspect / --ar]

가로 × 세로 = 종횡비. 종횡비는 기본적으로 자유롭게 만들 수 있지만 각종 디바이스나 광고 디자인 비율에 맞추는 것이 좋다. 사용 방법은 프롬프트 마지막 부분에 --ar 2:3 이런 식으로 넣으면 된다.

1:1(정사각형): 가로와 세로 길이가 동일한 비율이다. 소셜 미디어 플랫폼에서 프로필 사진이나 일부 게시물에 자주 사용한다.

2:3 비율: 전통적인 사진 인쇄와 포스터에 사용되는 비율이다. 예를 들어, 4*6인치 또는 8*12인치 크기의 사진은 이 비율을 따른다.

3:2 비율: 일부 디지털 카메라와 스마트폰에서 사용되는 비율이다. 이 비율은 전통적인

35mm 필름 카메라와 유사하며, 사진에 자연스러운 비율을 제공한다.

4:3 비율: 전통적인 텔레비전과 컴퓨터 모니터의 화면 비율이다. 사진 촬영과 초기 디지털 카메라에서도 널리 사용되었다. 콘텐츠를 표시할 때 자연스러운 느낌을 준다.

9:16 비율: 온라인 비디오 플랫폼에서 가장 널리 사용되는 숏츠 영상 종횡비다.

16:9 비율: 온라인 비디오 플랫폼에서 가장 널리 사용되는 종횡비다. HD 비디오, 유튜브, 그리고 대부분의 스트리밍 서비스에서 기본적으로 사용된다.

7:3 비율(울트라 와이드): 특히 영화나 게임 플레이에 사용되는 매우 넓은 화면 비율이다. 몰입감을 높이고 더 넓은 시야를 제공하여 사용자 경험을 향상한다.

Prompt

half Body photograph of a Korean female model standing in front of olive color bright wall. wearing a white Y-shirt, High detail, 8k, bright --ar(비율)

[--chaos / --c] 혼돈 <number 0~100>

높은 --chaos 값은 더 이례적이고 예상치 못한 결과와 구성을 만들어 내며, 낮은 --chaos 값은 더 안정적이고 반복 가능한 결과를 제공한다(0~100까지 사용 가능).

[악어 가죽 프롬프트] Crocodile skin image --ar 16:9 --c <number0~100>

[--cref] Character Reference / 캐릭터 참조

이미지를 캐릭터 참조로 사용하여 같은 캐릭터를 다양한 상황에서 생성할 수 있다. 프롬프트에 캐릭터 참조를 추가하려면, 이미지가 온라인에 저장된 웹 주소(URL)와 함께 --cref 파라미터를 사용한다.: --cref URL

[--cw] Character Weight / 캐릭터 웨이트

캐릭터 특성의 강도를 설정하기 위해 캐릭터 가중치 파라미터 --cw를 사용한다. --cw는 0부터 100까지의 값이 있으며 --cw 0은 캐릭터의 얼굴만을 중점적으로 다룬다. 높은 값은 캐릭터의 얼굴, 머리카락, 옷을 사용한다. --cw 100이 기본값이다.

오리지널 원본 이미지 프롬프트

fashion model, korean woman, 20s, front view, waist shot, inside the catwalk, real photo --ar 16:9

[cref 오리지널 이미지 링크값과 cw 0값 적용]

Real photo of Korean woman in her 20s holding lipstick --cref https://s.mj.run/HeuQ_qA8CzY

--cw 0 --ar 16:9

[cref 오리지널 이미지 링크값과 cw 100값 적용]

Real photo of Korean woman in her 20s holding lipstick --cref https://s.mj.run/HeuQ_qA8CzY

--cw 100 --ar 16:9

위 이미지에 보이는 것처럼 원본 이미지 얼굴 형태 그대로를 따라가고 있다.

[--iw] 이미지 가중치 <0~2>

스티브 잡스 이미지 참조 사진

iw값이 적용된 이미지 프롬프트

https://s.mj.run/s9YdBJcetHI a business man --iw ⟨number⟩

iw값이 0이면 스티브 잡스와 완전 다른 사람 이미지가 생성되지만 iw값을 최대 2로 잡으니 스티브잡스와 아주 흡사한 스타일의 인물이 생성되었다.

[--no] 부정어

이미지에 붉은색 새를 없애고 싶을때 --no red birds를 넣으면 붉은색 새가 없어진다.

cat and dog and birds --ar 16:9　　　cat and dog and birds --ar 16:9 --no red birds

[--seed]

시각적 노이즈의 필드(예: 텔레비전 정적)를 생성하기 위해 시드 번호를 사용하여 초기 이미지 그리드를 생성하는 출발점으로 사용한다. 시드 번호는 각 이미지마다 무작위로 생성되지만 --seed 파라미터를 사용하여 지정할 수 있다. 같은 시드 번호와 프롬프트를 사용하면 비슷한 최종 이미지를 얻게 된다.

    --seed는 0-4294967295 사이의 정수를 받는다--seed 값은 초기 이미지 그리드에만 영향을 준다.

In this Pixar 3D rendering, a cute girl with freckles on your face, blue hair color --ar 3:2

    주근깨 귀여운 소녀 픽사 스타일 이미지. 두 번째 사진이 마음에 들어 선택! 2번 Upscale.

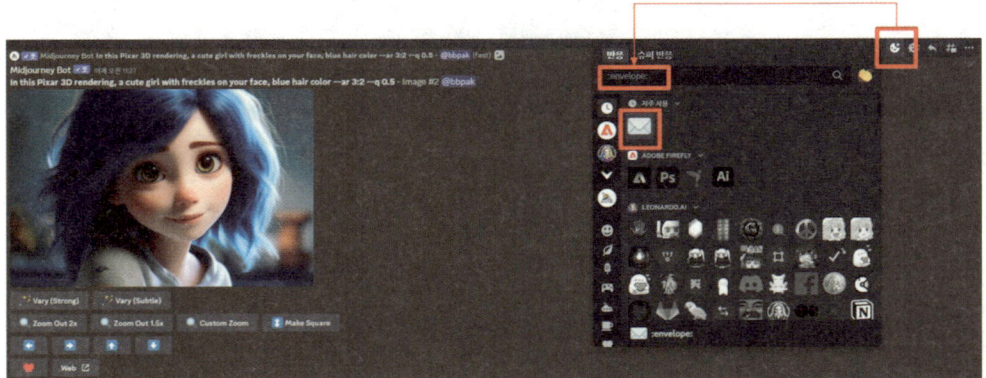

편지봉투: envelope를 누르면 자동으로 seed값이 발송된다.

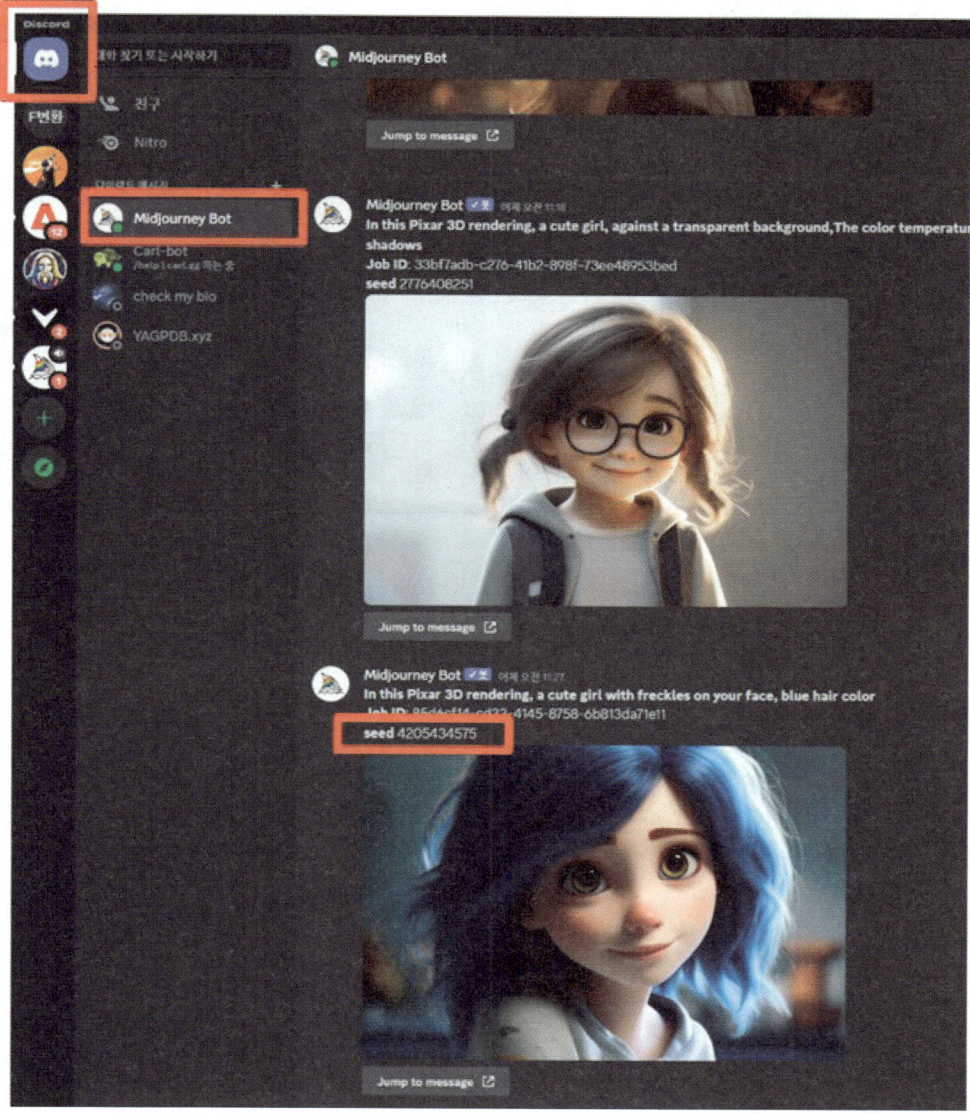

디스코드 미드저니 봇에 들어가서 시드값을 확인한다.

https://s.mj.run/zeS4tc6hnNA In this Pixar 3D rendering, a cute girl with freckles on your face, blue hair color, with a cat in a cafe, --seed 4205434575 --ar 3:2

이미지 링크와 시드값을 넣을 시 4개의 이미지 다 비슷한 캐릭터를 만들어 낸다.

In this Pixar 3D rendering, a cute girl with freckles on your face, blue hair color, with a cat in a cafe, `--seed 4205434575` *--ar 3:2*

이미지 링크 없이 시드값만 적용할 시 얼굴 형태는 비슷하지만 모양은 다양하게 표현된다.

[--style] 스타일

style raw의 효과

--style raw는 이미 프롬프팅에 익숙하고 이미지에 대한 더 많은 제어를 원하는 사용자에게 잘 맞을 수 있는 대체 모델을 사용한다. --style raw로 만든 이미지는 예술적 요소가 적게 적용되어, 특정 스타일을 위한 더 정확한 일치를 결과로 낼 수 있다.

우측에 있는 --style raw값이 적용된 이미지는 훨씬 더 단순하게 아이콘이라는 이미지의 정확한 결괏값을 가져온다.

[--sref] Style Reference / 스타일 참조

스타일 참조를 프롬프트에 추가하려면, 이미지가 온라인에 저장된 웹 주소(URL)와 함께 --sref 파라미터를 사용한다.: **--sref URL**

*여러 스타일 참조를 사용할 수 있다. (예: **--sref URL1 URL2 URL3**)

*개별 스타일 참조에도 다른 가중치를 할당할 수 있다. (예: **--sref URL1::2 URL2::1 URL3::1**)

[--sw] Style Weight / 스타일 웨이트

스타일 가중치 파라미터 --sw를 사용하여 스타일화의 강도를 설정한다. --sw는 0에서 1,000까지의 값을 받는다. --sw 100이 기본값이다.

sw값이 작아질수록 원본 스타일과 멀어지며 좀 더 창의적인 작품들이 나온다.

[--stylize / --s] 스타일화

낮은 스타일 값은 프롬프트와 밀접하게 일치하는 이미지를 생성하지만 예술적이지는 않다. 높은 스타일 값은 매우 예술적인 이미지를 생성하지만 프롬프트와의 연결은 덜하며, --stylize의 기본값은 100이며, 현재 모델을 사용할 때 0~1,000 사이의 정수값을 받는다.

sun and moon --s 0   sun and moon --s 500   sun and moon --s 1000

스타일 치수가 높을수록 보다 더 예술적인 이미지가 생성된다.

[--tile] 타일

원단, 벽지, 질감을 위한 반복 타일로 사용될 이미지를 생성한다. --tile은 단일 타일만 생성한다. 타일 반복을 확인하려면 이 Seamless Pattern Checker와 같은 패턴 제작 도구를 사용한다.

a pattern of 2D line cute cat character --tile

[--weird / --w] 이상한, 엉뚱한

생성된 이미지에 기발하고 독특한 특성을 도입하여 독특하고 예상치 못한 결과를 만들어 낸다.

--weird는 0~3,000의 값을 받는다. --weird의 기본값은 0이다. --weird는 매우 실험적인 기능이다. 이상한 것은 시간이 지남에 따라 변할 수 있다. --weird는 Midjourney 모델 버전 5, 5.1, 5.2, 6, Niji 5 및 Niji 6과 호환된다. --weird는 seed와 완전히 호환되지 않는다.

sun and moon --weird 0

sun and moon --weird 500

sun and moon --weird 1000

--weird, --chaos, --stylize 간의 차이점은 무엇인가요?

1. --chaos는 초기 그리드 이미지들이 서로 얼마나 다양한지를 제어합니다.
2. --stylize는 Midjourney의 기본 미학이 얼마나 강하게 적용되는지를 제어합니다.
3. --weird는 이미지가 이전 Midjourney 이미지들과 비교하여 얼마나 특이한지를 제어합니다.

02
미드저니 중/고급과정

고급 프롬프트 소개

다중 프롬프트

다중 프롬프트인 더블 콜론::을 추가하면 Midjourney Bot에 각 프롬프트 부분을 개별적으로 고려한다.

'bone china': 본차이나 잔 / 'bone:: china': 두 개념이 별도로 고려된 다음 함께 혼합되어 중국스러운 뼈와 관련된 이미지를 생성한다.

bone china

/imagine: bone china라고 입력하면 본차이나 도자기 찻잔들이 나온다.

bone:: china

bone:: china::3

bone과 china를 ::로 분류를 하면 bone과 china가 혼합되어 나온다.
또한 china부분에 ::3값을 주면 중국스러운 느낌이 더 표현되어 나온다.

순열 프롬프트

순열 프롬프트는 { , } 중괄호 안에 콤마를 통해 개별적으로 출력된다.

{ , } 예시

/imagine prompt: a {red, green, yellow} bird

프롬프트 입력 시 red, green, yellow 3개의 작업을 생성하고 처리한다.

/imagine prompt: a red bird

/imagine prompt: a green bird

/imagine prompt: a yellow bird

a red bird   a green bird   a yellow bird

FACE SWAP 서버 만들기

FACE SWAP 기능은 타인의 얼굴에 다른 사람의 얼굴을 자연스럽게 합성하는 기능이다. FACE SWAP를 하기 위해서는 별도의 서버를 만들고 미드저니 봇과 페이스 스왑 봇을 초청해야 된다.

서버 새롭게 만들기

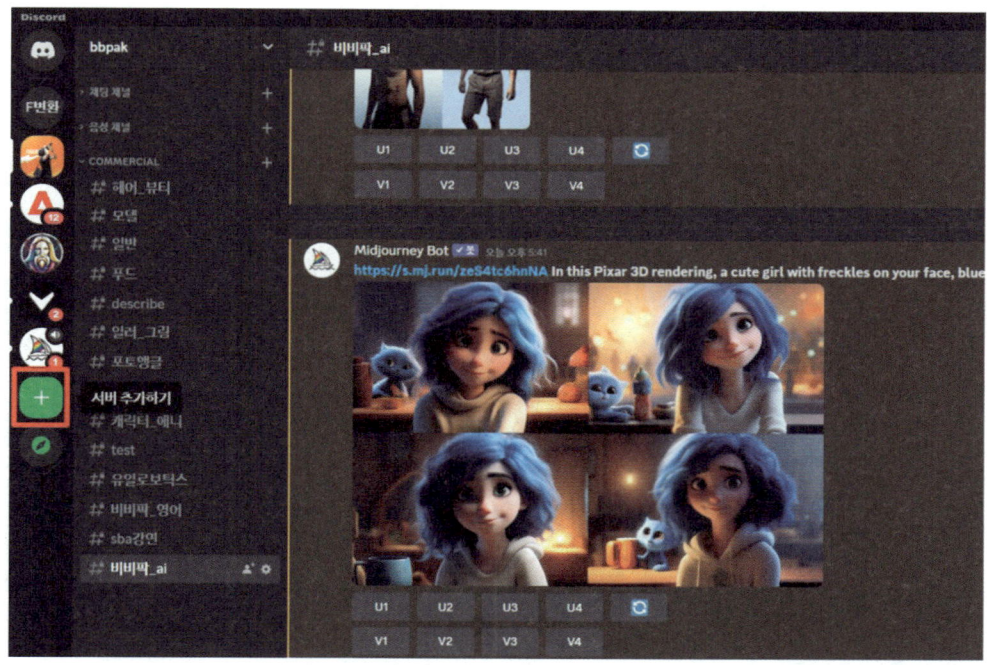

좌측 메뉴 맨 하단 + 버튼을 눌러 서버를 추가한다.

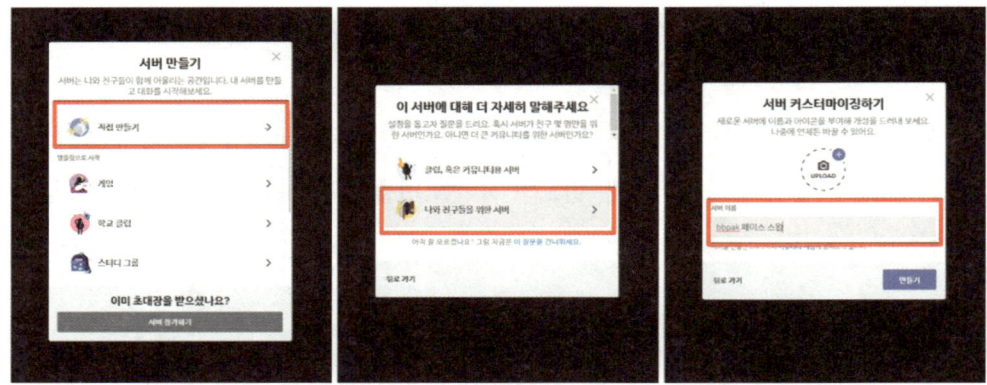

순서대로 서버를 만든다.

서버 생성을 최종 완료하면 좌측 상단에 새로운 서버 아이콘을 생성한다.

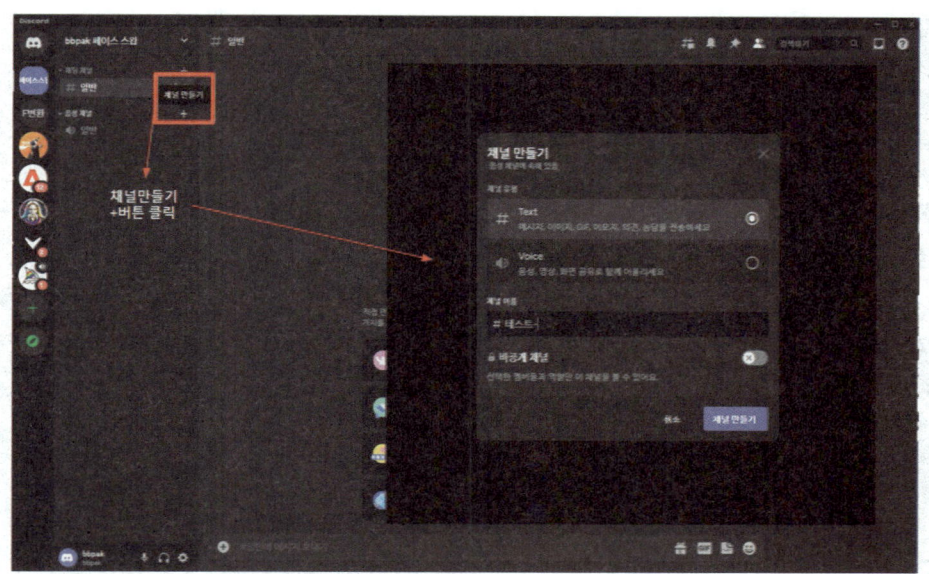

각 채널을 만들어 여자 얼굴 / 남자 얼굴 이런 식으로 채널 이름을 구분해서 해당 채널에 맞는 캐릭터들을 생성시킬 수 있다.

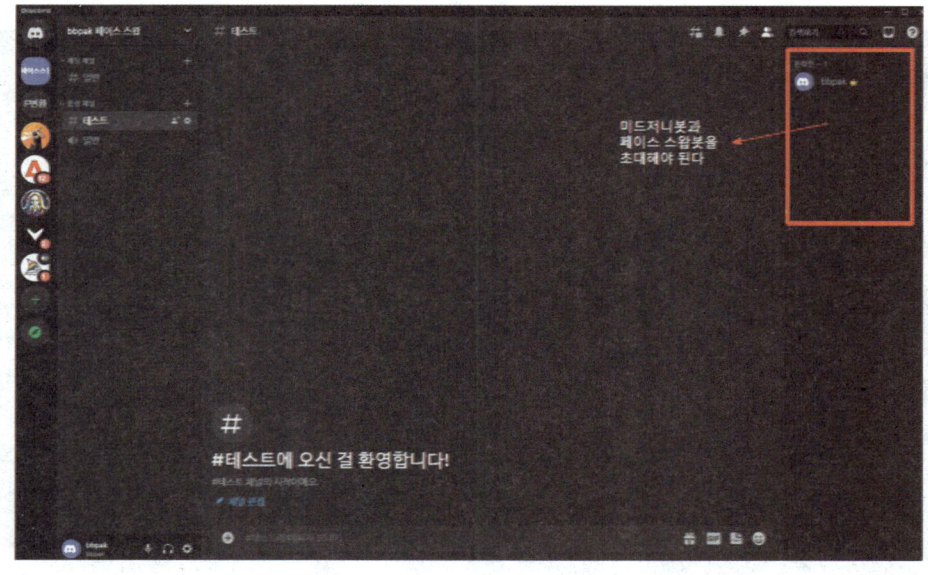

우측 상단 친구 초대 아이콘을 누르면 우측에 미드저니 봇과 페이스 스왑 봇을 초청해야 된다.

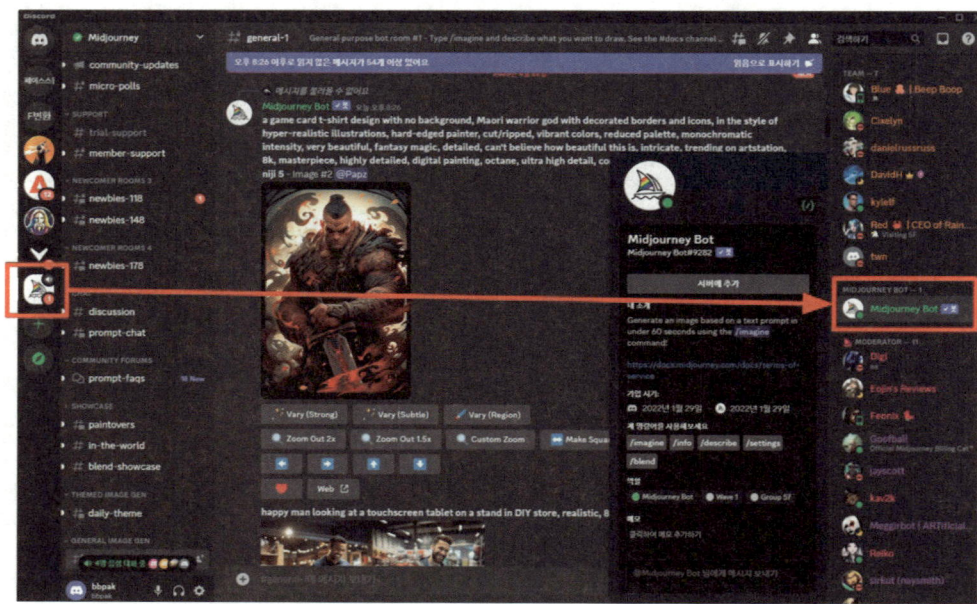

다시 좌측에 미드저니 커뮤니티로 들어가 우측에 있는 미드저니 봇을 클릭하여 서버에 추가 버튼을 누른다.

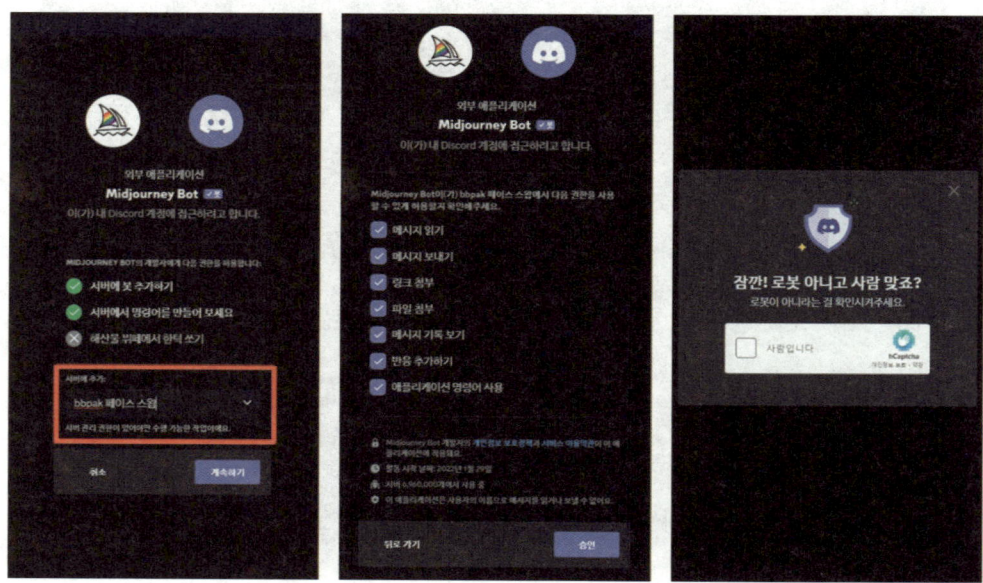

서버에 추가하기 버튼을 눌러 원하는 채널을 선택하고 최종 초청을 진행한다.

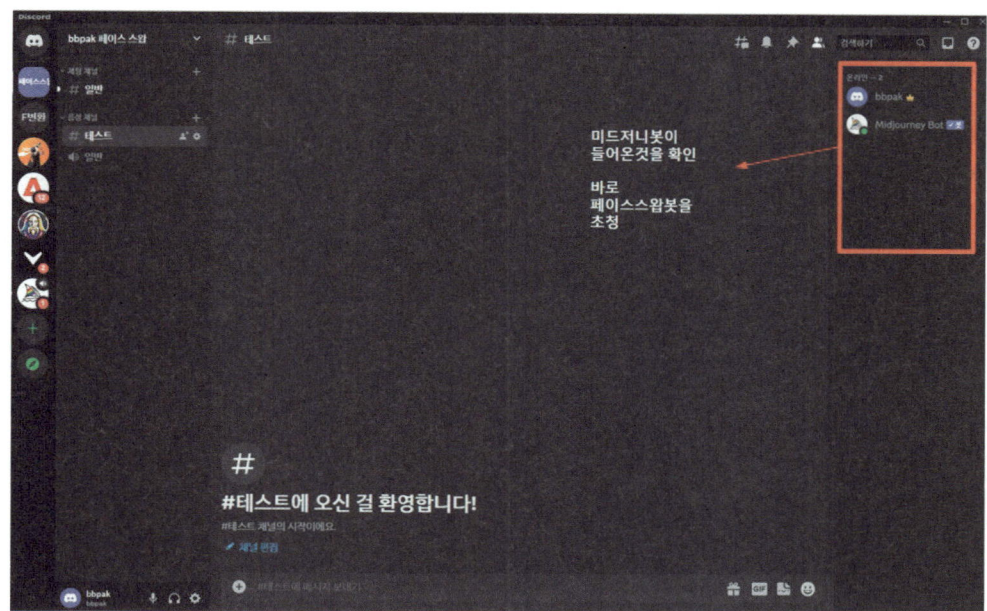

초정을 완료하면 우측에 미드저니 봇이 초청된 것을 확인할 수 있다. 이제는 페이스 스왑 봇을 초청해 보자. 페이스 스왑 초청은 해당 링크값을 클릭하고 불러와야 된다.

초청 링크값 주소: https://url.kr/k1i9no

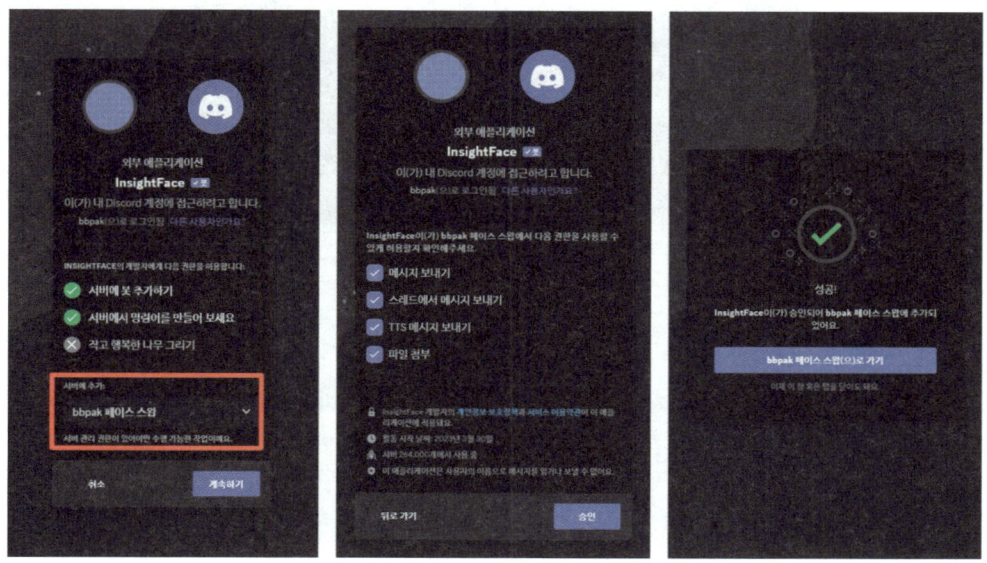

페이스 스왑 봇도 미드저니 봇과 동일한 순서대로 초청을 진행한다.

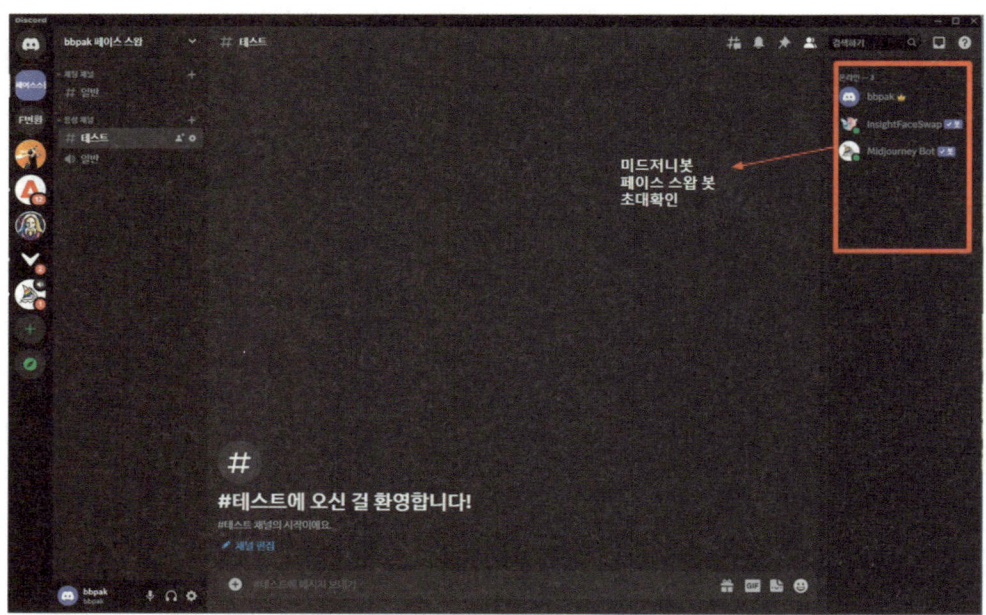

초청이 완료되면 우측에 미드저니 봇과 페이스 스왑 봇 두 개가 초청된 것이 보인다.

/saveid 입력하고 엔터를 치면 이미지 넣는 공간과 아이디 이름을 넣는 공간이 나온다.
*saveid는 10개까지 입력이 가능

오바마사진
첨부

오바마사진
아이디
ob입력

/saveid ob(원하는 단어) 아이디 입력

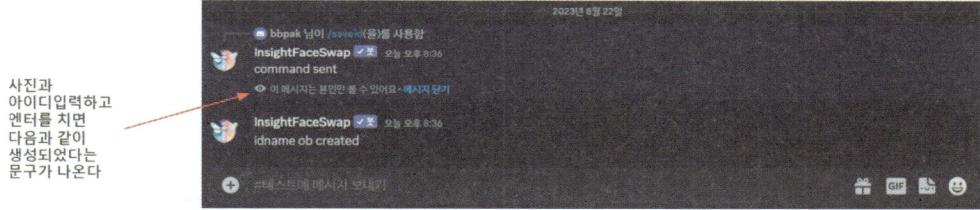

사진과
아이디입력하고
엔터를 치면
다음과 같이
생성되었다는
문구가 나온다

오바마 사진을 ob라는 아이디 이름을 넣어 입력한 후 이제는 트럼프 사진을 + 버튼을 눌러 넣어 보자!

플러스 버튼을 누르고
트럼프 사진을 업로드 후 엔터

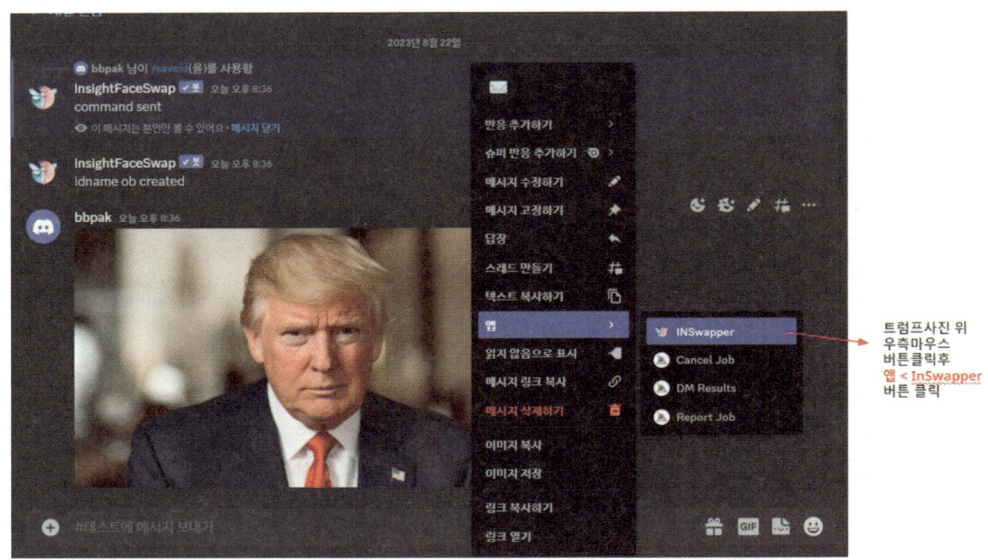

트럼프 사진이 업로드되었으면 트럼프 사진 우측 마우스 버튼을 눌러 InSwapper을 누른다.

위 사진에서 본 것처럼 트럼프 얼굴에 오바마 얼굴이 자연스럽게 스왑된 것을 확인할 수 있다.

주의 사항: 버전이 업데이트되면서 유명인들 초상권 문제가 있는 사진은 지속적으로 검열을 통해 작동이 안 될 수 있다.

모델 잘 만드는 팁

PREFIX / 접두사
이미지 매체 및 스타일정의

Korean female beautiful model in her 20s, Low angle, Waist shot

아름다운 20대
한국여자모델,
로우앵글,
허리샷

SCENE / 장면
콘탠츠를 정의

with the Eiffel Tower in the background and people walking behind her

에펠탑을 배경으로
그녀 뒤에 사람들이
걸어다니고

SUFFIX / 접미사
접두사와 장면을 모듈화 합니다

Direct Sunlight, High Noon, 16K, ultra-realistic, nikon 70-200mm f/2.8E

강한햇빛,
한낮, 16K,
실제느낌,
니콘 70-20mm렌즈

PARAMETERS
매개변수
--ar
--c
--seed
...

--ar 16:9
--s 700

종횡비 16:9
스타일화 700

--s 700

프롬프트를 작성할 때 4단계로 분류할 수 있다. 첫 단락은 접두사로서 이미지 매체 및 스타일 정의에 대한 내용을 넣고, 두 번째 단락은 콘텐츠를 정의할 수 있는 씬 장면에 대한 내용을 넣는다. 세 번째 단락은 첫 번째와 두 번째 모두 포함되는 내용을 넣고 마지막에는 매개변수 값을 넣으면 된다. 하지만 현재 버전이 업데이트되면서 먼저 배웠던 4W1H(5하원칙) 법칙에 적용하면 된다.

기본 조명값

주변 조명:	Ambient Lighting:
바닥 램프 자연광 천장 조명 천창 햇빛 탁상 램프 벽걸이 조명 창문	Floor Lamps Natural Light Overhead Skylights Sunlight Table Lamps Wall Sconces Windows
인공 및 방향성 조명:	Artificial & Directional Lighting:
역광 버터플라이 조명 프레넬 조명 할로겐 전구 하드 필 조명하 이키 조명 레이저 조명 LED 조명 로우키 조명 네온 조명 스튜디오 조명 탑 라이트	Backlighting Butterfly Lighting Fresnel Lighting Halogen Bulbs Hard Fill Lighting High-Key Lighting Laser Lighting LED Lights Low-Key Lighting Neon Lights Studio Lights Top Light

스튜디오 조명 사용 예시

Korean female beautiful model in her 20s, Low angle, Waist shot, Inside a studio with an orange-colored background, ultra-realistic, <mark>Studio Lights</mark>, *nikon 70-200mm f/2.8E --ar 16:9*

네온 조명 사용 예시

Korean female beautiful model in her 20s, Low angle, Waist shot, Inside a studio with an orange-colored background, ultra-realistic, neon Lights, nikon 70-200mm f/2.8E --ar 16:9

햇빛 조명 사용 예시

Korean female beautiful model in her 20s, Low angle, Waist shot, Inside a studio with an orange-colored background, ultra-realistic, Sunlights, nikon 70-200mm f/2.8E --ar 16:9

카메라 앵글샷

앵글	샷 타입
Eye level 눈의 위치 Low angle 낮은 곳에서 피사체를 올려다봄 High angle 높은 곳에서 피사체를 내려다봄 Dutch angle / Canted angle / Tilted angle 카메라를 기울여, 화면을 기울어지게 연출 Front view 기본적인 정면 Side view 측면 Overhead view 위에서 아래로 내려다보면서 촬영 Top view 위에서 아래를 보여 줌 Aerial view / Bird's eye view / Drone view 항공 사진 Horizon Line view 수평적으로 보여 줌 Fish eye view 사물을 둥글게 외곡하는 어안렌즈 효과 Worm's-eye view 지상에서 피사체를 올려다봄 Ground-level view 지면과 평행하게 배치되어 보다 중립적인 관점에서 피사체를 포착 Off-center view 피사체를 프레임 중앙에 배치하지 않는 프레이밍 기법	Back shot 뒷모습 Bust shot 가슴부터 머리 부분 Waist shot 허리 부분부터 머리 부분 Knee shot 무릎 부분부터 머리 부분 Full body shot 전신 Close-up shot 얼굴 전체 Big Close-up shot 인물의 두 눈과 입만 화면 가득 Extreme Close-up shot 인물의 두 눈만 크게 Oblique angle shot 구도를 기울여서 보여 줌(경사각) Wide shot 프레임 안에 전체 풍경과 피사체가 들어옴 Long and wide shot 인물과 배경이 등장하지만 인물을 배경에 비해 작게 표현 Extreme wide shot 넓은 영역을 캡처 Extreme long shot 아주 멀리서 넓은 지역을 보여 줌 Tracking shot 카메라가 피사체와 같은 속도와 방향으로 따라가며 보여 줌 Panning shot 카메라가 고정되어 있는 상태에서 수평 방향으로 이동하여 피사체를 담아냄 Linear perspective shot 선 원근법으로 보여 줌 Aerial perspective shot 가까운 곳은 선명하게, 먼 곳은 흐릿하게 나옴 Medium shot 허리 위에서 피사체를 포착하는 샷 Medium-full shot(American shot) 무릎 또는 허벅지 중간 정도에서 피사체를 포착하는 샷 Over-the-shoulder shot 피사체의 어깨 너머로 다른 피사체를 바라보는 샷

Korean female beautiful model in her 20s, Fish eye view, wide shot, with the Eiffel Tower in the background and people walking behind her, Direct Sunlight, High Noon, 16K, ultra-realistic, nikon 70-200mm f/2.8E, --ar 16:9

    Fish eye view: 어안렌즈 굴곡 효과 / wide shot: 광범위한 샷

Korean female beautiful model in her 20s, side view, waist shot, with the Eiffel Tower in the background and people walking behind her, Direct Sunlight, High Noon, 16K, ultra-realistic, nikon 70-200mm f/2.8E, --ar 16:9

    side view: 옆모습 강조 / waist shot: 허리 위 샷

Korean female beautiful model in her 20s, *drone view, extreme long shot*, *with the Eiffel Tower in the background and people walking behind her, Direct Sunlight, High Noon, 16K, ultra-realistic, nikon 70-200mm f/2.8E, --ar 16:9*

drone view: 드론샷 / 공중 촬영

extreme long shot: 아주 멀리서 넓은 지역 보여 줌, 모델이 중심으로 잡혀 있음

drone view, extreme long shot, *by the Eiffel Tower, Direct Sunlight, High Noon, 16K, ultra-realistic, nikon 70-200mm f/2.8E, --ar 16:9*

모델과 관련된 요소를 삭제하면 순수하게 드론샷을 만들어 냄

Korean female beautiful model in her 20s, with the Eiffel Tower in the background and people walking behind her, ultra-realistic, Close-up shot, nikon 70-200mm f/2.8E --ar 16:9

클로즈업 샷

A photoshoot of a group of happy graduates standing in front of the university throwing their graduate hats up on the air, low angle shots, beautiful sunlight behind --ar 16:9

로우앵글 샷

시간대 / 감정

시간대	감정
Afternoon 오후 Blue Hour 블루 아워 Golden Hour 골든 아워 High Noon 한낮 Mid-Morning 오전 중반 Nighttime 야간 Sunrise 일출 Sunset 일몰	Anger 분노 Anticipation 기대 Despair 절망 Disgust 혐오 Fear 두려움 Heartwarming 감동적인 Hope 희망 Joy 기쁨 Love 사랑 Nostalgia 향수 Sadness 슬픔 Surprise 놀라움

아침 시간대

Korean female beautiful model in her 20s, with the Eiffel Tower in the background and people walking behind her, ultra-realistic, Ground-level view, in the morning, nikon 70-200mm f/2.8E --ar 16:9

저녁 시간대

Korean female beautiful model in her 20s, with the Eiffel Tower in the background and people walking behind her, ultra-realistic, Ground-level view, in the nighttime, nikon 70-200mm f/2.8E --ar 16:9

슬픈 감정

Korean female beautiful model in her 20s, with the Eiffel Tower in the background and people walking behind her, ultra-realistic, Ground-level view, in the morning, Sad face, nikon 70-200mm f/2.8E --ar 16:9

기쁜 감정

Korean female beautiful model in her 20s, with the Eiffel Tower in the background and people walking behind her, ultra-realistic, Ground-level view, in the morning, joy, nikon 70-200mm f/2.8E --ar 16:9

03 미드저니 실전 프롬프트 만들기

로고 디자인 만들기

로고 타입 알아보기

워드마크(Wordmark) 또는 로고 타입(Logotype)

기업 이름을 스타일리쉬한 폰트나 타이포그래피로 표현한 로고다.
(예: Google, Coca-Cola, Visa 등)

레터마크(Lettermark) 또는 모노그램(Monogram)

기업명을 이니셜로 축약하여 디자인한 로고다. 이니셜을 사용해 간결하고 기억하기 쉽게 만든다.

(예: HP(Hewlett-Packard)나 CNN(Cable News Network) 등)

픽토리얼 마크(Pictorial Mark) 또는 로고 심볼(Logo Symbol)
추상적이거나 구체적인 이미지를 사용하여 브랜드를 상징하는 로고다.

(예: 애플, 트위터의 새, 타깃의 원 등)

추상 로고 마크(Abstract Logo Mark)
추상적인 형태와 디자인을 사용해 특정 기업의 특성을 상징하는 로고다.

(예: 아디다스의 세 줄 또는 나이키의 스우시 등)

엠블럼(Emblem)
전통적인 외형을 가지며 종종 문장, 인장 또는 배지 형태로 디자인된다.

(예: 학교, 정부 기관, 자동차 브랜드(BMW) 등)

콤비네이션 마크(Combination Mark)

문자와 심볼 또는 픽토리얼 마크를 조합한 로고다. 이는 브랜드명을 명확히 하면서도 독특한 이미지로 인식될 수 있게 한다.

(예: 버거킹, 라코스테 등)

동적 로고(Dynamic Logo)

다양한 맥락이나 응용 프로그램에 따라 형태나 색상이 변화하는 로고다. 이는 브랜드가 다양성과 유연성을 강조할 때 사용된다.

로고 스타일 알아보기

클래식(Classic): 시간이 지나도 유행에 민감하지 않고 전통적인 느낌을 주는 디자인. 대체로 간결하고 이해하기 쉬우며 신뢰감을 준다.

모던(Modern) 또는 미니멀리즘(Minimalist): 심플하고 깔끔한 선과 기하학적 형태를 사용하여 현대적이고 세련된 느낌을 강조한다. 공간을 효율적으로 사용하고 색상 팔레트를 제한하여 간결함을 유지한다.

핸드크래프티드(Handcrafted): 수공예적인 느낌을 주며, 종종 개인적인 브랜드나 소규모 기업에서 사용된다. 친근하고 따뜻한 인상을 줄 수 있다.

헤리티지(Heritage) 또는 레트로(Retro): 과거의 스타일, 색상, 폰트를 차용하여 빈티지하거나 고전적인 느낌을 주는 디자인. 특정 시대의 느낌을 재현하여 향수를 자극하거나 전통성을 강조한다.

퓨처리스틱(Futuristic): 혁신적이고 기술적인 이미지를 전달하고자 할 때 사용되는 스타일로, 추상적이고 기하학적인 요소, 네온 색상 등을 활용한다.

그런지(Grunge): 거칠고 낡은 느낌을 통해 반항적이고 독립적인 이미지를 전달한다. 의도적으로 흐릿하거나 더러운 텍스처를 사용한다.

추상(Abstract): 형태나 실루엣을 단순화하여 기업의 본질이나 철학을 상징적으로 표현한다. 대담하고 창의적인 접근을 사용하여 독특한 비주얼 아이덴티티를 구축한다.

유기적(Organic) 또는 자연주의(Naturalistic): 자연의 요소나 형태를 디자인에 반영하여 친환경적이거나 건강을 강조하는 브랜드에서 주로 사용된다. 자연스러운 곡선과 부드러운 색상을 특징으로 한다.

기호화(Symbolic): 특정 기호나 아이콘을 사용하여 브랜드의 핵심 가치나 특성을 상징적으로 표현한다. 이 스타일은 보통 간결하고 기억하기 쉬운 이미지를 사용하여 즉각적인 인식을 도모한다.

타이포그래픽(Typographic): 글자나 폰트 자체에 초점을 맞춘 디자인 스타일로, 단어나 문구의 시각적 형태를 창의적으로 변형하여 표현한다. 텍스트를 통해 브랜드의 개성을 강조한다.

네오니즘(Neonism): 네온 색상과 빛의 효과를 사용하여 눈에 띄고 활기찬 느낌을 주는 디자인 스타일이다. 주로 젊은 타겟 오디언스를 대상으로 하는 나이트라이프, 엔터테인먼트, 패션 분야에서 인기가 있다.

기타 로고 스타일	로고 형태
simple logo: 일반적인 단순 스타일 **2D(vector) logo**: 2D 스타일 **3D(vector) logo**: 3D 스타일(평면) **mascot logo**: 동물, 캐릭터 등의 마스코트 **lettermark logo**: 텍스트 형태(알파벳 1개 인식 최적화) **geometrick logo**: 기하학적인 모양 **minimal line logo**: 단순한 선 모양 **flat vector logo**: 심플한 모양, 단색 위주의 스타일 **emblem logo**: 앰블럼 로고	**simple(minimal / simple minimal)**: 단순한 형태 **circle**: 원형 모양 **square**: 사각 모양 **Outline**: 외각선 **Isometric art**: 투상, 투영 모양 **abstract**: 추상적인 **geometrick**: 기하학적인 모양 / 컬러 **vintage retro**: 레트로, 빈티지 스타일 **flat vector logo**: 단색 위주의 심플 로고 스타일 **emblem logo**: 앰블럼 로고 **japanese style**: 일본 특유의 캐릭터 느낌 **cartoon character Style**: 카툰 캐릭터 스타일 **pop art**: 팝아트 스타일 **psychedelic art**: 사이키델릭한 스타일 **gothic**: 고딕 스타일 / 텍스트용

텍스트 형태	아티스트 스타일
Serif: 세리프 문자, 명조체 스타일 **Sans-Serif**: 산세리프 문자, 고딕체 스타일 **Slab**: 슬랩 세리프 문자 **Calligraphic**: 캘리그라피, 손글씨 **Blackletter**: 중세 형태의 독일식 로마자	**Pablo picasso**: 피카소 스타일 **Glen Keane**: 디즈니 애니메이션 스타일 / 글랜 킨 **Sagi haviv**: 유명한 로고 디자이너 / 사기 하비브 **Piet mondrian**: 기하학적인 스타일 / 피에트 몬드리안 **Paul Rand**: 폴 랜드 스타일 / IBM, UPS, abc 방송, NeXT 로고 제작 디자이너 **Ivan Chermayeff**: 이반 체르메이예프 / NBC, Mobil, 내셔널 지오그래픽 등 **Rob Janoff**: 애플 로고 디자이너 / 롭 제노프

파라미터

--no letter font: 문자나 문구를 제외

--no realistic(photo) detail: 사실적인 디테일을 제외

로고 실전 만들기

엠블럼(Emblem)

전통적인 외형을 가지며 종종 문장, 인장 또는 배지 형태로 디자인됩니다.

무엇을 / 누가 / 어떻게

What: 엠블럼 로고 타입입니다.
Who: 축구모임 동호회입니다
How: 그런지 스타일의 거친 느낌으로, 진취적인 컬러를 사용합니다. 화이트 배경입니다

The emblem logotype.
A soccer club
A grungy, gritty feel with a progressive color scheme. White background

레터마크(Lettermark) 또는 모노그램(Monogram)

기업명을 이니셜로 축약하여 디자인한 로고입니다. 이니셜을 사용해 간결하고 기억하기 쉽게 만듭니다.

(예: HP(Hewlett-Packard)나 CNN(Cable News Network) 등)

무엇을 / 누가 / 어떻게

What: 레터마크 로고 타입입니다. "BBPAK"이라는 글자를 사용합니다.
Who: 디자인 회사입니다
How: 간결하고 모던한 텍스트 스타일로 색상은 따스한 느낌으로 표현합니다. 배경은 화이트입니다.

The lettermark logotype.
Use the letters "BBPAK".
Design company
Simple, modern text style with warm colors. The background is white.

픽토리얼 마크(Pictorial Mark) 또는 로고 심볼(Logo Symbol)

추상적이거나 구체적인 이미지를 사용하여 브랜드를 상징하는 로고입니다.
(예: 애플, 트위터의 새, 타깃의 원 등)

무엇을 / 누가 / 어떻게

What: 로고 심볼 타입으로 커피잔을 형상화합니다.
Who: 커피숍입니다.
How: 예술적인 스타일의 블록적인 모양과 선으로 만들어졌습니다. 단순하며 5가지 모던한 색상입니다. 화이트 배경입니다

Use the logo symbol type to represent a coffee cup.
This is a coffee shop
Made with blocky shapes and lines in an artistic style. Simple and available in 5 modern colors. White background

실전 목업 디자인

웹 디자인

무엇을 / 누가 / 어떻게

What: 웹사이트 디자인입니다.
Who: 웹개발을 위한 컨설팅 회사 웹사이트입니다.
How: 충분한 여백, 균형 잡힌 구성, 미니멀한 폰트, 인포그래픽, 따스한 색감의 깔끔하고 심플한 레이아웃.

Website design.
Website of a consulting firm for web development
Clean, simple layout with plenty of white space, balanced composition, minimalist fonts, infographics, and warm colors.
--ar 2:3

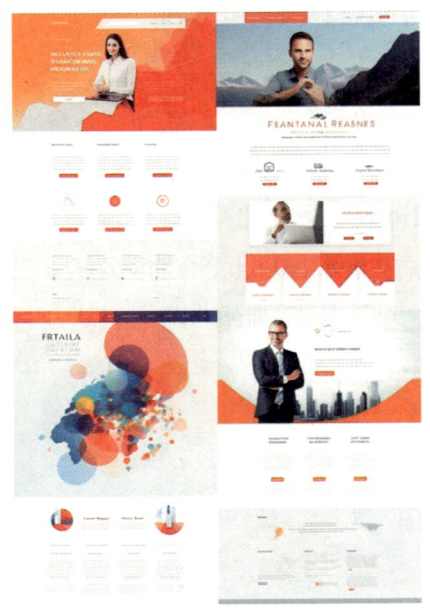

앱 디자인

무엇을 / 누가 / 어떻게

What: 피트니스 홍보앱 UI디자인 입니다.
Who:
How: 역도를 위한 제품들이 있고, 우아하고 깨끗한 스타일, 아름답고 초현실적인 증강현실 느낌이 반영된 디자인.

Fitness promotional app UI design.
Design with products for weightlifting, elegant and clean style, beautiful and surreal augmented reality feeling

인테리어 디자인

무엇을 / 누가 / 어떻게

What: 1,500평방피트 공간의 카페 레이아웃.
Who:
How: 바리스타가 커피를 만드는 공간과 5개의 테이블과 의자, 화장실도 함께 있는 공간을 레이아웃 디자인하세요.

Layout for a 1500-square-foot cafe
Design a layout for a space where baristas make coffee, along with five tables and chairs and a restroom.

무엇을 / 누가 / 어떻게

What: 1,500평방피트 공간의 카페 3D 레이아웃.
Who:
How: 바리스타가 커피를 만드는 공간과 5개의 테이블과 의자, 화장실도 함께 있는 공간을 레이아웃 디자인하세요

3D Layout for a 1500-square-foot cafe Design a layout for a space where baristas make coffee, along with five tables and chairs and a restroom.

건물 디자인

무엇을 / 누가 / 어떻게

What: 3층 단독주택입니다.
Who:
How: 절반 이상이 유리로 덮여 있는 세련된 외관을 가집니다. 1층과 2층은 같은 컨셉이고 3층은 다른 컬러 또는 분위기를 만들어 냅니다.

This is a three-story detached house. It has a sleek exterior with more than half of it covered with glass. The first and second floors are the same concept, while the third floor creates a different color or atmosphere

화장품 제품

무엇을 / 누가 / 어떻게

What: 메이크업을 위한 명품 병 모형
Who: 화장품 회사
How: 밝은 황갈색 그라데이션 백그라운드

Luxury Bottle Mockup for Makeup Cosmetics Company
Light tan gradient background

일반 제품

무엇을 / 누가 / 어떻게

What: 실버 목걸이
Who:
How: 화이트 배경, 하트 모양의 현대적이고 슬라이딩 메탈 스타일.

Silver Necklaces Modern, heart-shaped, sliding metal style on a white background

패션

무엇을 / 누가 / 어떻게

What: 한국인 소녀 모델의 전신 사진
Who: 포토 스튜디오
How: 세련된 붉은색 바지와 줄무늬 있는 티셔츠를 입고 흰색 배경 앞에 서 있습니다. 표준렌즈가 장착된 Canon EOS R5 카메라를 사용하여 낮은 각도에서 촬영하여 모델의 전체 의상을 포착합니다.

Full body photo of Korean girl model Photo Studio A model wearing stylish red pants and a striped T-shirt stands in front of a white background. Shot from a low angle using a Canon EOS R5 camera with a standard lens to capture the model's full outfit. --ar 2:3

배경 이미지

무엇을 / 누가 / 어떻게

What: 추상적인 배경 이미지
Who:
How: 골드라인 오일 드로잉 효과, 추상적인 소프트 컬러 믹스 디자인.

Abstract Background Image Abstract Soft Color Mix Design with Gold Line Oil Drawing Effect --ar 16:9 --s 700

애니메이션 / 캐릭터 만들기

따스한 느낌 캐릭터

무엇을 / 누가 / 어떻게

What: 파스텔 느낌 워터 컬러 아트
Who: 서로 껴안고 있는 토끼 두 마리
Where: 숲속 안에서
When: 햇볕이 잘 드는 아침
How: 스웨터를 입고 담요를 걸치고 있는 귀엽고 만화적인 토끼 이미지

Pastel Watercolor Art , Two bunnies hugging each other ,In the woods, Sunny Morning, Image of cute and cartoonish rabbits wearing sweaters and wrapped in blankets

무엇을 / 누가 / 어떻게

What: 만화 삽화,
Who: 지저분한 롤빵 헤어스타일을 가진 소녀
Where: 소녀는 노트북 화면 뒤에 있고,
When:
How: 커피잔과 낭만적인 감정, 밝은 분홍색과 짙은 갈색, 얼룩덜룩한 파스텔과 화이트 배경

Cartoon illustration, Girl with messy bun hairstyle, girl is behind laptop screen, coffee cup and romantic emotion, light pink and dark brown color, mottled pastel and white background --style raw --s 250 --ar 16:9

무엇을 / 누가 / 어떻게

What: 매력적인 캐릭터 일러스트 스타일,
Who: 꽃차를 탄 두명의 어린아이
Where:
When:
How: 매력적인 캐릭터 일러스트, 귀여운 만화 같은 디자인

Charming character illustration style, Two little kids in a flower car, Charming character illustration, cute cartoonish design --ar 16:9 --s 250 --style raw

일본 애니 스타일

무엇을 / 누가 / 어떻게

What: 일본 애니메이션 스타일
Who: 남자 경찰관
Where:
When:
How: 아키라 스타일, 푸른색 경찰 제복을 입은 진지한 표정의 얼굴

Japanese Anime Styles Man Police Officer Akira style, serious expression face in blue police uniform, --ar 16:9 --s 750 --style raw

무엇을 / 누가 / 어떻게

What: 매우 디테일한 만화 애니메이션 셀아트
Who: 젊은 여자
Where:
When:
How: 바디샷, 점프하는 모습, 파이널판타지 팬아트, 서사적 장면, 액션 장면, 감정 표현, 그리피스, 카와세 하스이, 뫼비우스, 아마노 요시타카와 야마모토 타카토

Highly detailed manga anime cell art, young woman, body shot, jumping, final fantasy fanart, epic scene, action scene, emotion, griffith, kawase hasui, mobius, amano yoshitaka and yamamoto takato --style raw --s 750 --ar 16:9

판타지 스타일

무엇을 / 누가 / 어떻게

What: 페인팅 초상화,
Who: 사막의 도적
Where: 모래바람이 부는 사막 한가운데
When: 한낮,
How: 판타지 도적 스타일, 스틸펑크, 배경에 기계가 있는 사막, 들쭉날쭉한 가장자리, 헤븐코어

Painting portrait, Desert Rogue, In the middle of the desert with sandy wind blowing, midday, fantasy rogue style, steelpunk, desert with machinery in the background, jagged edges, heavencore --ar 16:9

픽사 스타일

무엇을 / 누가 / 어떻게

What: 픽사스타일 애니메이션 아트
Who: 동그란 눈을 가진 6살 여자
Where:
When:
How: 자전거 타기, 추상적, 아트 스테이션, 아트웍
Pixar style animated art, 6 year old girl with round eyes, bike riding, abstract, art station, artwork, artwork --s 750 --ar 16:9

무엇을 / 누가 / 어떻게

What: 픽사 스타일 3D 아트,
Who: 귀엽게 웃는 큰 머리 강아지,
Where:
When:
How: 요리사 스타일, 전신 및 정면 포즈, 흰색 배경
Pixar style 3D art, Cute smiling big head puppy, Chef style, Full body and frontal pose, White background --s 750 --ar 16:9

04
스마트워크 업무 활용

_김상용 위원

01
들어가기

스마트워크의 시작: 나의 전환점

2013년 2월 4일, 월요일의 어느 평범한 날, 우연히 발걸음을 옮긴 교보문고에서 제 인생을 바꿀 책을 만났습니다. 『구글을 가장 잘 쓰는 직장인 되기』. 처음엔 그저 호기심의 대상이었습니다. 그 책을 손에 들고 한쪽 구석에 앉아 페이지를 넘기기 시작했을 때, 이 책이 제 인생에 얼마나 큰 영향을 끼칠지는 상상조차 하지 못했습니다.

당시 저는 많은 고민과 단점에 직면해 있었습니다. 특히, 일정 관리의 어려움은 저를 끊임없이 괴롭히는 문제였죠. 그러나 이 책을 통해, 구글 캘린더를 활용한 효율적인 일정 관리 방법을 발견하게 되었습니다. 이 작은 발견은 제 인생에서 큰 전환점이 되었습니다.

구글 캘린더의 도입은 저에게 새로운 통찰을 주었습니다. 그것은 단순한 도구 이상이었죠. 개인 일정, 회사 일정, 그 외 모든 일정들을 제가 직접 관리하며, 제 삶의 통제권을 다시 찾을 수 있었습니다. 이 새로운 방식은 저에게 자신감을 부여했고, 제가 겪고 있던 많은 문제들을 해결하는 데 도움을 주었습니다.

그 이후로, 저는 모든 일정을 구글 캘린더를 중심으로 체계적으로 관리하기 시작했습니다. 작은 일 하나하나를 일정에 포함시키고, 주간 일정표가 채워져 가는 것을 보며 느끼는 만족감과 성취감은 말로 표현하기 힘들 정도였습니다. 이 작은 습관의 변화가 저를 스마트워크라는 새로운 길로 이끌었고, 그것은 제 직장 생활, 심지어 제 전문가적 정체성에 있어서도 큰 변화를 가져왔습니다.

구글을 가장 잘 쓰는 직장인 되기

내 스마트워크 여정은 구글 캘린더로 시작되어 이제 Evernote로의 전환을 맞이했습니다. 나의 두 번째 관심사는 메모하는 습관을 개선하는 것이었습니다. 회의 때, 전화를 받을 때, 일상에서 나는 늘 이곳저곳에 메모를 했습니다. 회의 자료에, 포스트잇에, 심지어 이면지나 업무용 다이어리에도 말이죠. 하지만 이 메모들은 종종 분실되곤 했고, 필요한 순간에 찾기란 어려웠습니다. 그러던 중, Evernote를 알게 되었습니다.

디지털 기억의 힘: Evernote로의 여정

2013년 2월 17일, 제 큰 아들이 생일 선물로 『Evernote 라이프』라는 책을 주문해 주었고, 그 책을 읽게 되었습니다. 이 책은 제 메모 습관에 혁명을 일으켰습니다. Evernote

의 슬로건 "모든 것을 기억하라"는 제 메모 방식을 완전히 바꿔 놓았습니다. 회의 자료, 포스트잇, 다이어리의 페이지들을 Evernote 카메라로 찍어 저장하기 시작했습니다. 디지털 기억의 세계로의 이 전환은 저에게 새로운 가능성을 열어 주었습니다.

Evernote는 제 메모 습관을 근본적으로 변화시켰습니다. 이제 제가 필요한 모든 메모나 자료들은 Evernote에서 찾을 수 있게 되었습니다. Evernote는 제 삶의 첫 번째 디지털 데이터베이스가 되었고, 현재는 지난 10여 년간 만난 사람들의 명함만 약 7~8천 개의 데이터베이스가 만들어져 있습니다.

각 명함에는 만난 시간, 장소, 회의 자료나 사진들이 저장되어 있어, 어떤 사람을 만나든 먼저 Evernote에서 확인합니다. 과거에 만났던 사람들을 만날 때, 그들과의 만남의 상세한 기록을 나누면, 상대방은 놀라움과 감사를 표합니다. 이것은 제가 사람들과의 관계를 보다 깊고 의미 있게 만드는 방법이 되었습니다.

스마트워크 세미나 - 광화문에서 G밸리까지

2014년 6월 10일 화요일, 저는 광화문 KT빌딩의 드림센터 컨퍼런스 홀에서 '누리온 스마트워크 세미나'를 개최했습니다. 이는 저에게 중요한 이정표였습니다. 스마트워크를 시작한 지 2년 만에, 같은 관심사를 가진 사람들과 정기적으로 스터디모임을 가지며, 마침내 우리는 이 세미나를 준비하게 되었습니다. 이때 함께했던 박대형 씨(현 BB디자인 대표)와 황진영 씨는 각각 프리랜서와 홍보마케팅 팀장이 되어 있습니다. 이 세미나는 G밸리를 중심으로 한 내 스마트워크 활동의 기반이 되었습니다.

세미나에서는 일정 관리, 메모 습관, 업무 처리 방법과 같은 직장인들의 고민에 대한 해법을 다루었습니다. 그 당시는 구글 행아웃을 통한 온라인 회의와 구글 확장 프로그램을 이용한 업무 생산성 향상 방법이 혁신적이었습니다. 지금 시점에서 보면 당연한 것들이지만, 당시에는 이러한 개념과 방법들이 새로운 변화를 의미했습니다.

제 스마트워크 여정은 구글을 중심으로 진행되었습니다. 구글은 주로 개인 사용자나 중소기업에 적합했기 때문입니다. 반면, MS는 대기업을 중심으로 활용되는 경향이 있었습니다. 이러한 차이를 이해하기 위해, 저는 MS오피스 365를 중심으로 한 스마트워크 모임에 참석했습니다. 광화문에 있는 MS의 사무실에서 열린 이 모임은 저에게 또 다른 충격을 주었습니다. 스마트워크를 위해 설계되고 디자인된 그들의 사무 공간은 깊은 인상을 남겼습니다.

저는 거의 1년 동안 MS스마트워크 모임에 참여했습니다. 이 모임을 주도한 분은 MS의 파트너사였고, 직원들은 주로 주 1회 사무실에서 만나고, 나머지 시간은 각자 재택근무를 했습니다. 이 모임을 통해 저는 스마트워크의 진정한 의미를 깨달았습니다. 사무실이 있으면서도 직원들이 재택근무를 하며 회사가 잘 운영되는 모습은, 스마트워크의 가능성과 효율성을 명확하게 보여 주었습니다.

누리온 스마트워크 세미나

배정우 학생과의 만남: 변화의 시작

2023년 2월 25일, 토요일 오후, 관악구 봉천동에 위치한 EAC 감성 미술 학원에서의 스토리 살롱은 제 인생에서 또 다른 중요한 장을 열었습니다. 〈내 삶을 변화시킨 스마트워크와 스마트라이프〉라는 제목으로 20분간의 강연을 진행했습니다. 여기서 저는 스마트워크를 통해 제가 가졌던 여러 약점을 어떻게 극복했는지에 대한 저의 경험을 공유했습니다.

이 강연이 끝난 후, 디자인을 전공하는 대학생 배정우 씨가 저에게 다가와 스마트워크에 대한 깊은 관심을 표현했습니다. 그의 메시지는 저에게 새로운 도전의 시작을 알렸습니다. 정우 씨는 사회로 나아가는 데 있어 자신이 겪고 있는 문제점이 두렵다고 털어놓았습니다. 그리고 제가 가진 지식과 경험을 배우고자 했습니다.

EAC 스토리살롱

6월에 도착한 정우 씨의 문자는 제게 감동을 주었습니다. 그는 열정적으로 제 이야기에 귀 기울이고, 자신의 불안을 극복하고자 했습니다. 그의 요청에 부응하여, 저는 그와 함께 스마트워크를 적용하는 프로젝트를 시작했습니다.

> "선생님 안녕하세요. 지난 EAC 갤러리 스토리 살롱에서 선생님이 텔러로 진행하신 강연 〈내 삶을 변화시킨 스마트워크와 스마트라이프〉에 참석했던 배정우입니다. 무더워진 여름 날씨가 되었는데 잘 지내고 계신가요? 강연을 듣고 따로 말씀드리기도 했지만, 선생님이 처하셨던 상황과 문제들이 제가 느껴 온 저의 삶의 결과와 매우 유사했습니다. 방법을 몰라 방황하던 저에게 선생님의 이야기가 하나의 메시지였고, 당시의 놀라움과 감사함이 아직도 또렷하게 남아 있습니다. 좀 더 일찍 연락드려야지 몇 번이고 곱씹었지만 이런저런 제 계획을 처리하느라 늦어지게 되었습니다. 계속 미루었던 제 모습이 부끄럽지만 코스모스 졸업을 앞둔 이 시점에 꼭 만나 뵈어 이것저것 여쭙고 싶어 이메일로 연락드립니다. 편히 답장해 주시면 감사하겠습니다. 감사합니다."

처음으로 만난 것은 제 직장 사무실에서였습니다. 점심시간을 이용해 1시간 반 동안 이야기를 나누며, 앞으로 어떻게 할지에 대한 방향을 설정했습니다. 우리는 구글 캘린더와 구글 할일 목록을 사용하여 일정 관리와 메모 습관을 디지털로 전환하기로 했습니다. 정우 씨는 이쁜 다이어리에 꼼꼼하게 메모를 해 왔지만, 이것이 실질적인 도움이 되지 못했다는 것을 깨달았습니다.

저는 그에게 과제를 주었고, 카카오톡을 통해 그의 진행 상황을 체크했습니다. 정우 씨는 열심히 진행 상황을 캡처해 저에게 보내며, 점차 자신감을 얻어 갔습니다. 한 달이 채 되지 않아, 그는 일정 관리와 메모에 대한 스트레스를 거의 해결하는 단계에 도달했습니다. 이제 그에게는 일정 관리와 메모로 인한 스트레스가 없다고 합니다.

스마트워크의 새로운 장: ChatGPT와 함께한 혁신

2023년 4월 7일은 제 스마트워크 여정에 있어 중요한 날이 되었습니다. ChatGPT의 등장은 스마트워크에 새로운 지평을 열었고, 그날 G밸리에서 임직원들을 대상으로 한 세미나는 이 변화의 출발점이 되었습니다. 이 세미나는 ChatGPT를 G밸리에 소개하는 첫걸음이었으며, 이후 한국산업단지공단의 여러 미니클러스터 모임과 IT 세미나의 기획으로 이어졌습니다.

이날 세미나에서 만난 SIT 미니 클러스터의 차명일 회장님과의 깊은 대화는 제 스마트워크에 대한 관점을 확장시켜 주었습니다. 우리는 스마트워크의 효율성과 생산성에 대한 공감대를 형성했고, 이를 계기로 매달 1회 세미나를 개최하기로 결정하였고 지금 진행하고 있는 '스마트워크 IT세미나'로 이어지게 되었습니다.

여기 스마트워크 업무 활용 편은 저의 이러한 경험을 바탕으로 지금 진행하고 있는 다양한 스마트워크 모임의 강의 내용을 중심으로 정리하였습니다. 스마트워크 모임에 참석하시는 G밸리 임직원들 중에는 컴퓨터에 대해서 기초 수준의 분들도 많아 가능한 가장 기본이 되는 내용에서부터 시작하게 되었습니다.

스마트워크의 기본이 하나의 계정을 중심으로 모든 디바이스를 연동시키고 언제 어디서나 쉽게 접근할 수 있는 환경을 만드는 것으로부터 시작됩니다. 그래서 저만의 스마트워크 환경을 이렇게 정의하고 지금까지 저의 업무에 적용 및 활용을 해 왔습니다.

첫째, 모든 자료는 **클라우드 기반의 Data Base화**한다. 이는 시간과 장소에 구애받지 않고 언제 어디서나 필요할 때 바로 자료에 접근할 수 있어야 한다.

둘째, PC, 스마트폰, 태블릿 등 모든 **디바이스에서 접근(Access)** 가능토록 한다.

셋째, 정보 또는 자료 **찾기(Search)가 쉬워야** 한다. 클라우드에 저장하고 있어서 접근성은 좋지만 검색에 시간이 걸린다면 필요한 때 필요한 정보를 얻을 수 없다.

넷째, **쉽게 공유(Share)**가 가능해야 한다. Data를 다운받아 메일이나 SNS에 첨부하여 보낼 필요 없이 링크 하나로 공유할 수 있도록 만들어야 한다.

지금부터 소개하는 내용은 필자의 13년간의 현장 경험에 바탕으로 쓴 것으로, 스마트워크는 단순히 기술을 사용하는 것을 넘어서 업무 방식의 혁신을 의미한다. 이 책을 통해 제시된 기본 원칙들이 여러분의 업무 환경을 개선하는 데 도움이 되길 바라며, 모든 직원이 보다 효율적이고 생산적인 업무 수행을 경험할 수 있기를 희망한다.

스마트워크 첫걸음: 계정 일치와 동기화

"아하! 계정을 동기화 안 했구나. 이제 맞춰야겠어."

현대 업무 환경에서는 여러 디지털 도구들을 활용하여 효율성을 극대화하는 것이 중요하다. 이러한 도구들을 효과적으로 사용하기 위해선, 먼저 각 기기에서 사용하는 계정을 일치시키고 동기화하는 것이 기본이다. 계정 일치와 동기화는 사용자가 어느 위치에서나 필요한 정보에 접근할 수 있게 해 주며, 업무의 연속성을 유지하는 데에도 핵심적인 역할을 하기 때문이다.

계정이 동기화되어 있지 않다면 중요한 자료에 접근할 수 없게 되어 업무의 효율성이 크게 떨어질 수 있다. 반면, 모든 디바이스에서 같은 계정을 사용해 동기화를 완료했다면, 언제 어디서나 자료를 확인하고 수정하는 것이 가능해진다. 이는 시간과 장소에 구애받지 않는 유연한 업무 환경을 가능하게 한다.

계정 동기화 사용 설명서

여기서는 구글을 중심으로 계정 동기화를 설정하는 방법을 안내한다. 스마트폰 개통시 생성한 구글 계정을 중심으로 컴퓨터를 비롯한 각종 디바이스의 계정을 통일시키는 것이 더 좋다. 스마트폰의 구글 계정은 아래에서 확인 할 수 있다.

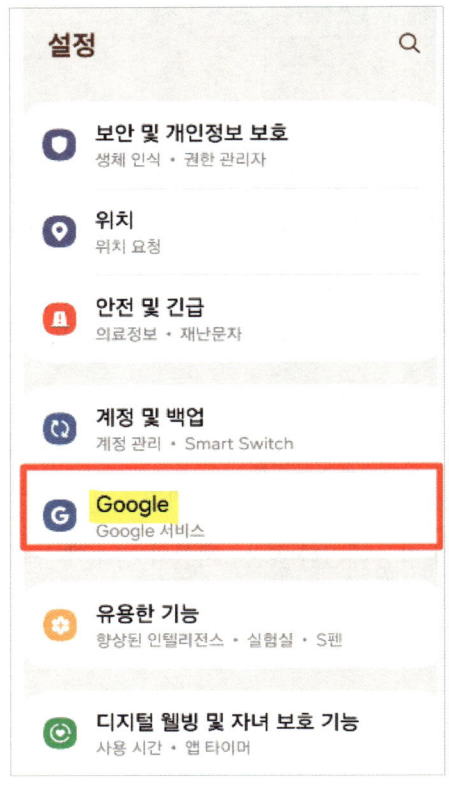
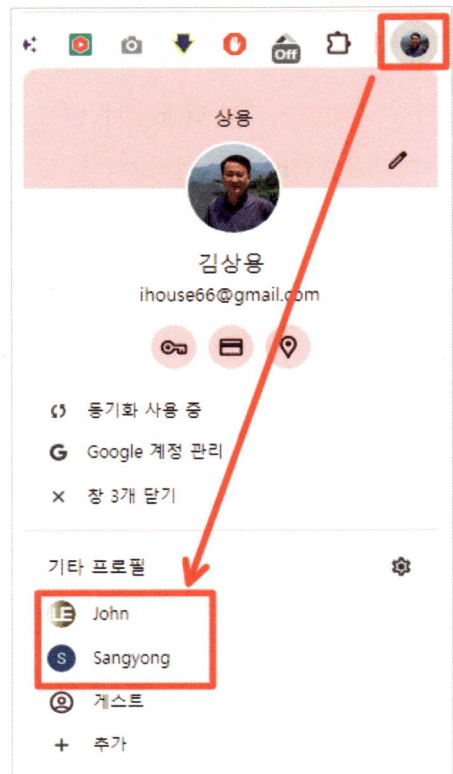

| 스마트폰에서 구글 계정 | PC에서 구글 계정 |

구글 계정 생성: 먼저, 구글 계정을 생성해야 합니다. 이는 스마트폰 또는 컴퓨터에서 가능합니다. 구글 홈페이지에서 '계정 생성' 클릭하여 필요한 정보를 입력하고, 계정을 생성하세요.

계정 동기화 설정(스마트폰): 스마트폰에서 '계정'으로 이동한 후, '계정 및 백업' 또는 '계정'을 선택합니다. 여기에서 구글 계정을 선택하고, 동기화를 원하는 항목들에 체크를 하세요.

계정 동기화 설정(컴퓨터): 크롬 브라우저를 열고, 오른쪽 상단에 위치한 프로필 아이콘을 클릭하세요. '동기화 설정'을 선택하고, 동기화를 원하는 항목들에 체크를 하세요.

Action Items 직접 해 보고 표시를 해 보세요!

[ ] 구글 계정 생성

[ ] 스마트폰에서 계정 동기화 설정

[ ] 컴퓨터에서 계정 동기화 설정

[ ] 동기화 확인

02
나의 디지털 주방 꾸미기 및 컨트롤타워 세우기

각종 디바이스 계정 일치(Dall-E 생성)

나의 디지털 주방 꾸미기

최근 아파트나 원룸, 오피스텔을 보면 사용하기 편리하게, 거의 움직이지 않고도 모든 것을 할 수 있게 주방이 잘 꾸며져 있다. 우리가 쓰는 주방을 생각하면, 조리도구, 식기, 그릇, 가스레인지가 바로 눈앞에 배치되어 있고, 자주 사용하지 않는 것은 조금 더 멀리, 가끔 사용하는 것들은 창고에 둔다. 이게 바로 효율적인 주방 배치의 방식이다. 이와 같은 방식으로 우리의 업무 공간과 컴퓨터 사용 환경을 주방처럼 효율적으로 배치한다면, 늘 그 사이트, 그 파일을 찾느라 애먹을 필요가 없게 된다.

주방 조리기구 배치(Dall-E 생성)

이제 스마트워크의 첫 번째 단계, '나의 컴퓨터 사용환경을 나의 주방처럼 세팅하기'에 대해 이야기해 보자. 매일 접속하는 사이트들을 좌측부터 우측으로 북마크(즐겨찾기)하여 배열하고, 출근하면 차례대로 열어서 확인한다. 이렇게 하면 업무 효율성과 생산성을 높일 수 있는데 필자는 2012년부터 구글 크롬에서 북마크를 이렇게 사용해 왔다.

북마크 숫자가 늘어나면 아이콘만 남기고, 설명은 삭제하고 필요하면 폴더를 만들어 관리한다. 예를 들어, 업무 포털, 이메일, 구글 캘린더, Gmail, YouTube, Slack, Google 포토, 드라이브, 메시지, 노션, 트렐로, Evernote, OneNote, OneDrive 등이 현재 저자의 북마크 설정 내용이다. 그리고 최근 많이 사용하고 있는 생성형 AI 관련해서는 별도의 폴더를 만들어 관리한다. 그 외 업무에서 필요한 관련 사이트를 폴더로 만들어 정리하면 필요할 때 찾기가 쉬워진다.

다음에서 북마크를 활용하는 방법을 학습하고 직접 적용해 보자. 그렇게 하나하나 자주 사용하는 사이트를 정리하다 보면, 여러분의 '디지털 주방'도 깔끔하게 정리될 것이다. 이것이 바로 스마트워크, 업무 생산성 향상의 첫걸음이다.

"오늘 미팅 자료는 어디에 뒀더라…."

혼란스런 웹사이트 관리(Dall-E 생성)

1. **업무 중심으로 정렬하기**: 첫 번째 단계는 업무 관련 사이트를 정리하는 것이다. 회사 홈페이지, 이메일 등 중요한 업무 관련 사이트들을 북마크 맨 왼쪽에 모아 정리하게 되면 업무를 시작할 때 바로 필요한 사이트를 클릭 한 번으로 열 수 있다.

2. **구글 서비스 모으기**: 구글 계정을 자주 사용한다면, G메일, 캘린더, 포토, 유튜브 같은 구글 서비스를 한곳에 모아 두자. 이렇게 하면 구글 서비스를 사용할 때 찾아 헤메지 않아도 되니 매우 편리하다.

3. **관심사별로 분류하기**: 생성형 AI와 같은 특별한 관심 분야가 있다면, 이런 사이트들도 따로 모아 폴더를 만들어 정리해 보자. 이렇게 하면 관련 사이트를 빠르게 접근할 수 있다.

4. **폴더로 그룹화하기**: 북마크 공간이 부족하다면, 관련 있는 사이트들끼리 그룹화하여 폴더로 만들고 이 폴더들을 하나의 폴더에 모아서 보기에도 깔끔하게 정리해 두면 아무리 많은 사이트라 하더라도 쉽고 빨리 찾을 수 있다.

북마크 추천 형태

북마크 활용 매뉴얼

1. 북마크바 설정하기

① 북마크바 활성화: 웹 브라우저에서(예: 구글 크롬) 오른쪽 상단에 위치한 메뉴(세로로 배치된 세 개의 점)를 클릭합니다.

② 드롭다운 메뉴에서 '북마크'를 선택한 다음

③ '북마크바 표시'를 클릭하여 활성화합니다.

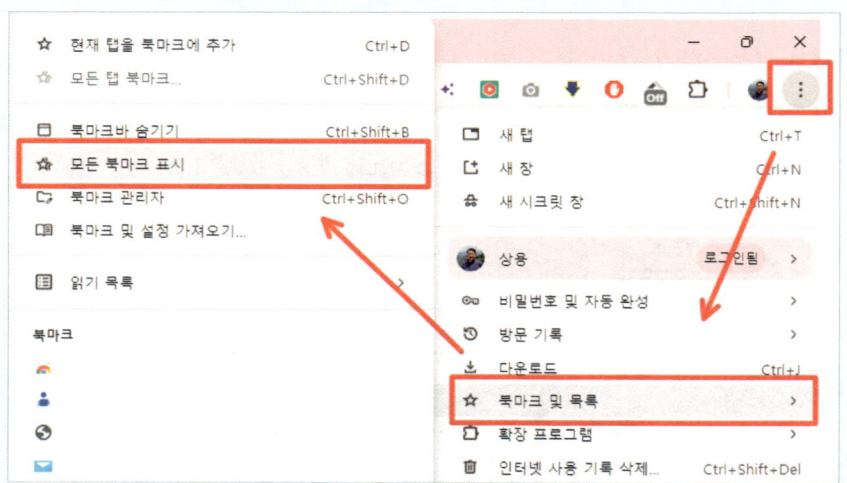

북마크 표시 방법

2. 웹사이트 북마크 추가하기

① 직접 추가: 방문하고 싶은 웹사이트로 이동합니다. 웹사이트 주소창 옆의 별 모양 아이콘을 클릭하여 북마크를 추가합니다.

② 드래그 앤 드롭: 웹사이트 주소(URL)를 마우스로 클릭한 상태에서 북마크바로 드래그하여 놓습니다. 이렇게 하면 웹사이트가 북마크바에 추가됩니다.

3. 북마크 폴더 관리

① 폴더 추가: 북마크바에서 우클릭을 하고 '새 폴더 추가'를 선택합니다. 폴더 이름을 입력하고 '저장'을 클릭합니다.

② 폴더 내로 이동: 북마크바의 특정 북마크를 클릭하여 드래그한 다음, 원하는 폴더에 놓습니다.

4. 북마크 편집 및 관리

① 북마크 이름 변경: 북마크바에서 원하는 북마크를 우클릭하고 '편집'을 선택합니다. 이름을 변경하고 '저장'을 클릭합니다.

② 북마크 삭제: 북마크를 우클릭하고 '삭제'를 선택하여 북마크를 제거합니다.

북마크 아이콘 최적화 및 정렬 매뉴얼

1. 북마크 아이콘만 남기기

① 북마크 편집: 웹 브라우저의 북마크바에서 아이콘만 남길 북마크를 우클릭한 후 '편집'을 선택합니다.

② 이름 삭제: 편집 창에서 북마크의 이름을 삭제하고, 공란으로 두어 이름 대신 아이콘만 표시되도록 합니다. '저장'을 클릭합니다.

2. 매일 접속하는 사이트 정렬

① 북마크 순서 조정: 북마크바에서 가장 자주 방문하는 사이트의 아이콘을 마우스로 클릭하고 드래그하여, 북마크바의 왼쪽 끝으로 이동합니다.

② 순서 정렬: 가장 자주 방문하는 사이트부터 순서대로 배열합니다. 드래그 앤 드롭 방식으로 순서를 조정할 수 있습니다.(예: 회사(업무포털/이메일) → 구글(G메일, 캘린더, 유튜브, 포토, Keep, Drive등) 카테고리화하여 정렬)

연관성 있는 사이트별 북마크 구성

Action Items 직접 해 보고 표시를 해 보세요!

[ ] 북마크바 활성화

[ ] 웹사이트 북마크 추가하기(직접 추가)

[ ] 웹사이트 북마크 추가하기(드래그 앤 드롭)

[ ] 폴더 추가

[ ] 폴더 내 북마크 이동

[ ] 북마크 이름 변경

[ ] 북마크 삭제

[ ] 북마크 아이콘만 남기기

[ ] 매일 접속하는 사이트 정렬

크롬 확장 프로그램: 특별한 도구들

우리의 업무 효율을 높여 줄 수 있는 두 번째 도구는 크롬 확장 프로그램이다. 게임에서 아이템을 구매하면 전투력이 강해지는 것처럼, 이 확장 프로그램을 잘 활용한다면, 우리의 '업무 전투력'을 한층 끌어올릴 수 있다. 여기서는 생산성 향상에 도움을 주는 확장 프로그램 5가지를 소개한다. 확장 프로그램 중에는 유료 구독을 해야 하는 경우도 있어 설치 시 꼭 먼저 확인이 필요하다.

첫 번째로 소개할 확장 프로그램은 'Bitly'이다. 긴 URL 주소를 다루어야 할 때, 이 Bitly는 긴 주소를 아주 짧고 깔끔하게 변환해 준다. 필자가 매일 기업마당의 정부 지원 사업 정보를 찾아 단체 카톡방에 공유할 때 이 Bitly를 사용한다.

다음은 'AD Block'이다. 이 프로그램은 우리가 인터넷을 탐색하는 동안 만나는 수많은 광고들을 차단해 준다. 생각지도 않게 광고를 클릭했다가 이상한 프로그램이 설치되는 불상사를 막아 준다.

셋째, 'LastPass'라는 확장 프로그램이다. 이 프로그램은 우리가 회원가입한 수많은 웹 사이트의 아이디와 비밀번호를 안전하게 저장하고 관리해 준다. 가끔 웹사이트의 로그인 정보를 잊어버리는 경우가 있는데, LastPass는 이 문제를 해결해 준다. 아래는 필자가 가입한 200여 개의 인터넷 사이트의 일부이다.

넷째, 'GoFullPage' 확장 프로그램이다. 화면 캡처를 하는데 보이는 화면만 캡처가 되어 불편함을 겪은 적이 많았지만 이 확장 프로그램은 Scroll Down을 해 가면서 전체 페이지를 캡처해 줌으로써 일부 캡처만 되는 것에 대한 불만을 완전히 해소해 준다(일부 웹사이트에서는 캡처 방지로 인해서 작동하지 않을 수 있다).

다섯째, 'Maxai.me' 확장 프로그램이다. 웹상의 페이지와 PDF 파일의 내용에서 전문 용어나 특정 분야에 대한 전문 지식이 없어 이해 못 하는 단어나 문장 등이 있다면 클릭 한 번으로 설명해 주기 때문에 셀프 스터디에 최적화된 가정교사라고 생각된다.

확장 프로그램 설치 및 활용 매뉴얼

구글 확장 프로그램

1. 확장 프로그램 설치하기

① 확장 프로그램 스토어 접근: 웹 브라우저(예: 구글 크롬)에서 크롬 웹스토어를 방문합니다. 이는 '구글앱' → '크롬 웹 스토어' 열기를 통해 접근할 수 있습니다.

크롬 웹스토어 들어가기

② 확장 프로그램 선택 및 설치: 원하는 확장 프로그램(예: 비틀리, AD 블록)을 검색하고 '추가하기'를 클릭하여 설치합니다.

2. 확장 프로그램 활용하기

① URL 단축(bitly 사용 예시): 비틀리 확장 프로그램을 사용하여 긴 웹사이트 주소를 짧게 줄일 수 있습니다. 웹페이지에서 비틀리 아이콘을 클릭하고, '단축'을 선택하여 간단한 URL로 변환합니다.

② **광고 차단(AD 블록 사용 예시)**: AD 블록 확장 프로그램을 활성화하여 웹페이지의 광고를 차단합니다. 이를 통해 깔끔한 브라우징 환경을 제공받을 수 있습니다.

③ **비밀번호 관리(LastPass 사용 예시)**: LastPass 확장 프로그램을 사용하여 여러 웹사이트의 아이디와 비밀번호를 안전하게 저장하고 관리할 수 있습니다. 브라우저에 로그인 시 LastPass 아이콘을 클릭하여 저장된 로그인 정보를 자동으로 입력할 수 있습니다. 또한, 강력한 비밀번호 생성 기능을 통해 계정의 보안을 강화할 수 있습니다.

④ **전체 페이지 캡처(GoFullPage 사용 예시)**: GoFullPage 확장 프로그램을 사용하여 웹페이지의 전체 내용을 한 번에 스크린샷으로 캡처할 수 있습니다. 확장 프로그램의 아이콘을 클릭하면, 스크롤링 없이 페이지의 상단부터 하단까지 전체 페이지의 이미지를 생성합니다. 이는 웹 디자인 검토, 컨텐츠 저장, 또는 프레젠테이션 자료 준비에 매우 유용하게 활용될 수 있습니다.

⑤ **생산성 향상(Maxai.me 사용 예시)**: Maxai.me 확장 프로그램은 웹상의 단어나 문장을 마우스로 드래그하고 '?' 아이콘을 클릭함으로써 관련된 설명을 쉽고 빠르게 제공합니다. 이 기능을 통해 필요한 정보를 즉시 얻을 수 있으며, 이는 연구나 학습 과정에서 매우 유용합니다. 사용자의 브라우징 패턴을 분석하여 작업 목록을 자동으로 구성하고 중요한 알림을 관리하는 기능도 포함되어 있어, 전반적인 생산성을 향상시킬 수 있습니다.

3. 확장 프로그램 관리(활성화, 비활성화, 제거)

① **확장 프로그램 관리**: 브라우저 설정에서 '확장 프로그램' 섹션을 방문하여 설치된 확장 프로그램을 관리합니다. 여기서 확장 프로그램을 비활성화하거나 제거할 수 있습니다.

🖱 Action Items 직접 해 보고 표시를 해 보세요!

[ ] 크롬 웹 스토어 접근하여 원하는 확장 프로그램 설치하기

[ ] 비틀리 확장 프로그램을 사용하여 URL 단축하기

[ ] AD 블록 확장 프로그램을 활성화하여 광고 차단하기

[ ] LastPass 확장 프로그램을 사용하여 비밀번호 관리하기

[ ] GoFullPage 확장 프로그램을 사용하여 웹페이지의 전체 내용을 스크린샷으로 캡처하기

[ ] Maxai.me 확장 프로그램을 사용하여 웹상의 단어나 문장에 대한 설명 제공받기

① Bitly를 통한 URL 단축: https://bityl.co/PZWH

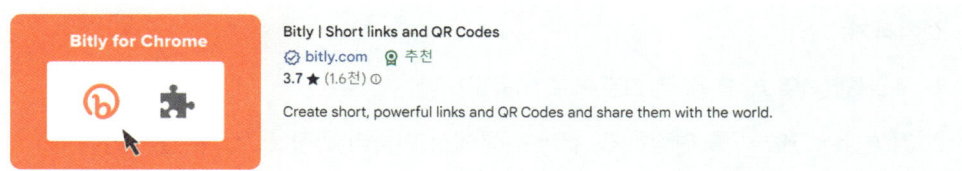

구글 확장 프로그램(Bitly)

인터넷을 활용하다 보면, 친구나 동료에게 링크 주소를 전달하는 경우가 많다. 스마트워크를 시작 전까지만 해도, 필자는 긴 URL을 이메일이나 메시지로 그대로 보내곤 했다. 하지만 링크 주소가 긴 경우, 받는 사람 입장에서 가독성이 떨어지는 등의 불편함이 있었다.

이런 문제점을 비틀리를 사용하면서 정보를 공유하는 방식이 전보다 훨씬 명료하고 효율적으로 변했다는 것을 느낄 수 있었다. 짧아진 링크 덕분에 받는 사람은 정보에 대한 접근이 더 빨라지고, 전달하고자 하는 바를 더욱 분명하게 할 수 있게 된다.

"비틀리는 복잡한 링크를 명료하고 간결한 형태로 변환한다."

단축된 URL 공유하기(Dall-E 생성)

프로그램 사용 매뉴얼

설치하기:

1. 구글 앱을 열고, 크롬 웹 스토어로 이동합니다.

2. 검색창에 "Bitly"를 입력하고, 결과 목록에서 비틀리 확장 프로그램을 찾습니다.

3. '추가' 버튼을 클릭하여 확장 프로그램을 설치합니다.

4. 설치가 완료되면 크롬 툴바에 비틀리 아이콘이 추가됩니다.

URL 단축 사용법:

1. 공유하고자 하는 웹페이지를 엽니다.

2. 비틀리 아이콘을 클릭하여 확장 프로그램을 엽니다.

3. '단축' 버튼을 클릭하거나, 자동으로 URL이 단축되어 클립보드에 복사됩니다.

단축된 URL 공유하기:

1. 단축된 URL을 메시지, 이메일, 소셜 미디어 등 원하는 플랫폼에 붙여넣습니다.

2. 공유 버튼을 클릭하여 정보를 송신합니다.

② ADBLOCK 광고 차단기: https://bityl.co/PZWJ

AdBlock — 최고의 광고 차단기
getadblock.com 추천
4.5 ★ (28.8만)

YouTube, Facebook, Twitch 등 각종 웹 사이트 뜨는 광고와 팝업을 차단할 수 있습니다.

구글 확장 프로그램(AdBlock)

웹 서핑을 하다 보면, 다양한 광고를 마주하게 된다. 이런 광고는 때때로 우리의 집중을 방해하기도 해서 단순한 불편을 넘어서는 생각하지도 못한 일이 생기기도 한다. 예를 들어, 예상치 못한 사이트로 이동하거나 원하지 않는 소프트웨어가 설치되는 경우가 있다.

이런 문제를 해결해 준 것이 바로 Adblock 확장 프로그램이다. Adblock을 사용하면 원치 않는 광고로 인한 스트레스에서 벗어날 수 있다. 무엇보다, 디지털 환경이 보다 안전해진다. 이제는 광고 때문에 중요한 정보를 놓치거나, 실수로 위험한 사이트에 접속하는 일이 없어진다.

"이제야 인터넷이 제대로 된 도구가 되었네. 광고 차단, 진작 할걸 그랬다!"

웹사이트에서 광고 차단(Dall-E 생성)

③ LastPass 아이디와 비밀번호에서 해방!: https://bityl.co/PZWK

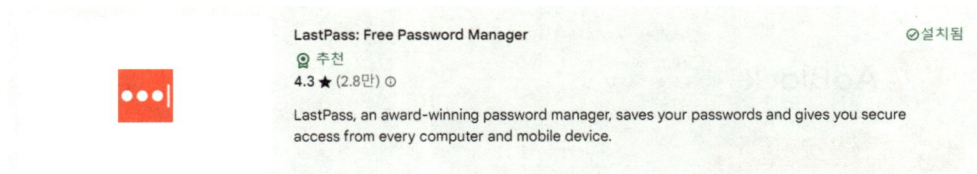

구글 확장 프로그램(LastPass)

일상에서 우리가 가입한 사이트는 내가 알 수 없을 정도로 많은 온라인 계정을 갖고 있다. 쇼핑, 은행 업무 등 매일 사용하는 서비스마다 다른 아이디와 비밀번호로 설정되어 있는데, 이 많은 정보를 관리한다는 것은 사실상 불가능에 가깝다. 메모장에 정리해 보기도 하고, 구글 스프레드시트를 활용하기도 했지만 완벽한 해결책은 아니었다.

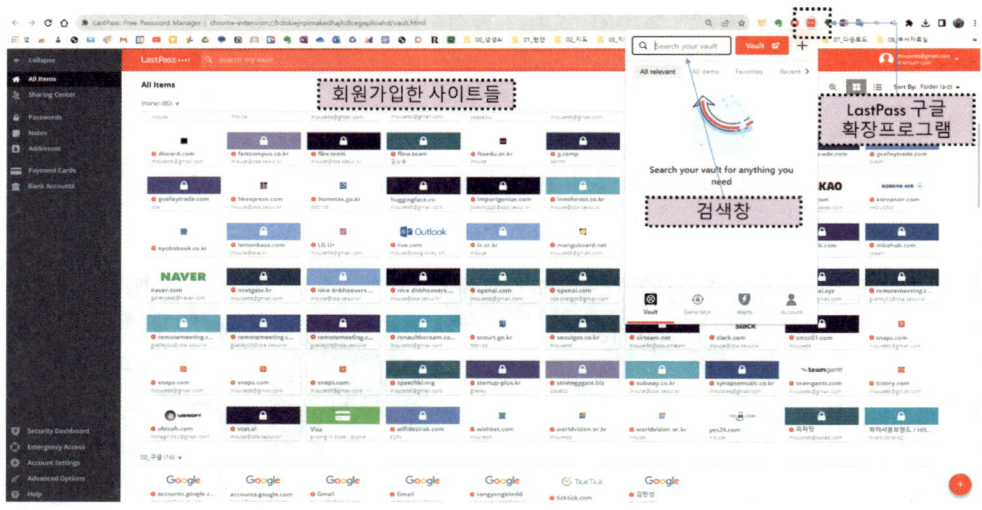

LastPass에서 관리되는 각종 사이트(LastPass)

이러한 문제를 해결해 줄 수 있는 도구가 바로 LastPass였다. 한 번의 마스터 비밀번호 설정으로 모든 계정 정보가 암호화되어 저장되고, 로그인이 필요할 때마다 LastPass가 자동으로 정보를 입력해 준다. LastPass 덕분에 업무 효율은 높아진다. 비밀번호를 찾기 위해 수첩을 뒤적이거나, 잘못 기억해서 여러 번 시도하는 번거로움이 사라진다. 이제는 보안에 대한 걱정 없이, 어디서나 빠르고 안전하게 내 디지털 자산에 접근할 수 있게 된다.

"계정이 잠겼습니다. 고객센터에 문의하세요."

웹사이트에서 계정 잠김(Dall-E 생성)

프로그램 사용 매뉴얼

Google Chrome에 LastPass 설치하기:

1. Google Chrome을 열고, Chrome 웹 스토어로 이동합니다.
2. 'LastPass'를 검색창에 입력하고 검색합니다.
3. 'LastPass: Free Password Manager' 확장 프로그램을 찾고 '추가하기'를 클릭합니다.
4. 확장 프로그램이 설치된 후, 브라우저 우측 상단에 LastPass 아이콘이 표시됩니다.

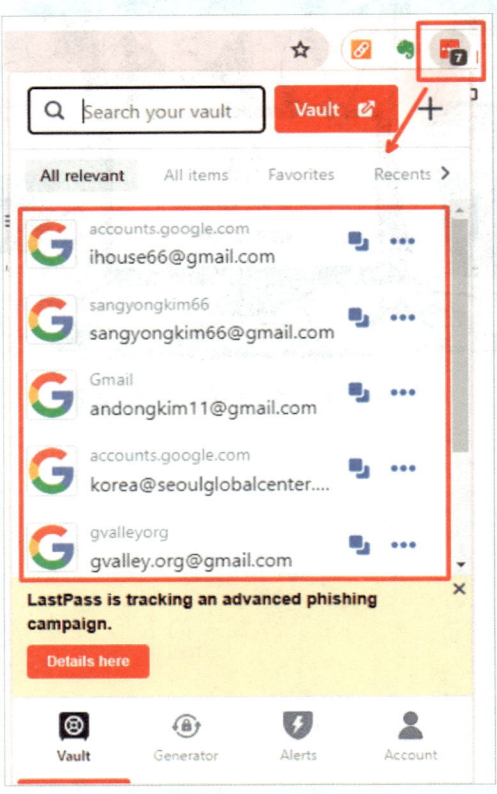

현재 위치한 사이트와 관련 계정

* LastPass가 활성화(빨강색)되어 있는 상태에서 현재 위치해 있는 사이트와 관련이 있는 계정 수를 보여 준다. 예를 들어 현재 작업 중인 구글 문서에서는 관련 계정이 '7'개 있다는 것을 보여 주고, 클릭을 할 경우 위의 그림처럼 7개의 계정을 보여 준다. 즉, 내가 로그인하려고 하는 사이트에서 아이디 또는 비밀번호를 잊어버렸을 경우 위의 LastPass 아이콘을 눌러 쉽게 확인해 볼 수 있다.

마스터 비밀번호 설정 및 로그인 정보 저장:

1. LastPass 아이콘을 클릭하고, 계정을 생성합니다.
2. 마스터 비밀번호를 설정합니다. 이 비밀번호는 모든 비밀번호를 관리하는 열쇠이므로 강력하게 설정해야 합니다.

④ GoFullPage 화면 캡처의 기적: https://bityl.co/PZWL

구글 확장 프로그램(GoFullPage)

업무를 하다 보면, 화면을 캡처할 때가 많이 있다. 일반적인 화면 캡처 도구로 충분히 그 기능을 활용할 수 있지만, 종종 전체 페이지를 캡처해야 하는 경우가 있다. 일반 캡처 도구는 보이는 부분만 잘라 낼 수 있기 때문에, 전체 페이지를 캡처하려면 여러 번을 스크롤하며 캡처해야 한다. 번거롭고 시간도 많이 소요되는 작업이며, 종종 중요한 정보를 놓치기도 한다.

'GoFullPage' 확장 프로그램은 설치 후 클릭 한 번으로 웹페이지의 상단부터 하단까지 끊김 없이 전체 페이지를 이미지로 저장해 준다. 덕분에 더 이상 여러 번 캡처할 필요 없이 효율적으로 업무를 할 수 있게 된다.

"설치하고… 클릭 한 번이면 된다고? 진짜로 전체 페이지가 캡처됐다! 대박!"

화면 전체 캡처(Dall-E 생성)

화면 전체 캡처(노션페이지)

프로그램 사용 매뉴얼

설치하기:

1. 크롬 웹 브라우저를 열고, Google 웹 스토어로 이동하세요.
2. 검색창에 "GoFullPage"를 입력하고 검색 버튼을 클릭하세요.
3. "GoFullPage" 확장 프로그램을 찾고 "추가하기" 버튼을 클릭하세요.
4. 팝업창에서 "확장 프로그램 추가"를 선택하여 설치를 완료하세요.

사용 방법:

1. 캡처하고 싶은 웹페이지를 열어 두세요.
2. 크롬 브라우저 우측 상단의 확장 프로그램 아이콘 옆에 있는 "GoFullPage" 아이콘을 클릭하세요.
3. 확장 프로그램이 자동으로 페이지의 최상단부터 최하단까지 스크롤하면서 전체 페이지를 캡처합니다.
4. 캡처가 완료되면 자동으로 새 탭에서 캡처된 이미지를 보여 줍니다. 여기서 이미지를 다운로드하거나 편집할 수 있습니다.

추가 기능:

1. **PDF 저장**: 캡처된 이미지를 PDF 형식으로 저장할 수 있습니다. 이미지 뷰어 상단의 "PDF로 저장" 버튼을 클릭하세요.
2. **편집 기능**: 캡처된 이미지를 자르거나 주석을 추가할 수 있습니다. 이미지 상단의 편집 도구를 사용하세요.

⑤ Maxai.me 당신의 학습 도우미: https://bityl.co/PZWN

구글 확장 프로그램(MaxAI.me)

업무적으로 온라인 기사나 전문 용어가 포함된 문서를 확인할 일이 생긴다. 이때 모르는 용어 하나하나를 구글 검색하면서 확인하다 보면 시간은 흐르고, 스트레스는 쌓여만 간다. 대충 읽고 넘어가기도 하고 아니면 읽다가 포기하기도 한다.

Maxai.me 확장 프로그램은 위와 같은 상황에 활용하기에 적합한 프로그램이다. 모르는 용어에 마우스를 드래그하고 '?'를 누르기만 하면 그 용어의 정의와 설명이 화면에 나타난다. 더 나아가, 드래그하고 '?'를 누르기만 하면 문장이나 문단의 전체적인 맥락까지 이해할 수 있게 설명해 준다. 일반적인 ChatGPT와 같은 AI를 활용하여 텍스트를 넣고 설명해 달라고 하거나 내용을 요약해 달라고 하는 것과는 다른 편리함을 가져다 준다.

"와, 정말 빠르고 편리해! 이제 이 용어들이 뭘 의미하는지 바로 알 수 있어."

MaxAI로 내용설명(Dall-E 생성)

프로그램 사용 매뉴얼

1. 사용 방법

설치: Chrome 웹 스토어에서 Maxai.me를 검색하고 설치합니다.

활용: 문서에서 이해하기 어려운 단어나 문장을 마우스로 드래그합니다.

활성화: 드래그한 후 '?' 키를 누릅니다.

MaxAI로 용어 설명

결과 확인: 화면에 팝업 창이 뜨며 선택한 텍스트의 상세한 설명을 제공합니다.

03
나의 컨트롤타워 만들기

우리는 일상에서 회의, 카카오톡, 이메일, 전화 등 다양한 채널을 통해 수많은 정보를 마주하고 소통한다. 이런 정보를 그 즉시 대응해야 할 수도 있고, 상세한 검토가 필요하거나 타인에게 즉각 공유해야 하거나 상사에게 보고하는 등 다양한 방식으로 처리해야 하는 일이 끊임없이 발생한다. 이렇게 관리할 것이 많아지면, 중요한 것들을 놓칠 수 있고, 업무는 혼돈에 빠질 수도 있다.

구글 캘린더와 할일 목록으로 나의 컨트롤타워 세우기

이런 모든 정보와 할일을 하나로 관리할 수 있는 방법이 필요하다. 이러한 문제를 구글 캘린더와 구글 할일 목록을 활용하여 나만의 정보 관리 시스템, 즉 '디지털 컨트롤타워'를 구축하여 해결할 수 있다. 마치 온라인쇼핑몰에서 주문받은 물품들을 물류센터를 통해서 집결시키고 분류하여 고객에게 배달하는 방식이다. 이 방식을 통해, 모든 입력되는 정보를 즉각적으로 처리하거나, 필요에 따라 검토하고, 나중에 처리할 항목으로 분류한다. 즉, 문자, 카카오톡이나 이메일로 들어온 정보 중에 급한 업무는 바로 처리하고, 나중에 시간을 할애해야 할일들은 '할 일 목록(GTask앱)'에 추가하는 방식으로 관리한다. GTask앱에 대해서는 다음에서 설명한다.

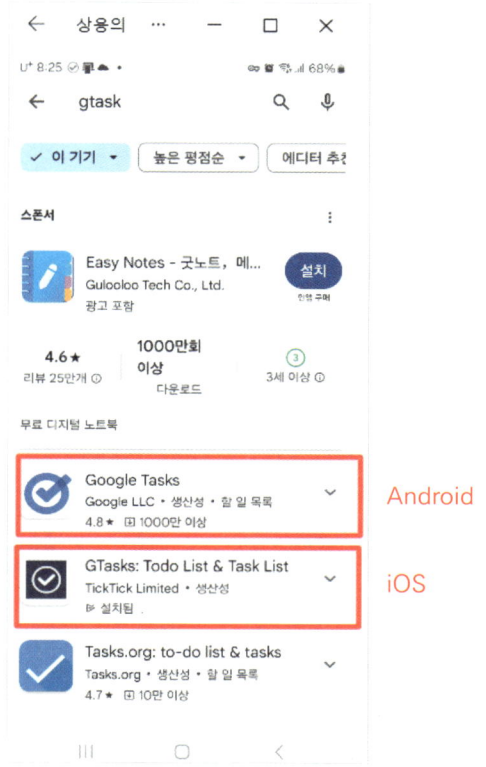

GTask앱 다운로드(Android/iOS)

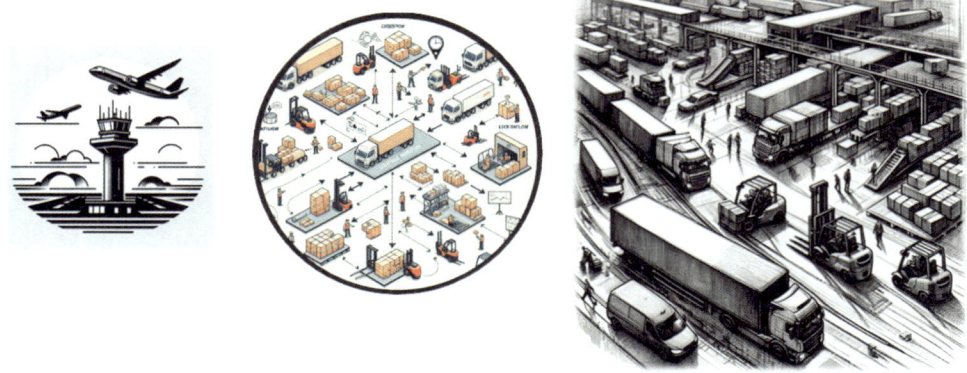

컨트롤타워(DALL·E 생성)

이러한 방식이 루틴이 되면 이전과는 다른 하루를 시작하게 된다. 매일 아침, 구글 캘린더와 할일 목록을 확인하며 하루를 계획하고 각각의 업무를 우선순위에 따라 정리하고, 팀 회의 시에는 중요한 사항들을 공유하고 보고한다. 이러한 업무 처리 방식은 정보의 혼돈 속에서도 중요한 업무에 집중할 수 있게 되고, 더 이상 불필요한 일들에 휘둘리지 않게 된다.

구글 캘린더

이제 구글 캘린더로 하루 일과를 시작해 보자. 캘린더는 일상과 업무의 중심 축이다. 개별 캘린더를 생성하고 색상을 달리하여, 개인적인 약속부터 업무 스케줄까지 명확하게 구분해 놓고 중요한 일정에는 알림을 설정해 놓치지 않도록 한다.

그리고 캘린더의 우측에 있는 '할 일 목록(GTask앱)'에는 전날 일어났던 많은 일들에 대해서 하나씩 검토하고, 일정에 반영하여 오늘 할일 계획을 세운다. 이렇게 함으로써 우선순위가 높은 업무에 집중할 수 있게 된다.

끝으로 캘린더를 통해 팀과의 협업을 강화할 수 있다. 하나의 캘린더에 팀원들의 일정을 공유하여 효과적으로 업무를 조직하고 수행할 수 있다.

구글 캘린더 기본과 설정 매뉴얼

구글 캘린더

04. 스마트워크 업무 활용

1. 캘린더 개설 및 기본 설정

① **캘린더 접근**: 구글 계정으로 구글 캘린더에 로그인합니다.
② **새 캘린더 생성**: '내 캘린더' 섹션에서 '+' 버튼을 클릭하고 '새 캘린더 만들기'를 선택합니다.
③ **캘린더 이름 지정**: 캘린더에 이름을 지정하고, 필요한 경우 설명을 추가합니다.

2. 일정 추가 및 관리

① **일정 추가**: 캘린더의 특정 날짜를 클릭하고, 일정의 제목과 시간을 입력합니다.
② **일정 상세 설정**: '상세 정보'를 클릭해 장소, 설명, 색상 등을 설정합니다.
③ **반복 일정 설정**: 주기적인 이벤트의 경우, '반복' 옵션을 사용하여 반복 주기를 설정합니다.

3. 캘린더 공유 및 협업

① **캘린더 공유**: '내 캘린더'에서 해당 캘린더의 옵션(세 개의 점)을 클릭하고, '설정 및 공유'를 선택합니다.
② **공유 권한 부여**: '캘린더 공유하기'에서 특정 사용자에게 권한을 부여하거나, 캘린더를 공개 설정합니다.
③ **팀 캘린더 사용**: 팀원들과 공유된 캘린더를 통해 업무 일정을 조율하고 공유합니다.

4. 개인화 및 설정

① **보기 옵션 설정**: 일/주/월/연간 보기 등 다양한 캘린더 레이아웃을 선택합니다.
② **알림 설정**: 일정에 대한 알림을 이메일이나 팝업으로 설정하여 중요한 일정을 놓치지 않습니다.

5. 캘린더 동기화 및 모바일 앱 사용

① **모바일 동기화**: 구글 캘린더 앱을 통해 모바일 기기에서도 캘린더를 동기화하고 접근합니다.
② **실시간 업데이트**: 모바일 앱을 통해 실시간으로 일정 변경 사항을 확인하고 업데이트합니다.

✦ Action Items 직접 해 보고 표시를 해 보세요!

[ ] 로그인하여 구글 캘린더에 접근하기

[ ] 새 캘린더를 생성하고 이름을 지정하기

[ ] 날짜를 클릭하여 일정 추가하기

[ ] 일정의 상세 정보 설정하기

[ ] 반복 주기 설정하기

[ ] 캘린더 공유 옵션 설정하기

[ ] 권한 부여 또는 캘린더 공개 설정하기

[ ] 팀 캘린더를 사용하여 일정 조율 및 공유하기

[ ] 보기 옵션 선택하여 캘린더 레이아웃 설정하기

[ ] 알림 설정하여 중요한 일정 받기

[ ] 모바일 기기에서 구글 캘린더 동기화 및 접근하기

[ ] 모바일 앱을 통해 실시간으로 일정 확인 및 업데이트하기

구글 할 일 목록(GTask): 나의 디지털 조력자

구글 캘린더와 GTask

구글 캘린더에 대한 기본적인 내용을 알아보았으니, 이제 구글 캘린더와 GTask(할일목록)를 활용하는 방법에 대해 알아보자.

구글 캘린더로 일정을 관리한다면, GTask로 나의 생각이나 업무를 정리한다. 이 둘은 완벽한 한 쌍으로서 PC에서는 늘 하나의 화면에 둘이 표시된다. PC에서든 스마트폰에서든 입력한 내용이 실시간으로 업데이트된다.

*GTask: PC에서는 '할일목록'이라고 하고, 스마트폰의 구글 플레이에서 앱(GTask)을 다운받을 수 있다.

PC에서 업무를 보다가 갑자기 떠오른 아이디어나 해야 할일이 있으면, 바로 구글 캘린더의 오른쪽 패널에 위치한 GTask에 입력한다. 또한, 스마트폰을 사용할 때는 GTask 앱에서 간단하게 메모를 하거나 때로 손가락으로 입력이 불편한 경우 마이크 기능을 활용해 손쉽게 음성 입력을 할 수 있다. 이렇게 메모된 내용은 필요하다면 구글 캘린더에 반영한다.

업무 성격상 회의나 약속이 잦은 경우, 이들 중요한 약속들을 구글 캘린더에 미리 입력해 놓고 알림을 설정해 둔다. GTask에서 메모한 각각의 할일은 필요에 따라 구글 캘린더의 특정 날짜와 시간에 등록해 둠으로써, 업무의 마감 기한을 절대 놓치지 않으며, 각 할일의 진행 상황을 쉽게 확인할 수 있다.

구글 할일 목록의 기본 설정 메뉴얼

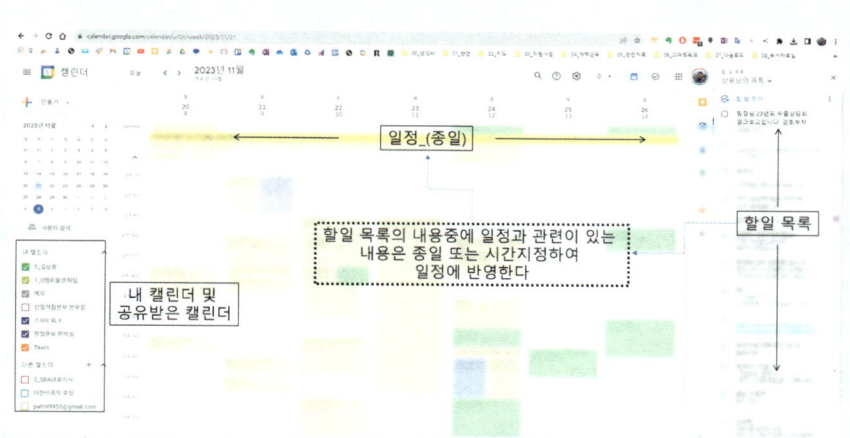

구글 캘린더와 할일 목록

1. 구글 할일 목록 접근하기
① 구글 할일 목록은 구글 캘린더의 오른쪽 패널 또는 Gmail의 사이드바에서 직접 접근할 수 있습니다.
② 구글 캘린더에서는 오른쪽 상단의 '할일' 버튼을 클릭하여 할일 목록을 열 수 있습니다.

2. 새 할일 추가하기
① 할일 목록 창에서 '할일 추가'를 클릭하고, 할일의 내용을 입력합니다.
② 할일에 대한 상세 정보를 입력하려면 할일을 클릭하여 '세부 정보'를 선택합니다.

3. 할일 관리 및 정렬
① 할일을 클릭하고 드래그하여 우선순위에 따라 재정렬할 수 있습니다.
② 각 할일에는 날짜와 시간을 추가하여 일정 관리를 할 수 있습니다.

4. 할일 목록 사용자 지정

① 할일 목록에는 여러 개의 목록을 생성하여 다양한 카테고리의 할일을 관리할 수 있습니다.

② 새 목록을 추가하려면 할일 목록 창의 하단에 있는 '새 목록 만들기'를 선택합니다.

5. 할일 목록과 캘린더 연동

① 할일 목록에서 일정을 추가하면, 구글 캘린더에 자동으로 해당 일정이 반영됩니다.

② 할일 목록의 일정을 변경하면, 연동된 캘린더의 일정도 동시에 업데이트됩니다.

6. 모바일에서 할일 목록 사용

① 구글 할일 목록은 모바일 앱(GTask)을 통해서도 사용할 수 있으며, 데스크톱과 실시간으로 동기화됩니다.

② 모바일에서도 새로운 할일을 추가하고, 기존 할일을 관리할 수 있습니다.

7. 할일 목록과 캘린더 연동

① 할일 목록에서 일정을 추가하면, 구글 캘린더에 자동으로 해당 일정이 반영됩니다.

② 할일 목록의 일정을 변경하면, 연동된 캘린더의 일정도 동시에 업데이트됩니다.

8. 모바일에서 할일 목록 사용

① 구글 할일 목록은 모바일 앱을 통해서도 사용할 수 있으며, 데스크톱과 실시간으로 동기화됩니다.

② 모바일에서도 새로운 할일을 추가하고, 기존 할일을 관리할 수 있습니다.

Action Items 직접 해 보고 표시를 해 보세요!

[ ] 할일 추가하기

[ ] 할일 관리 및 정렬

[ ] 할일 목록과 캘린더 연동

[ ] 모바일에서 할일 목록 사용

04
나의 알리바이 만들기 및 DB구축하기

나의 알리바이 만들기: 나의 디지털 기억 장치

우리의 일상은 수많은 만남과 업무, 그리고 끊임없이 쏟아지는 정보들로 가득 차 있다. 때로는 이 모든 것들을 기억하는 일이 힘겨워지고, 중요한 것들마저 놓치는 순간들이 생긴다. 특히 나이가 들면서 기억력의 한계를 느낄 때마다 좌절감을 경험하곤 한다. 하지만 이 문제를 해결하기 위한 방법을 디지털 기술에서 찾아보자.

구글 캘린더: 시간을 넘나드는 나의 기억 파트너

구글 캘린더는 삶의 흐름을 기록하는 데 중심 역할을 한다. 모든 개인 일정과 업무 일정을 여기에 기록함으로써, 필요한 정보를 언제든지 빠르게 찾을 수 있다. 일정의 제목에 중괄호나 대괄호를 붙여 구분함으로써, 어떤 이벤트든 쉽게 검색하고 찾아볼 수 있다. 이 작은 습관이 삶을 한층 더 체계적으로 만들어 준다.

*네이버 캘린더, 삼성 캘린더 등 기존에 사용하고 있는 캘린더를 구글 캘린더에서 '캘린더 추가 → 가져오기' 할 수 있다.

캘린더를 특히 소중하게 여기는 이유는 과거의 이벤트를 추적하고 기록할 수 있다는 점이다. 예를 들어, 지난해 이맘때 나는 어떤 프로젝트에 몰두했었는지, 또 어떤 중요한 회의에 참석했었는지 확인이 필요할 때, 캘린더를 열어 본다. 특정 날짜를 클릭하면 그날의 일정이 세세하게 나열되어, 마치 시간을 거슬러 올라가는 듯한 느낌을 받게 된다.

때로 보고서를 작성할 때, 과거의 활동과 성과를 정확하게 문서화하는 것이 매우 중요하다. 이때 캘린더는 또 다른 눈이 된다. 지난 프로젝트의 시작과 종료 날짜, 중요한 마일스톤, 회의의 주요 논의 사항들이 모두 기록되어 있어, 보고서 작성 시 정확한 데이터와 함께 신뢰할 수 있는 근거를 제시할 수 있게 된다.

구글 포토: 디지털 기억의 보관함

삶의 아름다운 순간들을 포착하는 것은 구글 포토가 담당한다. 우리의 삶은 수많은 사진으로 기록되어 있다. 사진은 기억을 보존하는 방식이지만, 시간이 흐르면서 수천 장의 사진이 쌓이고, 이는 곧 관리해야 할 대량의 데이터가 된다.

이 모든 것을 구글 포토에 저장하자. 구글 포토는 단순한 사진 저장소 이상의 의미를 가진다. 이곳에 저장된 사진 하나하나는 나의 '증거'이자 '알리바이'가 된다. 특정 시간과 장소에 내가 있었다는 사실을 사진 한 장으로 증명할 수 있다는 것은 때로 매우 중요하다.

여행하면서 찍은 수 많은 사진은 그 순간의 감정, 경험 그리고 삶의 이야기를 담고 있다. 하지만 시간이 지나면서 이 모든 추억들을 기억하는 것은 점점 어려워진다. 이를 해결하기 위해 필자는 구글 포토를 사용하여 모든 사진을 동기화하고 관리하는 것을 추천한다. 스마트폰의 갤러리에 들어 있는 모든 사진을 클라우드에 자동으로 업로드하면 언제 어디서나 접근할 수 있게된다.

사진 검색 기능

구글 포토의 가장 인상적인 기능 중 하나는 강력한 검색 기능이다. 지역 검색, 인물 검색, 사물 검색, 문서 검색 등 스마트폰의 갤러리에서 불가능한 다양한 검색을 통해 쉽게 사진을 찾을 수 있게 된다. 예를 들어, 몇 년 전 친구들과 갔던 여행의 사진을 찾고 싶을 때, 지역 이름만 입력하면 관련된 모든 사진이 순식간에 화면에 나타난다. 인물 검색을 사용하면, 가족 사진 중에서도 특정 사람이 등장하는 모든 순간을 쉽게 찾을 수 있다.

 *참고로 구글 포토는 구글 드라이브에 저장되며 구글 드라이브의 무료 저장 공간은 15G다. 필요에 따라 구독을 통하여 저장공간을 확보할 필요가 있다.

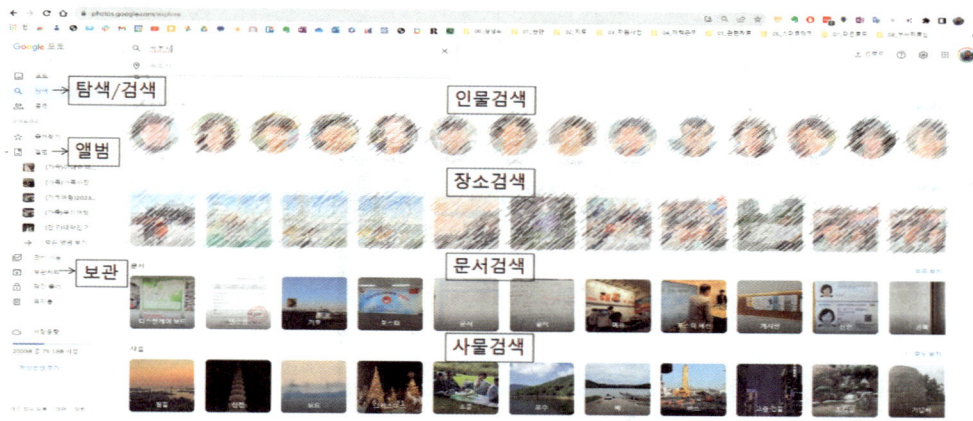

구글 포토의 다양한 검색기능

구글 포토로 사진을 관리하고 검색하는 방법은 다음과 같다.

구글 포토 기본 설정 메뉴얼

1. 기본 설정 및 시작
① 구글 포토 설치 및 로그인: 웹 브라우저에서는 구글 포토 웹사이트에 접속하고, 스마트폰 또는 태블릿에서는 구글 포토 앱을 설치하고, 구글 계정으로 로그인합니다.
② 자동 백업 설정: 앱에서 '설정'으로 이동하여 '백업 및 동기화'를 활성화합니다. 이를 통해 사진과 동영상이 자동으로 구글 드라이브에 저장됩니다.

구글 포토 자동 백업(구글 포토로 업로드)

2. 사진 및 앨범 관리
① 사진 업로드: 스마트폰 갤러리나 컴퓨터에서 사진을 선택해 수동으로 구글 포토에 업로드할 수 있습니다.
② 앨범 생성 및 관리: '앨범 생성 및 활용' 참조

3. 검색 기능 활용

① 지능적인 사진 검색: 검색창을 사용해 위치, 날짜, 사람의 얼굴, 물체 등으로 사진을 검색합니다.

② 얼굴 인식 기능: 얼굴 인식 기능을 사용하여 특정 인물의 사진을 빠르게 찾아볼 수 있습니다.

4. 공유 기능

① 사진 및 앨범 공유: 개별 사진이나 앨범을 선택하여 친구나 가족과 공유할 수 있습니다.

② 공동 앨범 만들기: 다른 사용자와 함께 사진을 추가하고 관리할 수 있는 공동 앨범을 생성합니다.

5. 보관함 및 저장 공간 관리

① 사진 보관함 이동: 중요하지 않은 사진을 보관함으로 '보관 처리'하여 포토 갤러리를 정리합니다.

② 저장 공간 관리: '설정'에서 사진의 업로드 품질을 선택하여 저장 공간을 최적화합니다.

6. 추가 설정 및 팁

① 화질 및 저장 공간 선택: '고화질' 또는 '원본' 중 저장 공간과 사진 품질에 맞는 옵션을 선택합니다.

Action Items 직접 해 보고 표시를 해 보세요!

[ ] 구글 포토 설치 및 로그인
[ ] 자동 백업 설정
[ ] 사진 수동 업로드
[ ] 앨범 생성 및 관리

[ ] 지능적인 사진 검색(지역, 인물, 사물, 문서 등)
[ ] 얼굴 인식 기능 활성화
[ ] 사진 및 앨범 공유
[ ] 공동 앨범 만들기
[ ] 사진 보관함 이동
[ ] 저장 공간 관리
[ ] 화질 및 저장 공간 선택

구글 포토 앨범

구글 포토에 사진이 쌓이기 시작하면 각기 다른 이벤트나 주제에 따라 앨범을 만든다. 예를 들어, 가족 모임, 친구들과의 여행, 특별한 행사 등 각각의 순간을 주제별로 앨범을 만들어 담는다. 이렇게 사진을 분류함으로써 필요한 사진을 빠르게 찾을 수 있게 된다. 업무에서 각종 행사 관련 많은 양의 사진을 찍게 되는데 이렇게 찍은 사진들을 앨범으로 만들어 관리하면 나중에 사업 결과 보고서를 작성할 때도 편리하다.

구글 포토에서 앨범을 생성하고 활용하는 방법은 아래와 같다.

구글 포토: 앨범 생성 및 활용 매뉴얼

1. 앨범 생성 및 초기 설정
① 앨범 생성하기: 구글 포토 앱 또는 웹사이트에서 '앨범 만들기'를 선택합니다. 앨범에 적절한 제목을 붙여 구분이 용이하도록 합니다.
② 사진 추가: 생성된 앨범에 사진을 추가하려면, 갤러리에서 사진을 선택하고 '앨범에 추가'를 선택합니다. 여러 사진을 동시에 선택하여 한 번에 추가할 수 있습니다.

2. 앨범 관리 및 활용

① 앨범 편집: 앨범 내 사진의 순서를 변경하거나, 불필요한 사진을 제거하려면, 앨범을 열고 사진을 선택하여 모드로 전환합니다.

② 앨범 공유하기: 앨범을 친구나 가족과 공유하려면, '공유' 버튼을 클릭하고 공유할 대상을 선택합니다. 공유 링크를 생성하여 직접 전달할 수도 있습니다.

3. 주제별 앨범 생성

① 이벤트 및 여행 앨범: 특정 이벤트나 여행에 관한 사진들을 하나의 앨범에 모아 관리합니다. 예를 들어, '2023년 가족 여행'과 같은 제목을 사용할 수 있습니다.

② 주제별 분류: 취미, 행사, 기념일 등 다양한 주제에 따라 앨범을 생성하여 사진을 주제별로 분류하고 관리합니다.

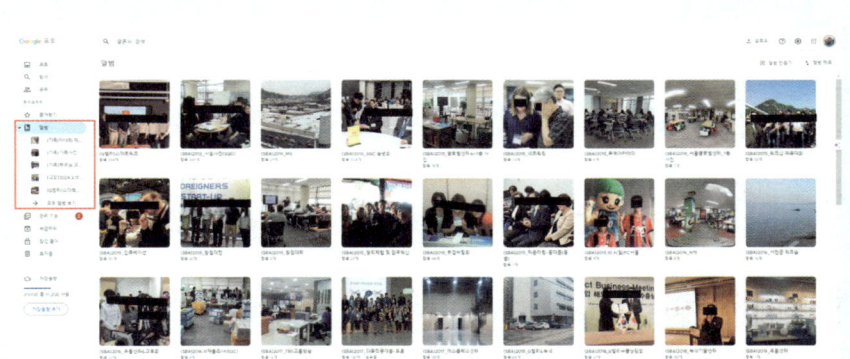

구글 포토 앨범 만들기

4. 앨범 공동 작업

① 공유 앨범 설정: 앨범을 공유하고 공유받은 사람들이 사진을 추가할 수 있도록 설정합니다. 이를 통해 여러 사람이 사진을 함께 공유하고 기록할 수 있습니다.

② 공동 앨범 관리: 공유받은 사람들이 추가한 사진도 앨범 내에서 확인하고 관리할 수 있습니다. 공유 설정은 언제든지 변경할 수 있습니다.

5. 앨범 활용 팁 및 추가 기능
① 키워드 태그 사용: 앨범 내 사진에 키워드 태그를 추가하여 검색이 용이하게 합니다.
② 앨범 슬라이드쇼: 앨범을 슬라이드쇼 형식으로 보여 주어 특별한 순간을 다시 경험할 수 있게 합니다.

> **Action Items** 직접 해 보고 표시를 해 보세요!

[ ] 앨범 생성하기
[ ] 사진 추가
[ ] 앨범 편집
[ ] 앨범 공유하기
[ ] 이벤트 및 여행 앨범 생성
[ ] 주제별 분류
[ ] 공유 앨범 설정
[ ] 공동 앨범 관리
[ ] 키워드 태그 사용
[ ] 앨범 슬라이드쇼

보관 처리 기능

사진들 중에는 딱히 추억으로 남길 필요성은 없지만 향후에 필요할지도 모르는 사진들도 많이 있다. 예를 들어서 인테리어 공사 전과 후의 사진과 같은 것들이 있다. 나중에 원복을 해야 하는 경우 공사 전 사진이 매우 중요하다. 이런 사진들은 보관 처리함으로 이동시켜 메인 화면을 깔끔하게 유지함으로써, 필요할 때 원하는 사진을 쉽고 빠르게 찾을 수 있다.

*앨범에 들어가 있는 사진은 구글 포토에도 그대로 남아서 보이지만 보관함에 들어가는 사진은 포토에서는 보이지 않게 된다.

동영상은 별도 관리

사진 외에도 자주 촬영하는 동영상도 처음에는 구글 포토에 저장하지만 동영상은 용량이 크기 때문에 저장 공간을 빠르게 소모한다. 이에 대한 해결책으로, 용량이 큰 동영상은 유튜브에 업로드하여 관리하자. 참고로 필자의 스마트폰으로 45초 분량의 동영상은 100M의 용량을 차지하기 때문에 각자 기준을 정하여 대용량의 동영상은 유튜브에 올려서 관리하는 것이 저장 공간을 효율적으로 이용하는 방법이다.

스마트폰을 이용한 유튜브 동영상 업로드 매뉴얼

1. 유튜브 앱 설치 및 로그인

① 스마트폰에서 Google Play Store(안드로이드) 또는 App Store(iOS)를 열고, 'YouTube'를 검색하여 앱을 설치합니다.

② 유튜브 앱을 열고, 구글 계정으로 로그인합니다.

2. 업로드할 동영상 선택

① 유튜브 앱의 홈 화면에서 아래쪽 중앙에 있는 '+'버튼을 탭합니다.

스마트폰에서 동영상 촬영(유튜브로 자동 올리기)

② '동영상'을 선택합니다. *동영상/Shorts/라이브/게시물

③ 업로드할 동영상을 갤러리에서 선택합니다.

*스마트폰의 갤러리에서 동영상을 선택하고, 공유를 YouTube로 해도 된다.

스마트폰의 갤러리 동영상 유튜브로 올리기

3. 동영상 세부 정보 입력

① 동영상 제목을 입력합니다.

② 필요한 경우, 동영상 설명을 추가합니다.

③ 동영상의 개인정보 설정을 선택합니다(공개, 비공개, 비공개).

④ 태그 추가, 썸네일 설정 등 추가적인 세부 정보를 입력할 수 있습니다.

4. 고급 설정 확인 및 조정(선택 사항)

① 고급 설정에서 동영상에 대한 추가적인 설정을 할 수 있습니다. 예를 들어, 댓글 허용 여부, 라이선스 유형, 언어 설정 등을 조정할 수 있습니다.

5. 업로드 진행

① 모든 세부 정보를 입력한 후, 화면 상단의 '업로드' 버튼을 탭하여 동영상 업로드를 시작합니다.

② 업로드 진행 상황은 앱 상단의 알림을 통해 확인할 수 있습니다.

6. 업로드 완료 확인

① 동영상 업로드가 완료되면, 유튜브 앱에서 알림이 표시됩니다.
② 유튜브의 '내 채널' 또는 '동영상 관리자'에서 업로드한 동영상을 확인하고, 필요에 따라 추가적인 편집을 할 수 있습니다.

구글 타임라인: 나의 디지털 발자취

구글 타임라인은 내가 어디를 방문했는지, 언제 그곳에 있었는지를 자동으로 기록한다. 기억이 희미해지는 순간, 이 타임라인을 통해 과거의 나를 되돌아볼 수 있다. 이 기능 덕분에 잊었던 중요한 사실들을 다시 기억할 수 있다.

구글 타임라인

나의 일상, 자동으로 기록

바쁜 일상을 살다 보면 오늘 오전에 무슨 일이 있었는지도 기억하기 힘들고 하루, 일주일, 한 달 전에 어디에 갔었는지, 무엇을 했는지 기억하기 어려워진다. 이 문제를 해결하기 위해 구글 타임라인 기능을 활용해 보자. 이 기능은 스마트폰의 위치 데이터를 사용해 방문한 장소와 경로를 자동으로 기록하고, 나중에 이를 쉽게 조회할 수 있게 해 준다.

예를 들어, 지난 여름에 가족과 다녀온 여행지에서 어떤 경로로 이동했는지, 어떤 명소를 방문했는지를 정확히 확인할 수 있다. 이 정보는 나중에 일기나 여행기를 작성하거나, 보고서를 준비할 때 매우 유용하다. 각 장소의 방문 일시와 체류 시간까지 기록되어 있어, 기억을 보완하고, 생생한 이야기를 다시 쓸 수 있게 도와주기 때문이다.

개인정보 보호, 내 손으로 관리

내 위치 정보가 지속적으로 기록된다는 것은 개인정보 보호 측면에서 주의가 필요하다. 구글 타임라인의 설정을 통해 어떤 데이터를 저장할지, 어떤 데이터를 삭제할지를 내가 직접 결정할 수 있다. 만일 불필요하거나 개인적인 이유로 남기고 싶지 않은 기록이 있다면 정기적으로 검토하여 삭제할 수도 있다.

타임라인 기능과 설정 그리고 사용 매뉴얼을 확인해 본다.

구글 타임라인: 기능 및 설정 사용 메뉴얼

1. 타임라인 기능 소개
① 구글 타임라인은 사용자의 위치 이력을 기반으로 일상의 움직임을 시각적으로 기록합니다. 이는 구글 계정과 연동된 모바일 기기에서 위치 서비스가 활성화되어 있을 때 작동합니다.

2. 타임라인 설정
① 위치 서비스 활성화: 스마트폰의 설정에서 위치 서비스를 활성화하고, 구글 계정과 동기화합니다.
② 구글 맵스(Maps) 앱에서 타임라인 접근: 구글 맵스 앱을 열고 메뉴에서 '내 타임라인'을 선택합니다.

구글 지도앱(스마트폰)에서 타임라인 확인

3. 타임라인 사용 및 관리

① 일별 타임라인 보기: 특정 날짜를 선택하여 해당 날짜에 기록된 위치 이력과 활동을 확인합니다.

② 활동 유형: 이동 수단(걷기, 운전, 자전거 타기 등)에 따른 활동을 볼 수 있습니다.

4. 개인정보 보호 및 관리

① 타임라인 내 데이터 삭제: 특정 날짜나 기간의 위치 이력을 삭제하여 개인정보를 관리합니다.

② 타임라인 공유 설정 조정: 타임라인 데이터를 누구와도 공유하지 않도록 설정하여 프라이버시를 보호합니다.

5. 타임라인 활용 방법

① 과거 활동의 추적: 타임라인을 통해 과거의 방문지와 이동 경로를 추적하고 기억을 되살립니다.

② 여행 및 일상 기록: 여행이나 중요한 이벤트의 경로를 기록하여 나중에 추억을 되새길 수 있습니다.

> **Action Items 직접 해 보고 표시를 해 보세요!**

[ ] 위치 서비스 활성화
[ ] 구글 맵스 앱에서 타임라인 접근
[ ] 일별 타임라인 보기
[ ] 활동 유형 분류
[ ] 타임라인 내 데이터 삭제
[ ] 타임라인 공유 설정 조정
[ ] 과거 활동 추적
[ ] 여행 및 일상 기록

구글 내 지도: 나만의 여행 설계사

마지막으로, 구글 내 지도는 방문할 모든 장소를 특별한 의미로 기록하게 해 준다. 업무로 인해 방문한 곳이든, 여행으로 찾은 명소이든 간에, 모든 위치를 지도에 표시하여 자기만의 지리적 기억을 만들 수 있게 해 준다. 이 지도로 지역별로 어디에 무엇이 있는지 빠르게 파악할 수 있게 해 준다.

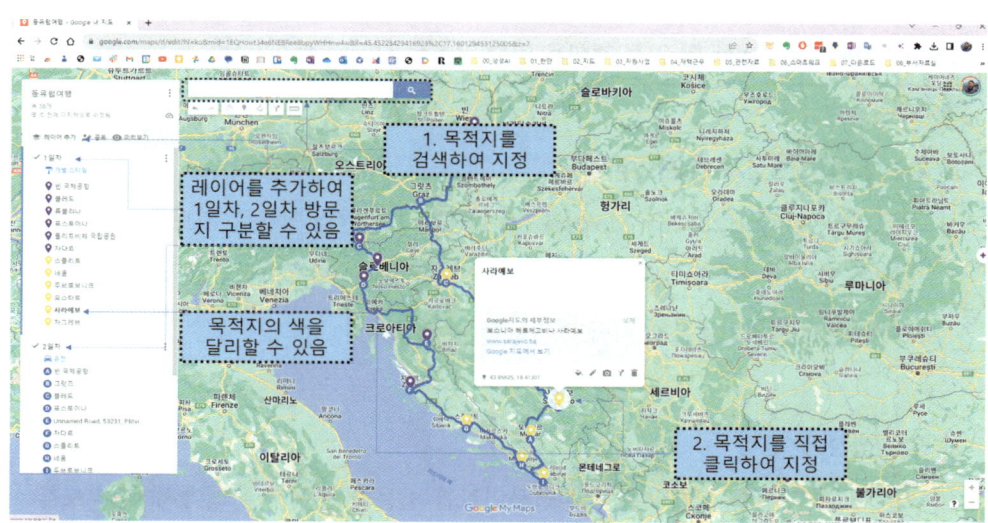

구글 내지도 만들기

여행, 나만의 방식으로 계획

여행을 계획하는 일은 큰 즐거움이다. 여행지를 선정하고, 그곳의 명소, 맛집, 숙소를 찾아 구글 내 지도에 표시하고 여행 이동 경로를 하나씩 이어 나가는 것은 여행 계획의 또 하나의 즐거움이 된다. 패키지 여행이나 단체 여행을 떠나는 경우 일정은 공유가 되지만 우리가 방문하게 되는 장소들이 어디에 있는지 머리속에 그림이 그려지지 않는다. 이때 구글 내 지도로 경로 일정을 정리해 보자.

레이어를 사용하여 일정별 지도 만들기

레이어 기능을 활용해 여행의 일자별 일정을 한눈에 볼 수 있는 지도를 만들 수 있다. 일자별 숙소 위치, 관광지, 식당까지, 방문할 모든 장소에 마커를 찍고 각기 다른 색상으로 구분하여 사용하면 여행의 경로를 단계별로 계획할 수 있어, 어떤 날에 어디를 방문할지 명확하게 정리할 수 있다. 예를 들어, 도착 첫날은 숙소와 인근 식당을, 다음 날은 주요 관광 명소를 방문하는 식으로 몇개의 레이어로 나의 여행 계획을 시각화함으로써, 여행 전체를 보다 체계적이고 효율적으로 관리할 수 있다.

구글 내 지도: 개인 여행 및 일정 계획을 위한 맞춤형 지도 생성 매뉴얼

1. 맞춤형 지도 생성의 기본 원리
① 구글 내 지도(Google My Maps)는 사용자가 자신만의 맞춤형 지도를 생성하고 편집할 수 있는 기능을 제공합니다. 이를 통해 여행 계획, 이벤트, 또는 특정 프로젝트에 필요한 위치들을 표시하고 관리할 수 있습니다.

2. 지도 생성 및 편집
① 구글 내 지도 접근: 구글 내 지도 웹사이트를 방문하거나 구글 앱에서 내 지도를 선택합니다.
② 새 지도 생성: '새 지도 만들기' 버튼을 클릭하여 새로운 지도를 시작합니다.

3. 지도에 위치 추가
① 검색을 통한 위치 추가: 검색창을 사용하여 관심 있는 위치를 찾고 '지도에 추가'를 선택합니다.
② 직접 마커 추가: 지도상의 원하는 위치에 직접 마커를 추가합니다.

4. 지도 편집 및 관리
① 레이어 사용: 여행의 각 일자 또는 카테고리별로 레이어를 생성하여 지도를 구조화합니다.
② 마커 커스터마이징: 각 마커의 색상, 아이콘, 라벨을 변경하여 정보를 명확히 합니다.

5. 지도 공유 및 출력
① 공유 설정: 생성된 지도를 친구나 가족과 공유하거나 일반 대중에게 공개합니다.
② 지도 출력: 지도를 PDF나 이미지 파일로 저장하여 인쇄합니다.

6. 추가 팁 및 주의 사항

① 이동 경로 표시: 지도에 이동 경로를 그리거나 경로를 계획하여 여행의 전체적인 흐름을 파악합니다.

② 지도 설명 추가: 지도에 설명을 추가하여 여행 계획이나 중요한 정보를 기록합니다.

> **Action Items 직접 해 보고 표시를 해 보세요!**

[ ] 새 지도 생성하기

[ ] 위치 추가하기(검색 또는 직접 마커 추가)

[ ] 레이어 사용하여 지도 구조화하기

[ ] 마커 커스터마이징하기

[ ] 지도 공유 설정하기

[ ] 지도 출력하기

[ ] 이동 경로 표시하기

[ ] 지도 설명 추가하기

나의 데이터베이스 만들기

업무에 필요한 다양한 파일들을 컴퓨터 하드드라이브나 클라우드에 프로젝트별, 연도별로 분류하면서 관리하고 있지만 시간이 지나면서 복사본이 만들어지고, 또한 다양한 버전의 파일이 만들어지면서 어느 파일이 원본이고 최종인지 혼란스러워진다. 이런 문제들이 누적되면서 일상은 스트레스로 가득 차기 시작한다. 그렇기에 업무상 시간과 장소에 구애받지 않고 쉽게 찾고, 간단히 공유할 수 있은 환경을 만드는 것이 점점 중요해지고 있다. 또한 수많은 문서와 파일들 속에서 필요한 파일을 어떻게 찾을 수 있도록 만들 것인가, 어떻게 파일을 관리하는가 하는 것이 중요하다.

우리가 만드는 파일 형태는 사진, 동영상, EXCEL, HWP/DOC, PDF, PPT 등이 있는데 아래의 4가지 기준을 중심으로 파일 관리를 해 보자.

1. Data Base: 클라우드에 관리되어 시간과 장소에 구애받지 않고
2. Access: pc/phone/tablet등 모든 디바이스에서 접근 가능해야 하고
3. Search: 찾기가 쉬워야 하고
4. Share: 쉽게 공유가 가능해야 한다

클라우드로의 전환

요즘은 이런 모든 디지털 자산을 구글 드라이브, 원드라이브, Dropbox 등 다양한 클라우드에 저장하고 관리하고 있어 언제 어디서나 접근할 수 있는 유연성을 제공한다. 그렇지만 하드드라이브에서 클라우드로 저장공간이 이동하였다는 것 외에는 여전히 파일은 하드드라이브에 폴더를 만들고 저장하는 것에서 벗어나지 못하였기 때문에 파일을 쉽게 찾는 문제점이 해결되지는 않는다. 클라우드에 있는 파일은 다운로드하는 과정이 하나 더 늘어났을 뿐이고 결국 파일을 열어서 내용을 확인해 봐야 찾는 파일인지 여부를 알 수 있는 것에는 차이가 없다. 이러한 문제점을 OneNote를 통해서 해결할 수 있는데 이

에 대해서는 다음 장에서 설명한다.

사진과 동영상의 효율적 관리

스마트폰의 갤러리에 들어 있는 사진들은 앞장에서 설명한 바와 같이 구글 포토로 동기화함으로써 사진 관리를 한층 간편하게 만들 수 있다. 특히 앞에서 언급되었던 구글 포토의 강력한 검색 기능을 사용하면 필요한 사진을 빠르게 찾을 수 있고, 대용량의 동영상의 경우, 유튜브에 업로드하여 관리하는 방식으로 비단 내 스마트폰 저장 공간의 절약뿐만 아니라, 필요할 때 쉽게 접근하고 공유할 수 있기 때문이다.

필요에 따라서는 아래 그림에서와 같이 다양한 유튜브 동영상을 Notion을 활용해 카테고리별로(행사, 프로그램, 가족 등) 정리하여 사용하면 쉽게 관리 및 활용할 수 있게 된다.

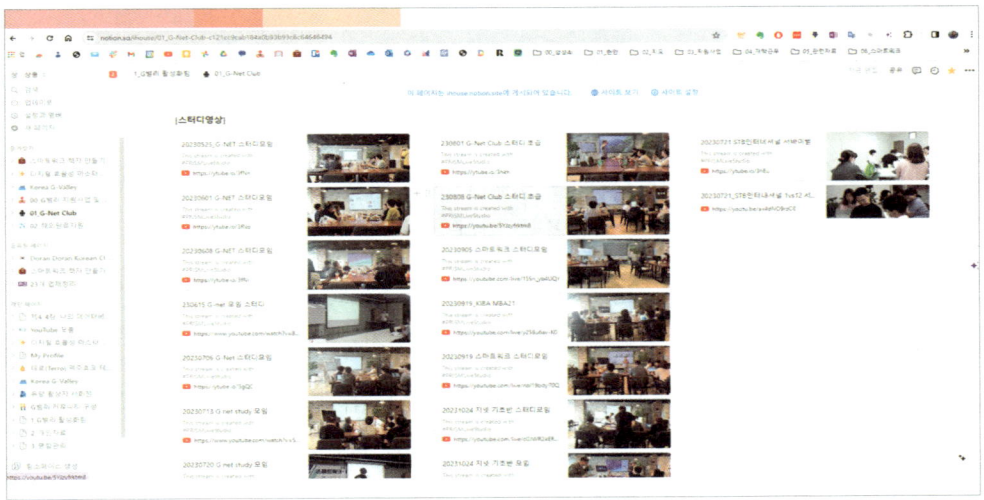

유튜브 영상DB 노션으로 관리

Excel 파일은 구글 스프레드시트로 관리

엑셀에서 스프레드시트로의 전환

Excel 파일은 클라우드에서 공유하고 공동 작업하기에 적합하지 않다. 그래서 Excel 파일 대신 Google 스프레드시트를 사용해 데이터를 관리하고 공동 작업 및 공유를 할 수 있는 스프레드시트로의 전환을 추천한다. 실무 담당자에게는 Excel의 다양한 함수 기능이 필요할 수 있지만, 회사 내에서 데이터를 공유하는 파일은 대부분 데이터 내용을 중심으로 공유할 필요가 있기 때문에 스프레드시트만으로도 충분하다. 또한, 스프레드시트는 스마트폰에서 앱을 실행시킬 때 최근에 작업했거나 열람했던 파일을 먼저 보여 주므로 파일을 찾는 데 훨씬 쉽다.

실시간 데이터 미러링 및 관리

ImportRange 함수를 사용하여 데이터를 미러링하면 스프레드시트에서 원하는 데이터만 선택적으로 가져올 수 있다. 원본 데이터의 변경 사항이 자동으로 반영되기 때문에 데이터의 일관성을 유지할 수 있다. 또한, 업데이트되는 데이터를 실시간으로 확인할 수 있어 여러 사용자가 동시에 작업하고 협업할 수 있는 효율적인 환경을 제공한다. 이를 통해 데이터 관리와 협업의 효율성을 높일 수 있다.

ImportRange 함수를 활용하여 기업에서 사용할 수 있는 예로, 거래 업체에 대한 데이터베이스를 스프레드시트로 만들고 공통적인 기업 정보(업체명, 대표자, 전화번호 등)는 모든 직원들이 ImportRange 함수를 통하여 미러링 파일로 공유받고, 그외 필요에 따라 나머지 부분은 각 담당자가 거래 업체에 대한 정보를 추가해 관리할 수 있다. 거래 업체가 변경될 경우 원본 스프레드시트 파일을 수정하게 되면 담당자들의 미러링파일에서도 동시에 변경이 되기 때문에 각기 다른 파일을 갖지 않아도 된다.

ImportRange 함수

ImportRange 함수는 Google Sheets에서 다른 스프레드시트의 범위를 가져와 현재 스프레드시트에 표시하는 함수입니다.

사용 방법은 다음과 같습니다: **=IMPORTRANGE("스프레드시트URL", "시트명!범위")** 형식으로 함수를 입력합니다.

1. "스프레드시트URL"에는 가져올 스프레드시트의 URL을 입력합니다.

2. "시트명!범위"에는 가져올 스프레드시트의 시트명과 범위를 입력합니다.

예를 들어, 아래와 같이 함수를 사용하여 다른 스프레드시트의 "Sheet1" 시트의 A1부터 B5 범위를 가져올 수 있습니다.

=IMPORTRANGE("〈https://docs.google.com/spreadsheets/d/스프레드시트ID〉", "Sheet1!A1:B5")

이렇게 ImportRange 함수를 사용하면 다른 스프레드시트에서 데이터를 가져와 현재 스프레드시트에서 활용할 수 있습니다.

데이터 미러링, 심사의 혁신을 이끌다

내가 속한 팀은 매년 다양한 중소기업 지원사업을 진행하면서 이에 따른 선정 평가 과정을 진행한다. 전통적인 심사 방식은 심사위원들은 각자의 평가표를 수기로 작성하여 제출하고, 이를 하나하나 수집 및 정리하는 방식을 사용하였고 지금은 대부분 EXCEL 파일에 점수를 입력한후 담당자가 취합하는 방식이다. 이 방식은 최종 선정 기업 수를 조정하는 과정이 매우 불편하고 시간이 많이 소요되었고, 심사위원들의 채점 진행 상황을 실시간으로 파악하기 어려웠다. 특히 채점이 끝난 후 필요에 따라 선정 기업 수를 조정해야 하는 경우 수차례의 심사위원들의 점수 변경과 취합을 반복해야 하는 일은 많은 노력과 시간을 요구했다.

이러한 과정을 개선하기 위해 저자는 오래전부터 구글 스프레드시트의 ImportRange 함수를 도입했다. 이 기능을 통해 개별 심사위원의 평가표를 종합 파일에 데이터 미러링

하면 심사위원들이 점수를 입력하는 순간, 모든 데이터는 종합 파일에 실시간으로 반영된다.

아래의 그림은 23년도 Scale-Up 지원사업의 심사 파일로, 5명의 심사위원들은 각각 노트북에 세팅되어 있는 심사 파일에 점수를 입력하면(좌측의 5개) 실시간으로 우측 종합 총괄표 파일에 점수가 자동으로 입력되도록 하였다. 담당자는 종합 총괄표 파일에서 실시간으로 심사위원들의 점수 입력 상황을 확인할 수 있고 평가가 진행되는 과정 속에서 신청 업체의 점수 및 순위가 바뀌는 것을 확인할 수 있다.

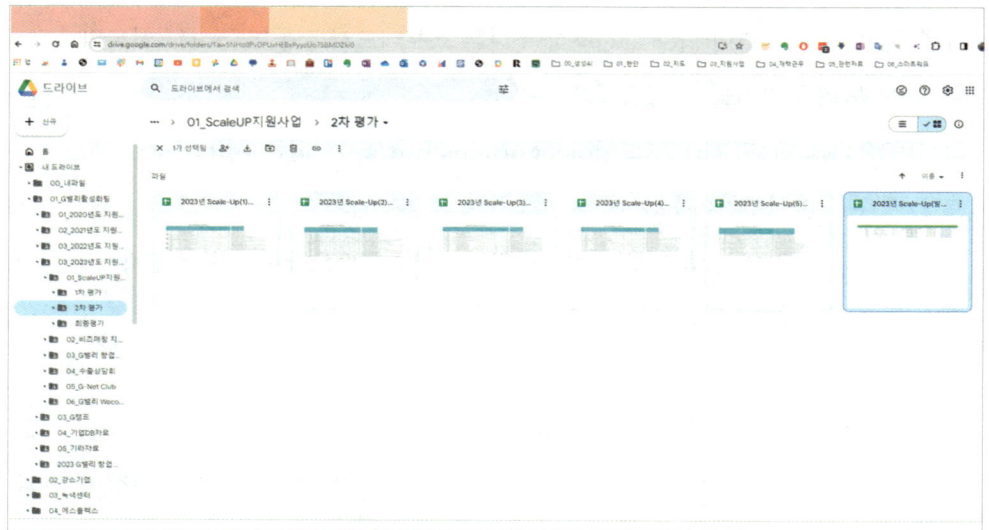

5명의 심사위원 심사파일과 총괄파일(맨 오른쪽)

특히, 평가가 종료된 후 점수 조율 시에도 각 심사위원의 점수 변경 사항이 종합 총괄표 파일에 즉각 반영되어, 최종 점수 조정을 신속하고 정확하게 진행할 수 있다. 이러한 방식은 심사위원 간의 의견을 조율하고, 공정한 결과를 도출하는 데 큰 도움이 되었다.

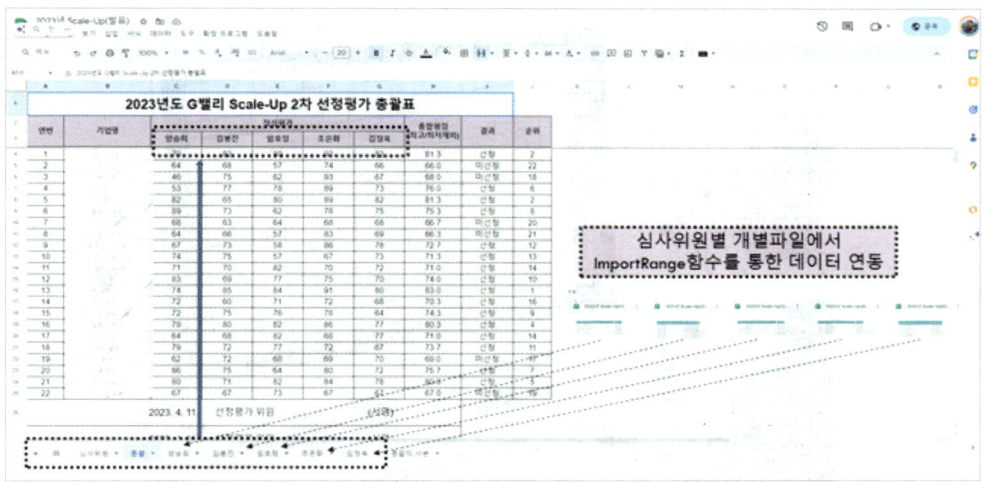

심사위원 심사파일과 총괄표 연계 구조

　구글 스프레드시트와 데이터 미러링 기능의 활용은 심사 과정이 더욱 신속하고 정확해졌으며 실시간으로 정보를 공유하고 결정을 내릴 수 있는 환경이 조성됨으로써 시간과 자원을 절약할 수 있게 해 주고, 평가 과정의 효율성과 공정성을 극대화하는 새로운 방법이 되었다.

문서 파일(HWP/DOC, PDF, PPT)의 체계적 정리

　HWP/DOC, PDF, PPT 등은 Microsoft의 OneNote 활용을 추천한다. OneNote는 모든 파일을 인쇄된 이미지 파일로 저장하고 있어서 클릭 한 번으로 문서의 내용을 바로 파악할 수 있다. 그리고 검색 기능과 파일 공유의 용이성은 드라이브의 폴더에 파일을 관리할 때 파일을 찾는 데 받았던 스트레스를 한 방에 날려 준다. 또한, OneNote에서는 필요에 따라 메모를 키보드 입력뿐만 아니라 손으로 직접 할 수 있어 더욱 편리하다. OneNote에 대해서는 다음 장에서 상세히 설명한다.

원노트로 파일 DB구축(DALL·E 생성)

이렇게 파일들을 클라우드에 데이터베이스화하여 관리한다면, 작업 효율은 놀라울 정도로 향상될 것이다.

05
다양한 협업 툴로 스마트워크 확장하기

노션(Notion)

홈페이지 대용 효과적인 도구

노션을 사용하는 이유는 매우 다양하지만, 가장 중요한 이유 중 하나는 그것을 홈페이지 대용으로 간단하게 사용할 수 있다는 것이다. 일반적으로 홈페이지의 경우, 수정하려면 전문가나 특정 담당자에게 요청해야 하는 경우가 많지만, 노션은 누구나 쉽게 만들고, 자유롭게 수정할 수 있는 플랫폼이기 때문이다. 특히, 업데이트해야 할 부분이나 잘못된 오류를 스마트폰에서도 간단하게 수정할 수 있다는 점이 큰 장점이다.

G밸리활성화팀 소개페이지

장면: 카페에서의 비즈니스 미팅

지민: 제가 바로 보여 드릴게요. 여기 노션으로 만든 저희 회사 소개 페이지가 있어요. *(스마트폰을 꺼내며 노션 앱을 열고, 간편하게 수정하는 모습을 보여 준다.)*

지민: 보시는 것처럼, 원하는 정보를 바로 업데이트하거나 조정할 수 있어요. 이 페이지는 저희 회사의 핵심 정보와 프로젝트 업데이트를 담고 있죠.

비즈니스 파트너: 이런 식으로 바로바로 정보를 수정하고 관리할 수 있다니, 정말 편리하겠네요. 전문가 없이도 관리가 가능하다니, 비용 절감에도 큰 도움이 될 것 같아요.

지민: 맞아요, 또 모바일 지원이 완벽해서, 어디에서든 접근성이 뛰어납니다. 버스나 지하철을 타고 이동하면서도 필요한 부분을 수정할 수 있어요.

스마트폰에서 페이지 수정(DALL·E 생성)

이러한 특징은 비즈니스 상황에서 매우 유용하게 작용한다. 특정 업체나 사람을 만났을 때, 홈페이지 전체 내용에서 찾아가며 보여 주는 것보다는 목적에 따라 심플하게 만들어진 노션 페이지를 통해 필요한 정보만을 제공할 수 있기 때문에 훨씬 더 효과적일 수 있다. 이를 통해 쉽고 간결하게 설명할 수 있으며, 이는 비즈니스 소통에서 큰 이점으로 작용한다. 따라서 노션은 이러한 상황에서 매우 큰 도움이 될 수 있다.

채용 공고 및 사용 설명서

노션을 활용하는 또 하나의 방법으로는 서비스나 지원사업에 대한 전용 페이지를 만들어 이를 쉽게 공유하는 것이다. 이를 통해 팀원 간 협업을 촉진하고, 팀의 생산성을 향상시킬 수 있다. 일반 기업에서도 이러한 방법이 활용되고 있다. 예를 들어, 인사팀은 채용 공고를 노션 페이지로 만들어 이를 신속하게 공유하며, 이를 통해 더 효과적인 인력 모집을 진행할 수 있다.

아래 그림에서는 G밸리 기업들이 가장 관심 있어 하는 Scale-Up 지원사업에 대한 모집 공고 내용이다.

Scale-Up지원사업 안내문

또한, 기업은 제품의 사용 설명서나 사용 매뉴얼을 노션 페이지로 제작하여 홈페이지에 링크를 걸어, 사용자가 쉽게 접근하고 이해할 수 있도록 돕는다. 이는 고객 서비스를 개선하고 고객 만족도를 높이는 데 기여한다.

아래 그림은 OneNote 2016 사용 매뉴얼을 노션으로 만들었다.

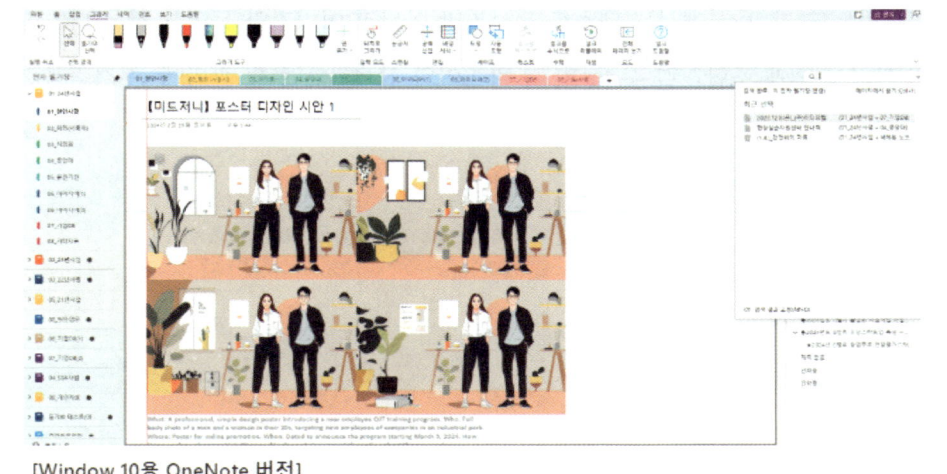

각종 설명서 및 매뉴얼 만들기

    이처럼 노션 페이지는 업무에서 다양하게 활용될 수 있으며, 그 활용 방법은 상황에 따라 매우 다양하고, 그것이 제공하는 가장 중요한 장점은 팀의 업무 효율성과 생산성을 향상시키는 데 있다.

노션 데이터베이스 관리

G밸리활성화팀에서는 노션을 활용하여 바이어 인터뷰 데이터를 관리하는 방식을 매우 효과적이고 유용하게 사용하고 있다. 수출 기업들을 위한 인바운드 수출 상담회나 아웃바운드 해외 전시회 지원사업에서 바이어 DB관리는 매우 중요하다.

노션을 활용하는 이점 중 하나는 바이어의 정보를 각각의 별도 페이지로 구성할 수 있어, 바이어 정보를 한눈에 파악하기 용이하다는 것이다. 이는 엑셀이나 일반적인 스프레드시트와는 달리, 노션에서는 텍스트 정보뿐만 아니라 이미지와 동영상 같은 다양한 형태의 자료를 쉽게 포함시킬 수 있어, 각 바이어의 상세한 프로필 관리에 큰 장점을 제공하기 때문이다.

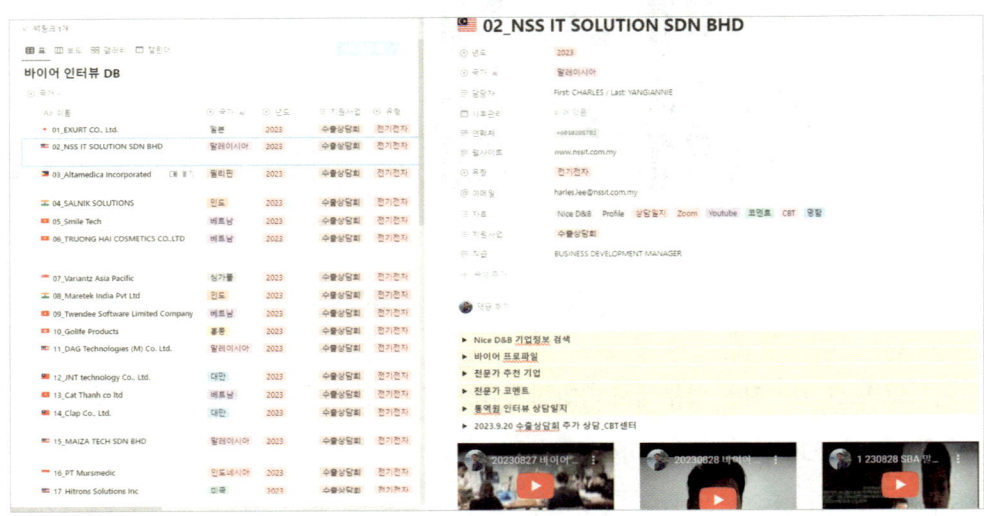

해외 바이어 DB관리

일반적으로 수출상담회에서 바이어를 선정하면 바이어에게 항공료와 숙박비를 지원하기 때문에 진성 바이어를 발굴하는 것이 중요하다. 이를 위해 몇 가지 단계에 걸친 검증 과정에서 생성되는 정보를 노션에서 체계적으로 관리한다. 노션은 이런 방식으로 바이어 정보의 데이터베이스화를 가능하게 하며, 또한 빠르고 쉽게 검색할 수 있어서 바이어 정보 접근이 매우 신속하게 진행된다. 특히 위 동영상 그림에서와 같이 분야별 전문가를 초청하여 바이어와 온라인 인터뷰를 통해서 바이어의 니즈를 파악하고 이렇게 취합된 각종 정보를 국내 업체에게 링크로 공유해 줌으로써 매칭 확율을 높이게 된다.

참고로 위의 바이어에 대한 정보로는 Nice D&B 기업정보검색, 바이어 프로파일, 전문가 추천 기업(국내 기업), 전문가 코멘트, 통역원 인터뷰 상담일지 등 다양한 정보가 담겨 있다.

YouTube 동영상 아카이브

스마트폰 갤러리에 쌓이는 동영상 파일로 인한 스토리지 문제를 방지하기 위한 독특한 방법으로 바로 크기가 큰 동영상 파일을 YouTube에 업로드하고, 업로드한 동영상의 링크를 노션에 따로 정리하여 관리하는 것이다. 이러한 방법은 파일을 직접 저장하는 것이 아니기 때문에 스마트폰이나 구글 드라이브의 저장 공간을 크게 절약할 수 있다.

아래 그림은 G밸리활성화팀의 다양한 행사의 유튜브 영상을 노션에 정리한 것이다.

유튜브 아카이브

이런 접근 방식은 업무에 필요한 동영상이나 가족과의 소중한 추억을 담은 동영상을 효과적으로 관리하고자 하는 사용자들에게 매우 유용한 방법이다. 노션은 사용자가 이러한 동영상 링크를 한곳에 모아서 관리할 수 있는 구조로 되어 있기 때문에, 정보의 분류와 검색이 훨씬 쉽고 편리하다. 이는 노션이 YouTube 동영상과 같은 디지털 자료를 체계적으로 정리하고, 효율적으로 사용할 수 있는 탁월한 도구임을 보여준다. 이 방법을 통해 사용자는 필요한 정보를 더욱 빠르게 찾을 수 있고, 동시에 스토리지 관리도 더욱 효과적으로 할 수 있다.

이력서와 포트폴리오 관리

개인적으로 노션 페이지를 이용하는 방법 중 하나는 본인의 프로필, 포트폴리오 등을 세부적으로 작성해 두는 것이다. 이를 통해 필요에 따라 다양하게 활용할 수 있다. 예를 들어, 외부 강연 요청을 받았을 때 프로필 페이지를 공유하여 쉽게 정보를 전달할 수 있다. 이는 또한 시간을 절약하고 효과적인 소통을 가능하게 한다. 직장인의 경우, 자신이 수행한 업무 내용을 노션 페이지에 자세히 정리해 두면, 연봉 협상이나 이직 시에 매우 유용하게 활용할 수 있다. 이를 통해 자신의 업무 성과를 명확하게 보여 주고, 자신의 가치를 더 잘 전달할 수도 있다. 이런 방식으로 노션은 개인의 경력 관리와 자기 소개에 효과적인 도구로 활용될 수 있다. 이는 개인의 자기계발을 돕고, 경력 발전에도 크게 기여할 수 있는 효과적인 방법이 될 수 있다.

아래의 그림은 저자의 프로필을 노션으로 만들었다.

김상용(1966. 경북안동)

백링크 1개

ABOUT ME

서울시 구로구와 금천구에 위치한 G밸리에는 12,000개의 중소기업과 스타트업이 있으며, 이들 기업은 대부분 10명 내외의 직원을 두고 연매출 20억 원 정도를 올리고 있습니다. 2019년부터, G밸리 기업 종사자들이 1인 3역을 수행할 수 있도록 스마트 워크 교육 및 세미나를 진행해왔습니다. 이러한 교육은 업무 방식을 혁신하는 데 중점을 두며, G밸리에서 근무하는 것에 대한 자부심을 높이는 것을 목표로 스마트워크 전도사로 활동하고 있습니다.

Education
- 1984.2 경일고등학교 졸업
- 1991.2 동국대학교 졸업

Career
- 現 서울경제진흥원 G밸리활성화 전문위원
- 現 구로구 4차산업혁명 자문위원
- 現 스마트워크 전문 컨설턴트
- 前 서울경제진흥원 G밸리활성화팀장
- 前 International House 대표('19.12~08.5)

Related Activity
- 스마트워크 강의 : 매주 2회('23년도)
- 스마트워크 IT 기술세미나 : 6회('23년도)
- 중앙대 의회학과 교수 및 대학원생 스마트워크 특강 2회('24.1월, 2월)
- 중소기업 기업인 대상 스마트워크 연중 특강
- 중소기업 방문 임직원대상 연중 특강

Publications
- AI혁신 Chat-GPT와 미드저니로 업무의 미래를 바꾸다 _ 지식과 감성 – 책 구입
- 스마트워크 매뉴얼

나의 소개페이지 만들기

장면: 지민의 홈 오피스

지민: (노트북 앞에서 이력서 페이지를 스크롤하며) 이렇게 노션에 제 이력서와 프로젝트 포트폴리오를 관리하고 있어요. 필요할 때마다 링크 하나로 모든 정보를 공유할 수 있죠.

(화면을 클릭하며, 정리된 페이지들을 보여 준다.)

프로필 만들기(DALL·E 생성)

지민: 예를 들어, 다음 주에 있을 강연에서 사용할 제 이력서와 경력 요약을 이렇게 미리 준비해 두었습니다.

(강연 준비 중인 상황을 시각화한다.)

지민: 그리고 연봉 협상이나 이직을 앞두고 있을 때, 여기에 제가 수행한 프로젝트와 업무 성과를 상세하게 기록해 두었어요. 이 자료를 통해 저의 가치를 명확하게 전달할 수 있습니다.

(노션 페이지에 기록된 주요 프로젝트 성과를 강조하며 보여 준다.)

지민: 노션 페이지 하나로 제 경력 전체를 소개할 수 있으니, 정말 편리하죠. 또한, 어디에서나 접근이 가능해서 언제든지 정보를 업데이트할 수 있어요.

노션의 기본 기능 및 시작하기

노션에서 가장 중요한 개념은 "블록(Block)"이다. 이는 모든 콘텐츠 유형의 기본 단위를 의미하고 노션을 사용하는 많은 기능과 유연성의 핵심은 바로 이 블록 시스템에 기반을 두고 있다. 텍스트, 이미지, 링크, 리스트, 표 등 거의 모든 입력되는 정보는 개별 블록으로 처리된다. 사용자는 이 블록들을 자유롭게 추가하고, 조정하며, 재배치할 수 있어, 매우 유연한 문서 또는 페이지 구성이 가능하다.

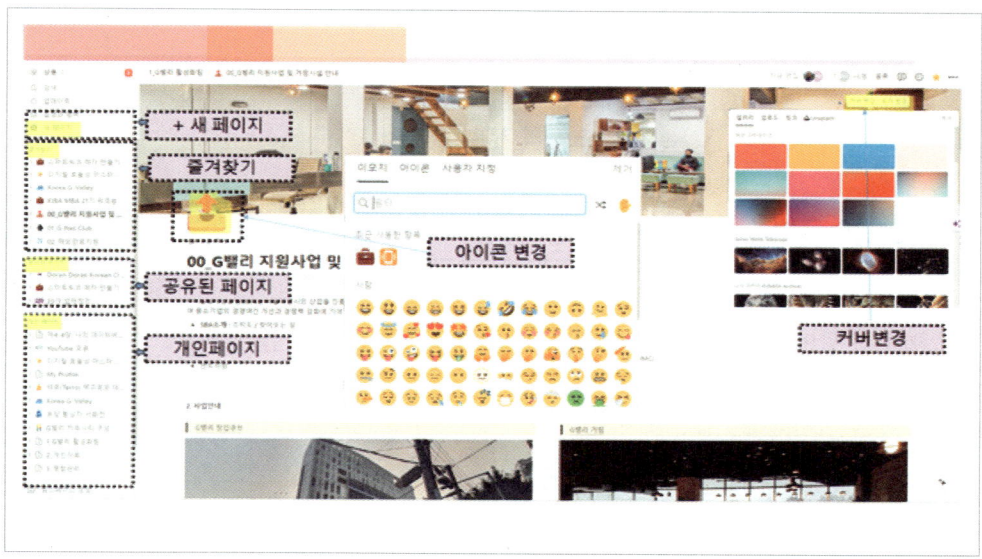

노션 기본구조

텍스트 입력과 기본 서식

노션 입문자라 하더라도 텍스트를 입력하고 서식을 다루는 것은 그리 어렵지는 않다. 볼드체, 이탤릭체, 밑줄 등 기본적인 텍스트 서식은 물론, 색상 변경과 텍스트 크기 조정까지, 내 생각을 간단하게 표현하는 데 필요한 도구들을 활용하여, 각종 문서와 노트를 보다 쉽게 정리할 수 있다.

노션의 기본 블록들

텍스트 입력과 기본 서식 매뉴얼

1. 먼저 노션의 페이지에서 텍스트를 입력하려는 위치를 클릭합니다.

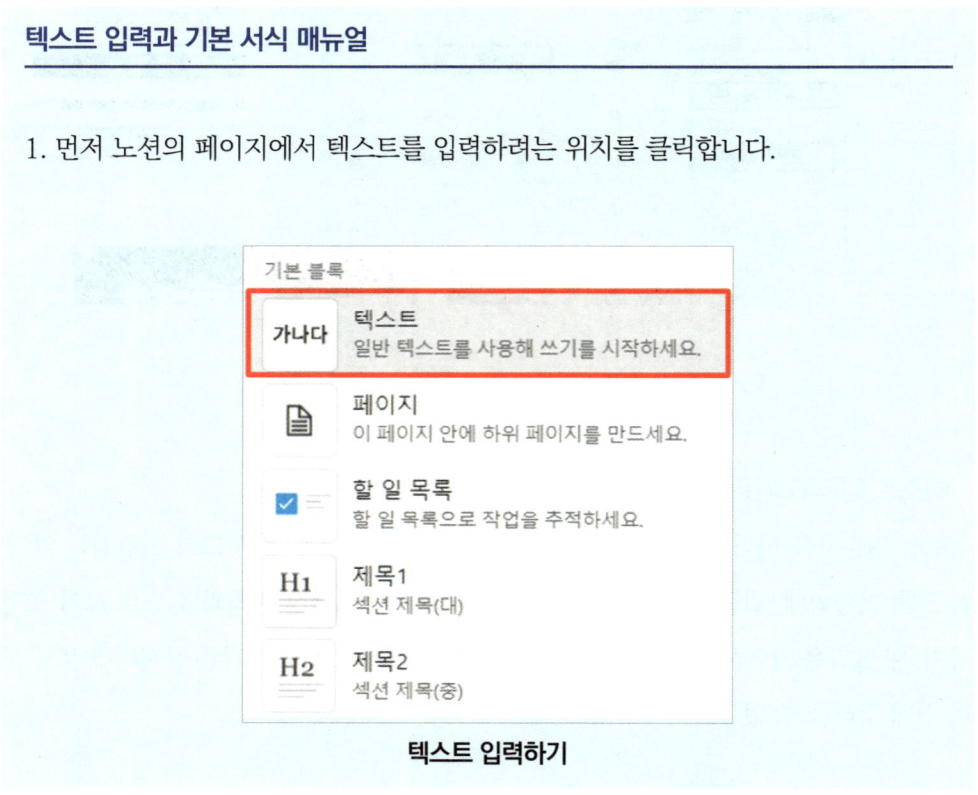

텍스트 입력하기

2. 키보드를 사용하여 텍스트를 입력합니다.

3. 텍스트 서식을 변경하려면, 원하는 텍스트를 드래그하여 선택합니다.

텍스트 폰트 수정하기

4. 선택한 텍스트에 대해 변경하려는 서식의 단축키를 입력하거나, 툴바의 해당 서식 아이콘을 클릭합니다. 서식 옵션에는 볼드체(*볼드체** 또는 Ctrl+B), 이탤릭체(이탤릭체* 또는 Ctrl+I), 밑줄(__밑줄__), 색상 변경(A 아이콘 클릭) 등이 있습니다.

텍스트 및 배경 색상 변경하기

페이지 생성과 관리

페이지를 생성하고 관리하는 기능은 각 프로젝트나 주제별로 페이지를 만들 수 있고, 이 페이지들을 상위 문서 아래에 트리(Tree) 구조로 정리할 수 있다. 이 계층적인 트리 구조 덕분에 복잡한 정보도 체계적으로 관리할 수 있었으며, 필요한 정보를 빠르게 찾을 수 있었다.

페이지 생성과 관리 매뉴얼

1. 페이지 생성

① 노션 내에서 새로운 페이지를 생성하려면, 왼쪽 패널에서 '페이지 추가'를 선택합니다.

② 새 페이지의 제목을 입력하고, 원하는 위치에 페이지를 생성합니다.

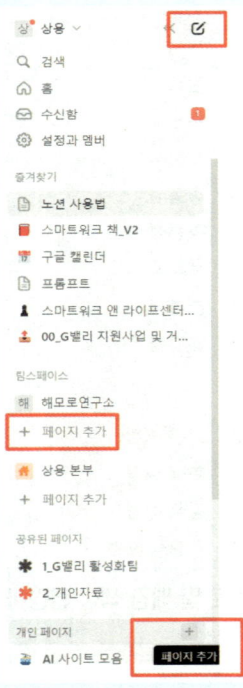

페이지 추가하기

2. 페이지 관리

① 페이지를 관리하려면, 페이지 제목 옆의 '⋯' 아이콘을 클릭하여 페이지 설정에 진입합니다.

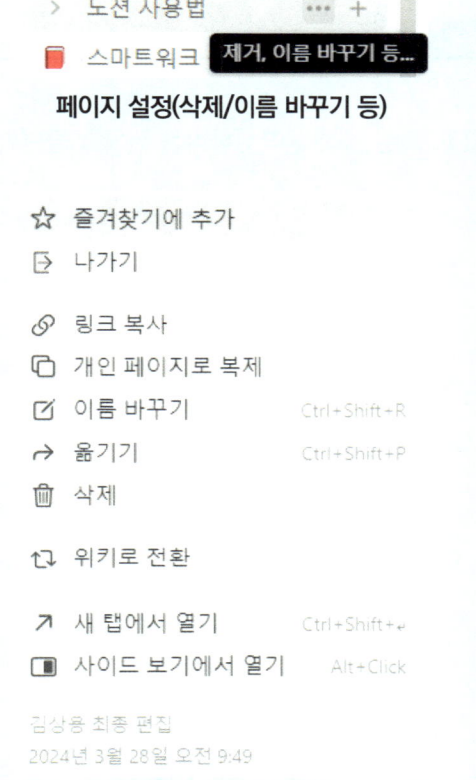

페이지 설정(삭제/이름 바꾸기 등)

즐겨찾기에 추가하기

② 여기에서 즐겨찾기, 페이지의 제목(이름) 변경 등을 관리할 수 있습니다.

3. 페이지 구조화

① 페이지를 상위 문서 아래에 구조적으로 정리하려면, 페이지를 클릭하고 드래그하여 원하는 위치로 이동시킵니다.

② 페이지들을 계층적으로 정리하여 복잡한 정보도 체계적으로 관리할 수 있습니다.

할일 목록 작성하기

노션에서는 체크 박스를 삽입하여 할일 목록을 간편하게 만들 수 있다. 각 항목 옆의 체크 박스를 클릭하여 작업 완료 여부를 쉽게 표시할 수 있고, 이는 일정 관리와 업무 추적에 큰 도움이 된다.

할일 목록 작성하기 매뉴얼

1. 노션 페이지를 열고, 할일 목록을 작성하려는 위치를 클릭합니다.

할 일 목록 만들기

2. 툴바의 '할일' 아이콘을 클릭하거나 /todo를 입력하여 새 할일 항목을 생성합니다.
3. 생성된 체크 박스 옆에 할일 내용을 입력합니다.
4. 할일 항목을 추가하려면, 새로운 줄에서 다시 '할일' 아이콘을 클릭하거나 /todo를 입력합니다.
5. 할일이 완료되면, 해당 체크 박스를 클릭하여 완료 표시를 합니다.

제목과 부제목 사용하기

노션에서 문서를 작성할 때 제목과 부제목을 사용하는 것은 정보의 구조를 명확하게 하는 데 중요하다. '제목 1', '제목 2', '제목 3' 등 다양한 레벨의 제목을 사용하여 내용을 계층적으로 정리할 수 있다. 이렇게 하나의 페이지 내에서도 세부 주제를 쉽게 구분할 수 있다.

제목과 부제목 사용하기 매뉴얼

1. 먼저, 문서에서 제목이 필요한 위치를 클릭합니다.

제목 1, 2, 3(글씨 크기)

2. 제목을 입력하려면, 툴바의 드롭다운 메뉴에서 '제목 1', '제목 2', '제목 3' 중 원하는 크기를 선택합니다. 또는, 각각에 해당하는 단축키인 #, ##, ###를 사용할 수 있습니다.
3. 원하는 제목을 입력한 후 Enter를 눌러 주세요.
4. 부제목을 사용하려면, 동일한 방법으로 '제목 2' 또는 '제목 3'을 선택하고 부제목을 입력하세요.

5. 이렇게 하면, 하나의 페이지 내에서도 세부 주제를 쉽게 구분할 수 있습니다. 이는 독자가 내용을 이해하는 데 도움을 줍니다.

표 만들기

노션의 표 만들기 기능은 데이터를 정리하고 표현하는 데 매우 유용하다. 간단한 셀을 추가하고, 데이터를 입력할 수 있었다. 표는 복잡한 정보를 한눈에 파악할 수 있게 해 주어, 회의나 보고서 준비에 도움을 준다.

표 만들기 매뉴얼

1. 노션 페이지를 열고, 표를 추가하려는 위치를 클릭합니다.

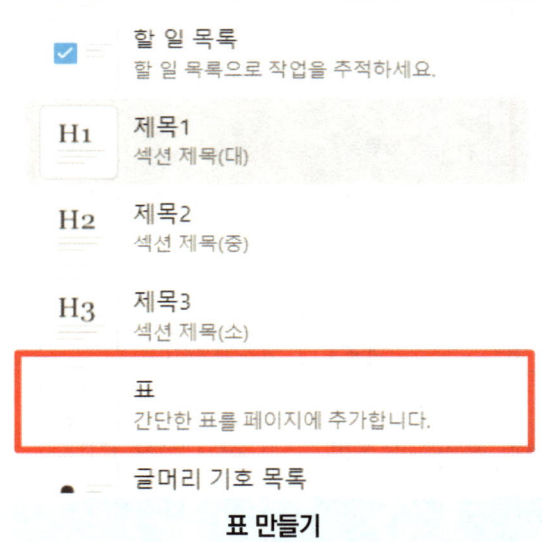

표 만들기

2. 툴바의 '표' 아이콘을 클릭하거나 /table을 입력하여 새 표를 생성합니다.
3. 생성된 표에서 셀을 클릭하여 데이터를 입력합니다.
4. 셀을 추가하려면, 표의 가장자리를 드래그하여 행이나 열을 추가합니다.

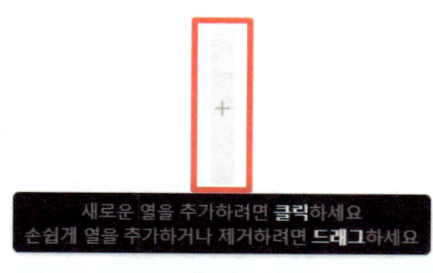

행과 열 추가하기

5. 행이나 열을 삭제하려면, 삭제하려는 행이나 열을 우클릭하고 '삭제'를 선택합니다.
6. 표의 데이터를 수정하려면, 수정하려는 셀을 클릭하여 데이터를 입력하거나 변경합니다.

글머리기호 목록, 번호 매기기 목록

아이디어를 나열하거나 단계별 지침을 기록할 때 글머리기호 목록과 번호 매기기 목록 기능을 사용한다. 이 기능들은 정보를 체계적으로 정리하고, 읽기 쉬운 형태로 제공하는 데 필수적이다. 각 항목의 중요도나 순서를 명확하게 표시할 수 있어 내용의 흐름을 자연스럽게 만들 수 있다.

글머리기호 목록, 번호 매기기 목록 매뉴얼

1. 글머리기호 목록 만들기

① 글머리기호 목록을 만들기 위해, 노션 페이지에서 입력하려는 위치를 클릭합니다.
② 페이지 내에서 툴바의 글머리기호 아이콘을 클릭하거나 /bulleted list를 입력합니다.
③ 이후 해당 위치에서 아이디어를 입력하고, Enter 키를 눌러 다음 줄로 이동합니다.
④ 다음 줄에서도 동일한 과정을 반복하여 글머리기호 목록을 계속해서 만들 수 있습니다.

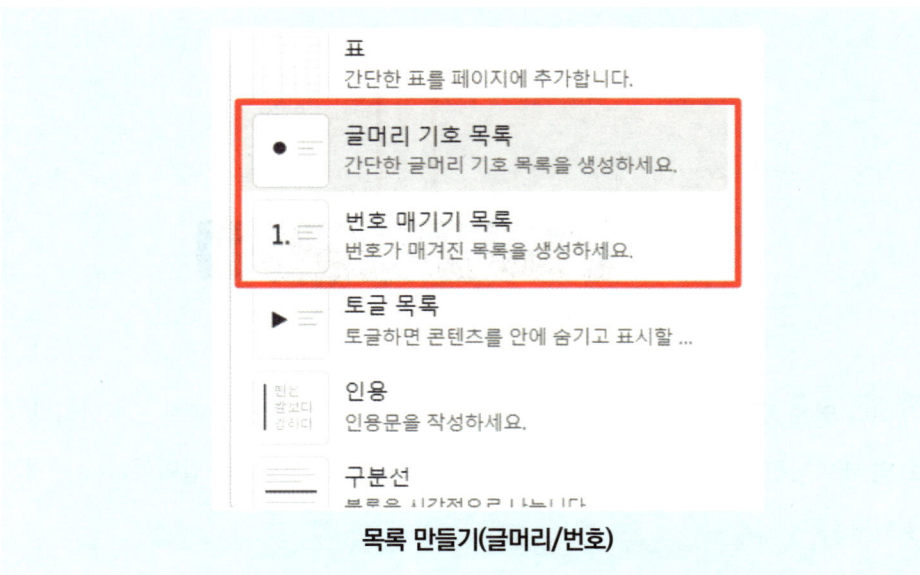

목록 만들기(글머리/번호)

2. 번호 매기기 목록 만들기

① 번호 매기기 목록을 만들기 위해서도, 노션 페이지에서 입력하려는 위치를 클릭합니다.

② 페이지 내에서 툴바의 번호 매기기 아이콘을 클릭하거나 /numbered list를 입력합니다.

③ 이후 해당 위치에서 단계별 지침을 입력하고, Enter 키를 눌러 다음 줄로 이동합니다.

④ 다음 줄에서도 동일한 과정을 반복하여 번호 매기기 목록을 계속해서 만들 수 있습니다.

토글 목록 사용하기

토글 목록은 정보를 간결하게 보여 주면서도 필요에 따라 세부 사항을 살펴볼 수 있는 기능이다. 사용자는 토글을 클릭하여 추가 정보를 확장하거나 숨길 수 있어, 문서의 가독성을 높이는 데 큰 역할을 한다.

토글 목록 사용하기 매뉴얼

1. 먼저, 노션 페이지에서 토글 목록을 작성하려는 위치를 클릭합니다.
2. 툴바의 '토글 목록' 아이콘을 클릭하거나 /toggle를 입력하여 토글 목록을 생성합니다.

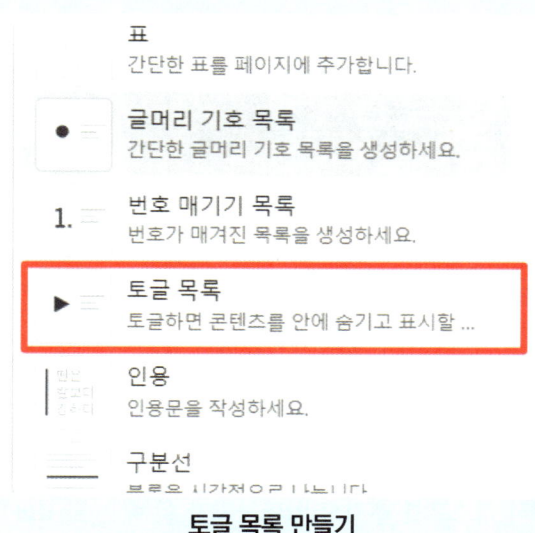

토글 목록 만들기

3. 생성된 토글 목록의 제목을 입력한 후 Enter를 누릅니다.
4. 토글 목록 아래에 세부 내용을 입력하려면, 토글 목록을 클릭하여 확장하고 텍스트를 입력합니다.
5. 토글 목록을 닫으려면, 토글 목록을 다시 클릭합니다.

인용 사용하기

노션에서 인용은 특정 텍스트나 문장을 강조하거나 참조할 때 사용한다. 인용은 자체적으로 스타일이 적용되어 독특한 표시를 제공하며, 문서의 다른 부분과 구분된다.

인용 사용하기 매뉴얼

1. 먼저, 노션 페이지에서 인용을 작성하려는 위치를 클릭합니다.
2. 툴바의 '인용' 아이콘을 클릭하여 생성합니다.

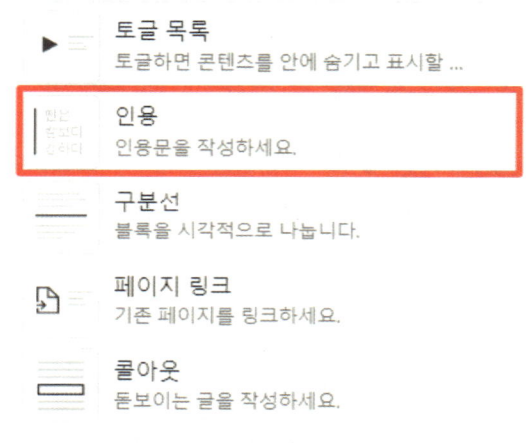

인용문 작성하기

3. '인용' 범위 내에서 텍스트를 추가로 입력하고자 할 때는 Shift+Enter을 합니다.

구분선 삽입하기

구분선을 사용하여 문서 내의 다른 섹션을 명확하게 구분할 수 있다. 이 작은 시각적 요소는 전체적인 문서의 구성을 명확하게 도와주고, 내용을 더욱 체계적으로 다듬을 수 있게 해 준다.

구분선 삽입하기 매뉴얼

1. 먼저, 노션 페이지를 열고 구분선을 삽입하려는 위치를 클릭합니다.
2. 툴바의 '구분선' 아이콘을 클릭하거나 /divide를 입력합니다.

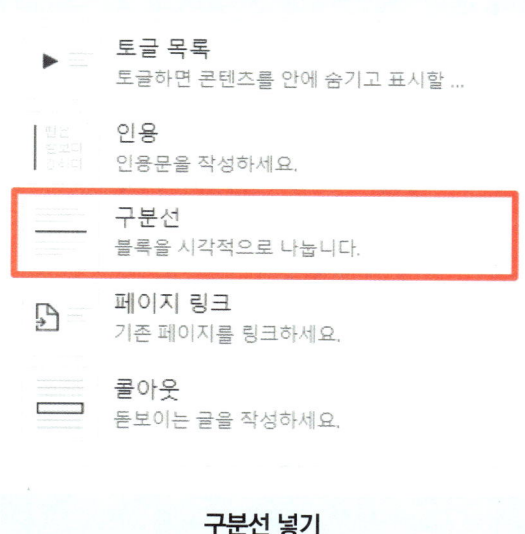

구분선 넣기

3. 이렇게 하면 구분선이 삽입됩니다.

콜아웃 사용하기

노션에서 콜아웃 기능을 사용하면 중요한 정보나 팁을 강조할 수 있다. 콜아웃 상자를 통해 특정 내용을 독자의 눈에 띄게 하여 문서의 주요 포인트를 강조하는 데 활용한다.

콜아웃 사용하기 매뉴얼

1. 노션 페이지를 열고, 콜아웃을 삽입하려는 위치를 클릭합니다.
2. 툴바의 '콜아웃' 아이콘을 클릭하거나 /callout을 입력합니다.

글 내용 강조하기

3. 콜아웃 상자에 강조하고자 하는 텍스트를 입력합니다.
4. 텍스트 입력이 완료되면, 콜아웃 상자 외부를 클릭하여 완료합니다.

노션에서의 추가 기능

문서 공유하기

문서를 만들고 그것을 팀원들과 공유하는 과정은 간단하다. 공유 버튼을 클릭하고, 공유하고자 하는 사람의 이메일을 입력하기만 하면 된다. 이 기능으로 문서의 최신 버전을 항상 유지할 수 있고, 실시간으로 정보를 교환하며 더 빠르고 효율적으로 의사결정을 할 수 있다.

문서 공유하기 매뉴얼

1. 먼저, 공유하고 싶은 노션 문서를 엽니다.
2. 문서의 오른쪽 상단에 있는 '공유' 버튼을 클릭합니다.

페이지 공유하기(이메일)

3. 공유하고 싶은 사람의 이메일을 입력합니다.
4. '초대'를 클릭하여 문서를 공유합니다.

문서 게시하기

노션의 문서 게시 기능은 특정 문서를 선택하고 '공개적으로 게시' 옵션을 활성화시킴으로써, 누구나 접근 가능한 링크를 생성할 수 있다. 이를 통해 나의 아이디어나 연구 결과를 블로그 형태로 쉽게 공유할 수 있고, 독자들은 댓글을 달아 의견을 나눌 수 있다. 문서 공유가 팀원들 중심이라면 문서 게시는 주로 외부인에게 정보를 공유할 때 사용한다.

문서 게시하기 매뉴얼

1. 먼저 게시하려는 문서를 노션에서 엽니다.
2. 오른쪽 상단의 '공유' 버튼을 클릭합니다.
3. '게시' 옵션을 활성화시킵니다.

외부 공유하기(url)

4. 이제 해당 문서에 대한 링크가 생성되었습니다. 이 링크를 복사하여 원하는 곳에 공유할 수 있습니다.
5. 독자들은 이 링크를 통해 문서를 열람하고, 댓글을 달아 의견을 나눌 수 있습니다.

문서 즐겨찾기 설정하기

자주 사용하는 문서를 즐겨찾기로 설정하는 기능은 노션 사용에 있어 필수적이다. 이 기능을 사용하여 중요한 문서를 빠르게 접근할 수 있고, 이는 시간 절약은 물론 효율성 향상에도 크게 기여한다.

문서 즐겨찾기 설정하기 매뉴얼

1. 노션에서 자주 사용하는 문서를 선택합니다.
2. 문서 상단의 메뉴바에서 '즐겨찾기 추가' 아이콘을 클릭합니다.

즐겨찾기 추가하기

3. 이제 해당 문서는 즐겨찾기 목록에 추가되어 빠르게 접근할 수 있습니다.

글꼴 스타일과 텍스트 크기 조정하기

노션에서는 문서의 가독성을 높이기 위해 3가지 글꼴 스타일 제공하고 있다. 기본, 세리프, 모노 등 세 가지 스타일 중에서 선택할 수 있어, 문서의 목적과 내용에 맞게 최적의 글꼴을 사용할 수 있다.

글꼴 조정하기

페이지 레이아웃 조정하기

노션에서 페이지 레이아웃을 조정하는 기능은 문서의 전반적인 느낌을 결정짓는 중요한 요소이다. 전체 너비나 작은 텍스트로 레이아웃을 조정함으로써, 문서의 내용을 보다 세련되고 직관적으로 만들 수 있다. 참고로 내용이 많을 경우 PC에서는 전체 너비로 조정하면 작업하기 쉽다.

글꼴 스타일과 텍스트 크기 조정하기 매뉴얼

1. 전체 너비 조정하기

① 노션 페이지를 열고, 오른쪽 상단의 '…' 아이콘을 클릭합니다.
② 드롭다운 메뉴에서 '전체 너비'를 선택합니다.
③ 이렇게 하면 페이지의 너비가 전체 화면으로 확장됩니다.
④ 원래 크기로 돌리려면, 같은 방법으로 '작은 너비'를 선택하면 됩니다.

2. 작은 텍스트 사용하기

① 노션 페이지에서 텍스트를 작성하려는 위치를 클릭합니다.
② 오른쪽 상단의 '…' 아이콘을 클릭하고, 드롭다운 메뉴에서 '작은 텍스트'를 선택합니다.
③ 이렇게 하면 해당 페이지의 모든 텍스트 크기가 작아집니다.
④ 원래 크기로 돌리려면, 같은 방법으로 '작은 텍스트'를 다시 클릭하면 됩니다.

페이지 잠금 설정하기

중요한 문서에 대한 무단 편집을 방지하기 위해, 노션에서는 페이지 잠금 설정 기능을 제공한다. 이 기능을 활용하여 중요한 문서를 보호하고, 오직 허가된 사용자만이 수정할 수 있도록 설정할 수 있다.

페이지 잠금 설정하기 매뉴얼

1. 먼저, 잠금을 설정하려는 노션 페이지를 엽니다.
2. 페이지 우측 상단에 위치한 '…' 아이콘을 클릭합니다.
3. 드롭다운 메뉴에서 '페이지 잠금'을 선택합니다.
4. '페이지 잠금'을 클릭하면 페이지가 잠기고, 더 이상 무단으로 편집될 수 없게 됩니다.
5. 잠금을 해제하려면, 동일한 방법으로 '페이지 잠금'을 다시 클릭하면 됩니다.

원노트(OneNote)

들어가면서

누군가 "OneNote가 왜 좋은데?"라고 질문을 한다면 주저함 없이 두 가지 이유를 말할 것이다.

첫째는 나의 데이터베이스 만들기에서 잠깐 언급하였던 바와 같이 OneNote는 나의 파일 관리에 새로운 전환점이 되었기 때문이다. 대부분은 폴더에 폴더를 만들어서 그 폴더에 자료를 저장하고 필요에 따라서 그 파일을 찾는데 이 과정이 쉽지 않다. 우리는 대부분 파일의 원본과 복사본을 만들기도 하고 검토 자료의 업데이트 과정에서 버전은 계속 바뀌어 간다. 이렇게 만들어진 파일이 어느 폴더에 있는지 시간이 지나면 잊어버리고 어느 날 필요하게 될 때 이 파일을 찾는데 너무 애를 먹는다. OneNote는 이런 파일 관리의 문제점을 많이 해결해 줄 수 있는 대안이 된다.

파일 관리의 미로

장면: 디지털 마케팅 회사의 오픈 스페이스 사무실

등장인물

하늘: 디지털 마케팅 팀의 신입 사원

태석: 경험이 풍부한 마케팅 팀 리더

수진: 프로젝트 매니저

[디지털 마케팅 회사의 오픈 스페이스 사무실]
(하늘은 PC 앞에서 폴더를 클릭하고 또 클릭하며, 필요한 파일을 찾기 위해 노력하고 있다. 화면에는 수많은 폴더와 서브 폴더가 열려 있고, 그녀의 표정은 점점 더 답답해진다.)

하늘: *(혼잣말로)* 2022년 프로젝트… 아니면 2023년이었나? 아, 여기도 아니네…. 이렇게 파일을 찾는 데만 한 시간이 걸릴 줄이야.

(태석이 하늘의 책상으로 다가온다.)

태석: 하늘 씨, 무슨 문제 있나요? 한참을 그 파일만 찾고 있는 것 같은데.

하늘: 아, 태석 선배님. 네, 작년에 진행했던 캠페인 자료를 찾고 있는데, 폴더 구조가 너무 복잡해서 어디에 저장됐는지 모르겠어요.

태석: 아, 그런 문제로 고생하고 있군요. 우리 모두 그런 경험이 있어요. 폴더 안에 폴더를 무한히 만들다 보니, 정작 필요할 때 중요한 파일을 찾기가 하늘의 별 따기예요.

복잡한 폴더구조(DALL·E 생성)

(수진이 두 사람의 대화를 듣고 다가온다.)

수진: 파일 관리 문제로 고생하는 거 같네요. 이런 문제를 해결하기 위해 우리 팀은 최근에 OneNote로 전환했어요. 모든 문서와 정보를 OneNote에 저장해서 관리하고 있죠. 폴더 구조 대신에 전자 필기장, 섹션, 페이지로 구분해서 훨씬 더 체계적으로 관리할 수 있어요.

> 하늘: 정말요? 그럼 파일을 찾는 데 드는 시간을 많이 줄일 수 있겠네요!
>
> 수진: 그렇죠. 게다가 OneNote에서는 키워드 검색도 가능해서, 몇 초 안에 필요한 정보를 찾을 수 있어요. 게다가 클라우드에 저장되니 어디서든 접근할 수 있고, 파일 복사본을 만들 필요도 없어요.
>
> 태석: 그리고 협업할 때도 편리해요. 우리가 작업한 내용을 실시간으로 공유할 수 있으니까요.
>
> 하늘: 와, 그런 기능이 있다니 정말 편리할 것 같아요. 제가 왜 이제야 알았을까요? 바로 사용해 봐야겠어요!
>
> 수진: 좋아요. 필요하면 저하고 태석 씨가 OneNote 사용법을 좀 더 자세히 알려 드릴게요. 우리 팀의 업무 효율성을 높이는 데 큰 도움이 될 거예요.

둘째는 직장에서 상사와 의사소통에 있어서 OneNote는 과정과 시간을 획기적으로 단축해 준다. 일반적으로 담당자가 검토 자료를 상사에게 보고를 할 때 많은 경우 프린트를 해서 직접 구두 보고를 하고 상사로부터 코멘트를 받게 된다. 그런데 많은 상사들은 검토 자료에 대한 충분한 검토를 하고나서 담당자에게 코멘트를 하는 경우보다는 보고받는 그때 자신의 생각을 전달하면서 자신의 말을 담당자가 이해할 것으로 생각하는 데서 문세가 발생한다. 담당자는 상사의 이야기의 포인트가 무엇인지를 고민하면서 자료를 수정해서 다시 보고를 한다. 이 과정에서 상사는 자신의 의도가 제대로 반영되지 않았음에 대해서 다시 이야기하는 과정이 수차례 반복되는 경우도 많다. 이러한 소모적인 소통 방식을 OneNote를 통해서 쉽고 간단하게 해결할 수 있다. 즉, OneNote를 통하여 담당자는 보고 자료를 OneNote에 인쇄하면 상사는 PC/탭/스마트폰에서 해당 내용을 충분히 검토하고 여기에 자신의 의견을 키보드나 손글씨 펜으로 코멘트할 수 있고, 상사의 코멘트 내용을 담당자는 수정하여 결재 상신하면 끝난다. 직접 보고는 시간적 공간적 제약이 있지만 OneNote를 활용하면 대중교통 이동 중에도 검토를 하고 코멘트를 달 수 있다는 장점이 있다.

디지털 혁신으로의 전환: OneNote를 통한 업무 효율화

장면: 글로벌 마케팅 회사의 사무실

등장인물

주현: 프로젝트 담당자, 열정적이고 혁신적인 방법을 찾고 있는 젊은 직원

은지: 프로젝트 관리자, 경험이 많고 기술에 능숙한 중간 관리자

태블릿: 은지가 사용하는 작업 도구

[사무실, 주현의 책상 앞]

(주현은 최근 마무리한 마케팅 전략 보고서를 OneNote에 '인쇄'하여 올린다. 그녀는 이제 프로젝트 파일을 디지털화하여 관리하는 데 익숙해졌다.)

주현: (혼잣말로) 이제 은지 선배님께서 바로 확인하실 수 있겠군.

(OneNote에 올린 후, 은지에게 메시지를 보낸다.)

"은지 선배님, 마케팅 전략 보고서 OneNote에 올렸습니다. 검토 부탁드려요."

[은지의 태블릿 화면]

(은지는 태블릿에서 알림을 받고, 삼성 Galaxy 태블릿으로 OneNote를 열어 주현이 올린 보고서를 확인한다. 그녀는 펜 기능을 사용해 보고서에 직접 코멘트와 수정 사항을 기록한다.)

은지: (주현에게 메시지를 보내며) "주현아, 보고서 잘 봤어. 몇 가지 코멘트와 수정 사항 남겼으니 확인해 봐."

[다시 주현의 책상 앞]

(주현은 은지가 남긴 코멘트와 수정 사항을 확인하고, 즉시 보고서를 업데이트한다. 이 과정은 매우 신속하게 이루어진다.)

주현: (감탄하며) "와, 정말 빠르고 편리하다. 종이로 프린트하고 수정 사항을 받아 내는 것보다 이게 훨씬 낫네!"

[프로젝트 회의실]

(주현과 은지는 태블릿을 들고 회의실로 들어간다. 주현은 수정된 보고서를 바탕으로 프레젠테이션을 진행한다. 은지는 만족스러운 미소를 지으며 주현을 칭찬한다.)

협업모습(DALL·E 생성)

은지: 주현아, 네 덕분에 우리 팀 작업 흐름이 많이 개선됐어. OneNote를 이렇게 효율적으로 활용하다니, 정말 대단해.

주현: 감사합니다, 은지 선배님. 앞으로도 디지털 도구를 활용해서 업무 효율을 높이고, Waste Zero도 실천해 보겠습니다.

OneNote의 몇가지 버전

Microsoft에서는 Window 10/11 버전 사용을 권장하지만, OneNote를 이용하는 이용자들중에 여전히 많은 이들이 OneNote 2016 사용을 고집하고 있다. OneNote 2016은 Window 10/11 버전에 비해 사용자 환경이 더 편리한 점이 있기 때문이다. 결국 선택은 사용자가 어떤 기능을 중요시하느냐, 인터페이스에 어떤 스타일을 선호하느냐, 그리고 어떤 장치에서 주로 사용하려고 하느냐에 달려 있다.

아래는 OneNote 2016과 Window 10/11용 OneNote를 비교했다. 순서는 사용자 편의성을 기준으로 저자가 추천하는 순서이다. OneNote 2016(맨 위) → Window 11(중간) → Window 10(맨 아래) 버전이다.

OneNote 2016

　UI의 구성은 대문 형태의 'ㄷ' 자 대문 형태를 취하고 있다. 좌측에 전자 필기장이 위치하고 전자 필기장 아래에 섹션이 있다. 그리고 전자 필기장 아래 섹션과 동일한 섹션이 화면 상단에도 있다. 그리고 페이지는 오른쪽에 위치한다.

　① 중앙 작업 공간이 넓다.

　② 상단에 다양한 메뉴('리본'이라고 함)가 한눈에 들어온다.

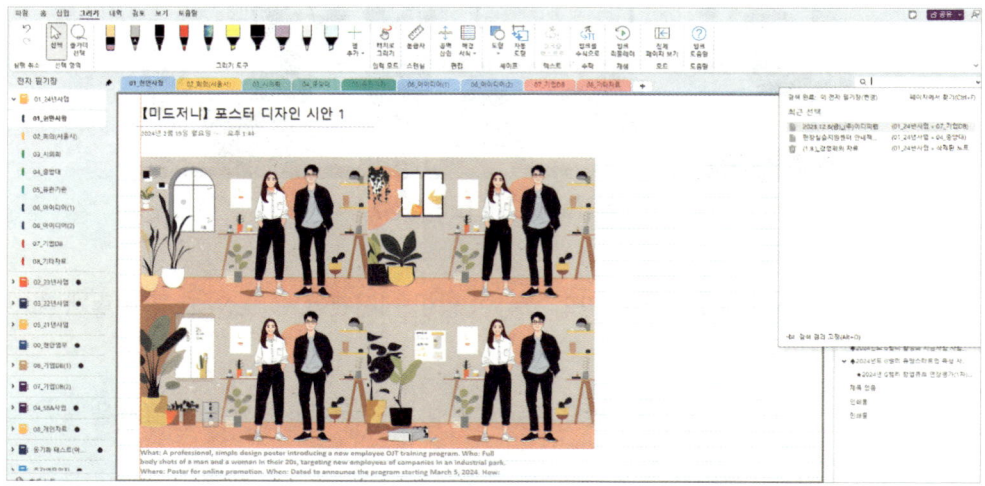

2016버전 UI

Window 11:

　UI의 구성은 역방향 'ㄱ' 자 형태를 취하고 있다. 좌측에 전자 필기장이 위치하고 전자 필기장 아래에 섹션이 위치한다. 그리고 전자 필기장 아래 섹션과 동일한 섹션이 상단에도 위치한다. 2016 버전과 가장 큰 차이점은 페이지가 좌측에 위치하는 점이다.

　① 2016 버전에 비해 페이지가 좌측에 위치하고 있다.

　② 전자 필기장 검색을 할 때 2016 버전에서는 페이지 목록을 가리지만 여기서는 작업 화면을 가림으로써 작업 공간이 좀 답답한 느낌이 들게 한다.

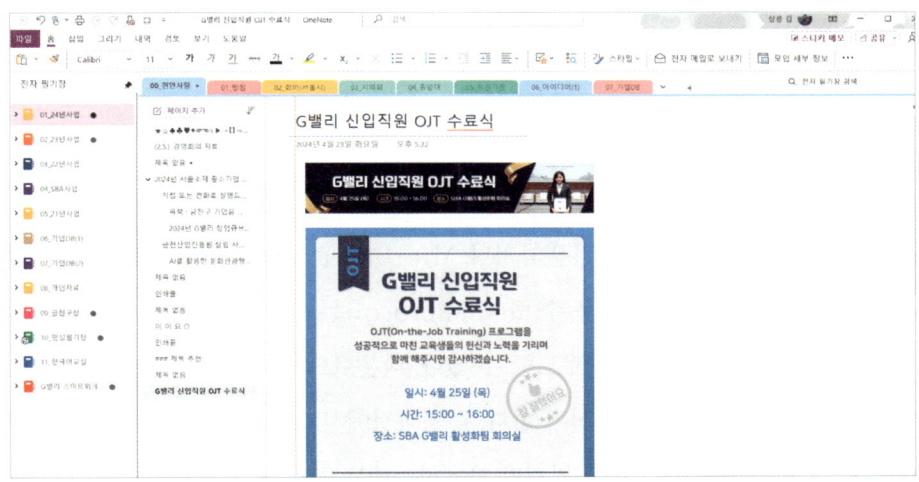

Window 11 UI

Window 10

UI의 구성은 좌측에 계단식 형태를 취하고 있다. 좌측에 전자 필기장, 섹션, 페이지 모두가 위치한다.

① 2016 버전에서는 여러 개의 전자 필기장을 모두 한눈에 볼 수 있지만 여기서는 전자 필기장 하나만 오픈할 수 있기때문에 다른 전자 필기장으로 이동하기가 많이 불편하다.

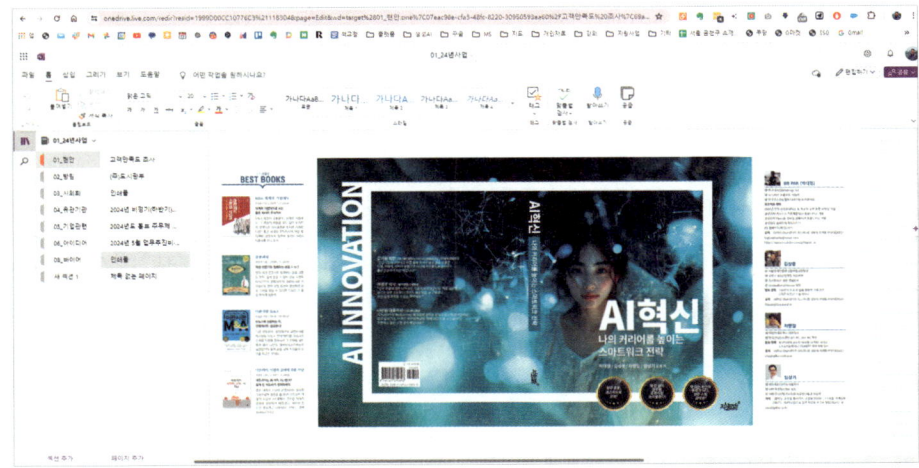

Window 10 UI

설치 및 설정

OneNote 2016 설치

OneNote 2016은 사용자에게 친숙한 인터페이스를 제공하고 있다. 인터넷에서 OneNote 2016 다운로드로 검색하거나 Microsoft의 공식 웹사이트에 방문하여 OneNote 2016을 다운로드 받을 수 있다. Microsoft는 OneNote를 무료로 제공하므로, 사용자는 비용 걱정 없이 다운로드할 수 있다. 다운로드 페이지에서 운영 체제에 맞는 버전을 선택한 후 다운로드하여 설치 한다. 설치과정에서 OneNote 2016 버전이 아닌 Window 11버전이 설치 될 수도 있지만 사용하는데는 앞서 '들어가기'에서 버전에 대한 설명한 내용을 감안하여 사용하면 된다.

OneNote 2016을 설치하는 방법은 다음과 같다.

원노트 설치 매뉴얼

1. Microsoft의 공식 웹사이트에 방문하여 OneNote 2016을 검색합니다.
2. 검색 결과에서 운영 체제에 맞는 버전을 선택합니다.
3. 다운로드 페이지로 이동하고, 다운로드 버튼을 클릭하여 설치 파일을 다운로드합니다.
4. 다운로드가 완료되면 설치 파일을 실행합니다.
5. 설치 마법사의 지시에 따라 언어와 설치 경로를 선택합니다.
6. 설치를 진행하여 OneNote 2016을 설치합니다.
7. 설치가 완료되면 OneNote 2016이 자동으로 실행되거나 데스크탑에서 프로그램 아이콘을 클릭하여 시작할 수 있습니다.

이렇게 하면 OneNote 2016을 설치하여 사용할 준비가 됩니다.

> **Action Items 직접 해 보고 표시를 해 보세요!**

[ ] Microsoft의 공식 웹사이트에서 OneNote 2016을 검색하여 다운로드하기
[ ] 설치 파일을 실행하여 OneNote 2016을 설치하기

계정 연결 및 초기 설정

OneNote 2016을 처음 실행하면, 사용자는 몇 가지 초기 설정을 진행해야 한다. 가장 중요한 단계 중 하나는 동일한 계정으로 PC/태블릿/스마트폰의 OneNote를 연결하는 것이다. 계정 연결은 OneNote의 동기화 기능을 활성화하고, 여러 기기에서 노트에 접근할 수 있게 해 주기 때문이다. 계정이 없다면 Microsoft 계정 하나를 만들어 사용하는 것을 추천한다. Microsoft Office 365 한국어 버전에서 코파일럿 사용이 시작된다면 Microsoft 계정으로 동기화해 놓는 것이 좋을 것 같다.

계정 연결 매뉴얼

1. OneNote 2016을 실행하면 로그인 화면이 표시됩니다. Microsoft 계정의 이메일 주소와 비밀번호를 입력하여 로그인합니다. 계정이 없는 경우, 새로운 계정을 만들 수 있습니다.
2. 계정에 로그인한 후, OneNote는 사용자 환경 설정을 안내합니다. 테마 선택과 기본 노트 저장 위치 설정 등을 진행할 수 있습니다.
3. 초기 설정을 완료하면, 사용자는 OneNote 2016의 모든 기능을 자유롭게 사용할 준비가 됩니다. 계정을 연결하고 초기 설정을 마친 후에는, 사용자는 노트를 생성하고, 정보를 조직하며, 다른 기기와 동기화하여 언제 어디서나 자신의 노트에 접근할 수 있습니다.

✏ Action Items 직접 해 보고 표시를 해 보세요!

[ ] Microsoft 계정으로 OneNote를 연결하기

[ ] OneNote의 테마 선택하기

[ ] 기본 노트 저장 위치 설정하기

[ ] 초기 설정 완료 후 노트 생성하기

[ ] 정보 조직하기

[ ] 다른 기기와 동기화하여 노트에 접근하기

기본 사용법

인터페이스 개요

OneNote 2016의 인터페이스는 직관적이며 사용자가 쉽게 정보를 기록하고 조직할 수 있도록 설계되어 있다. 화면 상단에는 리본 메뉴가 위치해 있으며, 이곳에서는 노트 작성과 편집에 필요한 다양한 도구와 기능에 접근할 수 있다. 리본 메뉴는 '홈(Home)', '삽입(Insert)', '그리기(Draw)', '역사(History)', '리뷰(Review)', '보기(View)' 등 여러 탭으로 구성되어 있어, 사용자가 필요한 기능을 쉽게 찾을 수 있도록 도와준다.

화면의 좌측에는 전자 필기장, 섹션, 화면 우측에는 페이지가 트리 구조로 표시되어 있어, 사용자가 자신의 노트를 효율적으로 관리할 수 있게 해 준다. 사용자는 이 트리 구조를 사용하여 새로운 전자 필기장을 생성하거나, 기존의 전자 필기장 내에서 섹션과 페이지를 추가 및 관리할 수 있다.

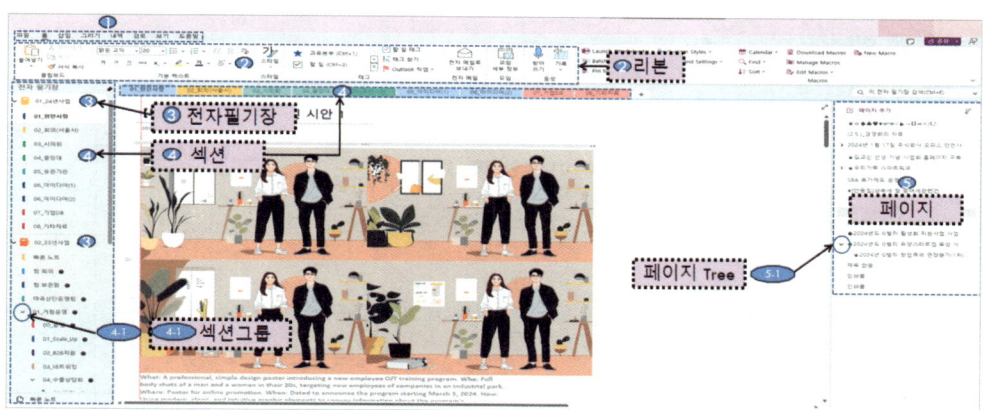

2016버전 레이아웃

전자 필기장, 섹션, 페이지 생성 및 관리

OneNote에서 정보의 기본 단위는 페이지이다. 페이지는 특정 주제나 메모를 위한 공간으로 사용된다. 페이지들은 섹션으로 그룹화될 수 있으며, 이 섹션들은 전자 필기장 안에 저장된다. 즉 페이지가 모여 섹션이 되고 섹션이 모여 전자 필기장이 된다. 이러한 계층적 구조는 사용자가 다양한 프로젝트나 주제에 대한 노트를 체계적으로 조직할 수 있게 해 준다.

전자 필기장 생성

OneNote를 처음 시작할 때, 기본적으로 하나의 전자 필기장이 생성된다. 추가적인 전자 필기장을 생성하려면, 아래의 그림에서 보이는 바와 같이 좌측 하단의 '+' 아이콘을 클릭하거나, 파일 메뉴에서 '새로 만들기'를 선택한다. 사용자는 전자 필기장에 명칭을 지정하고 저장 위치를 선택할 수 있다.

전자필기장   섹션 및 섹션 그룹 만들기

좌측 메뉴에서 새 섹션을 선택하거나 아래쪽의 상단메뉴의 '+' 버튼을 눌러서 섹션을 생성할 수 있다.

섹션 추가하기

섹션과 페이지 추가

새로운 섹션을 추가하기 위해서는 전자 필기장 내에서 마우스 오른쪽 버튼을 클릭하고 '새 섹션'을 선택하거나, 섹션 탭 옆의 '+' 버튼을 클릭한다. 페이지를 추가하려면 섹션 내에서 '+' 버튼을 클릭을 선택한다.

> **Action Items 직접 해 보고 표시를 해 보세요!**

[ ] 전자 필기장에 추가적인 전자 필기장 생성하기

[ ] 새로운 섹션 추가하기

[ ] 새로운 페이지 추가하기

[ ] 섹션과 페이지를 재배치하기

[ ] 페이지나 섹션에 대한 이름 변경, 복사, 삭제하기

동기화 문제 해결

동기화의 이해

OneNote의 동기화 기능은 사용자가 여러 기기에서 작업할 때 노트의 최신 상태를 유지하도록 하여, 사용자가 한 기기에서 변경한 내용이 자동으로 다른 모든 기기에 반영되도록 한다. 예를 들어, 사용자가 집의 데스크탑에서 작업한 노트를 사무실이나 이동 중에도 스마트폰이나 태블릿에서 바로 확인할 수 있다.

동기화 과정은 대부분 자동으로 이루어지며, 사용자가 특별히 관리할 필요는 없다. 그러나 동기화가 제대로 이루어지기 위해서는 인터넷 연결이 필수적이며, 모든 기기에서 동일한 계정을 사용하여 로그인해야 한다. 동기화 상태는 OneNote의 상단 메뉴의 '파일'을 클릭하면, 동기화 아이콘을 통해 현재 상태를 쉽게 파악할 수 있다.

> **Action Items 직접 해 보고 표시를 해 보세요!**

[ ] 동기화 과정 확인하기

[ ] 인터넷 연결 확인하기

[ ] 모든 기기에서 동일한 Microsoft 계정으로 로그인하기

자주 발생하는 동기화 문제 및 해결책

동기화 문제는 여러 원인으로 발생할 수 있으며, 가장 흔한 원인으로는 인터넷 연결 문제, 계정 문제 등이 있다. 그리고 때에 따라서는 전자 필기장, 섹션, 페이지의 삭제 및 이동되는 경우 동기화 진행에 시간이 많이 걸리는 경우도 많다. OneNote를 처음 사용하게 되면 전자 필기장과 섹션의 이름 변경, 이동, 삭제를 빈번하게 함으로써 자주 겪게 된다. 그래서 필자는 처음 사용하는 이용자의 경우 전자 필기장은 꼭 2개(업무용, 개인용)만 만들어 사용하고 변경/삭제/이동은 최대한 하지 않도록 이야기한다. 그렇지만 대부분은 이런 동기화의 문제를 많이 경험하고 나서 안정적으로 사용하게 되는 사례가 많다.

다음은 몇 가지 일반적인 동기화 문제와 이를 해결하기 위한 방안이다.

- **인터넷 연결 문제**: 동기화가 제대로 이루어지지 않는 경우, 먼저 인터넷 연결 상태를 확인해야 합니다. 연결이 불안정하거나 끊어진 경우, 안정적인 연결 환경을 확보한 후 다시 시도해 보세요.
- **계정 문제:** 모든 기기에서 동일한 Microsoft 계정으로 로그인했는지 확인하세요. 다른 계정으로 로그인한 경우, 동기화가 이루어지지 않습니다. 계정 문제가 있는 경우, 로그아웃 후 올바른 계정으로 다시 로그인하세요.
- **동기화 충돌**: 때때로, 동일한 페이지를 여러 기기에서 동시에 편집할 때 충돌이 발생할 수 있습니다. 이 경우, OneNote는 충돌하는 수정 사항을 모두 보존하며, 사용자가 수동으로 검토하고 병합할 수 있도록 합니다.

이 외에도 동기화 문제가 지속되는 경우, OneNote의 동기화 설정을 검토하거나, 필요에 따라 Microsoft 지원팀에 문의할 수 있다. 대부분의 동기화 문제는 이러한 기본적인 해결책을 통해 해결할 수 있으며, 사용자는 다시 원활한 동기화 환경을 누릴 수 있다.

> **Action Items** 직접 해 보고 표시를 해 보세요!

[ ] 인터넷 연결 문제: 안정적인 연결 환경을 확보한 후 다시 시도하기

[ ] 계정 문제: 동일한 Microsoft 계정으로 로그인했는지 확인하기

[ ] 동기화 충돌: 충돌하는 수정 사항을 수동으로 검토하고 병합하기

파일 관리

파일 첨부 및 인쇄 방법

OneNote는 다양한 유형의 파일을 노트에 첨부하거나, 문서를 직접 인쇄하여 노트에 삽입하는 기능을 제공한다.

OneNote에서 문서를 인쇄하는 방법은 두 가지가 있다. 첫 번째는 외부 프로그램에서 문서를 열고 '인쇄' 옵션을 선택한 뒤, 프린터 목록에서 'OneNote로 보내기' 또는 'OneNote 프린터'를 선택하는 것이다. 이 방법을 사용하면 문서의 내용이 OneNote 페이지로 직접 전송되며, 텍스트뿐만 아니라 문서의 모든 포맷과 이미지도 그대로 보존된다. 두 번째 방법은 페이지 추가하여 빈 페이지를 만들고 여기에 내 컴퓨터에 있는 파일을 'Drag & Drop'을 하는 방법으로 이 방법이 이용자에게는 더 편리한 방법이다.

파일 첨부 방법

1. 원하는 페이지에서 '삽입' 탭을 선택합니다.
2. '파일 첨부' 옵션을 클릭합니다.
3. 파일 탐색기가 열리면, 첨부할 파일을 선택합니다.
4. 파일은 아이콘 형태로 페이지에 첨부되며, 클릭하여 열어 볼 수 있습니다.

문서 인쇄 방법

1. 외부 프로그램에서 문서를 열고 '인쇄' 옵션을 선택합니다.
2. 프린터 목록에서 'OneNote로 보내기' 또는 'OneNote 프린터'를 선택합니다.
① 이 방법을 사용하면 문서의 내용이 OneNote 페이지로 직접 전송됩니다.
② 텍스트, 포맷, 이미지 등 모든 내용이 보존됩니다.

Action Items 직접 해 보고 표시를 해 보세요!

[ ] 파일을 노트에 첨부하기 위해 '삽입' 탭을 선택하고 '파일 첨부' 옵션을 클릭하기
[ ] 문서를 인쇄하기 위해 외부 프로그램에서 '인쇄' 옵션을 선택하고 'OneNote로 보내기' 또는 'OneNote 프린터'를 선택하기

Drag & Drop 방식

파일을 빠르게 OneNote 페이지에 첨부 및 인쇄할 수 있는 가장 간단한 방법이다. 이 방법은 내 컴퓨터에 있는 파일을 OneNote로 직접 드래그하여 놓기만 하면 파일이 첨부되고 파일의 내용이 인쇄되며 파일의 이름이 OneNote 페이지의 이름으로 자동적으로 입력되기 때문에 사용하기 가장 편리한 방식이다.

드래그 앤 드롭 vs. 인쇄 방법

드래그 앤 드롭 방식

1. 파일을 컴퓨터에서 찾아 OneNote 페이지로 드래그합니다.
2. 파일을 원하는 위치에 놓습니다.
3. 파일이 아이콘 형태로 페이지에 표시되며, 클릭하면 파일을 열 수 있습니다.

인쇄 방식

1. 문서를 열고 인쇄 설정으로 이동합니다.
2. 인쇄 대화상자에서 "인쇄"를 선택합니다.
3. 프린터를 선택하는 대신 "OneNote" 프린터를 선택합니다.
4. "인쇄" 버튼을 클릭하여 문서를 OneNote 페이지에 통합합니다.

> **Action Items** 직접 해 보고 표시를 해 보세요!

[ ] 파일을 빠르게 OneNote 페이지에 첨부하기 위해 드래그 앤 드롭 방식 사용하기
[ ] 다음 인터뷰에서 후보자에게 더 자세한 질문하기

협업 기능

문서 공유 및 공동 작업 설정

OneNote의 강력한 협업 기능을 통해 사용자는 문서를 공유하고 다른 사람들과 함께 실시간으로 작업할 수 있다. 문서를 공유하기 위해, 먼저 공유하고자 하는 전자 필기장을 열고, '파일' 메뉴에서 '공유'를 선택한다. 이후 '공유할 사람' 필드에 협업할 사람들의 이메일 주소를 입력하고, 사용자가 할 수 있는 작업 범위(읽기 전용 또는 편집 권한)를 설정한다. 설정이 완료되면, '공유' 버튼을 클릭하여 초대장을 보낸다.

공유된 문서에서는 여러 사용자가 동시에 작업할 수 있음으로 프로젝트 계획, 회의 메모, 학습 자료 등 다양한 상황에서 팀원들이 아이디어를 모으고 정보를 공유하는 데 매우 유용하다. 또한, OneNote는 누가 어떤 내용을 추가했는지 추적할 수 있는 기능을 제공하여, 문서의 변경 사항을 쉽게 파악할 수 있다.

OneNote의 강력한 협업 기능을 통해 사용자는 문서를 공유하고 다른 사람들과 함께 실시간으로 작업할 수 있다. 문서를 공유하기 위해 다음과 같은 순서를 따를 수 있다.

문서 공유 및 공동 작업 방법

1. 원하는 전자 필기장을 열고, 상단의 '파일' 메뉴를 클릭합니다.
2. '공유'를 선택합니다.
3. '공유할 사람' 필드에 협업할 사람들의 이메일 주소를 입력합니다. 여러 명의 이메일 주소를 입력할 경우, 각 이메일 주소를 쉼표로 구분합니다.
4. 사용자가 할 수 있는 작업 범위(읽기 전용 또는 편집 권한)를 설정합니다.
5. 설정이 완료되면, '공유' 버튼을 클릭하여 초대장을 보냅니다.

Action Items 직접 해 보고 표시를 해 보세요!

[ ] 공유하고자 하는 전자 필기장을 열고, '파일' 메뉴에서 '공유'를 선택하기
[ ] '공유할 사람' 필드에 협업할 사람들의 이메일 주소를 입력하기

[ ] 사용자가 할 수 있는 작업 범위(읽기 전용 또는 편집 권한)를 설정하기
[ ] '공유' 버튼을 클릭하여 초대장을 보내기

손필기 및 키보드 메모를 통한 협업

OneNote는 사용자가 손필기 입력 또는 키보드를 사용하여 메모를 추가할 수 있는 기능을 지원한다. 이는 문서에 개인적인 주석을 추가하거나, 아이디어를 시각적으로 표현하고자 할 때 특히 유용하다. 손필기 입력은 태블릿이나 터치스크린이 있는 랩탑 사용자에게 이상적이며, 펜 도구를 사용하여 직접 화면에 글씨나 그림을 그릴 수 있다. 반면, 키보드 메모는 빠른 타이핑을 선호하는 사용자에게 적합하다.

공동 작업 환경에서 손필기 및 키보드 메모 기능은 여러 면에서 유용하게 활용될 수 있다. 예를 들어, 회의 중에 참가자들이 공유된 문서에 자유롭게 아이디어를 기록하거나, 특정 섹션에 대한 피드백을 직접 추가할 수 있다. 또한, 이러한 방식으로 추가된 메모나 주석은 문서의 다른 부분과 별도로 하이라이트되어, 팀원들이 새로운 입력 사항을 쉽게 식별할 수 있다.

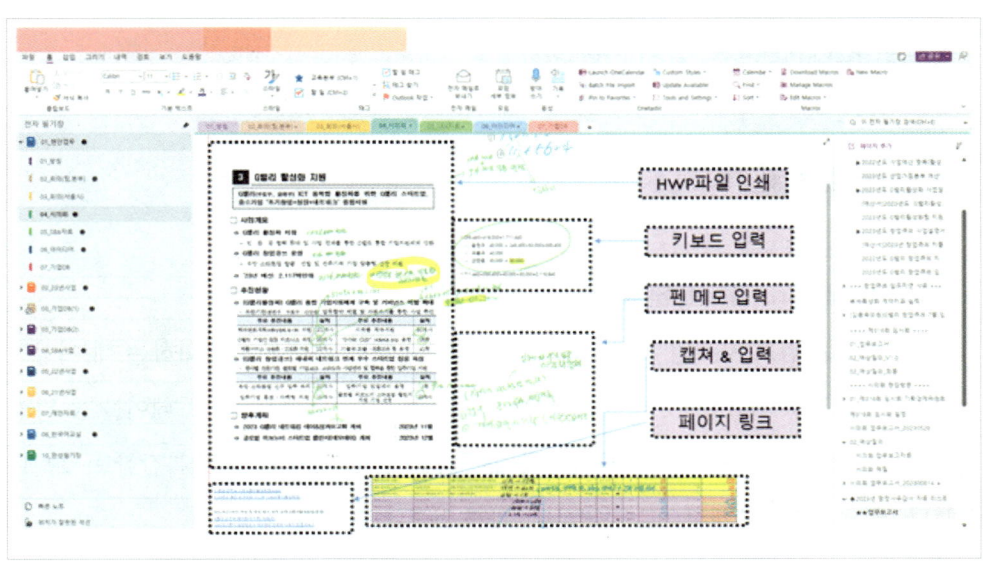

다양한 방식으로 메모 및 코멘트 달기

손필기 및 키보드 메모를 통한 협업을 활용하는 방법은 다음과 같다.

손필기 및 키보드 메모를 통한 협업 방법

1. OneNote 문서를 공유합니다.
2. 참여자들은 손필기나 키보드 메모 기능을 사용하여 문서에 아이디어, 주석, 피드백 등을 추가합니다.
3. 공동 작업 중인 참여자들은 실시간으로 문서를 업데이트하고, 다른 참여자들의 입력 사항을 볼 수 있습니다.
4. 손필기나 키보드 메모로 추가된 내용은 문서의 다른 부분과 별도로 하이라이트되어, 참여자들이 새로운 입력 사항을 쉽게 식별할 수 있습니다.
5. 협업이 완료된 후에는 문서를 저장하고, 필요에 따라 다른 참여자들과 공유할 수 있습니다.

> **Action Items** 직접 해보고 표시를 해 보세요!

[ ] 회의 중에 참가자들이 공유된 문서에 아이디어를 기록하기
[ ] 특정 섹션에 대한 피드백을 직접 추가하기

효과적인 검토 및 피드백

검토 자료의 OneNote 활용법

OneNote는 검토 자료의 작성, 공유, 검토 과정을 간소화하고 효율화하는 데 이상적인 도구이다. 검토 자료를 OneNote에 작성하면, 텍스트, 이미지, 차트, 테이블 등 다양한 형태의 정보를 하나의 페이지에 통합하여 관리할 수 있다. 이를 통해 복잡한 프로젝트 정보나 연구 자료도 체계적으로 정리하고, 쉽게 접근할 수 있다.

검토 자료의 작성 및 공유는 다음과 같은 단계로 이루어진다.

검토 자료 활용 방법

자료 준비:

1. OneNote에서 새 페이지를 생성합니다.
2. 검토가 필요한 내용을 페이지에 입력합니다.
3. 필요에 따라 문서, 이미지, 링크 등의 자료를 페이지에 첨부합니다.

자료 공유:

1. 작성된 검토 자료 페이지를 공유하고자 하는 대상자에게 전송합니다.
2. OneNote의 공유 기능을 사용하여 특정 인물이나 그룹과 자료를 공유합니다.
3. 필요한 경우 편집 권한을 부여하여 수신자가 페이지를 편집할 수 있도록 설정합니다.

피드백 수집:

1. 공유된 검토 자료에 대해 수신자는 직접 페이지에 주석을 추가하거나 수정 사항을 입력할 수 있습니다.
2. OneNote의 협업 기능을 통해, 모든 피드백은 실시간으로 문서에 반영됩니다.

> **Action Items** 직접 해 보고 표시를 해 보세요!

[ ] 자료 준비: OneNote에서 새 페이지를 생성하고, 검토가 필요한 내용을 입력하기
[ ] 자료 공유: 작성된 검토 자료 페이지를 공유하고자 하는 대상자에게 전송하기
[ ] 피드백 수집: 공유된 검토 자료에 대해 수신자는 직접 페이지에 주석을 추가하거나, 수정 사항을 입력하기

OneNote는 관리자와 직원 간의 소통을 개선하는 데 유용한 도구이다. 관리자는 OneNote를 사용하여 검토가 필요한 자료를 손쉽게 배포하고, 직원들로부터의 피드백을 효과적으로 수집할 수 있다. 이 과정에서 OneNote의 주요 기능인 손필기 입력 및 주석 기능이 큰 역할을 한다.

직접적인 피드백 제공: 관리자는 태블릿이나 터치스크린 기기를 사용하여 손필기 기능으로 직접 문서에 주석을 달거나, 수정 사항을 제안할 수 있습니다. 이는 텍스트 기반의 코멘트보다 더 직관적이고 개인적인 피드백을 가능하게 합니다.

효율적인 검토 프로세스: OneNote에서는 모든 변경 사항이 실시간으로 업데이트되어, 관리자와 직원 간의 빠른 의사소통이 가능합니다. 이를 통해 검토 및 승인 과정이 대폭 단축됩니다.

투명한 소통 채널: OneNote의 공유 기능을 통해 생성된 소통 채널은 모든 관련자가 동일한 정보를 기반으로 의사결정을 내릴 수 있게 해줍니다. 이는 오해를 줄이고, 프로젝트의 투명성을 높입니다.

OneNote를 활용한 검토 자료의 준비와 공유, 그리고 관리자와의 효과적인 소통 방법은 업무 프로세스를 간소화하고, 팀워크를 강화하는 데 기여한다. 이러한 접근 방식은 빠르고 효율적인 의사결정을 가능하게 하며, 조직 내 커뮤니케이션의 질을 개선한다.

Action Items 직접 해 보고 표시를 해 보세요!

- [ ] 직접적인 피드백 제공: 관리자는 태블릿이나 터치스크린 기기를 사용하여 손필기 기능으로 직접 문서에 주석을 달거나, 수정 사항을 제안하기
- [ ] 효율적인 검토 프로세스: OneNote에서는 모든 변경 사항이 실시간으로 업데이트되어, 관리자와 직원 간의 빠른 의사소통하기
- [ ] 투명한 소통 채널: OneNote의 공유 기능을 통해 생성된 소통 채널은 모든 관련자가 동일한 정보를 기반으로 의사결정하기

유용한 기능

페이지 확장과 검색 기능

OneNote의 페이지 확장 기능은 사용자가 한 페이지 내에서 무제한으로 내용을 추가할 수 있게 해 준다. 이는 특히 프로젝트 계획, 연구 노트, 또는 광범위한 정보 수집에 유용하며, 사용자가 필요한 모든 정보를 하나의 장소에 유지할 수 있도록 돕는다. 확장된 페이지에서는 텍스트, 이미지, 표 등 다양한 유형의 콘텐츠를 자유롭게 추가하고 조정할 수 있다.

또한, OneNote의 강력한 검색 기능은 사용자가 전자 필기장 내의 모든 페이지를 대상으로 특정 키워드나 문구를 신속하게 찾을 수 있게 해 준다. 검색 기능은 사용자가 대량의 정보를 효과적으로 관리하고, 필요할 때 바로 그 정보에 접근할 수 있도록 지원한다. 사용자는 검색 결과를 통해 관련 내용이 포함된 페이지로 직접 이동할 수 있으며, 이는 업무 효율성을 크게 향상시킨다.

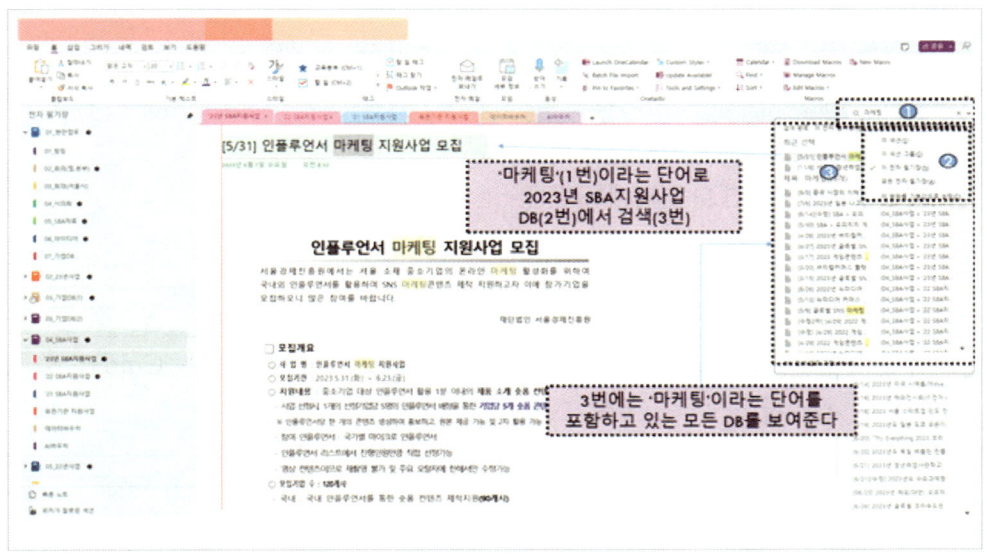

검색하기

> **Action Items** 직접 해 보고 표시를 해 보세요!

[ ] OneNote 페이지 확장 기능 사용하기
[ ] OneNote 검색 기능 활용하여 특정 키워드나 문구 찾기

메모 내용 복사 및 활용

OneNote를 사용하는 과정에서, 우리는 종종 문서의 여러 버전을 만들어 관리하게 된다. 특히, 프로젝트 검토 과정에서 수정이 필요한 사항들을 메모하고, 그 메모를 바탕으로 문서의 새로운 버전을 생성하는 일은 흔한 일이다. OneNote의 강력한 기능 중 하나는 바로 이러한 검토 과정을 더욱 원활하게 만들어 주는 것이다.

예를 들어, '검토 자료(version #1)'에 펜이나 키보드를 사용하여 중요한 메모나 주석을 추가했다고 가정해 본다. 이때 OneNote에서는 해당 메모 부분을 간단히 마우스로 선택하고 복사한 뒤, '수정된 검토 자료(version #2)'의 적절한 위치에 붙여넣기를 할 수 있다. 이러한 방식으로, 중요한 메모와 주석을 손쉽게 다음 버전의 문서로 옮길 수 있으며, 이는 문서를 수정하고 업데이트하는 과정에서 상당한 시간과 노력을 절약할 수 있게 해 준다.

OneNote에서 메모 내용을 복사하고 다른 페이지나 전자 필기장에 붙여넣는 기능은 정보를 재사용하고 조직화하는 데 매우 유용하다.

이 기능을 사용하려면 다음 단계를 따른다.

메모 내용 복사 및 활용 방법

1. 마우스로 복사할 메모 내용이 들어간 영역을 선택하고, Ctrl+C(또는 Cmd+C)를 눌러 복사합니다.
2. 붙여넣고자 하는 위치인 페이지나 전자 필기장으로 이동합니다.
3. 붙여넣고자 하는 위치에서 Ctrl+V(또는 Cmd+V)를 눌러 메모 내용을 붙여넣습니다.

> **Action Items 직접 해 보고 표시를 해 보세요!**

[ ] 메모 내용을 복사하여 다른 페이지나에 붙여넣기 기능 사용하기

페이지 링크 복사 및 활용

OneNote에서는 특정 페이지의 링크를 복사하여 다른 페이지에서 사용할 수 있다. 이는 프로젝트 문서, 연구 자료, 또는 회의록 등을 참조할 필요가 있을 때 특히 유용하다. 페이지 링크를 사용하면 관련 정보에 대한 신속한 접근이 가능하며, 팀원들과의 커뮤니케이션을 용이하게 할 수 있다.

페이지 링크로 참고 페이지로 이동하기

페이지 링크를 복사하고 활용하는 방법은 다음과 같다.

페이지 링크 복사 및 활용 방법

1. 페이지 항목에서 원하는 페이지에서 마우스 오른쪽 클릭합니다.
2. 메뉴에서 '페이지 링크 복사' 복사합니다.
3. 복사한 페이지 링크를 다른 페이지에서 붙여넣기 하여 사용할 수 있습니다.
4. 링크를 클릭하면 해당 페이지로 바로 이동할 수 있습니다. 이렇게 함으로써 원하는 페이지에 쉽게 액세스할 수 있습니다.

> **Action Items** 직접 해 보고 표시를 해 보세요!

[ ] 특정 페이지의 '페이지 링크 복사' 사용하기

섹션 그룹화

OneNote의 섹션 그룹화 기능은 관련된 섹션을 논리적인 그룹으로 조직화할 수 있게 해 준다. 이는 프로젝트별, 주제별, 또는 기간별로 정보를 분류할 때 매우 유용하다. OneNote의 섹션 그룹화 기능은 관련된 섹션을 논리적인 그룹으로 조직화할 수 있게 해 준다.

섹션을 그룹화하려면 다음 단계를 따른다.

섹션 그룹화 방법

1. 섹션을 그룹화하려는 전자 필기장에서 마우스 오른쪽 버튼을 클릭합니다.
2. 나타나는 메뉴에서 "섹션 그룹 추가"를 선택합니다.
3. 그룹 이름을 입력하고 "확인"을 클릭합니다.
4. 새로운 섹션 그룹이 생성되고, 그룹 내에 섹션을 추가할 수 있습니다.

⚡ Action Items 직접 해 보고 표시를 해 보세요!

[ ] OneNote의 섹션 그룹화 기능을 활용하여 관련된 섹션을 조직화하기

[ ] 페이지 내에서 토글 기능을 사용하여 중요한 내용을 강조하거나 세부 사항을 숨기기

에필로그

김상용

　지난 1년은 제 직장 생활 30년 중 가장 감사하고 행복한 시간이었습니다. 스마트워크 모임을 통해 많은 사람들이 인생과 업무에서 근본적인 변화를 경험했다는 이야기를 들으며, 저 역시 이 변화의 일부가 되어 큰 자부심을 느꼈습니다. 매주 4차례 진행되어 온 스마트워크 모임과 여기에서 공유한 정보의 업무에 적극적인 활용은 우리 모두의 일상을 혁신적으로 바꾸었습니다.

　대표님들 중에는 스마트워크가 정착되어 아날로그에서 완전히 디지털 전환을 하였다고 말씀하시는 모습을 보면서, 일주일에 2~3일씩이나 참석하시는 열정적인 모습에서 큰 동기부여를 받았습니다. 또한 원 노트와 노션을 통한 업무 처리의 변화는 기업의 의사결정의 속도를 높이고, 소통의 방식을 개선했습니다. 특히 몇몇 대표님들의 경험담은 디지털 도구가 어떻게 예상치 못한 기회를 창출할 수 있는지도 보여 주었습니다.

　이 모든 변화와 성공은 혼자의 힘으로 이루어 낸 것이 아닙니다. 함께해 준 G밸리의 모든 기업과 임직원 여러분들의 노력과 헌신 덕분입니다. 지난 한 해 동안의 바쁘고 힘든 시간들이 있었지만, 그 모든 것이 의미 있고 소중한 순간들로 다가왔습니다. 여러분과 함께할 수 있어서 영광이었으며, 앞으로도 계속해서 함께 성장해 나가길 기대합니다. 진심으로 감사드립니다.

차명일

최근 2번째 『AI혁신』 책자를 작성하는 시점이 작년부터 시작된 S.S.G 기술세미나가 1년째 되어 가고 있는 시점이다. 올해부터는 매주 수요일 금천구청이 운영하는 '시민청 회관'에서 무료강의를 진행하고 있다. 내가 맡은 ChatGPT 정부과제 강의를 통해 여러 회사들이 정부과제 지원사업에 더 열정적으로 참여하고 좋은 결과가 있다고 한다. 올해는 GPTs 분야에 대해서 좀 더 연구하고 강의를 진행하면서 업무 자동화에 좀 더 도움을 주고자 노력하고 있다. 이 모든 것이 원활히 성공리에 잘 진행된 것은 적극적으로 참여하고 있는 S.S.G 기술세미나 스텝들 도움이 크다. 개인적으로는 하나님의 도우심이 있기에 가능하다고 본다. 더 많은 기업과 임직원들이 누구나 손쉽게 생성형 AI 도구를 활용해서 경쟁력 있는 회사로, 개인으로 발전하길 기대한다.